Carlos-Komplize Weinrich

Fritz Schmaldienst / Klaus-Dieter Matschke

Carlos-Komplize Weinrich

Die internationale Karriere eines deutschen Top-Terroristen

Eichborn.

Die Deutsche Bibliothek – CIP-Einheitsaufnahme

Schmaldienst, Fritz : Carlos-Komplize Weinrich: die internationale Karriere eines deutschen Top-Terroristen / Fritz Schmaldienst/Klaus-Dieter Matschke – Frankfurt am Main : Eichborn 1995.
ISBN 3–8218–1192–7
NE : Matschke, Klaus-Dieter

Umschlaggestaltung: Rüdiger Morgenweck
Umschlagfoto: Klaus-Dieter Matschke
Satz: TechnoScript, Bremen
Druck und Bindung: Fuldaer Verlagsanstalt, 36003 Fulda
ISBN 3–8218–1192–7
Verlagsverzeichnis schickt gern: Eichborn Verlag, Kaiserstraße 66, D-60329 Frankfurt

Inhaltsverzeichnis

Die Flucht

»Geh nicht so schnell und bleib cool, sonst glaubt uns niemand, daß wir hier nur spazierengehen«, flüstert die junge Frau ihrem Begleiter zu. Mit weit ausholenden Schritten eilt er den kleinen Hohlweg auf den Wald vor ihnen zu.

»Schon gut«, antwortet er und geht betont langsamer, so daß die Begleiterin aufholen kann und beide wieder nebeneinander hergehen.

»Keine Sorge, ich habe hier schon oft für Freunde Lotse gespielt – hin und retour«, sagte die Frau. Die Rede ist von der »grünen Grenze«. »Hier ist mir nie einer begegnet, weder einer vom Grenzschutz noch die Belgier.«

Sie will ihren Partner offenbar beruhigen. Aber so ganz scheint sie ihn nicht zu überzeugen. Nach wie vor steht er sichtbar unter großer körperlicher und seelischer Anspannung. Jede Bewegung, jedes Wort machen es deutlich.

Der Jahreszeit entsprechend wird es schon früh dunkel, der November neigt sich dem Ende zu. Trotz der hereinbrechenden Dunkelheit wäre das ungleiche Paar auffällig gewesen. Die blasse Gesichtsfarbe, die sehr kurz geschnittenen Haare und die schlanke, fast magere Gestalt des Mannes signalisierten äußerste Nervosität. Und seine Partnerin, eine betont weibliche Erscheinung, trägt eine so demonstrative Gelassenheit zur Schau, daß allein der Gegensatz zwischen beiden sie allen Verdachtsvermutungen ausgesetzt hätte. »Du hast gut reden«, so beginnt er wieder das karge Gespräch, während sie der Grenze näher kommen. »Wenn sie dich schnappen, passiert dir so gut wie nichts. Mich dagegen buchten sie wieder ewig ein, ich wäre jetzt voll dran. Mit Erleichterungen wäre überhaupt nichts mehr drin.« Schweigend gehen sie nun das restliche Stück bis zum schützenden Dunkel des Waldes.

Zielstrebig führt die Frau ihren Begleiter den kaum noch erkennbaren Waldweg entlang. Für sie ist die Orientierung kein Problem. Sie ist ortskundig. Nach geraumer Zeit überqueren beide einen breiten ausgefahrenen Weg.

Etwa 100 Meter weiter hält sie an und fragt: »Na, war es schlimm? Du bist in Freiheit. Hier wo wir eben stehen, ist schon belgisches Gebiet.« Ein stolzes Lächeln liegt auf ihrem Mund. Mit einer Handbewegung weist sie auf den breiten Weg zurück. »Das ist die Grenze zwischen Deutschland und Belgien.«

»Ich bin dir für deine Hilfe sehr dankbar. Das Rauskommen war für mich das größte Problem. Jetzt wo das geschafft ist, brauche ich mir keine großen Sorgen mehr machen. Hier von Belgien aus komme ich problemlos weiter und kann dann untertauchen.« In diesem Augenblick ist er sich vollkommen sicher, die Basen der Palästinenser zu erreichen. Und er verkneift es sich nicht, überheblich zu spotten: »Es ist schon ein herrliches Gefühl, die unfehlbaren, superklugen deutschen Bullen gefoppt zu haben.«

Beide zünden sich eine Zigarette an. Mit jedem Zug löst sich bei ihnen die Spannung, und als sie sich kurz darauf einem belgischen Dorf nähern, beflügelt beide ein gewisser Stolz. Dort unten am Ortsanfang haben sie die erste Station des nächtlichen Ausflugs erreicht. Nur noch knapp zweihundert Meter liegen vor ihnen.

Für den Rest des Weges ist sie nun Schrittmacher. Zügig eilt sie voran. Die Begründung für das plötzliche Tempo: »Ich möchte nicht, daß mein Freund so lange auf mich warten muß. Wir wollen nach unseren Aufträgen immer pünktlich zu Hause sein und im Job nicht negativ auffallen.«

Dies gehört zu den strengen Verhaltensregeln, die von allen Mitgliedern der Revolutionären Zellen (RZ) und auch vom Unterstützerumfeld zu befolgen sind. Gemäß ihrem Selbstverständnis wollen die RZ eine »populäre Guerilla« sein, das konnte man in der Untergrundzeitung Revolutionärer Zorn nachlesen. Das Blatt soll dem terroristischen und anarchistischen Untergrund Orientierungsgrundlage liefern. Im Gegensatz zur RAF-Stadtguerilla bemühen sich die Anhänger der Revolutionären Zellen, ihren beruflichen Alltag möglichst lange aufrecht zu erhalten und in der Öffentlichkeit nicht aufzufallen. Die Lebensgewohnheiten sollen nicht verändert werden, um bei Mitmenschen, Nachbarn und Freunden nicht unnötigen Verdacht zu erregen.

Während des Fußmarsches hinunter ins Dorf diskutieren beide angeregt über die Perspektiven des revolutionären und bewaffneten Kampfes, aber auch über andere Themen, die mit dem Ansatz der Revolutionären Zellen im Zusammenhang stehen. Offen tauschen sie ihre Meinungen aus, obwohl sie sich persönlich gar nicht kennen. Jetzt, nachdem das deutsche Terrain hinter ihnen liegt, müssen sie nicht mehr so ängstlich auf die Umgebung achten. Als sie die grüne Grenze noch nicht überquert hatten, wagten sie sich nicht einmal beim Namen anzusprechen.

Dafür gibt es jetzt keinen Grund mehr. »Du hast mich großartig bei meiner Flucht unterstützt, dafür kannst du mich jetzt ruhig mit *Steve* ansprechen. So nennen mich alle meine wirklichen Freunde und Genossen. Auf dem Steckbrief wird Johannes Weinrich stehen, aber für dich heiße ich von jetzt ab nur noch *Steve.*«

»In Ordnung«, lautet die knappe Antwort. »Für mich ist es egal, wie die Genossen heißen. Wenn man mich bittet, jemanden über die Grenze zu schleusen, dann mach ich das einfach. Ich glaube, das ist ein wichtiger Beitrag zur Stärkung des Widerstandes.« Sie sagt es so, als stünde hinter ihrem Handeln der martialische Befehl einer anonymen Macht. »Ich habe Skrupel, Gewalt anzuwenden und bewaffnet zu kämpfen, aber ich will auch mit meinen Möglichkeiten und Fähigkeiten die deutsche und die internationale Guerilla unterstützen. Du brauchst dich also nicht extra zu bedanken.«

Ihre Ortskenntnisse hatte die junge Frau aus ihrer Kindheit. Im Grenzgebiet gab es Verwandte, die sie öfter besuchen durfte. Und die erzählten gerne von den Schmuggelpfaden, die nach dem Zweiten Weltkrieg von Schiebern und Schwarzmarkthändlern genutzt wurden. Dort, wo *Steve* die Grenze überquert hat, wurden in der Zeit des Hungers und Mangels mit Vorliebe Zigaretten, Butter und Käse gepascht. Nach ihrer Heirat lebt die Hilfsguerillera mit ihren Mann in »ordentliche« bürgerlichen Verhältnissen im Ruhrgebiet. Ihre »revolutionäre Aktivität« besteht darin, die Kindheitskenntnisse zu nutzen, wenn RZ-Angehörige gezwungen sind unterzutauchen.

Als sie das Dorf erreichen, hat *Steve* seiner Begleiterin alle wichtigen Stationen seiner bisherigen »Karriere« berichtet; die Festnahme, die Haftbedingungen und die Möglichkeiten, die sich jetzt durch seine Flucht eröffnen. Knappe neun Monate hatte er hinter Gittern gesessen.

Am 24. März 1974, an einem Montag morgen, hatten mehrere Dutzend Polizisten, teilweise mit Maschinenpistolen bewaffnet, das Haus Nummer 4 in der Frankfurter Holzhausenstraße gestürmt und es von unten nach oben durchsucht. In der Dachwohnung hatten die Beamten den damals siebenundzwanzigjährigen Johannes Weinrich festgenommen.

Der Haftbefehl lautete auf »Verdacht der Unterstützung einer kriminellen Vereinigung«. Das war die Standardformulierung der Ermittler, um so im gut abgeschirmten terroristischen Umfeld an Verdächtigte heranzukommen. Dem Bundeskriminalamt hatten Hinweise vorgelegen, daß Weinrich am 13. Januar 1974 bei einem Raketenanschlag auf eine jugoslawische Verkehrsmaschine am Pariser Flughafen Orly beteiligt war.

Eine revolutionäre Karriere

Johannes wurde am 21. Juli 1947 in Brakel geboren. Seine Kindheit verbrachte er an seinem Geburtsort. Nach dem Abitur begann er, an der Universität Bochum Journalistik zu studieren. Die Grundlage für Weinrichs revolutionäre Karriere wurden wie bei vielen seiner Gesinnungsgenossen Ende der sechziger Jahre gelegt. Weinrich schloß sich der linken Studentenorganisation SDS an. Der »Sozialistische Deutsche Studentenbund« war Mitte der sechziger Jahre die treibende Kraft, die von den deutschen Universitäten und Hochschulen ausgehend gesellschaftliche Veränderungen in Gang setzte. Die Bewegung verbreitete sich auch außerhalb der Universitäten und erschütterte als »Außerparlamentarische Opposition« (APO) viele verkrustete politische Strukturen. Der SPD gelang es, einen Teil dieser Bewegung über ihre Jugendorganisation »Die Jungsozialisten« (Jusos) zu kanalisieren. Bei den Jusos hoffte man, durch einen »Marsch durch die Institutionen« an dasselbe Ziel zu gelangen, das andere nur durch eine Revolution für erreichbar hielten: eine sozialistische, aber freie Gesellschaft.

Weinrich gehörte nicht zu denen in der APO, die es in die Institutionen und Parlamente drängte. Er schloß sich einer subversiven Organisation an, dem sogenannten »Black Panthers Komitee«. Diese unterstützte die militanten Gruppen der Schwarzen in den USA, die nach der Ermordung von Martin Luther King die Anwendung von Gewalt befürworteten. Zudem half es schwarzen GI's, die wegen des Vietnamkriegs desertieren wollten, zur Flucht nach Schweden oder in andere nicht ausliefernde Länder.

Anfang der siebziger Jahre gründete Weinrich mit Gesinnungsgenossen eine linke Buchhandlung in Bochum und später eine in Frankfurt. Wilfried Böse galt als sein engster Mitarbeiter. 1972 engagierte sich Weinrich im Frankfurter Verlag Roter Stern, den zwei Jahre zuvor Karl Dietrich (KD) Wolff und drei weitere Studenten – unter anderem Michel Leiner – gegründet hatten. Wolff war 1968 gemeinsam mit seinem Bruder Frank Bundesvorsitzender des SDS und hatte nach dem Attentat auf Rudi Dutschke die Blockaden der Zeitungen des Springerkonzerns mitorganisiert.

Mit der Eintragung am 14. Juni 1972 im Handelsregister beim Amtsgericht Frankfurt wurden unter der Registernummer HR B 12438 Buchhandlung und Verlag Roter Stern in eine GmbH umgewandelt. Neben »Hannes« Weinrich war außerdem der Leiter der ebenfalls zur Gesamtfirma gehörenden Marburger Buchhandlung Roter Stern, Christian Boblenz, mit der Geschäftsführung betraut.

Mit politischen Büchern zur deutschen Geschichte und einer Zeitschrift *Erziehung und Klassenkampf* bildete sich ein Verlagsprogramm heraus, das mit seinem radikalen Anspruch nicht hinter dem Berg hielt. Vietnam, APO und der wachsende Widerstand der Schwarzen in den USA gehörten zu den Top-Themen. Das allererste Buch war übrigens ein *Kalender 1971 für Genossen* gewesen. Als politische Provokation verstand man auch die Herausgabe von Raubdrucken. Das Motto lautete: »Gedruckt wird, wozu andere, reiche Verlage den Mut nicht haben.« Derlei entsprach durchaus den Neigungen des ehemaligen Journalistikstudenten Johannes Weinrich.

Zwanzig Jahre später, als KD Wolff die Geschäftsbücher des Roten Stern dem Konkursrichter vorlegen mußte, hatte spät, aber unerbittlich die kapitalistische Realität gesiegt. Als Ursachen seines Scheiterns nannte KD Wolff in einem Zeitungsinterview die »hohen Zinsen« und die »ungenügende Kapitalausstattung«. Ein biederer, »kleinbürgerlicher« Handwerksmeister – abseits von allen revolutionären Visionen und nur um seine blanke Existenz besorgt – hätte über seine finanziellen Schwierigkeiten nicht anders gesprochen.

Kein Wort verlor in diesem Zusammenhang der SDS-Veteran über frühere Bekannte und den Freundeskreis seines Verlages aus der linksradikalen Szene. Kein Wort auch über die wohl nicht eben segensreiche Arbeit eines gewissen Johannnes Weinrich im Verlag und dessen finanzielle Eskapaden. Das Stammkapital von 20000 Mark hatten anfangs zu je 10000 Mark Angelika Schwarz und Ann Boblenz aufgebracht. Aus der Handakte des Registergerichts ist zu entnehmen, daß im Mai 1974 Ann Boblenz und der neue Teilhaber Dr. Reinhart Wolff (ebenfalls leiblicher Bruder K. D.'s) in der Kanzlei des Frankfurter Notars Reinhard Sommer erschienen und die Abberufung des Geschäftsführers Hannes Weinrich in dessen Abwesenheit beschlossen. Das war offensichtlich dringend notwendig, denn die Abberufung des Geschäftsführers war der einzige Tagesordnungspunkt. Außerdem war die Gesellschafterversammlung ohne Einhaltung aller Vorschriften über Formen und Fristen anberaumt worden.

Wie *Der Spiegel* schon im Januar 1976 anmerkte, wurde der Freundeskreis um den revolutionär orientierten Roten Stern viel zu lange als harmlos abgetan und unterschätzt. Dabei gehörten zu ihm Namen, die Furore machen sollten: Wilfried Böse (der von seinen Genossen mit hintersinniger Ironie »Bonny« genannt wurde), Hans-Joachim Klein und schließlich der Verlagskaufmann Johannes Weinrich. Die drei hatten sich von Wolff und den anderen als gewissermaßen selbständige Zelle abgekapselt.

Wie sich herausstellte, pflegten sie schon frühzeitig enge und intensive Beziehungen zur internationalen Terrorszene, nicht zuletzt zu palästinensischen Gruppen aus dem PLO-Umfeld. Hier agierte bereits der damals gefürchtetste und gefährlichste internationale Terrorist, der Venezolaner Ilich Sanchez Ramirez, bekannt unter dem Namen *Carlos*. Sein rundliches Gesicht, die Augen von einer Sonnenbrille verdeckt, war nur von Fahndungs- und Zeitungsbildern bekannt. Viele Jahre war die Schwarz-Weiß-Aufnahme das einzige in der Öffentlichkeit umlaufende Foto von *Carlos*. Obwohl häufig als geldgieriger Handlanger und als Söldner zu totalitärer Staaten beschuldigt, brachte es *Carlos* fertig, radikale Gruppen für sich einzunehmen und sie unter dem Deckmantel des ideologisch begründeten Kampfes für eigene Ziele umzufunktionalisieren. Viele, die das Doppelspiel durchschauten, nannten ihn öffentlich – nach dem berüchtigten Aasfresser – der Wüste den *Schakal*.

Kenner der d*amal*igen linksintellektuellen Szene in Frankfurt behaupten heute, daß die Beziehungen von Böse und Weinrich zu *Carlos* auch gegenüber den eigenen »Genossen« geheimgehalten wurden, und daß die Treffen höchst konspirativ verliefen. Selbst die Frauen in der Frankfurter Gruppe um Weinrich durften von den Kontakten nur wenig erfahren. Sie ahnten zwar, daß da »etwas läuft«, doch sie wußten nicht genau, »*was* läuft«.

Bei so zuverlässiger Geheimhaltung war es nicht verwunderlich, daß die Frankfurter Zelle von Böse und Weinrich frühzeitig in die militanten Aktivitäten in Frankreich mit einbezogen wurden. Als *Carlos* 1974 das Attentat auf den Pariser Flughafen Orly plante, setzte er als Freund und Helfer *Steve* alias Weinrich für die Anmietung des weißen »Peugeot 504« ein, den die Terroristen für die Durchführung des Anschlags benötigten. Bei der Autoverleihfirma benutzte Weinrich wenig originell den Allerweltsnamen *Fritz Müller*. Bereits ein Vierteljahr danach wanderte er in Untersuchungshaft.

Die Festnahme Weinrichs hinderte *Carlos* nicht – wie der französische Geheimdienst beobachtet hatte –, im Mai 1975, also nur wenige Monate nach dem Attentat, einen Abstecher nach Frankfurt zu wagen. Der Besuch in der Höhenstraße 26 galt Weinrichs Kompagnon Wilfried Böse. Anlaß: *Carlos* engagierte ihn diesmal für einen Kurierauftrag. Der Südamerikaner, der in Moskau an der Patrice-Lumumba-Universität studiert hatte und damals schon mit allen terroristischen Wassern gewaschen war, konnte also in Frankfurt Mitte der siebziger Jahre mit einem festen Unterstützerkreis rechnen. Wie Böse später seinen Eltern in Bamberg und Freunden erzählte (in Vernehmungsprotokollen festgehalten), waren die *Carlos*-Aufträge keine harmlosen Botengänge. *Carlos* verlangte unter anderem von Böse, in Spanien zur Unterstützung der baskischen Separatistenbewegung ETA »Informationen über Verhaftungen und politische Zustände zu sammeln und Ziele für Anschläge auszuspähen«. Der Auftrag war offenbar sehr eilig. Denn schon wenige Tage später, am 24. Juni, trafen sie sich in Paris, im »Hotel de Ville«, wo er seine Instruktionen bis in die kleinsten Einzelheiten erhielt und sofort mit Geld und einem falschen Paß auf den Namen Axel Klaudius ausgestattet wurde. Dies blieb auch dem Bundeskriminalamt in Wiesbaden nicht verborgen. Denn zur gleichen Zeit wurden die Terrorismusfahnder von den Franzosen mit ersten konkreten Hinweisen über die Zusammenarbeit deutscher Terroristen mit internationalen Gruppierungen aufgeklärt.

Anfang der siebziger Jahre, nachdem die APO-Bewegung in Hunderte Zirkel, Miniparteien oder lose Gruppen zerfallen war, hatte die Rote-Armee-Fraktion die erste Terrorwelle »erfolgreich« abgeschlossen. Für Weinrich war dies zunächst der Anlaß, sich von dem Weg der RAF zu distanzieren. Wie viele andere seiner Gesinnungsgenossen setzte sich auch der Buchhändler Weinrich mit den Möglichkeiten auseinander, den »antiimperialistischen Kampf« zu eskalieren. Die RAF-Methode der »Hinrichtung von Repräsentanten des kapitalistischen Repressionsapparates« – wobei auch das Risiko von Opfern Unbeteiligter in Kauf genommen wurde – lehnte Weinrich damals ab.

Die 1971 und 1972 allein von der Urzelle der RAF, der »Baader-Meinhof-Gruppe« (außerhalb der Linken oft »Bande« genannt), gelegte Blutspur führte unter den deutschen Extremisten zu heftigen Diskussionen. Der brutale Terror der RAF und anderen ähnlich orientierten Gruppen hatte bis dahin schon acht Opfer gefordert. So starben am

- 22.10.71: Norbert Schmidt, Polizeimeister in Hamburg. Er wurde getötet, nachdem sich bei der Festnahme von Margit Schiller, Mitglied der »Baader-Meinhof-Gruppe«, ein Schuß löste.
- 22.12.71: Herbert Schoner. Der Polizeiobermeister wurde bei einem

Banküberfall in Kaiserslautern erschossen. Als Todesschütze angeklagt war der Anarchist Manfred Grashof. Verurteilt wurde er aber nur wegen Beihilfe zu Mord und Raub.

• 02.02.72: Erwin Beelitz. Der Bootsbauer wurde bei einem Sprengstoffanschlag der »Bewegung 2. Juni« auf den britischen Yachtclub in Berlin-Spandau getötet.

• 22.03.72: Hans Eckardt, Kriminalhauptkommissar. Am 2. März wurde er bei der Festnahme der Terroristen Manfred Grashof und Wolfgang Grundmann von Grashof niedergeschossen. Er starb in einem Hamburger Krankenhaus an seinen Verletztungen.

• 11.05.72: Paul A. Bloomquist, US-Oberst des 5. Armeekorps in Frankfurt. Er wurde bei einem Anschlag auf das Hauptquartier getötet. Ein »Kommando Petra Schelm« übernahm in einem mit »Rote Armee Fraktion« unterzeichneten Brief die Verantwortung.

• 24.05.72: Clyde R. Bonner, Ronald A. Woodward und Charles L. Peck. Die drei GI's verloren bei einem Anschlag auf das Hauptquartier der US-Armee in Heidelberg ihr Leben.

Dies waren die ersten einer langen Reihe von Opfern, die der sogenannte »Kampf gegen die herrschende Klasse«, gegen das »Schweinesystem« und gegen den »Monopolkapitalismus« kostete. Die »Baader-Meinhof-Gruppe« verließ damit ihre ursprüngliche Linie: »Laßt Kaufhäuser brennen« – womit sie gegen »Konsumterror« und die »Manipulation der Massen« protestieren hatte wollen. Die Hemmschwelle zwischen »Bomben gegen Sachen« und »Gewalt gegen Menschen« war ohnehin nicht sehr hoch gewesen. Später spielten solche Bedenken überhaupt keine Rolle mehr. Die selbsternannten Soldaten der Revolution scheuten sich nicht mehr vor dem gezielten politischen Mord«. Die Anschlagstrategie der RAF änderte sich 1971/72 radikal.

Im nunmehr beginnenden »bewaffneten Kampf« wurde die Auslöschung von Menschenleben bewußt in Kauf genommen. Bis dahin ohne Beispiel in Deutschland war die hohe Beteiligung von jungen Frauen. Sie übernahmen nicht mehr nur Rollen als Helferinnen, Informantinnen oder Späherinnen, sondern auch als aktive und brutale Kämpferinnen mit der Neun-mm-Pistole griffbereit unter dem Mantel oder in der Handtasche. Anleitung holten sie sich aus dem »Minihandbuch für Stadtguerilla« von Carlos Marighella, in dem die Taktik des Kampfes brasilianischer Guerilleros beschrieben ist. Kostprobe über die Zielrichtung auf Seite 15: »Die physische Liquidierung der Chefs und Henkersknechte der Streitkräfte und der Polizei«. Die Enteignung von Vermögen für den Bedarf der Stadtguerilla im kleinen und für die Revolution im großen Rahmen wird als legitimes Mittel betrachtet. Der Banküberfall gilt als eine »Art von Vorexamen für die Ausbildung in der Technik der revolutionären Kriegführung«.

Die Idee des bewaffneten Kampfes wäre ohne das Vorbild revolutionärer Organisationen wie der argentinischen *Tupamaros* nicht verwirklicht worden, stellte der ehemaliger Leiter des Hamburger Verfassungsschutzes, Hans Josef Horchem, fest. Die Anhänger der deutschen RAF übertrugen bereits Anfang der siebziger Jahre die in verschiedenen südamerikanischen Ländern wie Brasilien, Argentinien und Uruguay entwickelten Kampfformen auf die Bundesrepublik Deutschland.

Auch Johannes Weinrich entschied sich für den Kampf gegen den Imperialismus, lehnte aber vorerst das Töten nach der »RAF-Methode« ab. Die militante Linke, soweit sie zum Unterstützerkreis der RAF zählte, begnügte sich keineswegs mit der Akklamation, sondern suchte ihrerseits nach neuen Formen der revolutionären Praxis. Unter Verzicht auf eine dogmatische revolutionäre Theorie bildete sich langsam ein verbreitetes Konzept heraus, das jedem Mitglied die Auswahl des Betätigungsfeldes und die Intensität seines Engagements überließ. Das Prinzip dabei: »Gegenmacht in kleinen Kernen zu organisieren, die autonom in den verschiedenen gesellschaftlichen Bereichen arbeiten, kämpfen, intervenieren, schützen und Teil der politischen Massenarbeit sind.« Auf diese Weise war ein Weg vorgezeichnet, der über einen relativ leichten Einstieg über einfache militante Aktionen bis zur Anwendung schwerster terroristischer Gewalt führte. Radikale Agitation und offensive »Gewalt gegen Sachen« bei gleichzeitiger Wahrung einer legalen Existenz mit Beruf und Meldenummer – darin bestand die simple aber erfolgreiche Konzeption der Revolutionären Zellen, von der sich damals auch Weinrich angezogen fühlte.

Über seine Kontakte zu Mitgliedern der »Roten Hilfe« hatte der linke Verlagskaufmann zunächst die Auffassungen von Guerilla-Kampf in den »imperialistischen Metropolen« kennengelernt. Ursprung der »Roten Hilfe« waren die 1968 entstandenen Rechtshilfeorganisationen für verfolgte Genossen in Berlin und Frankfurt. Sie unterstützten inhaftierte Terroristen und betrieben gleichzeitig auch Öffentlichkeitsarbeit, die dahin tendierte, terroristische Gewalttaten auch nach außen zu rechtfertigen.

Maßgeblich beteiligt war der Staranwalt Horst Mahler, der vorübergehend auch zum Führungskader der »Roten Armee Fraktion« zählte. Bald kam es zu schweren ideologischen Streitigkeiten mit den Anhängern der maoistischen »KPD«, die daraufhin ein eigenes »Rote Hilfe Komitee« gründete. Die meisten übrigen Mitglieder beschlossen danach, in autonomen »Roten Hilfen« weiterzumachen. Ihre Arbeitsweise war, wie die Polizei bald feststellte, weitgehend konspirativ. Es lagen weder Eintragungen in Vereinsregistern vor, noch war die Anzahl ihrer Mitglieder bekannt.

Weinrich fühlte sich in einem konspirativen Umfeld immer sicherer als in der offenen Auseinandersetzung. Vielleicht fehlte es ihm auch an Mut. Mit dem Terrorkonzept der »Roten Armee Fraktion«, die sich Ende der sechziger, Anfang der siebziger Jahre aus der »antiautoritären Studentenbewegung« heraus zu einer bewaffneten Untergrundorganisation entwickelt hatte, konnte sich Weinrich nicht anfreunden. Die Absicht des historischen Führungskaders unter Holger Meins, Ulrike Meinhof, Andreas Baader und Gudrun Ensslin war, »die Konflikte auf die Spitze zu treiben«, wie es das Anarchoblatt *Agit 883* vom 5. Juni 1970 wiedergab.

So schloß sich Weinrich den Revolutionären Zellen an. Deren Konzept vom »illegalen Kampf« und einem »legalen Leben« entsprach eher seinen Vorstellungen. Die »Feierabendterroristen« der RZ entwickelten sich zu unberechenbaren, äußerst aktiven und gefährlichen Gruppen. Sie waren geschlossene Einheiten. Neulinge brauchten viel Zeit, um das Vertrauen der autonomen RZ-Gruppen zu gewinnen. Diese Praxis zahlte sich für die RZ aus. Dem Verfassungsschutz ist es praktisch kaum gelungen, Spitzel einzuschleusen. Über die Organisationsstrukturen drang fast nichts nach außen, nur so viel, wie unvermeidbar war oder die einzelnen Gruppen selbst zuließen.

Die *Deutsche Presse Agentur*, die mit ihren Hintergrundinformationen bemüht ist, den Redaktionen zu bestimmten Sachthemen genaue Details zu liefern, wußte in einem 14 Seiten starken Dossier (a) über den »Terrorismus in der Bundesrepublik Deutschland« im Kapitel Revolutionäre Zellen nur Allgemeines zu berichten:

> »Über die Revolutionären Zellen, die sich in den letzten Jahren stark vermehrt haben, ist recht wenig bekannt. Trotz gemeinsamer Ziele arbeiten sie weitgehend selbständig vor allem in Berlin und im Frankfurter Raum. Den Revolutionären Zellen werden mehrere Anschläge zugeordnet. Meist handelt es sich dabei um Sprengstoffanschläge. «

Auf das Konto der RZ gehen zahlreiche Sprengstoffanschläge. Die Ziele waren zum Beispiel Strommasten, Eisenbahnobjekte und andere Anlagen, die zur Infrastruktur einer hochtechnisierten Gesellschaft zählen. Nur selten gelang es, die Täter zu erwischen und die Zellen zu identifizieren. Dazu gehörte schon eine große Portion Glück. Ein seltenes Beispiel dafür war die Ermittlung der Täter eines Anschlags auf ein Aachener Kino. Sie hatten aus Empörung über den Film »Unternehmen Entebbe« (mit der Story über den erfolgreichen Einsatz eines israelischen Einsatzkommandos gegen Terroristen) gehandelt. Ein zweites Mal half »Kommissar Zufall«, als sich ein Hermann Feiling beim Bombenbasteln selbst in die Luft sprengte. Die Folge war: Bei der Durchsuchung des Unglücksorts stießen die Terroristenfahnder auf Dokumente und zahlreiche Hinweise, die zur Festnahme der RZler Albartus und Borstelmann führten.

Die Zielsetzung der RZ, bei ihren vielseitigen Aktionen Schaden an Personen auszuschließen und nur Angriffe gegen Gebäude, Anlagen und Einrichtungen des sogenannten imperialistischen Feindes oder aber auch Strafaktionen zu starten, gelang nicht immer. Ein solches Beispiel liefert anscheinend der Fall Karry, wie ihn *Steve* seinen arabischen Freunden geschildert haben soll. Beabsichtigt sei gewesen, Karry wegen eines nicht eingehaltenen Wahlversprechens zu bestrafen. Nach der von den »Roten Brigaden« in Italien praktizierten Methode sollte ein Knieschuß verpaßt werden, um ihn damit sein Leben lang als Verräter zu kennzeichnen. Der Plan ging schief, weil angeblich die präparierte Stehleiter vor dem Schlafzimmerfenster unter der Last des Schützen auf dem weichen Boden zu wackeln begann. Der Täter erschrak, der Schuß löste sich, und aus der angeblich geplanten Bestrafungsaktion wurde Mord. Die Kenntnis von diesem Hergang über den heute noch unaufgeklärten Mord 1982 an dem hessischen Wirtschaftsminister Heinz-Herbert Karry – ob richtig oder falsch ist nicht zu entscheiden – hatte Weinrich aus der RZ-Szene: ein eindeutiger Beweis dafür, daß seine Verbindungen zum terroristischem Untergrund in Deutschland ausgesprochen gut waren.

Über die Frage »Personen« oder »Sachen« wurde in RZ-Zirkeln ständig diskutiert. Nach der gescheiterten Flugzeugentführung im Juni 1976, bei der die RZ-Terroristen Brigitte Kuhlmann und Wilfried Böse den Tod fanden, wurde erneut gefordert, den bewaffneten Kampf der deutschen RZ über die Landesgrenzen hinaus fortzuführen. Hermann Feiling, Rudolf (Rudi) Raabe, Herzinger und andere waren strikt dagegen. Sie wollten die Begrenzung auf den eigenen Staat weiter praktizieren. Einige vom radikalen RZ-Flügel hatten sich allerdings längst vorher, gemeinsam mit Böse und Kuhlmann, für militante Gewaltakte auf internationaler Ebene entschieden: Johannes Weinrich, seine damalige Freundin Magdalena Kopp und der ebenfalls untergetauchte Hans-Joachim Klein.

Sie brauchten nicht lange, um im Ausland revolutionären Anschluß zu finden. In kürzester Zeit hatten sie Zugang zu den militanten palästinensischen

Organisationen der PFLO-SO, der Terrorabteilung »Spezialoperationen« der »Volksfront für die Befreiung Palästinas«, gewannen sie einen geeigneten Verbündeten.

Die Chance, ihren Kampf mit der Hilfe der deutschen Terroristen zu internationalisieren, wurde vom damaligen Leiter der Gruppe, dem palästinensischen Arzt Wadi Haddad (Decknamen *Wadir* oder *Abu Hani*), sofort verwirklicht. Die neuen Mitglieder wurden umstandslos eingegliedert und an Ort und Stelle ausgebildet. Rasch entwickelte man Pläne für gemeinsame Aktionen. Die RZ wurde sofort in terroristische Aktionen einbezogen, es begann mit der Flugzeugentführung nach Entebbe.

Die Einbindung von Brigitte Kuhlmann und Wilfried Böse in das Hijak-Kommando zur Entführung der »Air France«, mit dem Ziel, 53 in mehreren Ländern inhaftierte Terroristen frei zupressen, ging schief. Am 4. Juli 1976 wurden Böse und Kuhlmann bei der Erstürmung des Flugzeugs durch eine israelische Spezialeinheit erschossen.

Mehr Glück hatte Hans-Joachim Klein, als ein halbes Jahr vor Entebbe auf der OPEC-Konferenz in Wien unter dem Kommando von *Carlos* 70 Geiseln genommen wurden. Bis heute besteht über die Hintermänner des Anschlags keine endgültige Klarheit. Nach ägyptischen Zeitungsberichten hatte diesen Überfall Gaddafi bestellt und dafür mehrere Millionen Dollar bezahlt. Drei Menschen kamen dabei ums Leben. Außer einer Bauchverletzung von Klein ist den Terroristen nicht viel passiert. Sie konnten mit den Geiseln nach Algerien ausfliegen und wurden anschließend nach Libyen freigelassen. In Wien mit von der Partie gewesen zu sein, warf man auch Gabriele Kröcher-Tiedemann vor und stellte sie in Deutschland vor Gericht. Die Beweislage allerdings reichte für eine Verurteilung nicht aus. 1983 erhielt der damalige Innenminister Friedrich Zimmermann einen an ihn gerichteten Drohbrief von *Carlos* persönlich. Darin reklamiert dieser den Überfall in Wien für seine Gruppe und erwähnt dabei die »Kämpferin Kröcher-Tiedemann«. In Kreisen von Sicherheitsorganen wird vermutet, daß die Drohung von *Carlos*, sich zu rächen, bei der Urteilsfindung eine Rolle gespielt haben könnte.

Johannes Weinrich bestand seine Bewährungsprobe sehr früh, im Dezember 1974. Bereits damals lernte PFLO-SO-Chef Wadi Haddad die Arbeitsweise des deutschen Terroristen beim Anschlag auf dem Pariser Flughafen Orly schätzen. Mit diesem Einstand war Weinrich in die Operationen der Palästinenserorganisation – speziell in deren Gruppe »Paris« – einbezogen, schon vor seiner Flucht aus Deutschland.

Als die französische Polizei ihren deutschen Kollegen »steckte«, daß Johannes Weinrich am 13. Januar 1975 an dem Raketenanschlag auf eine israelische El-Al-Maschine beteiligt war, bei dem irrtümlich ein jugoslawisches Flugzeug getroffen wurde, stellte die Bundesanwaltschaft den Haftbefehl aus. Als Rädelsführer ermittelte die französische Polizei den gefürchteten Terroristen *Carlos*. Er hatte den Raketenanschlag auf Befehl von Haddad verübt. Weinrichs Anmietung des Autos führte die Fahnder auf die richtige Spur.

In Untersuchungshaft verbrachte Weinrich nur wenige Monate. Wegen eines (simulierten) Nierenleidens wurde ihm am 18. November 1975 Haftverschonung zugebilligt. Entlassen, tauchte er sofort unter und floh mit Hilfe von RZ-Unterstützern aus dem Ruhrgebiet in der Nähe von Aachen über die grüne Grenze nach Belgien.

Der Umweg

Am nächsten Morgen, einem trüben Novembertag, kommt *Steve* in Brüssel an. Auch wenn die erste Hürde genommen wurde, in Sicherheit ist er noch lange nicht. Vor allem muß er jetzt die Vorbereitungen für die Weiterreise so tarnen, daß er nicht erkannt wird. Mit Überraschungen ist immer zu rechnen, bei der Beschaffung der Flugkarten, des Visums und dann schließlich bei Zoll und Flughafenkontrolle. Der kleinste Fehler, und *Steve* würde die Gefängnismauern wieder von innen sehen.

In der Nähe des Hauptbahnhofs entdeckt er ein kleines Bistro. Er spürt Hunger, geht hinein und sucht sich einen Platz, der nicht auffällig ist und von dem er dennoch einen guten Überblick und die Tür im Auge hat. Bei der Bedienung bestellt er Croissants, Butter und reichlich schwarzen Kaffee. Die erste, wenn auch nicht allzu üppige Mahlzeit, die er selbst wählen und in Freiheit genießen kann. Den starken Kaffee hat er nach der anstrengenden Nacht nötig.

Immer wieder mustert er – eigentlich recht auffällig – seine Umgebung, hält Ausschau, ob er nicht vielleicht doch beschattet wird. Seine Vorsicht ist so übertrieben, daß er der Polizei auffallen müßte, wäre sie ihm auf den Fersen.

Erst als er überzeugt ist, daß ihn niemand beobachtet, holt er aus der Jacke einen Zettel und kramt aus der Reisetasche einen zweiten. Auf beiden stehen Zahlen. Er legt sie nebeneinander, setzt unter die Zahlenreihe seine persönlichen Daten (Alter, Geburtstag und Schuhgröße) und addiert alles. Das Ergebnis ist eine entschlüsselte Telefonnummer. An der Vorwahl läßt sich erkennen, daß es sich um einen Anschluß in der irakischen Hauptstadt Bagdad handelt. *Steve* ist mit sich zufrieden, schlürft den Kaffee aus, ißt das mit Butter bestrichene Croissant und macht sich auf zum nächsten Postamt.

In der Telefonzelle wählt er mehrmals die Nummer, doch ohne Erfolg. Es kommt keine Verbindung zustande. Er wählt und wählt immer wieder: Es tut sich nichts! Unmut überfällt ihn und Müdigkeit. Die warme Luft, die von der Heizung aufsteigt, »macht ihn fertig. Er gibt auf: »Ich muß mich hinhauen.« Im Hotel »Continental« nimmt er ein Zimmer und meldet an der Rezeption das Gespräch nach Bagdad an.

Kaum hat er sich auf das Bett gelegt, fällt *Steve* alias Weinrich in einen tiefen Schlaf. Als plötzlich die Telefonklingel läutet, braucht er eine Weile, um sich zu orientieren. Nach Sekunden hat er begriffen, was vor sich geht, und nimmt erwartungsvoll den Hörer ab. Als ihn die Hotelzentrale verbunden hat, hört er vom anderen Ende der Leitung eine vertraute Stimme: »Wir beglückwünschen dich zu deiner Freiheit. Du solltest schnellstens zu uns kommen. Nimm aber die Route über Zürich und Prag. Die ist zwar etwas aufwendiger, aber sicherer.« Das ist eine wichtige Anweisung, die *Steve* unbedingt zu befolgen hat. Den Flug über Prag muß er über die tschechoslowakische Fluggesellschaft *CSA* buchen. Damit kann er seine Spuren schnell verwischen. Denn die Ostblock-Airliner haben ihr eigenes Buchungssystem, das gegen westliche Dienststellen und Polizeibehörden perfekt abgeschottet ist.

»Wenn du hier bist«, so fährt der Gesprächspartner am Tigris fort, »werden wir alles Weitere besprechen. Bei der Einreise gibst du an, du würdest mich besuchen und erwähnst ganz einfach meinen Namen. Man wird dir keine Schwierigkeiten machen.« Noch ehe *Steve* Fragen stellen kann, ist das Gespräch unterbrochen. Wenn auch teilweise nur in Andeutungen – die notwendigsten Punkte sind geklärt. Wichtig ist in diesem Augenblick nur, so schnell wie möglich weiterzukommen, aus Brüssel zu verschwinden.

Steve beginnt einen Fahrplan zu entwerfen, nach dem alles ablaufen soll. Kein Fehler darf ihm unterlaufen. Für die Reise nach Bagdad schreibt er sich folgende Punkte auf:

- Ticket von Brüssel nach Zürich bei SAD kaufen und Flug buchen.
- Ticket von Zürich nach Prag bei der CSA auch in Brüssel kaufen.

Das ist wichtig, um die Schweizer Grenzer zu umgehen.

- Zwei Paßbilder für ein tschechisches Visum beschaffen.

Er plant die offizielle Einreise in die Tschechoslowakei, um nicht im Prager Transit auf den Weiterflug nach Bagdad warten zu müssen und womöglich von jemanden erkannt zu werden. Die nächsten Punkte auf der Liste sind:

- Visum in der CSSR-Botschaft beschaffen.
- Platzreservierung bei der IRAQI-Airlines für den Flug Prag/Bagdad.
- Kauf eines Pilotenkoffers, um das Reisegepäck als Handgepäck mit an Bord nehmen zu können.

Seine Vorbereitungen trifft er von nun an genau nach Plan. Als er am Abend in seinem Hotelzimmer sitzt, überlegt er, ob er nicht doch der Verlockung nachgeben soll, sofort nonstop von Brüssel nach Bagdad zu fliegen. Wie leicht würde das gehen. Andererseits weiß er auch, daß die Anweisungen aus Bagdad strikt zu befolgen sind. Denn es gilt den sichersten Weg zu wählen.

Der nächste Tag beginnt zunächst ganz reibungslos. Die Fotos sind schnell gemacht. Doch dann gibt es Schwierigkeiten mit der tschechischen Botschaft. *Steve* erhält das Visum nicht auf Anhieb. Da die Botschaft die Pforten für den Publikumsverkehr schon am frühen Nachmittag, um 14 Uhr, geschlossen hat, kann er seinen der Zeitplan nicht einhalten.

Am darauffolgenden Tag, kann er sich endlich um 13.20 Uhr für die Maschine nach Zürich einchecken. *Steve* nähert sich dem Schalter erst, nachdem die anderen Passagiere schon abgefertigt sind. Damit orientiert er sich, ob ihm nicht irgendwelche Verfolger nachsteigen. Die Abfertigung erfolgt jedoch ganz ohne Probleme. Die Freizügigkeit der europäischen Grenzbestimmungen helfen *Steve,* unerkannt durchzugehen. Paß- und Zollkontrolle sind nur Routine.

Auch in Zürich läuft alles reibungslos. Da *Steve* das Anschlußticket nach Prag schon bei der tschechoslowakischen Fluggesellschaft in Brüssel gekauft hat, bleiben ihm weitere Kontrollen erspart. Denn Passagiere mit einem Anschlußticket können im Alpenstaat durch eine Sicherheitslücke schlüpfen, auch bei Reisen in den Ostblock. Dieser Weg ist bei den unterschiedlichsten Leuten mit dubiosem Hintergrund beliebt. Was aber noch viel wichtiger ist: *Steve* kann auf diese Weise die Schweiz verlassen, ohne die für West-Ost-Reisende sonst zwingend vorgeschriebene Identitätskarte ausfüllen zu müssen.

So erreicht *Steve* nach Brüssel und Zürich unbehelligt Prag, die dritte Station auf seinem Fluchtweg. Von der »Goldenen Stadt« an der Moldau bekommt er nur wenig zu sehen. Die Nacht verbringt er im Flughafenhotel, eine der für den ehemaligen Sozialismus typischen Devisenherbergen, teuer und von der Staatssicherheit gut behütet. Doch die Aufpasser des StB kümmerten sich um den Reisenden Johannes Weinrich herzlich wenig.

Als er am nächsten Vormittag beim Betreten der Maschine vom Bordpersonal der IRAQI-Airlines freundlich begrüßt wird, ist er so gut wie am Ziel. Vor dem Abflug in Prag hat er noch einmal mit Bagdad telefoniert und seine Ankunft angekündigt. Dabei erfährt er, daß er von Kontaktpersonen am Flughafen abgeholt wird. Trotz der üblichen Totalüberwachung des Reiseverkehrs von und nach dem Irak wird für ihn eine Ausnahme gemacht. Den befreundeten Teilorganisationen der PLO räumen die irakischen Behörden, allen voran der irakische Geheimdienst, bei Ein- und Ausreise von Mitgliedern und Gästen Sonderrechte ein; eine Art »Terroristen-VIP«. Auf diese Weise bleibt der rege Terroristen-Tourismus für Außenstehende verborgen. Als Gast der in Bagdad stationierten Palästinenserorganisation PFLO-SO, der »Wadi-Haddad-Gruppe«, kann auch *Steve* unkontrolliert in Bagdad einreisen. Es wird sein langjähriges Versteck in seiner bis heute noch andauernden Freiheit.

Erste Begegnung mit *Amal*

Bagdad, 763 von den Abbasiden gegründet, ist bis zum heutigen Tag zentraler Brennpunkt im Orient. Nie hat hier das Streben nach Macht und Vorherrschaft am Golf aufgehört. Saddam Hussein ist der letzte einer langen Reihe kriegerischer Machthaber, die sich nie vor militärischer Gewalt scheuten. Acht Jahre dauerte der erste Golfkrieg gegen den Iran, der beide Staaten an den Rand der Erschöpfung brachte. Zwei Jahre danach besetzte Saddam Kuwait und riskierte den zweiten Golfkrieg, in dem er zwar vernichtend geschlagen, aber dennoch an der Macht blieb. Dem Despoten von Bagdad ist jedes Mittel recht, das ihm Vorteille verspricht, auch der Pakt mit Terroristen. Seit den siebziger Jahren politischer Regisseur im Irak, bot er damals schon Terroristen und politischen Verbrecherbanden aus fast aller Herren Länder sein Land als Operationsbasis an. In dem Augenblick, als Johannes Weinrich alias *Steve* in Bagdad landet, ist er in Sicherheit.

Vom Flughafen aus wird *Steve* direkt in das Gästehaus der »Wadi-Haddad-Gruppe« gebracht, ein Anwesen, das vor *Steve* schon viele Mitglieder europäischer Terrorgruppen beherbergt hatte. Hier weilten unter anderem Angehörige der RAF, der »Bewegung 2. Juni«, der spanischen ETA, der irischen Untergrundarmee IRA und der »Roten Brigaden« aus Italien, alles Leute, die gelernt hatten, mit Kalaschnikows, den wesentlich handlicheren Berettas, mit Bazookas, Handgranaten, Semtex und anderem mörderischem Handwerkszeug umzugehen.

Steve bezieht ein Zimmer im ersten Stock. Im Vergleich zu den anderen Unterkünften ist es relativ geräumig und sogar mit einer Klimaanlage ausgestattet. Davon gibt es nur zwei Zimmer im ganzen Haus. Dieser »Komfort« stellte eine Auszeichnung für *Steve* dar. Durch seine Haft in Deutschland wurde er in die Kategorie der »besonders standhaften Kämpfer« eingereiht.

»Abu Ibrahim lädt dich heute Abend zum Essen ein. Auch andere ehemalige Bekannte von dir werden anwesend sein«, erklärt ihm der Hausverwalter, der beauftragt ist, *Steve* einzuweisen. »Aber denke daran«, so fährt er fort, »es ist Sitte unter Arabern, zu einem solchen Essen nicht vor 22.00 Uhr zu erscheinen.« Als *Steve,* um sicherzugehen, erst gegen halb elf im Haus von Abu Ibrahim ankommt, ist er durchaus noch nicht der letzte Gast. Erst kurz nach elf sind alle Teilnehmer anwesend, und das Empfangsessen im großen Salon, das zu Ehren von *Steve* gegeben wird, kann beginnen.

Was sich in dieser spätabendlichen Runde auf Einladung von Abu Ibrahim, des Anführers der in Bagdad stationierten »Wadi-Haddad-Gruppe«, versammelt hat, kann als eine in ihrer Art hochkarätige Gesellschaft gelten. Abu Mohamed, Abu Nadia, Sami und Sudki, um nur einige zu nennen, gehören zur Creme des internationalen Top-Terrorismus. Unter dem Label »Gruppe des 15. Mai«, verübten sie in wechselnden Besetzungen spektakuläre Anschläge, so zum Beispiel auch gegen das Londoner »Grand-Royal-Hotel«.

Die Ankunft von *Steve* wird gefeiert bei Whisky und Makloby, zu deutsch »Umgekipptes«, einem palästinensischen Nationalgericht aus Hammelfleisch, viel Gemüse, scharfen Gewürzen und Reis. Es ist ein wirklich munterer Abend. Mehrmals muß der Deutsche den Anwesenden die Erlebnisse während seiner Flucht nach Bagdad schildern. Und das nicht ohne Grund. Der Gastgeber und die Anwesenden interessieren sich besonders für die Einzelheiten des Grenzübertritts von Deutschland nach Belgien, der vermutlich ohne Unterstützung der RZ nicht so reibungslos verlaufen wäre. Die Palästinenser erwägen sogleich, diese Erfahrungen an der »grünen Grenze« nicht nur für das Ein- und Ausschleusen von Personen zu nutzen. Davon könnten insbesondere diejenigen Organisationen profitieren, die mit dem Schmuggel von Waffen befaßt sind. Das in einer Grenzlandkindheit erworbene Knowhow einer jungen Frau in Nordrhein-Westfalen gelangt auf diese Weise in den Orient. Noch bevor das Zusammensein in Strömen von Alkohol endet, legen die Beteiligten die nächsten Schritte für *Steve* fest.

Um eventuelle Nachforschungen der deutschen Behörden zu erschweren, beschließen sie, *Steve* für eine Weile außer Landes zu bringen. Doch sie haben es vorerst nicht so eilig. Einige Wochen lang kann er noch den Aufenthalt in der irakischen Hauptstadt genießen, dann soll er in die Volksdemokratischen Republik Jemen VDRJ weiterreisen. Zunächst ist als Zwischenbleibe die jemenitische Hafenstadt Aden vorgesehen, dann soll er ins Ausbildungscamp der PFLP-SO abtauchen, fernab vom Zugriff westdeutscher Fahnder, im III. Gouvernement nahe der nordjemenitischen Grenze.

So geschieht es dann auch. Wenige Wochen nach seiner Ankunft aus Europa befindet sich *Steve* wieder im Flugzeug, diesmal auf der Route von Bagdad nach Aden. Der Flug dauert nicht ganz so lange wie von Prag nach Bagdad. Auf dem Flughafen der südjemenitischen Hauptstadt gelandet, wird er wieder von einer Abordnung palästinesischer Freischärler empfangen, diesmal sind es Mitglieder der »PFLP-SO Gruppe Aden«. Wie zuvor in Bagdad, wurde er auch in Aden von Haddads Leuten abgefangen und an den Zoll- und Flughafenkontrollen vorbeigeschleust.

Im Haus des Anführers der Gruppe »Zaki Helou« vernimmt *Steve* zu seinem Erstaunen eine Frauenstimme mit unverkennbar deutschem Akzent. Als die Begleiter seine Verwunderung bemerken, erklären sie ihm: »Unser Boss hat eine deutsche Frau.« Sie war früher Mitglied einer deutschen Terroristengruppe, aber nun will sie auf Seiten der Palästinenser kämpfen. Ihr Vorname ist Monika.« Den Nachnamen verschweigt man zunächst. Laut Paß nennt sich die Deutsche »*Amal*«. Doch der Name ist natürlich falsch. Das Alter, Mitte Zwanzig, ist zutreffend. Sie hatte helle Augen, einen hellen Teint und ist mit ihrer Zierlichkeit von auffallender Schönheit. In einschlägigen Kreisen wird sie die »Schöne Frau« oder auch »Queen von Aden« genannt. Eine Frau voller Widersprüche. Ihre Schönheit, so erklärt man dem Neuankömmling bereitwillig, sei ausschlaggebend gewesen, daß sich »unser Chef« spontan in sie verliebt habe. »

Ohne große Sicherheitsüberprüfung wurde sie bei uns aufgenommen. Seither wohnt sie in seinem Haus und weiß über alles Bescheid, was hier in der Kommandobasis geschieht. Mit ihrer Person und Vergangenheit ist einiges ungeklärt«, sagt *Steves* Gesprächspartner mit gedämpfter Stimme, »aber alle Fragen werden von Zaki vom Tisch gewischt. Das beste ist, du gehst dieser Frau aus dem Weg und sprichst in Gegenwart von unserem Boss nicht über Sicherheitsbedenken.«

Steve versinkt für einen Moment in Grübelei. Dann faßt er sich, bedankt sich bei dem offenherzigen Palästinenser für den guten Rat und pflichtet ihm bei. *Monika* ist für ihn kein unbeschriebenes Blatt. Zu gut kennt er die Zweifel an ihrer Integrität. Vielen Gerüchte kursieren um diese Frau, die sich mit bürgerlichen Namen Monika Haas nennt. Bis heute ist es nicht nur für *Steve* ein Rätsel, wie es der Proletariertochter aus dem Frankfurter Gallusviertel – der Vater Analphabet, die Mutter Verkäuferin und Putzfrau – gelingen konnte, mit einem auf den Decknamen »*Amal*« gefälschten peruanischen Reisepaß unbehelligt von Aden in die Bundesrepublik zu reisen, dort ihren Sohn aus seiner sozialen Umgebung herauszuholen und problemlos nach Aden zurückzukehren. Das RAF-Mitglied Rolf Pohle hingegen wurde auf der gleichen Reiseroute mit ebenfalls einem peruanischen Paß festgenommen.

Kontakt mit der Terroristenszene knüpfte Monika, als sie sich dem »Komitee gegen Folter an politischen Gefangenen« anschloß. In Hamburg besuchte sie den einsitzenden Terroristen Werner Hoppe und entdeckte in ihm ihre große Liebe. Von der RAF wurde ihr vorgehalten, sie habe sich nur aus Liebe dem bewaffneten Kampf verschrieben. Im Sommer 1975 fürchtete sie, ins Visier von Polizei und Justiz geraten zu sein. Sie beschloß, die Bundesrepublik zu verlassen, und tauchte zunächst im Libanon und dann im Südjemen unter.

Auch wenn die Zweifel in den eigenen Reihen nicht verstummten, in Aden konnten sie Monika Haas nichts anhaben. Nicht nur Monikas Mann Zaki ließ derlei nicht zu, auch dessen Chef, der einflußreiche Terroristenführer Wadi Haddad nahm die Deutsche in Schutz, sogar auch dann noch, als das RZ-Mitglied Hans-Joachim Klein Anfang 1976 Monika vorwarf, sie sei vom »Mossad« gekauft.

Kleins Anklage bezog sich auf ein Ereignis kurz zuvor in Kenias Hauptstadt Nairobi. Dort sollte sie Anfang 1976 einem deutsch-arabischen Terroristenkommando, das angeblich einen Anschlag auf eine israelische »El-Al«-Maschine vorbereitete, einen Brief von Zaki Helou, ihrem Ehemann, übergeben. Als sie in Nairobi ankam, war das fünfköpfige Kommando bereits aufgeflogen. Und auch Monika tappte in die vom israelischen Geheimdienst gestellte Falle. Während die gefaßten Kommandomitglieder, darunter die deutschen Terroristen Brigitte Schulz und Thomas Reuter, heimlich nach Israel gebracht wurden, kam Monika Haas alias *Amal* nach vier Tagen wieder frei. Zu ihrer Verteidigung gab sie an, es sei ihr gelungen, den »Mossad« zu täuschen. Was wirklich geschah, liegt bis heute im Dunkeln. Doch lieferte dieser Vorfall reichlich Stoff für Legenden.

Zunächst hat *Steve* mit dem Kapitel Monika wenig zu tun. Er übernachtet im Hause von Zaki und soll gleich am nächsten Tag in das eigentliche Gästequartier der PFLP-SO in Aden gebracht werden.

Im Stützpunkt der »Wadi-Haddad-Gruppe«

Steve hat nicht sonderlich gut geschlafen. Der Tag ist heiß. Es dauert nachts sehr lange, bis die extreme Hitze abkühlt. Er grübelt über *Amal* nach. Der Gedanke, daß durch diese Frau möglicherweise sein Unterschlupf verraten werden könnte, beunruhigt ihn doch ein wenig. So ist er froh, als er sich früh morgens mit seinen Begleitern auf den Weg macht. Die PFLP-SO verfügte in Aden noch über zwei weitere Stützpunkte: zum einen ein dreistöckiges Gästehaus am Stadtrand und zum anderen das Ausbildungscamp im Hochland an der nordjemenitischen Grenze, von der Hauptstadt knapp drei Autostunden entfernt.

Das Gästehaus ist von einem Zaum und einer drei Meter hohen Mauer umgeben; die Zufahrt von Wachposten geschützt. Ein geheimer Stützpunkt der PFLP-SO, den Wadi Haddad als eine Art Ruhezone für seine Leute eingerichtet hat. Willkommen sind aber auch gleichgesinnte »Gäste« aus Europa, zu denen der Terroristenführer regen Kontakt pflegt.

Wadi Haddad hat zu diesem Zeitpunkt mit seiner Organisation die Abspaltung von der PFLP (Popular Front for the Liberation of Palestine) vollzogen und sich den Namen PFLP-SO gegeben. Die Mutterorganisation, die linksnationalistische PFLP, ist von dem christlichen Palästinenserarzt George Habasch nach der Niederlage im Sechstagekrieg und heftigen Meinungsverschiedenheiten mit dem PLO-Führer Yassir Arafat gegründet worden. Im Rahmen der palästinensischen Widerstandsbewegungen spielte die PFLP die Rolle der extremistischen Fraktion. Sie ist die zahlenmäßige bedeutendste der offen zum Terrorismus tendierenden Organisationen. Andererseits gibt es auch Kommandos, die aus Arafats Al-Fatah hervorgehen und ernstzunehmende »Konkurrenten« im Terrorbusiness sind, wie die PFLP-GC (Volksfront für die Befreiung Palästinas – Generalkommando) von Ahmed Dschibril sowie die

DPFLP (Demokratische Volks-Front zur Befreiung Palästinas) von Najef Hawatmeh, die PLF (Palästinensische Befreiungsfront) von Mohammed Abu Abbas und einige andere Gruppen.

Ideelle und finanzielle Unterstützung erfährt Habash von Libyen, Algerien, Südjemen und kleineren Golfstaaten, den Vereinigten Arabischen Emiraten und anfangs – in der letzten Zeit Nassers – auch von Ägypten. Obwohl sich die PFLP offiziell nur zu terroristischen Unternehmen in Israel und den besetzten Gebieten bekennt, ist sie in Wahrheit für eine Reihe von Anschlägen im gesamten Nahen Osten und in Europa verantwortlich. Dazu gehören allein im Jahre 1970 fünf Flugzeugentführungen.

Mit solchen Aktionen gerät die PFLP immer stärker ins Kreuzfeuer der internationalen Kritik und verliert wegen des oft fadenscheinig begründeten Terrors an Glaubwürdigkeit auch bei Freunden und Sympathisanten. Mitte der siebziger Jahre erklärt Habash öffentlich seinen Verzicht auf terroristische Gewaltakte. Das führt wiederum zur Auseinandersetzung mit seinem Stellvertreter Wadi Haddad. Die Abspaltung ist zwangsläufig. In Bagdad, wo *Steve* das erste Mal zur Gruppe stößt, hat Haddad einen Teil seiner Spezialorganisation, die PFLP-SO, stationiert.

Das dreistöckige Gästehaus am Stadtrand von Aden hat der Landesbauweise entsprechend recht dicke Mauern aus strohfarbenen Lehmziegeln, darüber ein Flachdach, das auch als Terrasse genutzt werden kann. Die Zimmer sind sehr einfach. In den elf Unterkünften stehen ein bis drei Betten. Zur Einrichtung gehören pro Gast ein Stuhl, ein kleiner Schrank und ein Tisch für alle. Es ist keine Komfortunterkunft, für jemenitische Verhältnisse aber relativ gut eingerichtet. Das Mobiliar ist russischer Herkunft, wie leicht zu erkennen ist, ein Geschenk sowjetischer Freunde, die sich für Volksbefreiungskämpfer im Nahen Osten immer aufgeschlossen zeigen.

Klimaanlagen sorgen für einigermaßen erträgliche Temperaturen. Gegessen wird im Erdgeschoß in einem Gemeinschaftsraum. Der Ort ist eine Mischung aus Jugendherberge und Sanatorium. Auf dem Gelände stehen vereinzelt Bäume. Doch wegen der fast senkrecht stehenden Sonne spenden sie kaum Schatten. Eine wahre Insel grüner Natur in einer sonnenverbrannten Umgebung bildet ein kleiner Garten, den die Betreuer angelegt haben, um dem Koch Gemüse zu liefern.

Wadi Haddad, der sich nach dem Bruch mit Habbash nach neuen Leuten umschaut, nutzt das Gästehaus nicht nur als Reha-Zentrum für erkrankte oder international gesuchte Terroristen, sondern auch als Zwischenstation für Mitglieder befreundeter Terrororganisationen, die auf dem Weg zum Trainingscamp sind. Auf einem einsamen Tafelberg im Norden werden sowohl der eigene Nachwuchs als auch die »Rekruten« befreundeter Terrororganisationen außerhalb der arabischen Welt militärisch ausgebildet.

So wird die »Base« in Aden und das »Camp« in den Bergen von kurdischen, türkischen und armenischen, aber auch von europäischen Terroristen intensiv genutzt. Beobachter der Abteilung XXII des ostdeutschen Staatssicherheitsdienstes vor Ort berichten schon Anfang der achtziger Jahre nach Berlin:

> »Alle Personen, die aus dem deutschen linksradikalen Spektrum im Zeitraum 1976 bis 1980 in Aden waren, sind uns bekannt. Allerdings sind die genauen Zeitabschnitte und die Aufenthaltsdauer der einzelnen Gruppenmitglieder nicht exakt nachweisbar. Aber im August/September 1976 waren z.B. in Aden aufhältig Inge Viett, Gabriele Rollnick, Angelika Goder und Juliane Plambeck von der »Bewegung 2. Juni«, sowie das RZ-Mitglied Hans-Joachim Klein.«

Weiter wissen die Stasi-Beobachter zu berichten:

> »Nach der Freilassung der vier RAF-Mitglieder Brigitte Mohnhaupt, Rolf-Clemens Wagner, Sieglinde Hoffmann und Peter Jürgen Boock aus jugoslawischer Haft 1978 hielten sich diese Personen längere Zeit in Aden auf.«

Die Mielke-Kundschafter haben herausgefunden, daß es bei dem deutsch-arabischen Treffen nicht allein um Fragen der Ausbildung geht, sondern um »politische Gespräche«, außerdem um die Beschaffung von Medikamenten für den erkrankten Peter-Jürgen Boock, der sich – den Berichten zufolge – nach der Freilassung längere Zeit in Aden aufgehalten haben soll.

Der Palästinenserstützpunkt im Südjemen wird fast zu einem Mekka des internationalen Terrorismus. Dort trifft man sich, wenn der Schuh drückt, wenn es mit dem Nachschub klemmt, wenn Waffen zu beschaffen sind oder wenn dem Nachwuchs Bombenlegen und Schießen beizubringen sind. Als Chefausbilder fungiert Zaki Helou, in der Hierarchie der palästinensischen Widerstandskämpfer ein mächtiger Mann. Die Ausbildung im Camp findet fast ausschließlich unter realen Kampfbedingungen mit scharfer Munition statt. Es gibt einige, die sehr schnell das Weite suchen, wenn ihnen die Geschosse aus dem Lauf einer Beretta oder der besonders beliebten Kalaschnikow um die Ohren fliegen und neben ihnen den Wüstenstaub aufwirbeln.

Auch die baskische Untergrundorganisation ETA ist bei Haddads Ausbildern abonniert, was allerdings in einem Fall dem frisch diplomierten Terrornachwuchs nicht gut bekam. Am 22. Mai 1980 wurden auf dem Madrider Flughafen Barajas vier ETA-Leute verhaftet, die mit einer Maschine aus dem Südjemen eingeflogen waren. Dort hatten sie eben eine Ausbildung für den Guerillakampf bestanden. Vom Flughafen wanderten sie stracks in spanische Gefängniszellen.

Das Interesse des Mielke-Ministeriums an den Feinden des imperialistischen und kapitalistischen Systems ist breit gefächert. Insbesondere die Aktivitäten der radikalen Linken werden nicht nur aufmerksam beobachtet, sondern auch in allen Einzelheiten fleißig aufgezeichnet. Der Auftrag der Stasi ist unter anderem aber auch zu verhindern, daß das Protestpotential »westlicher Demokratien« unter vielleicht anderen Vorzeichen auf die instabile Gesellschaftsstruktur der DDR übergreifen kann. Solange sich der Terror »gegen den Klassenfeind« richtet, ist die politische Führung in Ostberlin zufrieden. Ja, sie ist sogar bereit, aus übergeordnetem Interesse mit Bombenlegern zu paktieren, wie der Sprengstoffanschlag auf das französische Kulturzentrum »Maison de France« am 25. August 1983 belegt, auf den noch näher einzugehen ist. Gleichgültig, ob Berlin oder Aden, wo immer sich Terroristen tummeln, Mielkes Aufpassern entgeht wenig.

So ist den Stasi-Akten auch zu entnehmen, daß sich »nach 1980 u. a. Christian Klar, Helmut Pohl, Inge Viett, Brigitte Mohnhaupt und Adelheid Schulz im Jemen« aufhalten. Für Viett und Mohnhaupt ist es schon das zweite Mal. Mit diesem Besuch der RAF-Gruppe bei Haddads Leuten wird der Zweck einer »Abstimmung materieller Hilfe« verfolgt, außerdem geht es um »militärische Ausbildung«. Weiter heißt es in den Stasi-Akten: »Lange Zeit kurierte B. Mohnhaupt ihre Krankheit in der Base der »Wadi-Haddad-Gruppe« in Aden aus, ehe sie sich wieder in den aktiven Teil der RAF in der BRD eingliederte.

Als *Steve* imStützpunkt ankommt, ist von der deutschen Terroristenszene außer Hans-Joachim Klein niemand in Aden. Klein, der wie Weinrich den Revolutionären Zellen zugeordnet wird (beide kennen sich aus Frankfurt bereits bestens), erholt sich gerade von einer Schußverletzung, die er sich einige Wochen zuvor beim Überfall auf das Treffen der OPEC-Minister in Wien zugezogen hat. Der lebensgefährliche Bauchschuß ist zuvor in einer Klinik in Algier ärztlich behandelt worden.

Steve und Klein werden in Aden nicht so richtig warm miteinander, obwohl sie genügend zu besprechen haben. Weinrich soll nach Meinung verschiedenster Kenner der Szene bei dem Himmelfahrts-Kommando in Wien im Hintergrund mitgewirkt haben, und zwar durch Bereitstellung von Waffen aus einem Frankfurter Depot. *Carlos* Plan drohte schon fast zu scheitern, weil die von ihm besorgten Waffen nicht rechtzeitig in Wien verfügbar waren. Erst Weinrichs schnelle Hilfe ermöglichte dann die Aktion.

Die OPEC-Aktion machte Hans-Joachim Klein, Sohn einer jüdischen Mutter, schwer zu schaffen. Seine Zugehörigkeit zu einem weltumspannenden bewaffneten Kampf, der sich vor allem gegen Israel und die Juden richtete, konnte er psychisch nicht verkraften. Bereits im Mai 1977 veröffentlichte der *Spiegel* einen als echt identifizierten Brief, in dem sich Hans-Joachim Klein vom Terrorismus lossagte. Erst nachträglich, so behauptet er heute, habe er erfahren, welches Blutbad *Carlos* in Wien anrichtete. Eine Aktion, die höchstens 20 Minuten dauerte, für die er aber »seit fast 20 Jahren einen hohen Preis« bezahlt (sich zwei Jahrzehnte vor den ehemaligen Freunden und den Staatsorganen verstecken zu müssen), wie er jüngst in einem *Stern*-Interview beklagt hat. Das was den drei Menschen, die in Wien ums Leben kamen, angetan wurde, bezeichnet Klein heute in klarer Wortwahl: »Es war Mord.«

Womöglich trennt Weinrich und Klein schon in Aden ein gegenseitiges Mißtrauen. Es sollte sich später soweit verstärken, daß Weinrich sogar erwägt, Klein vor ein selbsternanntes »Tribunal« zu stellen und zu bestrafen. Wie Weinrich, so ist auch Klein im November 1975 aus Frankfurt verschwunden. Angeblich will er in den Skiurlaub, aber am 21. Dezember findet der fürchterliche Anschlag auf die Wiener OPEC-Zentrale statt. *Steve* bleibt es nicht verborgen, daß Klein, schon während er seine Bauchverletzung auskuriert, mit dem Gedanken spielt, auszusteigen. Bereits in Algerien war der Schwerverletzte nur mit gutem Zureden dazu zu bewegen, sich nach Aden zurückzuziehen. Wahrscheinlich bereut er die Reise in den Jemen in dem Augenblick, als er *Steve* dort trifft. Heute läßt er kein gutes Haar an ihm. *Steve* sei, so Klein, ein »Stiefellecker« und sei es auch damals schon gewesen. Immer »ungeheuer nervös«, will sich *Steve* mit dem Thema OPEC-Überfall im Gästehaus nicht befassen und wendet sich deshalb verstärkt den palästinensischen Kontaktpartnern zu. Er konzentriert sich auf seinen bevorstehenden Aufenthalt im Ausbildungscamp. Der Job ist für ihn nicht sonderlich anstrengend. Er ist dort nur mit Haddads Leuten zusammen und übt mit ihnen eifrig den Umgang mit Waffen und anderen Terrorutensilien. Fast zur gleichen Zeit zitierte das Hamburger Nachrichtenmagazin *Der Spiegel* in seiner ersten Ausgabe 1976 Weinrichs Rechtsanwalt Armin Golzem, daß sein Mandant »in Frieden an seinem ... Wohnort« (Schwerte/Westfalen) auf seine Hauptverhandlung warte. Golzem, der knapp 20 Jahre später auch Monika Haas, genannt die »schöne

Frau«, als Anwalt betreut, hat anscheinend – zur Jahreswende 1975/76 – Weinrichs Verschwinden noch gar nicht festgestellt. Wenige Wochen zuvor hat Weinrich noch in Karlsruhe im Untersuchungsgefängnis eingesessen, wo er über Blasenschmerzen klagte. Nachdem eine ambulante Behandlung nicht half, gewährte ihm der zuständige Ermittlungsrichter am 18. November gegen Hinterlegung von 30000 Mark Kaution Haftverschonung. Davon hatten 10000 Mark seine damalige Freundin Magdalena Kopp und die restlichen 20000 Mark sein Vater aufgebracht.

Erst zwei Jahre nach seinem Verschwinden, am 9. November 1977, stellt die Generalbundesanwaltschaft in Karlsruhe unter dem Aktenzeichen »1BJs127/77« einen Haftbefehl gegen Weinrich aus. Ungereimtheiten im Fall Weinrich gibt es erneut 1984, als diesmal die Staatsanwaltschaft Frankfurt unter dem neuen Aktenzeichen »50Js10.911/84« den Haftbefehl wieder aufhebt.

Der »Schakal«: Eine zwingende Freundschaft

Nach einer Zeit des sich endlos ziehenden Wartens und tödlicher Langeweile in Aden werden endlich wieder Reisepläne geschmiedet. *Steve*, so lautet die Order, soll nach Bagdad zurückkehren. Es geht alles sehr schnell. Eine Begegnung in einem Café im Zentrum der Stadt bestimmt sein weiteres Schicksal. Es ist für *Steve* kein Unbekannter, dem er an einem kleinen Holztisch gegenübersitzt. Es ist kein geringerer als der unter dem Pseudonym *Carlos* weltweit berüchtigte Venezolaner IlichRamirez Sanchez, »der Schakal«. Sie kennen sich schon seit ihrem Zusammenwirken in Paris, als sie in Orly eine Rakete auf eine israelische Linienmaschine abfeuerten und ein jugoslawisches Flugzeug trafen.

Die Aktion hatte von Anfang an unter einem ungünstigen Stern gestanden, wie es unter anderem auch David A. Yallop unter dem Titel »Die Verschwörung der Lügner« beschreibt. Den Befehl zu dem Kommando hat Wadi Haddad bereits im Spätsommer 1974 aus dem Irak erhalten. Der Anschlag sollte Arafats Friedensinitiative auf dem Arabergipfel in Rabat sabotieren. Doch die Vorbereitungen gestalteten sich schwierig, und der Zeitplan geriet in Verzug. Nach langem Hin und Her legte *Carlos*-Komplize Michel Moukarbel Wadi Haddad einen Plan vor, wonach der Anschlag im Dezember 1974 auf dem Flughafen Orly erfolgen sollte. Womit Haddads Terroristen nicht rechneten, war ein Streik, der den Flugverkehr lahmlegte. Nächster Termin war der 13. Januar 1975, ein Montag und dennoch ein Pechtag.

Drei Tage vorher hatte Johannes Weinrich mit einem falschen Paß auf den Namen *Fritz Müller* den weißen Peugeot 504 gemietet, mit dem die Rakete und der tragbare Raketenwerfer von zwei libanesischen Palästinensern aus dem Kommando zum Rollfeld gebracht wurden. Weinrich fuhr mit *Carlos* in einem zweiten Auto, einem Simca, zum verabredeten Treffpunkt. Inzwischen brachte der bestimmte Schütze sein Gerät in der Nähe der Rollbahn in Stellung. Als die erste Rakete über die bereits rollende »El Al« hinwegflog und das leere jugoslawische Flugzeug traf, versuchte er es ein zweites Mal. Aber der Rückstoß war so gewaltig, daß es ihn zurückwarf und er mit der Schulter die Windschutzscheibe des Peugeot zertrümmerte. Der fehlgelenkte Flugkörper schlug in ein Verwaltungsgebäude ein.

Folgt man Yallops Bericht, so blieb es nicht bei dem einen mißlungenen Versuch. Am Sonntag, dem 19. Januar 1975, sollte der Plan wiederholt werden. Der Tatort war wieder Orly, wieder mit zwei Autos, für den lädierten Peugeot wurde ein Citroen angemietet. Am Steuer der Deutsche Johannes Weinrich. Er hatte wieder das Auto besorgt.

Diesmal war geplant, die Rakete von der Besucherterrasse abzufeuern. Dazu mußte der Raketenwerfer in Einzelteilen dorthin gebracht werden. In der Toilette wollte man ihn zusammensetzen. Mit den menschlichen Bedürfnissen und mit der riesigen Menschenschlange, die sich an einem »Tag der offenen Tür« vor der Toilette bildet, hatten sie allerdings nicht gerechnet. Als die Attentäter im sonntäglichen Andrang endlich zum Zug kamen, war die »El Al«-Maschine bereits außer Reichweite.

Soviel gemeinsames Mißgeschick verbindet, und erst recht, wenn solche Geschichten die Legendenbildung beflügeln. Als sich *Carlos* und *Steve* in Bagdad wiederbegegnen, ist ihnen klar, daß sie füreinander bestimmt sind. Außerdem braucht *Steve*, wie Klein es formuliert, »immer einen Vorgesetzten«. *Carlos* ist vielseitig, ein Führungstyp, sowohl ein Killer als auch ein Lebemann. Das imponiert *Steve*.

Außerdem: *Carlos*. Er spricht sechs Fremdsprachen ziemlich fließend, ist außerdem ein talentierter Blender und Meister der Desinformation der Öffentlichkeit. So duldet er etwa lange Zeit das Gerücht, 1972 beim Anschlag des »Schwarzen September« auf die Olympischen Spiele in München mit dabei gewesen zu sein. Wie sich später herausstellte, lebte er in dieser Zeit undercover in London, mit Geschäften und Sex voll ausgelastet.

Anscheinend fühlte sich *Carlos* gegenüber *Steve* verpflichtet. Schließlich war der nach dem mißlungenen Raketenanschlag von der deutschen Polizei festgenommen und eingebuchtet worden. Während *Steve* noch im Gefängnis saß, hatte *Carlos* Hans-Joachim Klein für OPEC-Aktion in Wien rekrutiert. Und nachdem Klein die Nerven verloren hatte, war *Steve* für *Carlos* sowieso der Bessere. Im übrigen hatte das »Kommando Holger Meins« das Terroristenimage von Weinrich mit dem Überfall auf die deutsche Botschaft in Stockholm am 24. April 1975 kräftig aufgemöbelt. Er zählte neben Baader, Ensslin und anderen zu jenen 26 Häftlingen, die freigepreßt werden sollten. Der Militärattaché Andreas von Mirbach und zwei weitere Personen mußten bei der brutalen Aktion ihr Leben lassen.

Es gibt noch andere Gemeinsamkeiten, die beide verbinden. Als »Nicht-Araber« müssen sie sich unter dem Dach der »Wadi-Haddad-Gruppe« gegenüber den anderen stets behaupten, was sie aneinander schmiedet. *Carlos* und *Steve* werden von den Palästinensern nicht vollständig integriert. 1978 erkrankt Anführer Wadi Haddad an Krebs und stirbt nach einer Behandlung in einem Ostberliner Krankenhaus. Die Gruppe fällt auseinander. Schon vor der Spaltung basteln *Carlos* und *Steve* partiell an Plänen eine eigene Mannschaft zu bilden. Anlaß dazu gibt es genug: Die Mißerfolge bei der Realisierung politischer Ziele häufen sich, und Machtkämpfe und Intrigen innerhalb der Organisation lähmen die Aktionsbereitschaft.

Carlos und *Steve* haben außerdem das Gefühl, daß ihnen mißtraut wird. Ihnen bleibt nicht verborgen, daß sie vielfach bei Einsätzen oder bei Verlegung der Gruppen voneinander getrennt werden. Das schweißt sie um so mehr zusammen. So reift allmählich der Entschluß, eine eigene Truppe mit eigener Kommandostruktur zu gründen. *Carlos* bietet seinerseits Haddads Leuten Anlaß zu Kritik. In London hatte er den Auftrag, den jüdischen Präsidenten der Ladenkette Marks & Spenser, Joseph-Edward Sieff, zu ermorden. Der Mordversuch ging schief. Als er Sieff im Bad überfiel und mit der Pistole auf ihn zielte, prallte die Kugel seitlich an den Zähnen ab, das Opfer überlebte.

Später erzählte *Carlos*, seine Waffe habe eine Ladehemmung gehabt. »Ich feuere normalerweise drei Schüsse ab. Aber hier ging nur einer los.« Auch sein zweiter Auftrag, Handgranaten in eine israelische Bank zu werfen, ging daneben. »Das ist kein guter Terrorist«, spottete einmal sogar Vincent Canistraro, der ehemalige Chef des amerikanischen »CIA-Anti-Terror-Programms«, ein hervorragender Kenner des internationalen Terrorismus.

Als 1978 auch Magdalena Kopp, *Steves* damalige Freundin, mit dem illustren Decknamen *Lilly* im Nahen Osten auftaucht, entschließen sich die drei, künftig als eine eigene Gruppe aufzutreten. Hinzu gesellt sich ein vierter, Abul Hakam, mit dem Decknamen *Ali*, ein ehemaliges Mitglied der »Wadi-Haddad-Gruppe«, der sich mit seinen früheren Kampfgesellen zerstritten hat. Alle vier halten diesen Schritt für zwingend erforderlich, weil nach ihrem Eindruck sowohl einige PLO-Guppen wie auch verschiedene arabische Geheimdienste versuchen, sie für eigene Ziele einzuspannen und teilweise zu mißbrauchen.

Bevor es aber soweit ist, wird diese Entwicklung durch eine gezielte Operation des irakischen Geheimdienstes gestört. Dieser beschuldigt *Carlos* einer kriminellen Handlung in Bagdad, um ihn durch Erpressung als eigenen Agenten zu nutzen. Aus Angst vor Repressalien setzt sich *Carlos* daher Anfang 1979 in die d*amal*ige CSSR-Hauptstadt Prag ab.

Aber auch dort ist er nicht vor den Umtrieben der Iraker sicher. Obwohl die Geheimdienstmitarbeiter der Botschaft in Prag eine Pistole für *Carlos* aufbewahren, weil er sich in Prag nur unbewaffnet bewegen darf, und ihn so einerseits decken, schicken sie andererseits eine offizielle diplomatische Note an das CSSR-Außenministerium und denunzieren ihn. Ziel des Doppelspiels soll sein, die CSSR-Sicherheitsorgane zu bewegen, *Carlos* wieder nach Bagdad abzuschieben. Die Tschechen durchschauen jedoch das Spiel der Iraker und lassen sich in dieses arabische Intrigengespinst nicht einbeziehen. Sie verlängern lediglich nach vier Wochen das Touristenvisum nicht mehr und lassen *Carlos* in ein Land seiner Wahl ausreisen. Nach zwei vergeblichen Versuchen schafft es *Carlos* endlich, mit Hilfe der Ostberliner Botschaft des Südjemen, über Polen in die DDR zu gelangen.

Neuorientierung

In Ostberlin ist der gewitzte Top-Terrorist zunächst Gast des Botschafters der Volksdemokratischen Republik Jemen. Der bezahlt auch die Unterkunft im Hotel »Stadt Berlin«, heute »Forum Hotel Berlin«. Die sozialistische Standardherberge für devisenträchtige Geschäftspartner aus Ost und West ist von der Staatssicherheit gut abgeschirmt.

Da er sich nach einer gewissen Zeit unter den »sozialistischen Brüdern« sicher fühlt, wählt *Carlos* Ostberlin und später die ungarische Hauptstadt Budapest zu seinem neuen Domizil. Dorthin folgen ihm aus dem Nahen Osten nun auch *Steve* und *Lilly*. Unter den Augen der östlichen Geheimdienste gründen sie praktisch ungestört ihre neue Gruppe: die »Organisation Internationale Revolutionäre«.

Zu den oft nächtelangen Diskussionen und Treffen mit Kontaktpartnern und Unterstützern reist auch häufig Abul Hakam herzu. Mielkes Aufpasser haben zwar die Aufgabe, terroristische Aktivitäten genauestens auszukundschaften, diese aber, soweit sie nicht das eigene Regime gefährden, nicht unbedingt zu verhindern.

So bilden Ilich Ramirez Sanchez, Johannes Weinrich, Abul Hakam und Magdalena Kopp die Kommandozentrale der berühmt berüchtigten »Carlos-Gruppe«. Von allen wird *Carlos* als Chef akzeptiert. Weinrich, Hakam und Kopp sind seine engsten Vertrauten. Während der steinigen Terroristenkarriere hat *Carlos* bis zu diesem Zeitpunkt ca. 20 Alias-Namen verwendet. Nach 1979 benutzt er Pässe, ausgestellt unter anderem auf folgende Decknamen:

Al BAKRI, Mohsen Kassem
geb. 1947
wh. Aden, Al Maala

Beruf: Ingenieur
Paß der VDR Jemen, Nummer: 058 129

FAWAZ, Ahmed Adil
geb. 1949 in Jemen
Diplomatenpaß, Nummer: 001 278 VDRJ

KHOURI, Michel
geb. 1949 Damaskus
Diplomatenpaß, Nummer: 2516/80 Syrien

AEDAROOS, Mohamed Ali
geb. 1949 in Habramot
Diplomatenpaß, Nummer: 001 549 VRDJ

Als Verantwortlicher in Sachen Terrorismus für den europäischen Raum reiste Johannes Weinrich unter folgenden Alias-Namen:

THABET, Ali Bin Ali
geb. 1948 in Aden
Paß der VDR Jemen, Nummer: 058 127

SAEED, Kamal Amer
geb. 1947 in Aden
Sonderpaß, Nummer: 003 102 VDRJ

SALIBI, Jean
geb. 1948
Diplomatenpaß, Nummer: 37 74 Syrien

HUSAIEN, Abdul Nami Mohamed
Diplomatenpaß, Nummer: 001 573 VDRJ
KREBNER, Werner
(ohne nähere Angaben)

Auf seinen Europareisen wurde Weinrich meistens begleitet von seiner Freundin Magdalena Kopp, geb. 1948 in Ulm, auch *Lilly* genannt. Sie verfügt über Pässe unter anderem auf die Namen:

Mariam Abdul Quawi Ahmed
geb. 1948 in Namibia
Reisepaß, Nummer: C 028 419 VDRJ

Maryam Touma
geb. 1948 Damaskus
Diplomatenpaß, Nummer: 25 18/80 Syrien.

Falsche Papiere hat auch der vierte im Bunde, Abul »Ali«Hakam. Er ist neben dem Chef in der Carlos-Gruppe zuständig für den arabischen Raum. Hakam, der 1943 in Aden geboren ist, heißt in Wirklichkeit Saleh Alim HASSAN. An den Grenzen legitimiert er sich zum Beispiel unter dem Alias-Namen

BITAR, Mohamed
geb. 1943 in Homs
Diplomatenpaß, Nummer: 23 87/79 Syrien.

Um die Viererbande *Carlos, Steve, Lilly* und *Ali* scharen sich schon in der Anfangsphase – so Erkenntnisse der ostdeutschen Staatssicherheit – bis zu 40 Spießgesellen, Angehörige verschiedener arabischer, europäischer und lateinamerikanischer Terrororganisationen. Die Gruppenstärke ist nie konstant, sie schwankt laufend. Der Kreis der ständigen Kontaktpersonen und Unterstützer wird zeitweise auf ca. 100 Personen weltweit geschätzt.

Nach eigener Darstellung aus dem Jahre 1980 behauptete die »Organisation Internationaler Revolutionäre«, die in der ganzen Welt »um Freiheit und Selbständigkeit kämpfenden Kräfte unterstützen« zu wollen. Aus dieser Position heraus betrachtet sich die Gruppe als Helfer nationaler Befreiungsbewegungen, ohne sich diesen unterzuordnen. Als eigenständige revolutionäre Söldner mit konkreten und fest umrissenen Aufträgen wollen sie ihre Autonomie bewahren und vermeiden, in eine staatliche, geheimdienstliche oder anderweitige Abhängigkeit zu geraten. Mit ihren Angeboten hausieren sie bei den potentiellen Auftraggebern und bieten ihre Dienste in Sachen Tod und Terror an. Die Gruppe will allerdings nur dort tätig werden, wo es notwendig und möglich erscheint, eigene Ideen und Strategien einzubringen. Aus dieser Sicht wird das Aktionsprogramm auf drei Schwerpunkte festgelegt:

1. Befreiungsbewegung im arabischen Raum,
2. Befreiungsbewegung in Latein- und Südamerika,
3. Befreiungsbewegung in den europäischen Zentren des Imperialismus.

Oberstes Ziel ist die Herbeiführung internationaler revolutionärer Veränderungen im Kampf gegen Imperialismus, Faschismus, Zionismus, Rassismus und Kolonialismus. Nach dem eigenen Codex wird der »revolutionäre Terror« bis zur Erreichung des strategischen Ziels, der »Befreiung der Menschen vom Imperialismus«, als legitime Waffe angesehen.

Die Carlos-Gruppe macht sich eigene Vorstellungen zur Realisierung von Kampfaufgaben. Man wälzt gewaltige Pläne, die teilweise der Phantasie von

Hollywood-Actionfilm-Regisseuren entsprungen zu sein scheinen. So gehörten zum Terrorkatalog der Carlos-Gruppe zwischen 1979 und 1981 die Pläne, den israelischen Premierminister Begin und den ägyptischen Präsidenten Saddat durch den Einsatz von Raketen zu töten, einen Sprengstoffanschlag auf eine Erdölleitung in Saudi-Arabien zu verüben sowie mit Attentaten in den USA Angst und Schrecken zu erzeugen.

Die ideologischen Grundpositionen der Gruppe sind überwiegend von *Carlos* geprägt, der sich oft selbst als Kommunist bezeichnet und viel von Weltrevolution und Sozialismus daherredet. Es ist nicht wesentlich mehr als opportunistisches Geschwätz, das von vielen durchschaut wird, das aber auch vielen in den Kram paßt.

Carlos versteht es, die Nischen des Kalten Krieges für sich und seine Gruppe schamlos auszunutzen. Im Juni des Wendejahres 1990 überrascht der letzte DDR-Innenminister die Presse mit der Nachricht, daß sich nicht nur die ausgestiegenen RAF-Terroristen in die DDR zurückgezogen haben, sondern daß sich auch Ilich Ramirez Sanchez, genannt *Carlos*, bevorzugt in der DDR aufgehalten habe. Aber auch der einflußreiche PLO-Sicherheitsexperte und Palästinenserführer Abu Hisham sowie Abu Daud, der mutmaßliche Organisator des Massakers an der israelischen Olympiamannschaft 1972 in München, bewegen sich mit dem Segen der obersten Parteiführung ungehindert in der DDR.

Die objektive Feindschaft gegen den Kapitalismus und die proklamierte Unterstützung der nationalen Befreiungsbewegungen scheinen *Carlos*, *Steve* und ihren Gesinnungsgenossen genügende Garantie zu bieten. Mehr noch: Sie betrachten es als Selbstverständlichkeit, von den Ostblock-Staaten auch unterstützt zu werden. So erwarten sie von den Regierungen grundsätzlich, daß diese bei der Beschaffung von Reisedokumenten oder auch anderen zu ihrem Schutz erforderlichen Formalitäten behilflich sind. Damit aber nicht genug. Sie erwarten – und erhalten – Hilfe auch beim Durchschleusen von gefährlichen Gütern, zum Beispiel bei der Einfuhr und Beschaffung von Waffen.

Daß sie ihrer Sache so sicher sein können, verdanken sie ihren Kontakten zu Gruppen und Persönlichkeiten des internationalen Terrorismus, zu verschiedenen Befreiungsbewegungen sowie zu den Geheimdiensten der Warschauer-Pakt-Staaten, die ihrerseits zu den internationalen Terrororganisationen enge Verbindungen pflegen – allen voran der sowjetische KGB. Ohne die Zustimmung der mächtigen Zentrale in der »Ljubljanka« wäre die Hochkonjunktur des internationalen Terrorismus nicht möglich, schon gar nicht seine üppige Versorgung mit Waffen.

Eine der wichtigsten Drehscheiben für materielle Unterstützung und Waffenlieferungen ist die Volksdemokratische Republik Jemen. Der Teilstaat verkommt nach dem Abzug der britischen Kolonialherren 1967 zur ärmsten Region auf der arabischen Halbinsel, ein gottverlassener Winkel am »Tor zum indischen Ozean«. Anfang der siebziger Jahre entdeckt ihn der Ostblock als wichtigen strategischen Posten für eigene politische Ziele. Die bedrängte Regierung von Salim Ali Rubai empfängt bereitwillig die Berater aus der Sowjetunion, aus Kuba und aus der DDR.

Die Londoner Zeitung »Sunday Telegraph« berichtet im Februar 1978, gestützt auf Informationen westlicher Geheimdienste, daß der Südjemen mit Hilfe seiner Gäste zu einem Polizeistaat umgekrempelt werde. Sogar Konzentrationslager würden eingerichtet. Gleichzeitig hätten sowjetische Experten die Kontrolle über den Hafen von Aden übernommen. Über ein eigenes, im Hafenbecken verankertes Schwimmdock würden russische Waffen für Äthiopien gelöscht.

Für Leute wie PFLP-Führer George Habash hingegen und seinen langjährigen Mitstreiter Wadi Haddad ist Aden eine Art »Hauptstadt der arabischen Befreiungsbewegung«. Die südjemenitische Regierung gewährt palästinensischen Freiheitsorganisationen und terroristischen Gruppen jedmögliche administrative Unterstützung, sei es bei der Beschaffung von Diplomatenpässen, von Reisedokumenten oder auch bei Waffengeschäften. Selbstverständlich reiht sich die Regierung ein in die Ablehnungsfront gegen einen ägyptisch-israelischen Frieden und zählt zu den Verfechtern der radikalsten palästinensischen Forderungen. Von der Bereitwilligkeit, Extremisten zu unterstützen, profitieren lange Zeit auch *Carlos*, *Steve* und *Lilly*. Die zahllosen Diplomatenpässe, die sie auf ihren Reisen mit sich führen , belegen es. Sie nutzen diplomatische Privilegien und können sich, solange sie in unter der Obhut der PFLP-SO sind, auf die Sicherheitsbehörden der VDJR verlassen.

Gleichgültig in welchem Land sich *Carlos* und *Steve* aufhalten, in den südjemenitischen Auslandsvertretungen finden sie lange Zeit offene Türen. Dort versorgen sie sich zu jeder Zeit mit Personalpapieren, Besuchervisa und Reisedokumenten. Die Botschaften gewährleisten die Sicherheit für Begegnungen mit internationalen Terrororganisationen. Unter dem völkerrechtlichen Schutz exterritorialer Orte, wie Botschaftsgebäude der VDRJ, können *Carlos* und seine Leute Beratungen abhalten und Absprachen treffen. Auf Botschaftsgelände werden auch Waffen und Geheimmaterial gelagert.

Mit Hilfe jemenitischer Kontaktpersonen in Ostberlin und mit Wissen des KGB läßt *Carlos* 1979 eine Stahlkiste mit brisantem Inhalt aus dem Jemen über Moskau in die DDR einführen. Die Maße: 2 Meter mal 0,5 mal 0,5 Meter. Der Inhalt: Maschinenpistolen der italienischen Marke Beretta und belgische Pistolen, Kaliber 9 mm. Aber soviel Freizügigkeit, die sich *Carlos* mit seinem Reisegepäck herausgenommen hat, scheint der Stasi doch etwas zu weit zu gehen. Sie beschlagnahmt kurzerhand die Kiste.

Wie der Bonner KoKo-Ausschuß bei seinen umfangreichen Recherchen über die dubiosen Geschäfte von Alexander Schalck-Golodkowski und seine diversen Außenhandelsfirmen herausfindet, die DDR nicht immer so zimperlich beim Waffentransport mit terroristischem Hintergrund. Noch 1983 verhandelt der damalige IMES-Hauptgeschäftsführer Wolfgang Kotz mit dem berüchtigten Waffenhändler, dem Syrer Beshara Nicola über eine Lieferung von 2000 Kalaschnikows polnischer Herkunft für Südarabien, in einem Fall sogar für das mit Aden verfeindete Nordjemen. Pikant daran ist, daß *Carlos* zu Nicola, dem Inhaber der Athener Firma NICOLA KIOLEIDOS S.A, freundschaftliche Beziehungen nachgesagt werden.

Nach einem unerbittlichen Bruderkrieg zwischen den Nordjemeniten in Sana und den kommunistischen Herrschern im südjemenitischen Aden, einem Putsch, der Machtübernahme durch Abdel Fattah Ismail, der seinerseits mit Billigung Moskaus 1980 von Ali Nasser Mohammed abgesetzt wird, gerät Aden immer mehr ins rein sowjetische Fahrwasser. Auch bei der Unterstützung internationaler Terrororganisationen richtete man sich zunehmend nach den Vorgaben aus Moskau.

Dieser Kurs wird auch starr beibehalten, obwohl die Volksdemokratische Republik Jemen deswegen gegenüber den arabischen Nachbarn immer mehr in die Isolation gerät. Als wichtigste arabische Verbindung bleiben ihr noch die PLO und mehrere palästinensische Teilorganisationen, die nicht nur auf diplomatische Unterstützung, sondern auch auf administrative Hilfe bei der Beschaffung von Waffen angewiesen sind. Anfänglich läuft das ziemlich locker.

Nach Wadi Haddads Tod 1978 spaltet sich PFLO-SO. Ein Teil agiert fortan unter Abu Ibrahim in Bagdad. Haddads Nachlaß im Jemen, das Lager Aden, übernimmt Mohammed Salim Saeid, mit dem Kampfnamen »Abu Mohamed«. Zu den Führungsmitgliedern seiner Gruppe zählt nach den in KoKo-Akten festgehaltenen Stasi-Beobachtungen auch Ghassan Mohammed Al-Khassar, der ältere Bruder des berüchtigten Waffen- und Drogenhändlers, des gebürtigen Syrers Monzer Al-Khassar, genannt »Pate des Terrors«. Bei ihren Waffenkäufen treten die Gebrüder Al-Kassar teilweise auch als Beschaffer für die südjemenitische Regierung auf. Eine ihrer Geschäftsadressen ist die Zelinkagasse 2 in Wien, Sitz der Alkastronic, einer multiflexiblen Firma für »Ein-,

Aus- und Durchfuhrhandel«. Die Geschäftsräume liegen in unmittelbarer Nachbarschaft des Missionsreferats »Dreikönigsaktion« der katholischen Jungschar Österreichs. Eine weitere Firma mit dem Namen Alkastronic besitzt Monzer Al-Khassar in Marbella an der Costa del Sol, wo ihm der legendäre Palacio »Mifadil« gehört, ein Prunkstück, das ursprünglich der Emir von Kuwait auf 10000 Quadratmeter Bauland in Atalaya de Rio Verde errichten ließ. Südjemen schafft die administrativen Voraussetzungen für Al-Khassars lukrativen Waffenhandel.

Zu verdanken hat er das unter anderem dem ehemaligen Haddad-Verbündeten, Zaki Helou, *Amals* Ehemann, mit dem die beiden Al-Khassar-Brüder eng befreundet sind. Der Wahlspanier unternimmt seine Reisen zwischen Wien, Marbella und Aden meistens mit dem Learjet seines österreichischen Geschäftspartners Herbert Beck, der eine kleine Bedarfsfluggesellschaft namens Jetair betreibt. Informationen westlicher Geheimdienste zufolge dient diese Fluggesellschaft auch Al-Khassars engsten Freunden, wenn sie schnell von einem Ort verschwinden müssen, wie beispielsweise Ende Oktober 1984 Abu Abbas, dem flüchtigen Entführer des italienischen Kreuzfahrtschiffes »Achille Lauro«. Ziel des Fluges – von Beck allerdings bestritten – war Aden.

Auch Zaki Helou kann die Dienste der Jetair in Anspruch nehmen, nachdem er am 17. Oktober 1984 in einer Luxuslimousine haarscharf einem Attentat entkommen ist. Am Steuer saß Ghassan Al-Khassar, als ein Unbekannter auf den Beifahrer Helou das Feuer eröffnete. Mit dem Flugzeug wurde der lebensgefährlich verwundete Top-Terrorist zur Behandlung in ein Spezialkrankenhaus nach Warschau geflogen.

Die halboffizielle Hilfe der südjemenitischen Regierung, mit der die Al-Khassar-Brüder Waffengeschäfte betreiben, erlaubt es, mit staatlichen und halbstaatlichen Firmen in den Ostblockländern zusammezuarbeiten. In Bulgarien ist es das Staatshandelsunternehmen Kintex am Boulevard Anton Ivanow 66 in Sofia. Die Firma ist dem »Ersten Direktorat« des bulgarischen Nachrichtendienstes DS zugeordnet und über die Abteilung für geheime Operationen eng mit dem KGB verbunden. Die Geschäfte mit den Polen hat der Syrer mit Henryk Majorczyk angebahnt, den Al-Khassar in Wien zu seinem Ersten Geschäftsführer gemacht hat, der aber bald darauf aus der österreichischen Hauptstadt verschwunden ist. In Wiener Sicherheitskreisen wird er für einen polnischen Geheimdienstler gehalten. Und schließlich gibt es auch umfangreiche Waffengeschäfte mit der DDR. Auffallend ist, wie sich die Bezugspunkte von Al-Khassar mit denen von *Carlos* und *Steve* decken.

In der Bundestags-Drucksache 12/7600 verweist der KoKo-Untersuchungsausschuß auf Informationen der MfS-Abteilung XXII/8, wonach Ghasan Mohammed Al-Khassar gemeinsam mit Abu Abbas, dem stellvertretenden Generalsekretär der Palästinensischen Befreiungsfront (PFL), mehrfach vom Ministerium für Nationale Verteidigung der DDR Waffen und Munition für die südjemenitische Regierung eingekauft hat. Die Ware soll nach Angaben von Ghassan Al-Khassar zur Unterstützung progressiver Kräfte im arabischen Raum bestimmt gewesen sein. Der PLO-Führung sollen in diesem Zusammenhang allerdings Informationen zugetragen worden sein, nach denen das Rüstungsgut peinlicherweise bei afghanischen Widerstandsgruppen landete.

Die Deutsche Demokratische Republik ist bei ihren Waffengeschäften zwar ständig mit sich im Hader, wenn die ideologische Bündnistreue gefährdet scheint. Doch letztendlich siegt die Notwendigkeit, mit den eigenen Produkten Geschäfte zu machen. So gibt es eine Anweisung des KoKo-Managers Dieter Uhlig, die Finger von Geschäften mit Al-Khassar zu lassen, doch noch am 8. Mai 1989 berichtet der IMS Günter Husemann alias *Hüsing* von der KoKo-Firma WITRA, daß es ihm und seinem Mitarbeiter Andreas Krüger nach jahrelanger vergeblicher Mühe gelungen sei, mit Monzer Al-Khassar in den Geschäftsräumen seiner Wiener Firma Alkastronic ins Gespräch zu kommen. Vermittelt wurde dieses Treffen von dem britischen Waffenhändler Brian Footer, Inhaber der ASC International Inc. in London. Auch andere Teilorganisationen der PLO kaufen mit Billigung der südjemenitischen Regierung ihre Waffen ein. Lieferländer sind die UdSSR, Bulgarien und nach der Gründung der Schalck-Firma IMES auch die DDR.

Den Waffenhandel mit der PLO hat Ostberlin in drei Gruppen unterteilt. Für die »PLO I«, die Waffengeschäfte mit der Al Fatah und Yassir Arafat abwickelte, ist ausschließlich der dem Außenhandelsminister unterstellte Waffenhandelsbetrieb ITA zuständig. In ihre Obhut fallen auch alle Waffengeschäfte mit den sozialistischen Bruderstaaten.

Die KoKo-Firma IMES, eingebunden in den konspirativen Devisenhandel der DDR, kümmert sich um die unter dem Kürzel »PLO II« zusammengefaßten Organisationen und um die in Aden ansässigen Vertreter der »PLO III«. Verantwortlicher für die Beschaffung und den Verkauf ist ein gewisser Abu Firaz. Eine erste Waffenlieferung der IMES an die »PLO III« wird über den internationalen Waffenhändler Francis Conlan mit der Londoner Firma DYNA-WEST im September 1982 vereinbart und als »Probegeschäft« durchgeführt: 300000 Schuß Kalaschnikow-Munition vom Typ »M 43«, 1.300 Magazine sowie 450 Panzergranaten vom Typ »PG 7«. Im Mai 1983 folgt ein weiterer Deal mit 10 Millionen Schuß Kalaschnikow-Munition aus jugoslawischer

Produktion. Die brisante Ware nimmt den Weg mit der Bahn nach Rostock und von dort mit dem Schiff nach Aden. Der Reingewinn aus diesem Drittlandgeschäft, den der Devisenbeschaffer Schalck-Golodkowski für sein Firmenimperium verbuchen kann, beträgt über eine halbe Million »Valuta-Mark« (gleichzusetzen mit D-Mark).

Carlos und *Steve* sind sowohl beim Kauf von Waffen als auch bei der Beschaffung von Reisedokumenten vorwiegend auf die Gunst »befreundeter« PLO-Gruppen angewiesen. Mit der Annäherung von Nord- und Südjemen und dessen Aussöhnung mit dem benachbarten Oman haben nach 1984 auch die Sowjets in Aden an Einfluß verloren. Damit ändert sich schlagartig die logistische Situation für *Carlos* und *Steve*. Mit Unterstützung im bisherigen Umfang können sie nun nicht mehr rechnen. Ein wichtiger Stützpunkt und ein wertvolles Rückzugsgebiet sind vorerst verloren.

Die Intensität der Kontakte zwischen der Carlos-Gruppe und den Palästinensern richtet sich schon lange nach jeweiliger Einschätzung der Ausgangslage. Je nach Notwendigkeit sind die Beziehungen mal stärker, mal schwächer. *Carlos* trifft seine Entscheidungen aber auch nach lukrativen Gesichtspunkten. Wenn er der Meinung ist, es könnte bei einem seiner mörderischen Einsätze ein ordentlicher Profit abfallen, dann ist er dabei. Mißtrauisch, wie er gegenüber Palästinensern ist , fordert er stets sofortige Bezahlung und – bei Zusage von materieller Sachunterstützung – Belieferung mit Waffen und Material.

Im Mai 1979 etwa hatte *Carlos* einen Auftrag des ehemaligen Leiters der »Vereinigten PLO-Sicherheit«, Abu Iyad, übernommen. Der Plan scheitert, weil die zugesagte logistische Hilfe und die finanziellen Mittel nicht termingemäß übergeben werden. Während der Entwicklung von Anschlagsprojekten versucht die PLO-Führung immer wieder, die Carlos-Gruppe unter ihre Befehlsgewalt zu stellen. Weil *Carlos* jedoch befürchtet, Unabhängigkeit zu verlieren, lehnt er solches Ansinnen stets ab. Es ist die Zeit, da Willy Brandt als Vorsitzender der sozialistischen Internationale und der österreichische Bundeskanzler Bruno Kreisky versuchen, den Chef der PLO, Yassir Arafat, zur Abkehr von Terrorhandlungen zu bewegen. Auch die Deeskalationspolitik des Kreml ist von Einfluß auf die PLO. So reduzieren sich die anfänglich sehr weitgehenden Vorstellungen gemeinsamer Zusammenarbeit. Das Kampfmittel »Terror« liegt nicht mehr ausschließlich in der Verfügungsmacht der Palästinenser, es wird Bestandteil der Ost-West-Auseinandersetzung und dient übergeordnetem politischen und diplomatischen Kalkül. Je mehr die PLO von den Supermächten wahrgenommen wird und somit auch Anerkennung findet, um so mißtrauischer wird *Carlos.* Denn diese Entwicklung gefährdet die Zukunft seiner terroristischen Existenz. Dem Kommando der PLO unterworfen zu sein, könnte bald bedeuten, überflüssig zu werden. *Carlos* müßte möglicherweise die liebgewordenen Lebensgewohnheiten mit ihrer Mischung aus Luxus und Abenteuer aufgeben. Denn dies hat der Terrorismus auch mit sich gebracht: *Carlos* und *Steve* pflegen einen lockeren und aufwendigen Lebensstil, der nur mit reichlichem Blutgeld ihrer Auftraggeber finanziert werden kann.

Hauptsache, die Kohle stimmt

Innerhalb der PLO hat sich die Gruppe um *Carlos* schon immer mit der Al-Fatah schwergetan. Diese negative Haltung beruht auf Differenzen mit den Fatah-Führern und auf der Ablehnung ihrer politischen Grundlinie. Für *Carlos* und *Steve* ist die Fatah, die »Nationale Palästinensische Befreiungsbewegung«, ein Sammelbecken linker bis erzreaktionärer und kleinbürgerlicher Kräfte«. Offiziell hat sie sich erst 1962 formiert. Ihre Ursprünge jedoch reichen in die Mitte der fünfziger Jahre zurück. Nach dem Sechstagekrieg 1967 wurde die Al-Fatah zur führenden Kraft der PLO. Unter der Leitung von Yassir Arafat gewann die »gemäßigte« Organisation die Oberhand über die anderen Gruppen der palästinensischen Widerstandsbewegung.

Carlos und *Steve* sind fest davon überzeugt, daß die Fatah von den unterschiedlichsten Geheimdiensten unterwandert ist. Nach ihrer Meinung verhält sie sich bei der Herstellung von offiziellen Kontakten zu ausländischen Agenten »prinzipienlos«. Auf Überraschungen müssen sie daher stets gefaßt sein. Ihr Mißtrauen geht durchaus soweit, daß sie Gefahr für Leib und Leben fürchten. Sie schließen nicht aus, daß einige Leute in der Fatah-Führung sich nicht scheuen, wenn es ihnen in den Kram paßt, *Carlos* und *Steve* kaltblütig ermorden zu lassen.

Trotz dieser distanzierten Haltung gegenüber der Fatah und insbesondere dem PLO-Geheimdienst gibt es Mitte der achziger Jahre unter dem Fatah-Funktionär Abu Iyad, Stellvertreter von Yassir Arafat, sogar Zeiten sehr enger Zusammenarbeit. Gelegenheit dazu ergibt sich nach 1982, als die PLO-Führung infolge der Belagerung Beiruts durch die israelische Armee den Libanon verlassen mußte. Die PLO, aber auch andere palästinensische Gruppierungen, kontrollierten bis zu diesem Zeitpunkt weite Teile des Libanon, vor allem im Süden des Landes, dem Ausgangsort zahlreicher Terroranschläge gegen Israel.

Mit dem militärischen Konterschlag gegen die palästinensischen Stützpunkte in der Nähe von Sidon trafen die Israelis auch die Ökonomie der Organisationen, unter anderem die der PFLP. Unter dem Tarnunternehmen Modern Mechanical Establishment verfügte diese nahezu über das Monopol der Stahl- und Eisenversorgung in der Bauindustrie des SüdLibanon. Die einmarschierenden Israeli entdeckten riesige Warenlager im Wert von 30 bis 40 Millionen Dollar.

Unter solchen Voraussetzungen, wie sie durch die schwere Niederlage entstanden sind, steigt bei der »Vereinigten PLO-Sicherheit« wieder der Kurs des Trios *Carlos, Steve* und Abul Hakam alias *Ali*. Die Geheimdienstorganisation der PLO sucht nun den Kontakt zur Carlos-Gruppe; umgekehrt bemüht diese sich auch um Abu Iyad, Arafats Geheimdienst-Chef, Leiter der Organisation »Schwarzer September« und einer der verantwortlichen Hintermänner des Massakers im Olympia-Stadion 1972 in München. Besonders schätzen sie Iyads erpresserische Methoden, mit denen er es versteht, von »befreundeten« Araberstaaten klingende Unterstützung einzufordern.

Die Verbindung zu Abu Iyad stellt *Steve* in Frühjahr 1983 her. Die Chance ergibt sich bei einem zufälligen Treffen mit dem Stellvertreter Arafats in Ostberlin, wie es der deutsche *Carlos*-Partner 1983 in einem fragmentarischen Protokoll an seinen Chef festhält. Das zweite Treffen mit dem PLO-Geheimdienst-Chef sucht *Steve* explizit – wie er schreibt – »gegen Helmuts Willen«. Gemeint ist damit ein hoher Offizier des MfS, der *Steve* und seine Gesprächspartner in Ostberlin auf Schritt und Tritt beschatten ließ. *Steve* gibt zu verstehen, daß die Stasi das Treffen mit Abu Iyad, der sich zu dieser Zeit als Gast der DDR in Ostberlin aufhält hat, unbedingt verhindern will. Iyads Ostberliner Betreuer hatten die Anweisung: »Nicht rauslassen!« »Wie dem auch sei«, so fährt *Steve* in seinem Bericht über das dennoch erfolgte Treffen fort, »er (Helmut) war sehr überrascht und stürzte sich auf mich.«

Der PLO-Geheimdienst zeigt sich damals in Ostberlin an einer Zusammenarbeit mit der Carlos-Gruppe interessiert, regt aber an, die Einzelheiten außerhalb der DDR zu besprechen. Die zwischen der Carlos-Gruppe und Iyad geführten Gespräche sollen gegenüber der Stasi geheimgehalten werden. In holprigen Sätzen notiert *Steve* weiter: »Einerseits bezieht sich die Einladung natürlich auf Dich, obwohl sie nicht darauf bestehen, daß du in der Delegation sein mußt. Meiner Meinung nach ist ihnen klar, daß Geld zu zahlen ist, obwohl das nicht direkt erwähnt wurde, und sie sind aufgrund ihrer Situation daran interessiert. A. Iyad bestand darauf, daß wir uns treffen ...«

Für *Carlos* und *Steve* ist Hauptsache, daß die Kohle stimmt. Probleme gibt es, sich auf das Land zu einigen, wo sie ungestört ihre Kooperationsmöglichkeiten ausloten können. Auf der Ostseite der Spree fühlen sie sich zu sehr beobachtet. Gegen andere sozialistischen Länder gibt es kaum Einwände, ebensowenig gegen den Jemen. Abu Iyad bringt Algerien ins Gespräch. Schließlich trifft man sich im Jemen.

Die Kontakte, so berichte *Steve* weiter, sollten über Zaki Abas von der PLO in Aden hergestellt werden. Seine Telefonnummern im Büro: 423 40 und 42717; privat: 423.17. Abul Hakam alias *Ali*, der Mann von *Carlos* im Jemen, ist »auf dem Laufenden«.

Als vorläufiger Zeitpunkt für die geplante Kontaktaufnahme wird Anfang September gewählt, später legen *Ali* und ein Verbindungsmann der PLO den Termin auf die Zeit vom 20. bis 25. September 1983 fest. *Steve* fordert *Carlos* auf, alles weitere mit *Ali* zu besprechen und fügt seinem Bericht noch zwei Punkte hinzu:

»A. Iyad hat mich gefragt, ob es wahr sei, was er gehört hat, nämlich daß du und ich (!) kürzlich eine Art Meinungsverschiedenheit hätten und die Organisation dadurch gespalten würde. Meine Antwort bestand aus Lachen... Ich verneinte die Frage mit den Worten: Es ist gut für uns, daß die Gerüchte über uns bis ins Unendliche zunehmen. Der Jugoslawe hat übrigens eine ähnliche Frage gestellt!«

Das gefällt *Steve* offensichtlich so gut, daß er *Carlos* empfiehlt, darüber nachzudenken, ob es hinsichtlich der Neugier der sozialistischen »Freunde« und der »ständigen Begleiter«, der Geheimdienste nicht nützlich sein könne, öfters mit solchen Gerüchten zu operieren und sie auf diese Weise zu verwirren. Weiter heißt es im Text:

»Sie glauben, daß du in Bukarest bist. Das habe ich aus ihren Fragen nach Dir erfahren. Meine Antwort lautete: Wir sind gleichzeitig überall und nirgends, uns kann man nur im Untergrund finden...«

Dieses Dokument ist ein Beleg dafür, daß *Steve* seine Partner gerne an der Nase herumgeführt. Beide, der Venezolaner und der Deutsche werden getrieben von einem tiefwurzelnden Mißtrauen. Außer hohen Geldforderungen ist für sie nichts selbstverständlich, schon gar nicht die sich anbahnenden Beziehungenmit dem PLO-Geheimdienst. Vor den Ereignissen in Beirut 1982 wären sie sogar undenkbar gewesen. Innerhalb der palästinensischen Widerstandsbewegung haben *Carlos* und *Steve* ein entspanntes Verhältnis fast ausschließlich zur PFLP, der »Volksfront für die Befreiung Palästinas«, und ihrem Leiter Dr. George Habbash, ein Verfechter eines harten Kurses und Gegenspieler von Yassir Arafat.

Carlos lernte Habbash dem Vernehmen nach bereits Anfang der siebziger Jahre, kennen, in einem abgelegenen Ausbildungslager der PFLP im jordanischen Gilead-Gebirge. Habbash war Arzt und gründete mit seinem Mitstreiter Wadi Haddad in Amman ein Armenhospital. Die beiden Ärzte hatten sich zunächst der Erhaltung menschlichen Lebens verschrieben, später aber für das Töten entschieden.

Carlos und *Steve* achten auch stets darauf, positive Kontakte intensiv zu gestalten. Das gilt sowohl hinsichtlich Habbashs und seiner Unterführer als auch für die verbliebenen Reste der Sonderorganisation PFLP-SO.

Begünstigt durch den Umstand, daß Beirut 1982 seine Stellung als wirtschaftliche Oase und politische Drehscheibe für palästinensische Belange verloren hat, und deshalb sowohl *Carlos* wie auch die PFLP ihre Hauptbasen nach Syrien verlegen müssen, kommt es schon wegen der räumlichen Nähe häufiger zu einem Gedanken- und Informationsaustausch. Es gibt aber auch anderweitig Beziehungen. *Steve*, in seiner Funktion als herumreisender Europaverantwortlicher, trifft mit PFLP- Führern öfters in der DDR, in der CSSR, in Ungarn und Bulgarien zusammen. Die Geheimdienste dieser Länder und allen voran Mielkes »Ministerium für Staatssicherheit« überwachen und kontrollieren diese Treffen sehr genau, protokollieren jeden Schritt und erfahren durch ihren Überwachungsapparat auch von den Planungen.

In den Aufzeichnungen des ungarischen Geheimdienstes, die sich zum Teil im Besitz deutscher Sicherheitsbehörden befinden, sind alle Kontaktpersonen registriert, mit denen *Steve* in Budapest zu tun hat: unter anderem so hochkarätige PLO-Funktionäre wie Arafats politischen Berater Bassem Abu Sharif sowie Thaysir Cuba, Marwan Fahum und nicht zuletzt der PLO-Führer Abu Daud, Organisator des Blutbads an den israelischen Olympiateilnehmern 1972 in München. Lange Zeit sonnt sich auch *Carlos* im Schein der falschen Legende, er sei in München mit dabeigewesen. Die Dokumente aus Budapest und anderen östlichen Haupstädten belegen aber eindeutig, was davon Realität und was Propagandalüge ist.

Traditionsgemäß haben *Carlos* und *Steve* die besten Beziehungen zur PFLP-SO. Nach dem Tod von Wadi Haddad 1978 spaltet sich die bis dahin sehr straff geführte Sonderorganisation in zwei eigenständige Gruppen. Die eine Gruppe wird unter dem Namen »Gruppe des 15. Mai« von Abu Ibrahim geführt. Die zweite Gruppe schart sich um Abu Mohamed.

Die »Gruppe des 15. Mai« beginnt gleich mit mehreren spektakulären Terrorakten: dem Anschlag auf das Londoner »Grand Royal Hotel« und dem versuchten Anschlag auf eine Schweizer Verkehrsmaschine. Die Gruppe »Abu

Mohamed« hingegen läßt keine Ambitionen für größere eigenständige Aktionen erkennen. Abu Mohamed hat von Wadi Haddad die Stützpunkte im Libanon und im Südjemen übernommen und ist für *Steve* kein idealer, dafür aber nützlicher Partner. Zu beiden Splittergruppen der früheren PFLP-SO hält *Carlos* die Beziehungen aufrecht.

Man nutzt ihre Einrichtungen, vor allem aber ihre Verbindungen zu den einflußreichen Stellen in Aden und Beirut, sowie auch ihre Möglichkeiten, an falsche Papiere, Dokumente und Waffen heranzukommen, und man weiß geschickt zu vermeiden, sich in ihre Verbände eingliedern zu lassen oder sich bei Aktionen ihrem Kommando zu unterstellen.

Lose Kontakte sucht man auch zu anderen Teilorganisationen der PLO. Besonders *Steve* nimmt jede Gelegenheit wahr, um die Gunst der Führungskader palästinensischer Gruppen zu buhlen, wenn sich diese in dem sozialistischen Staaten tummeln. Bezeichnenderweise gelingt es *Steve* jedoch nie, direkte Beziehungen zu den beiden extrem linken PLO-Teilorganisationen, PFLP-GC (»Volksfront für die Befreiung Palästinas-Generalkommando«) und die Organisation um Abu Nidal, herzustellen. Das ist um so erstaunlicher, weil Abu Nidal, der abtrünnige Führer des Al-Fatah-Revolutionsrates, damals noch unter dem Namen Sabri Al-Banna, ebenso wie George Habbash in Opposition zu Yassir Arafat steht.

Als *Carlos* 1982 und 1983 einen ebenso unsinnigen wie mörderischen Privatkrieg mit Frankreich führt, um die Freilassung seiner Gruppenmitglieder Magdalena Kopp und Bruno Breguet aus französischen Gefängnissen zu erzwingen, ist es Abu Nidals Organisation, die Einfluß auf den libyschen Geheimdienst nimmt, die bis dahin gewährte Unterstützung einzustellen. *Carlos* und *Steve* müssen dies als Verrat empfinden. Die Intervention Abu Nidals trifft die Gruppe schwer. Intern führt das erneut zu heftigen Diskussionen über das Verhältnis zur palästinensischen Widerstandsbewegung. Die unterschiedlichen Auffassungen darüber stellen die Gruppe vor eine Zerreißprobe. Der Palästinenser Abul Hakam mit dem Kampfnamen *Ali* kann seine Vergangenheit nie verleugnen. Als Mitglied der ehemaligen PFLP-SO von Wadi Haddad sympathisiert *Ali* auch später mit seinen früheren Kampfgefährten und fühlt sich vor allem mit der »Gruppe des 15. Mai« verbunden. Dazu hat er auch persönliche Gründe, denn dort ist sein Bruder, mit Decknamen *Sami*, Mitglied.

Carlos hat von 1970 bis 1979 vorwiegend auf Kosten der Palästinenser gelebt. Auch als er später aus Mißtrauen etwas mehr auf Distanz geht, bleibt er emotional immer auf ihrer Seite. So fordert er zum Beispiel im Libanonkrieg 1982, daß die Sowjetunion in den Konflikt militärisch eingreifen müsse, um den Palästinensern zu helfen, selbst auf die Gefahr, damit einen dritten Weltkrieg heraufzubeschwören. Gleichzeitig betont er in Gesprächen mit führenden PLO-Funktionären unermüdlich, daß seine Gruppe Terroranschläge im Interesse der Palästinenser durchführen werde, wenn die Autonomie seiner Gruppe erhalten bleibe, und wenn die Größenordnung der finanziellen Unterstützung stimme.

Steves erste Kontakte zur PLO entstehen schon 1972 nach dem blutigen Attentat in München. Er ist fasziniert von der publizistischen Wirkung des Terroranschlages. Daraufhin nutzt er seine Beziehungen zum »Palästina-Komitee« in Frankfurt/Main, um direkt mit militanten PLO-Kräften in Verbindung zu gelangen. Schon lange vor seiner Flucht nimmt er kurzfristig mit der Wadi-Haddad-Gruppe Kontakt auf. Er absolviert auf die Schnelle eine militärische Ausbildung und ist als eine Art »Reservist« für terroristische Operationen vorgesehen. Mit seiner Inhaftierung 1975 in der Bundesrepublik endet vorerst seine Karriere als PLO-Söldner.

Diese totale Unterordnung unter palästinensisches Kommando wird von *Steve* zwar mit »internationaler Solidarität« begründet und bemäntelt, bereitet ihm aber später noch Unbehagen. Um so mehr pocht er nun in Gesprächen mit PLO-Kadern auf Unabhängigkeit und völlige Autonomie seiner Gruppe. In praktischen Fragen wie technischer Hilfe oder in Bezug auf die Weitergabe von Informationen ist er aber flexibler als die übrigen Führungsmitglieder der Gruppe um *Carlos*.

PLO-Kader bringen *Steve* stets ein gewisses Maß an Mißtrauen entgegen. Das beruht auf Gegenseitigkeit. Denn er vermutete, daß einflußreiche PLO-Angehörige Kontakte zu einem oder gar zu mehreren Geheimdiensten haben. Das ist auch sein Verdacht gegenüber dem Leiter der »PLO-Sicherheit«, Abu Iyad. Es ist bekannt, daß der palästinensische Geheimdienstchef zu östlichen wie auch westlichen Geheimdiensten und Polizeiorganen umfangreiche Kontakte pflegte. Sie reichten von der Stasi über den KGB im Osten bis zur österreichischen Polizei und zu französischen und italienischen Geheimdiensten im Westen.

Auch aus Gründen der persönlichen Sicherheit hält sich *Steve* mit vollem Engagement bei den PLO-Organisationen zurück. Er erkennt schon recht früh, daß die PLO zunehmend zum Tummelplatz der widerstreitenden arabischen Interessen und damit zum Objekt arabischer Geheimdienste wird. *Steve* will nicht zwischen die Mühlsteine geraten. Deshalb ist die Bereitschaft, mit Vertretern arabischer und östlicher Geheimdienste direkt zu verhandeln, bei *Steve* viel ausgeprägter als bei anderen Führungskräften der Gruppe.

Für die Staatssicherheit in Ostberlin und Budapest wiederum ist *Steve* ein weitaus interessanterer, wertvollerer und ergiebigerer Gesprächspartner. Sie schätzen nicht zuletzt seine deutsche Gründlichkeit, Pünktlichkeit und Verschwiegenheit. Die arabischen Geheimagenten, deren Muttersprache nicht einmal des Wort »geheim« kennt, gelten hingegen als unverbindlich und unzuverlässig.

Ein weiterer Kritikpunkt an der PLO ist deren hoffnungslose Uneinigkeit und Zerstrittenheit. Bei vertraulichen Diskussionen läßt *Steve* kein gutes Haar an den Arabern. Seine Standardmeinung ist, daß sie im Kampf für einen eigenen Palästinenserstaat nur dann Erfolg haben würden, wenn die PLO-Gruppen endlich ihre arabischen »Hofintrigen« beenden. Bisher brauchte nach seiner Überzeugung der israelische Geheimdienst nur mit ein paar einfachen Tricks dafür zu sorgen, daß ständig neuer Anlaß für Streit geliefert wurde, wodurch immer neue Spaltungstendenzen innerhalb der palästinensischen Widerstandsbewegung entstanden.

Steve muß allerdings aufpassen, daß er nicht selbst in den Verdacht der Illoyalität gegenüber den PLO-Organen gerät und damit die ohnehin schmale Vertrauensbasis nicht noch zusätzlich gefährdet. Andererseits garantiert die arabische Zerstrittenheit auch Spielräume, die von *Steve* wie auch *Carlos* zur Durchsetzung eigener Interessen weidlich ausgenutzt werden.

Wechselnde Partner, problematische Beziehungen

Der Bruderstreit unter den einzelnen Teilorganisationen der PLO fordert 1983 sogar Verletzte und Tote. Die Feindseligkeiten werden ausgetragen, gleichgültig wo sie aufeinander stoßen, in den Flüchtlingslagern oder an den Universitäten im befreundeten Ausland, in Budapest, Sofia und Bukarest. Dort stehen sich manchmal ganze Kohorten von Studenten feindlich gegenüber. Neben verbalen Angriffen kommt es zu Handgreiflichkeiten. Bei Demonstrationen sind Prügeleien und nicht selten sogar Messerstechereien an der Tagesordnung. Allein die Tatsache, daß Extremisten und Terroristen aus dem gesamten breiten Palästinenserspektrum die östlichen Hauptstädte zum Paukboden ihrer Streitigkeiten machen, bereitet den dortigen Behörden große Probleme. Solche Entgleisungen dürfen nach dem politischen Selbstverständnis der kommunistischen Länder gar nicht existieren. So müssen die Sicherheitsorgane Aufpasser für den revolutionären Palästinensernachwuchs spielen, damit sich Anhänger und Gegner von Yassir Arafat nicht vor den Augen der Öffentlichkeit gegenseitig die Köpfe einschlagen.

Im Nahen Osten tragen die einzelnen Fraktionen der PLO ihre Konflikte weit offener aus. Im Nordlibanon – vor allem aber im Raum Tripolis – führen die innerpalästinensischen Streitereien zu bürgerkriegsähnlichen Auseinandersetzungen.

Für den deutschen Terroristen ist das eine höchst unerfreuliche Entwicklung, denn sie beschwört für ihn und seine Komplizen neue Gefahren herauf. Der Bruderkrieg greift um sich, je mehr Palästinenser in der Gewalt allein nicht mehr das zeitgemäße Mittel sehen, dem Ziel eines eigenen Staates näher zu kommen. Als die PLO-Führung erstmals eine Teilstaatenlösung ins Auge faßt und verstärkt auf diplomatische Aktivitäten setzt, beginnt sich für *Carlos* und *Steve* die Situation unangenehm zu verändern. Arafat und die ihm nahestehenden Organisationen verfolgen nun eine zweigleisige Strategie, nach wie vor eine militärische, die aber zunehmend auf die Ablehnung der internationalen Öffentlichkeit stößt, und eine diplomatische, die auf eine Verständigungspolitik mit Israel zuläuft. Je stärker es in Richtung »Klimaverbesserung« geht, um so gewalttätiger werden die »Falken« gegen die »Friedenstauben«.

Blutige Gewalt unter Brüdern ist das traurige Ergebnis dieser Auseinandersetzungen. Deshalb fordert *Steve* radikale Maßnahmen und hartes Durchgreifen. Die Verantwortlichen der Eskalation, egal auf welcher Seite der Front sie stehen, sollen seiner Meinung nach vor ein PLO-Tribunal gestellt und anschließend standrechtlich erschossen werden.

Die Mitglieder und Verbindungspersonen einzelner palästinensischer Teilorganisationen, selbst die radikalsten unter ihnen, lehnen solche Vorstellungen ab. Die Beziehungen kühlen ab, und die Gespräche und Geschäfte reduzieren sich auf den gegenseitigen Nutzen.

Aus pragmatischen Erwägungen hält die Carlos-Gruppe ihre Beziehungen zu den PLO-Gruppierungen aufrecht. Und wenn es aktuelle Ereignisse zulassen, so sind sie zur Stelle. Im September 1982 haben christliche Milizen die Palästinenserlager Sabra und Shatila im Libanon überfallen und hunderte Palästinenser getötet, ohne daß die Israelis eingegriffen hätten. Als die Bilder des brutalen Massakers um die Welt gehen, erklären sich *Carlos* und seine Gefolgsleute sofort bereit, mit Terroranschlägen zu kontern. Damit unterstreichen sie ihre Solidarität und Aktionsbereitschaft.

Die Mischung aus blutrünstigem Killertum und politischem Opportunismus, mit der sich *Carlos* und *Steve* den Palästinensern gerne andienen, zeichnet auch die Terrorakte gegen französische Diplomaten in Beirut und den Anschlag auf das französische Kulturzentrum in der libanesischen Hafenstadt Tripolis aus. Doch diesmal hält die Konjunktur nicht lange an. Der israelische Truppenabzug aus dem Libanon im Sommer 1985 und im darauffolgenden Jahr das Treffen zwischen dem israelischen Ministerpräsidenten Schimon Peres und dem marokkanischen König Hassan II. sind unübersehbare Zeichen für eine Entspannungsbereitschaft auf beiden Seiten.

Die Dienstleistungen der Carlos-Gruppe werden nun deutlich weniger nachgefragt. Und diese wiederum wendet sich mehr oder weniger von den Palästinensern ab. Trotzdem mangelt es nicht an Betätigungsfeldern.

Seit Bestehen der Carlos-Gruppe Anfang der achtziger Jahre achtet man stets darauf, mit den unterschiedlichsten Fraktionen des internationalen Terrorismus Kontakte zu bekommen, um Beziehungen und Kooperationsverhältnisse zu sichern. Die Pluralität ist eine wichtige Voraussetzung des ständigen

Agierens. Manche Kontakte haben Bestand von Anfang an, andere wiederum sind vorübergehend und ausschließlich vom praktischen Nutzen bestimmt.

Parallel zu den Kontakten mit den Palästinensern pflegt *Carlos* nachhaltige Beziehungen zu seinem Moskauer Studienfreund, dem Armenier Hagop Hagopian. *Carlos* hat Hagopian, wie auch viele andere Gesinnungsgenossen, an der Patrice-Lumumba-Universität kennengelernt. Jetzt, wo der Armenier die »Geheimarmee zur Befreiung Armeniens« (ASALA) anführt, finden die beiden Ex-Kommilitonen wieder zusammen.

Die Anfänge der ASALA reichen in das Jahr 1973, als ein armenischer Veteran namens Gourgen Janikian als späte Rache für die 1915 verübten Gewalttaten der Türken an seiner Familie zwei türkische Diplomaten in Santa Barbara ermordet. Durch diese Tat wird bei vielen Exil-Armeniern das Geschichtsbewußtsein und ein später Wunsch nach Vergeltung geweckt. Mitte der siebziger Jahre rotten sich antiwestliche und antizionistische Extremisten unter der Führung von Hagopian im Libanon zu einer radikalen Truppe zusammen, der »Armenian Secret Army for the Liberation of Armenia«, mit dem bald international gefürchteten Signum ASALA. Das politische Ziel, das sich die »Geheimarmee zur Befreiung Armeniens« steckt, ist die Schaffung eines unabhängigen Armenien in Ostanatolien. Die Mitgliederzahl der ASALA war nie genau zu ermitteln. Ihre terroristischen Aktionen werden als verzweifelte Gewaltakte gewertet. Die Angriffe richten Hagopian und seine Leute in erster Linie gegen türkische Diplomaten im Ausland. Mitte der achtziger Jahre werden in über 20 Ländern mindestens achtundzwanzig türkische Diplomaten oder deren Angehörige ermordet.

Wegen ihres gemeinsamen Aufenthalts in Moskau ist es naheliegend, daß *Carlos* wie Hagopian Kontakte zum ehemaligen sowjetischen Geheimdienst, dem KGB, nachgesagt werden. Jedenfalls kümmert sich ausschließlich *Carlos* um die ASALA-Connection. Nicht einmal *Steve* gegenüber lüftet er alle ASALA-Geheimnisse, obwohl der Deutsche nicht nur sein engster Vertrauter ist, sondern auch als »Europaverantwortlicher« in Athen, Prag und Budapest häufig mit ASALA-Leuten zu tun hat.

Zwischen der ASALA und *Carlos* findet ein regelmäßiger Austausch von Material, einschließlich von Waffen, statt. Auch bei der Festlegung der politischen Linie stimmen sich die beiden Anführer ab. Außerdem helfen sie sich gegenseitig bei der Planung und Durchführung von Terrorakten. Wie eine solche Hilfe aussieht, läßt sich beim Anschlag auf das »Maison des France« am 29. August 1983 in Westberlin nachvollziehen. Nachdem die Bombe mit 24 kg Sprengstoff in Berlin detoniert ist und dabei ein Toter und 23 zum Teil schwer

Verletzte zu beklagen sind, meldet sich bei der französischen Nachrichtenagentur *AFP* die armenische Untergrundorganisation ASALA und bekennt sich zu dem Attentat. Diese Art von Arbeitsteilung ist ein typisches Täuschungsmanöver à la *Carlos*, das von den eigentlichen Tätern ablenken soll. Die ASALA ist dazu bereit, selbst auf die Gefahr hin, daß einige ihrer in Westberlin lebenden Anhänger festgenommen werden, was schließlich auch geschieht .

Es ist nicht der einzige Fall einer Kooperation mit der ASALA. Diese verfügt in Athen über einen eigenen Stützpunkt, nachdem sie 1982, wie auch palästinensische Terrororganisationen, aus dem Südlibanon vertrieben wurde. Für die ASALA ist dies ein schwerer Rückschlag, denn es bedeutete den Verlust des eigenen Ausbildungslagers im Libanon.

In ihren neuen Exil Athen fassen sie wieder Fuß. Mit ihrer Hilfe kann die Carlos-Gruppe unter der Leitung von *Steve* 1983 ungehindert einen Anschlag auf saudiarabische Diplomaten vorbereiten. *Steve* ist von der großzügigen Unterstützung sehr beeindruckt. Die terroristische Allianz zwischen der ASALA und der Carlos-Gruppe endet allerdings abrupt, als Hagopian, der Anführer der ASALA, 1986 in Athen erschossen wird.

Wer seine Mörder sind wird nie aufgeklärt. Es gibt nur Vermutungen. Für die armenischen Untergrundkämpfer kommt als Täter nur der türkische Geheimdienst in Frage. Diese Version hilft, die führungslose und teilweise zerstrittene Mannschaft zusammenzuscharen.

In der Carlos-Gruppe hingegen wird über die Tötung Hagopians etwas gründlicher nachgedacht. *Steve* vertritt die Meinung, daß es grundsätzlich falsch wäre, nur die türkische Spur zu verfolgen. Er sieht mindestens noch zwei weitere Fährten: Zum einen verdächtigt er den französischen Geheimdienst, der durch mehrere Anschläge blamiert und brüskiert worden ist. So ist die ASALA im Juli 1983 für den Bombenanschlag gegen den Abfertigungsschalter der Turkish Airlines auf dem Pariser Flughafen Orly verantwortlich. Außerdem töten Hagopians Leute in Beirut den französischen Militärattaché Oberst Chrian Goutierre. Dieses Attentat wird als Rache der Armenier gewertet, weil der französische Geheimdienst angeblich 1983 ein Geheimabkommen mit der ASALA gebrochen haben soll. Und bei Verrat reagieren sie nicht gerade zimperlich. Für *Steve* kommt deshalb ernsthaft in Betracht, daß der französische Geheimdienst einen Killer für Hagopian angeheuert hat.

Seine These untermauert er mit der kaltblütigen Vorgehensweise der Franzosen gegen das Greenpeace-Schiff »Rainbow Warrior«. Dieses wollte zu einer Demonstrationsfahrt gegen die Atombombenversuche auf dem Mururoa-Atoll auslaufen, doch die französische Anti-Terror-Einheit GIGN sprengte es im neuseeländischen Hafen Auckland kurzerhand in die Luft. Dabei kam der Fotograf Fernando Pereira ums Leben. Als »politischer Auftraggeber« wird später der Chef des französischen Geheimdienstes DGSE, Admiral Lacoste, ausgemacht.

Andere mögliche Täter für den Anschlag auf Hagopian können für *Steve* aber auch aus der ASALA selbst kommen. Schon seit einiger Zeit schwelte ein Konflikt zwischen der ersten und zweiten Führungsebene geschwelt. Hagopians selbstherrlicher, autoritärer, ja diktatorischer Führungsstil war vielen ein Dorn im Auge. Unbehagen verbreitete sich auch wegen des Verdacht, daß in der Leitung der Organisation nicht ordnungsgemäß mit dem Geld umgegangen wurde und Unregelmäßigkeiten bei den Finanzen auftraten. Mit großem Argwohn beobachteten einige ASALA-Führungskader auch, daß sich Hagopian immer stärker am tschechoslowakischen Geheimdienst StB orientierte. Damit fürchteten sie neben den ohnehin vermuteten KGB-Verbindungen den Einfluß eines weiteren Ostblockdienstes. Man hatte also gewiß einigen Grund, den umstrittenen Anführer loszuwerden.

Wer auch immer den Todesschützen beauftragt hat, Türken, Franzosen oder gar die eigenen Leute, für *Steve* und seine Gruppe »Internationale Revolutionäre« ist der Tod von Hagopian ein nicht zu ersetzender Verlust. Denn Hagopian hat auch über ausgezeichnete Informationen über Abu Nidal verfügt sowie über die japanische »Rote Armee«, mit der die ASALA sogar kooperierte. Abu Nidal und die Al-Fatah stritten sich beide um die Überreste der zersplitterten armenischen Terrortruppe. Deren Kämpfer verschwanden schließlich ganz aus dem Nahen Osten. Sie engagierten sich im Krieg um Berg-Karabach, die belagerte armenische Enklave in Aserbaidschan.

Nachdem 1988 auch die letzten Kontakte zur ASALA zerbrochen waren, mußte die vagabundierende Carlos-Organisationdie Beziehungen zu anderen Partnern aktivieren. *Steve* und *Lilly* greifen eine alte Überlegung, die sie schon bei der Gründung der Gruppe »Internationale Revolutionäre« verfolgten, wieder auf. Ihnen schwebt vor, sich als internationale Koordinatoren, Unterstützer und Berater zu verdingen und ihre langjährigen Erfahrungen in eine Art »Consulting« in Sachen Terrorismus und Gewalt einzubringen. »Wir müssen uns über die nationalen militanten Organisationen stellen und ihre Aktionen im Sinne des globalen Kampfes gegen Imperialismus und Zionismus beeinflussen.«

Ihr Plan ist, Koordination sowie materielle und logistische Hilfe zu leisten, um die Wirksamkeit der einzelnen Gruppen zu erhöhen. Der Vorteil wäre, selbst nicht bomben zu müssen und doch am bewaffneten Kampf in verschiedenen Ländern teilzuhaben. Die Aufgabe der Carlos-Gruppe soll sein, als übergeordnete Zentralstelle darüber zu wachen, daß für geplante und mit ihnen abgestimmte Terroranschläge ausreichend Geld, Waffen, Sprengstoff, Zündmittel und die nötigen Reisedokumente rechtzeitig zur Verfügung gestellt werden. Gleichzeitig will man für Ausbildungsmöglichkeiten des terroristischen Nachwuchses in verschiedenen Ländern sorgen und dabei Abhängigkeits- und Beeinflussungsmöglichkeiten schaffen.

Ein typisches Beispiel, wie diese Art von Vorgehen funktioniert, ist die Beziehung der Gruppe um *Carlos* und *Steve* zur ETA. Die spanische Terrorgruppe verfügt durch ihren faktisch freien Zugang zum französischen Teil des Baskenlandes über einen großen und sicheren logistischen Stützpunkt in Frankreich. Ein Stillhalteabkommen mit dem französischen Geheimdienst verhilft der ETA dazu, in dem für sie lebenswichtigen Ruheraum fast völlig unabhängig zu agieren. Über die traditionellen spanischen Beziehungen zu Lateinamerika hat die ETA zudem Verbindungslinien zu sogenannten Befreiungsfronten in Südamerika, wie zum Beispiel zur FLMN El Salvador und zur militanten Gruppe M 19 in Kolumbien.

Als Kuckuck im ETA-Nest

Am 10. August 1994 werden zwei Spanier auf dem Franz-Josef-Strauß-Flughafen in München Erding festgenommen. Nach ersten voreiligen Rückschlüssen gibt es doppelten Grund zur Aufregung. Im Reisegepäck haben die beiden 300 Gramm atomwaffenfähiges Plutonium, in einer Lufthansa-Maschine direkt aus Moskau nach Deutschland gebracht. Der zweite Grund zur Beunruhigung sind die »Kuriere« des gefährlichen, vor allem hochgiftigen Bombenstoffes: Justiniano Torres Benites (38 Jahre), kolumbianischer Staatsangehöriger, Julio Oroz Equia (49 Jahre), spanischer Staatsbürger und der in einem Hotel festgenommene Baske Javir Bengeochea Arratibel (60 Jahre). Letzterem werden Beziehungen zu der baskischen Untergrundorganisation ETA nachgesagt. Eine schreckliche Vermutung liegt in der Luft. Greifen baskische Terroristen jetzt auch noch nach der Atombombe?

Öffentlich vermutet der Bundesnachrichtendienst (BND) die Hintermänner in Libyen, im Iran oder Irak. Politiker nutzen die Gunst der Stunde und fordern schärfere Gesetze, um die »Spitzelkompetenzen« des BND zu erweitern. Bald danach kommt der BND ins Gerede. Ein Bundestagsausschuß wird eingerichtet, um zu prüfen, ob der Bombenstoff von Moskau nach München mit Billigung deutscher Behörden transportiert wurde. V-Leute des BND und des LKA Bayern, so der Anwalt des beschuldigten Basken, hätten »massiv gedrängt, das Zeug nach München zu holen«. Die baskischen ETA-Terroristen ins Spiel zu bringen macht bei genauerer Betrachtung Sinn. Die ETA ist die bei weitem gefährlichste der übriggebliebenen Terrororganisationen in Europa. Und daß die ETA (Euzkadi Ta Azkatasuna), die seit 26 Jahren für ein unabhängiges Baskenland kämpft, immer noch existiert und tötet, hat sie erst im April 1995 wieder bewiesen. Pünktlich um acht Uhr früh explodierten im Norden Madrids 25 kg Sprengstoff, die in einem Auto versteckt waren. Die

Bombe richtet sich gegen den Chef der oppositionellen Volkspartei PP, der glücklicherweise mit einer leichten Verletzung davonkommt. Drei Monate zuvor ist der PP-Vorsitzende der Provinz Guipuzcoa von der ETA getötet worden.

Schon Ende der siebziger und Anfang der achtziger Jahre suchte die Carlos-Gruppe Kontakt zur ETA. Skrupellosigkeit, Wagemut und Entschlossenheit zum mörderischen Handeln sind für *Carlos* und *Steve* Grund genug zur Bewunderung und zum Bestreben, mit der baskischen Untergrundorganisation zu kooperieren. Außerdem unternehmen sie regelmäßig neue Versuche, sich aus den Bindungen zu den Palästinensern zu lösen. Sie erhoffen sich, mit Hilfe der ETA in Frankreich »eigene Strukturen« für terroristische Aktivitäten in Westeuropa zu schaffen.

Der französische Teil des Baskenlandes erweist sich als günstiger Stützpunkt, um von da aus in Frankreich, der Schweiz, aber auch in Griechenland neue Operationen vorzubereiten. Das Versteck der baskischen Separatisten soll gleichzeitig als Sprungbrett für Lateinamerika dienen. Damit wollen sie ein weiteres Feld für ihre terroristischen Aktivitäten erschließen. *Carlos* bringt als Venezolaner persönliche Kontakte zu den militanten »Befreiungsfronten« in seinem Heimatland mit ein. Die Ausdehnung ihrer Aktionen auf Lateinamerika werde sie – so hoffen die beiden Strategen – dem großen fernen Ziel, dem Sieg der Weltrevolution, näherbringen.

Die ETA hat ähnlich wie die PLO eine gefestigte Wirtschaftsstruktur, die durch regelmäßige Einnahmen – über die »revolutionäre Besteuerung« baskischer Geschäftsleute – garantiert ist. Obwohl die spanische Regierung mit abschreckenden Maßnahmen versucht hat, etwa das Eintreiben von Lösegeldern bei Geiselnahme und Erpressung zu erschweren, mangelt es der ETA nie ernsthaft an Geld. Außerdem kann sich die baskische Untergrundbewegung der Sympathie und der Unterstützung des libyschen Präsidenten Muammar al-Gaddafi und des Südjemens erfreuen.

Den Kontakt zur ETA stellten *Steve* und *Lilly* Anfang 1980 in Budapest her. Es folgen weitere Besuche von Führungsmitgliedern der ETA in Berlin, Beirut und abermals in der ungarischen Hauptstadt. *Steves* wichtigster Gesprächspartner ist ein Angehöriger der Abteilung Auslandsverbindungen der »ETA-Politiko-Militar« (PM) mit dem Decknamen *Eric*. Er ist Belgier mit wahrscheinlich spanischer Abstammung und benutzt auf seinen Reisen mehrere Pässe. Seine spanische Legitimation ist auf den Namen Juan Fernadez de hoz Lopez ausgestellt. Als Geburtort hat er Madrid angegeben. Das Geburtsdatum: 20.1.1951.

Eric ist es auch, der *Steve* mit einem Führer der ETA-PM erstmals zusammenbringt. Sein Deckname: Santiago. Diese Beziehung ist aber nicht von allzu langer Dauer. *Steve* beendet sie, als sich Santiago in der ETA dem gemäßigten Flügel zuwendet, der mit der spanischen Regierung einen Waffenstillstand schließt und die Einstellung des bewaffneten Kampfes erklärt. Gefaßt wird dieser Beschluß auf der 7.Versammlung der ETA-PM, nach der sich die Gruppe von da ab nannte: »ETA-PM 7. Versammlung«.

Für *Steve* sind es »Abtrünnige«. Allerdings will er nicht soweit gehen, Santiago und seine Gesinnungsgenossen offen als Verräter abzuqualifizieren, wie er es gegenüber Palästinensern anstandslos getan hätte. Das Zusammengehörigkeitsgefühl unter den Basken scheint ihm zu stark, um Keile hineintreiben zu können. Welche Streitigkeiten innerhalb der ETA auch herrschen, unangemessene Urteile von Außenstehenden dulden sie nicht.

Politisch operiert die ETA in dieser Zeit nicht ganz erfolglos. Immerhin gelingt es ihr, der Regierung in Madrid einige Zugeständnisse abzutrotzen. So werden den Basken einige Sonderrechte gewährt, die in der Region als Erfolg gefeiert werden. Auch bei Wahlen zeigt es sich, daß die ETA auf die Zustimmung von Teilen der Bevölkerung rechnen kann.

Trotzdem ist ein großer Teil der baskischen Untergrundorganisation mit der Beendigung des bewaffneten Kampfes und dem Beschluß der »7. Versammlung« nicht einverstanden. Die Militanten berufen eine 8. Versammlung der ETA-PM ein. Auf ihr wird faktisch die Abspaltung von den Teilnehmern der 7. Versammlung beschlossen. Damit verschaffen sie sich gegenüber den Gemäßigten die Legitimation für die uneingeschränkte Fortsetzung des Terrors.

Um sich formal abzugrenzen, nennt sich die radikale Gruppe fortan »ETA-PM 8. Versammlung«. In den späten achtziger Jahren soll auch diese Bezeichnung nach einer weiteren Spaltung verschwinden, weil sich der harte militante Kern der ETA-PM mit der ausschließlich militärisch agierenden »ETA-M« (Militar) vereinigt.

Die Gruppe um *Carlos* und *Steve* unterhält erst von 1980 an feste Beziehungen zu baskischen Untergrundorganisationen, zunächst zur ETA-PM, dann zur militanten »ETA-PM 8. Versammlung« und schließlich zur »ETA-M«. Anfänglich bezieht sich die Kooperation und Abstimmung auf den materiellen und logistischen Bereich. Die ETA ermöglicht der Carlos-Gruppe, wie gesagt, die Nutzung von logistischen Strukturen und Stützpunkten vor allem im schwer zugänglichen französischen Baskenland an der Biskaya. Außerdem stellt sie für *Steve* und *Carlos* wertvolle Kontakte zur kolumbianischen M 19 und zur FLMN in El Salvador.

Im Gegenzug vermittelt *Steve* für die ETA-Aktivisten militärisches Training durch der PFLP-SO im Südjemen. In größerem Umfang werden über diese Verbindung auch Waffen an die ETA geliefert. Die Basken pflegen in dieser Hinsicht gut vorzusorgen. So entdeckt im April 1995 ein Bauer im französischen Baskenland bei Bayonne ein Depot mit 120 kg Sprengstoff der Marke Amonal. Außerdem findet man in dem Versteck Zünder, elektronische Geräte zur Aktivierung von Bomben und Anleitungen von Sprengsätzen auf spanisch.

Die Regie bei den zahlreichen Waffentransporten unter anderem zwischen dem Nahen Osten und den ETA-Stützpunkten am Atlantischen Ozean führt *Steve*. Er zieht mit den Basken einen regelrechten Waffenhandel auf. Zwei ETA-Helfer stehen ihm fast ständig zur Seite: ein Paar mit den Decknamen John und Lucie. Auf ihrer ersten Reise in den Nahen Osten fahren sie als Touristen getarnt mit einem Wohnmobil der Automarke Toyota und dem französischen Kennzeichen »2382 SH 29«. Ihre Reiseroute verläuft über Osteuropa. Der Toyota wurde für die beschwerliche Strecke bewußt ausgewählt. Das Fahrzeug stammt aus einer Serie, die für den afrikanischen Raum gebaut wurde. Diese Wohnmobile sind besonders stabil und mit verstärkten Federn ausgerüstet. Übermäßiges Gewicht kann dem Fahrzeug somit nichts anhaben. Außerdem sieht man die schwere Ladung an den Grenzen in dem Wohnmobil nicht an.

Der Container für die Waffen ist in die Dachwölbung des Wohnmobils eingebaut. Um die Waffen in der Zwischendecke zu verstauen, muß das Dach abgeschraubt werden. Für *Steve* ist das keine leichte Übung. Die Präparierung des Autodachs mit den vielen Schrauben stellt sich als schwierige Prozedur heraus. Um es wieder festzuschrauben und die Verblendung so anzubringen, daß die Manipulation nicht bemerkt wird, benötigt *Steve* fünf bis sechs Stunden. Doch die Methode bewährt sich. Auf diese Weise werden Waffen aus den Depots in Beirut, Damaskus, Budapest und Belgrad herausgebracht worden und gelangen unentdeckt an die Zielorte.

Diese liegen nun im französischen Teil des Baskenlandes, wo die ETA zeitweilig über riesige Waffen- und Sprengstoffdepots verfügen kann. Die französischen Behörden sehen »tolerant« darüber hinweg. Im Juli 1982 geraten John und Lucie in eine Polizeikontrolle. Obwohl die Beamten in ihrem Wohnmobil erhebliche Mengen an Waffen finden, lassen sie das Schmugglerpärchen unbehelligt weiterfahren.

Der Austausch im logistischen Bereich verläuft relativ problemlos, und so weitet sich die Zusammenarbeit mit der ETA-PM aus bis zur gegenseitigen Unterstützung bei Terrorakten.

Ausdruck dieser neuen Qualität der Zusammenarbeit auf dem aktiven Sektor ist das gemeinsame Vorgehen bei bestellten Anschlägen gegen Exilrumänen in der Bundesrepublik und in Frankreich. Hinter diesen Aktionen steckt der skrupellose rumänische Geheimdienst DIE, genannt auch »Securitate«. Die Carlos-Gruppe erhält den Auftrag, im Ausland lebende Regimegegner zu liquidieren. Als Gegenleistung erhalten sie kostenlos Waffen, Sprengstoff, Zündmittel, Reisepässe und anderes mehr. Um von den Auftraggebern abzulenken, bittet *Steve* ETA-Leute, Paketbomben von Spanien aus zu versenden.

Am 28. Januar 1981 löst die ETA erstmals ihr Versprechen ein. An diesem Tag werden in Madrid mehrere Paketbomben nach Frankreich und Deutschland bei der Post aufgegeben. Die Sprengsätze befinden sich in präparierten Büchern, aus denen Seiten herausgetrennt sind. In den so geschaffenen Hohlräumen sind Sprengstoff und der Zündmechanismus untergebracht, der beim Lösen der Verpackung aktiviert wird. Als Absender auf den explosiven Postsendungen steht: G. DELVALLE – H. CASTELIANA – MADRID – SPANIEN.

Am 3. Februar 1981 haben die ersten beiden Pakete ihr Ziel erreicht. Der Postbote klingelt in Paris bei Nicolae Penescu, dem ehemaligen rumänischen Minister und einst einflußreichem Mitglied des rumänischen Nationalrats. Er hat sich nach Frankreich abgesetzt und wird von Ceaucescu mehr gefürchtet als je zuvor. Für ihn ist eines der tödlichen Pakete bestimmt. Nur einem besonderem Umstand ist es zu verdanken, daß der Ex-Minister die Explosion überlebt und nur verletzt wird.

Am gleichen Tag erhält auch der rumänische Schriftsteller Paul Goma ein Päckchen. Der Regimekritiker ist 1979 nach Frankreich geflüchtet und lebt seitdem dort im Exil. Goma ist allerdings vorgewarnt. Er hat schon zwei Briefe mit Morddrohungen erhalten. Deshalb ist er wachsam und öffnet das Paket nicht.

Einen Tag darauf, am 4. 2. 1981, kommt eine Paketbombe in Köln an. Adressat ist Serban Orescu, Präsident des »Demokratischen Kreises der Deutschland-Rumänen«. Der Exilrumäne kommt glimpflich davon. Er wird nur leicht verletzt.

Ein Grund, den Rachefeldzug gegen Regimegegner im Ausland nicht in eigener Regie durchzuführen, liegt wohl darin, daß der rumänische Staatspräsident um seine Beziehungen zu Israel fürchtet. Vielleicht hat der für seine Paranoia bekannte Diktator auch Angst, daß *Carlos* und seine Komplizen eines Tages die staatliche Fluggesellschaft Tarom aufs Korn nehmen könnten. Jedenfalls gewährt Ceaucescu dem berüchtigten *Schakal* bereitwillig Gastfreundschaft. Seit 1980 kann *Carlos* in Bukarest sogar einen eigenen und festen Stützpunkt unterhalten. Auch andere Terroristen profitierten von der Kulanz des Regimes, so der Arafat-Rivale Abu Nidal, mit dem *Carlos* und *Steve* in einer gewissen Konkurrenz stehen. Durch die Einschaltung der ETA kann der rumänische Geheimdienst erfolgreich den Verdacht von sich ablenken.

Umgekehrt hilft die Carlos-Gruppe auch der ETA bei Terrorakten, nach dem Motto »eine Hand wäscht die andere«. Als Vater Iglesias von der ETA entführt wird, um von dem berühmten Sohn, dem Sänger Julio Iglesias, Lösegeld zu fordern, entwirft *Steve* den Erpresserbrief. Eine Kopie des Briefes finden die ungarischen Sicherheitsbehörden, als sie heimlich seinen Unterschlupf in Budapest durchsuchen und bei dieser Gelegenheit alle Unterlagen fotokopieren.

Wie weit die Kooperation zwischen beiden Gruppen geht, zeigt auch eine Ausarbeitung, die die französische Polizei am Fall eines Bombenanschlags auf den Zug »Le Capitole« 1991 zusammengestellt hat.

> »Am 29. März 1982 kam es um 21 Uhr in einem Wagen des Zuges Le Capitole, auf der Strecke von Paris nach Toulouse, zu einer Explosion.
>
> Es wurde festgestellt, daß es sich um die Explosion eines Sprengkörpers handelte, der aus einer starken Ladung Pentrit bestand.
>
> Bei dieser kriminellen Aktion gab es 5 Tote und 30 Verletzte.
>
> Zu dem Anschlag bekannten sich mehrere terroristische Organisationen. Das erste Bekenntnis erfolgte jedoch erst fast 24 Stunden danach.
>
> Dies geschah durch einen anonymen Anruf bei der Kriminalpolizei der Polizeipräfektur am 30. März 1982 um 19.27 Uhr.«

Akzentfrei erklärte der Anrufer: »Ich übernehme die Verantwortung für den Anschlag gegen den Zug »Le Capitole« im Namen der mit *Carlos* befreundeten Terroristischen Internationale.« Er drohte mit der Zerstörung weiterer, wesentlich sensiblerer Objekte, »wenn Sie nicht unsere Freunde, Bruno Breguet und Magdalena Kopp freilassen«. Dieser Anschlag, so die Einschätzung der französischen Polizei, wurde zwar von der ETA-PM, aber ausdrücklich auf Befehl von *Carlos* verübt. In Stasi-Akten wird, laut Veröffentlichung im Sicherheitsmagazin *Criminal Digest*, Jacques Vergès, späterer Verteidiger von Ramirez Ilich Sanchez, im Zusammenhang mit den Anschlägen in Frankreich als »operatives Mitglied« des *Carlos*-Netzes bezeichnet. Seine derzeitiger Decknamen sind Herzog und Gabriel.

Steve, in der Rolle des Adjutanten von *Carlos*, hat inzwischen beim radikalen Flügel der ETA-PM einen Ansprechpartner gefunden, mit dem » die Chemie stimmt «. Der Vermittler zwischen der im nationalen Rahmen operierenden ETA-PM und der international ausgerichteten Gruppe » Internationale Revolutionäre« wird *Eric.*

Die vertraulichen Gespräche über terroristische Aktionen führen sie längst nicht mehr im streng »geschäftlichen« Rahmen. Zwischen den beiden hat sich eine Freundschaft entwickelt, und sie entdecken sogar Gemeinsamkeiten auf dem kulinarischen Sektor. Wie *Steve* hat auch *Eric* nicht nur den »unerbittlichen revolutionären Kampf« vor Augen, sondern beide lieben sie das » süße Leben«. Beide schätzen die deutsche Küche. Wenn sich die Gelegenheit bietet, dann bestellen sie rheinischen Sauerbraten mit Klößen oder Tafelspitz oder Krautrouladen mit Schwenkkartoffeln. Begeisterung kommt auf, wenn Kasslerrücken mit Sauerkraut serviert wird. Die Übereinstimmung ihres Geschmacks erstreckt sich auch auf den flüssigen Bereich. Je nach finanzieller Lage genehmigen sie sich Whisky der Marken »Johnny Walker«, »Red« oder »Black Label«. Ebensowenig wird »Chivas Regal« verschmäht, schon gar nicht 12 Jahre alter.

Gemeinsame Treffen mit hohem Argumentationsbedarf verlegen sie gerne in Nachtbars oder Nachtclubs. Solche Debatten erstrecken sich gelegentlich über mehrere Tage. In Sofia sind sie Stammgäste im Hotel »Witoschall«, in Budapest im »Nov Hotel«, in Belgrad bevorzugen sie das »Slavia«, in Ostberlin am Alexanderplatz die »Stadt Berlin« und in der Goldenen Stadt Prag das »Intercontinental« am Moldauufer.

Neben den Annehmlichkeiten der deutschen Küche sucht *Steve* auf seinen Reisen auch stets Kontakt zu Deutschen, allein um mit ihnen zu plaudern oder um Belanglosigkeiten in der vertrauten Sprache zu lauschen. Große Nobelhotels gewährleisten solch heimlichen Sehnsüchten die Anonymität. Und ebensogut bieten sie den geeigneten Rahmen für vertrauliche Zusammenkünfte mit Führern befreundeter Organisationen. In Damaskus favorisiert er diesbezüglich das »Meridian« und das »Sheraton«. Als man sich in Beirut noch frei bewegen konnte, stieg er hier im vornehmen »Crazy House« ab.

Wenn *Steve* und *Eric* zusammen unterwegs sind, suchen sie bewußt die »zufällige« Begegnung mit Bekannten aus den arabischen Ländern. In den ersten Hotels am Platz trifft man arabische Diplomaten und Führungsmitglieder der Palästinensergruppen. Alle verkehren sie in solchen Edelherbergen, manche residieren dort sogar. Den Leuten, die sie in den Bars treffen, müssen sie sich nicht vorstellen. Falls doch ein Unwissender nach Beruf und Herkunft fragt, sind sie »Sales Manager« einer arabischen Export-Import-Firma. Wenn die Neugier vor allem weiblicher, von Nachrichtendiensten vorgeschickter

Nachtclubbekanntschaften zu groß wird und die Damen – wie in der »Bar des 37. Stocks« im »Stadt Berlin« nach weiteren Einzelheiten fragen, dann sind sie ganz einfach Vertreter der Firma Al Cobar in Kuwait. Diese Firma hat den Vorteil, keine Erfindung zu sein, es gibt sie wirklich. Niemand kann aber überprüfen, ob *Steve* und *Eric* tatsächlich für diese Firma tätig sind.

Der freundschaftliche Kontakt zwischen *Steve* und *Eric,* der zwischenzeitlich auch den Decknamen Albert führt, besteht auch noch nach 1987, obwohl der Terrorhandel zwischen Carlos-Gruppe, ETA-PM und palästinensischen Organisationen faktisch zum Erliegen gekommen ist.

Im Land der Gnome und des großen Geldes

Im Netz der terroristischen Beziehungen, das *Carlos* und *Steve* geknüpft hat, fehlt auch die Schweiz nicht. Ebenso wie in vielen anderen westlichen Universitätszentren hat sich in den siebziger Jahren unter den Schweizer Studenten radikales Protestpotential entwickelt. Obwohl es zu den gängigen Vorurteilen über die biederen Schweizer so gar nicht paßt: Der Kantone-Staat muß sich mit einem keineswegs harmlosen extremistischen und terroristischen Untergrund auseinandersetzen.

Wie stark solche Tendenzen im Land der Gnome und des großen Geldes bis in die Gegenwart sind, zeigt eine Besetzung der St. Peter Kathedrale in Genf. Neun Personen, alles Aktivisten, die – wie die einheimische Presse schreibt – »dem pazifistischen und atomkritischen Lager zuzurechnen« sind, verbarrikadieren sich Ende Oktober 1994 im Südturm der Kathedrale und fordern die Freilassung dreier mutmaßlicher *Carlos*-Komplizen sowie den Rücktritt der Schweizer Bundesanwältin Carla Del Ponte.

Die eidgenössische Anklägerin hat gut einen Monat zuvor ein Ehepaar aus Genf und eine Frau und einen Mann aus dem Tessin, festnehmen lassen. Für die Öffentlichkeit eine ziemlich unspektakuläre Polizeiaktion. In einer knappen Agenturmeldung heißt es lediglich: »Unterlagen aus Deutschland und Frankreich hätten den konkreten Verdacht ergeben, daß die Verhafteten zwischen 1979 und 1983 an Terrorakten unter der Leitung des als *Carlos* bekannten Ilich Ramirez Sanchez teilgenommen haben.« Trotz der notorischen Verschwiegenheit der Schweizer Justiz werden Namen bekannt, als das dritte Haftentlassungsgesuch von Giorgio Bellini beim Bundesgericht in Lausanne abgelehnt wird. Bellini wird unter anderem mit dem 1982 von *Steve* und *Carlos* verübten Anschlag auf den Schnellzug Paris-Lyon in Verbindung gebracht. Dem Genfer Ehepaar wird vorgeworfen, im gleichen Jahr am Attentat auf den schnellen Atom-Brüter »Super-Phènix« im französischen Creys-Malville beteiligt gewesen zu sein.

Steve vermutet von Anfang an, daß er unter den radikalen Gruppen in der Schweiz relativ leicht Anhänger finden würde. In einem Land, dessen Banken der Zufluchtsort für alle Reichen, Steuervermeider und Geldwäscher dieser Welt sind, muß auch radikales Potential anzutreffen sein. Man braucht nicht lange zu suchen. Bruno Breguet, genannt Luka, wird in Bagdad und Aden nachgesagt, er habe die militantesten Extremisten um sich geschart. Schon sehr früh und lange vor Weinrich hat Bruno Breguet Verbindungen zur »Wadi-Haddad-Gruppe«. Sie rekrutierte ihn für terroristische Aktivitäten. Doch Luke hatte Pech und wurde sehr bald festgenommen. Von 1970 bis 1977 verbüßte er eine Haftstrafe in israelischen Gefängnissen. Nach seiner Freilassung kehrte er in die Schweiz zurück.

Die Carlos-Gruppe ist nicht die einzige terroristische Organisation, die sich im Alpenstaat tummelt. Der freisinnige Nationalrat Ernst Cincera legt belastendes Material gegen das Libysche Volksbüro in Bern vor. Nach den Attentaten auf die Flughäfen Wien und Rom hat sich Mitte März 1985 ein Mann namens Boyd mit dem damals siebenunddreißigjährigen libyschen Oberst Issa Shebani getroffen, der zur gleichen Zeit in einem Züricher Nobelhotel lebte. Hinter Boyd vermutet Cincera den abgesprungenen CIA-Agenten Frank Terpil alias Jim Boyd, der im Solde Ghaddafis steht und der ein Treffen auf der zweiten Kommando-Ebene der »Libyan Connection« in Zürich veranstaltet haben soll. Die Organisationsform der »Libyan Connection« ist in drei Ebenen unterteilt, die jede für sich mit einer eigenen Befehlsgewalt ausgestattet ist. Die erste Ebene verläuft von Tripolis über Damaskus nach Bagdad. Die zweite von Madrid über Zürich und Belgrad nach Athen. Die dritte Ebene entspricht der Linie London-Brüssel-Bonn.

Die Anschläge in Wien und Rom gehen nach Auffassung Cinceras nicht allein auf das Konto des radikalen Palästinensers Abu Nidal. An dem Massaker in Rom und Wien, das achtzehn Menschen das Leben gekostet hat und bei dem weitere einhundertzehn Personen verletzt wurden, ist nach Einschätzung des Schweizer Politikers auch die zweite Kommando-Ebene der »Libyan Connection« beteiligt, die in der Schweizer Terroristenszene eigene Ansprechpartner hat. Die Schweizerin Claudia Bislin genoß 1981 in einem syrischen Camp eine terroristische Ausbildung. Von den eidgenössischen Sicherheitsbehörden wird sie beschuldigt, in der Schweiz ein Waffen- und Sprengstofflager angelegt zu haben.

Auch der zwischen den palästinensischen Fronten operierende Abu Nidal hat seine festen Ansprechpartner in der Schweiz. Lange Zeit ist das PLO-Büro Genf für ihn eine wichtige Anlaufstelle – trotz seiner Todfeindschaft zu Yassir Arafat, dem er zuvor über Jahre hinweg treu gedient hat. Als der PLO-Chef den Friedensprozeß mit Israel einleitete, wandelte sich Abu Nidal zu seinem radikalsten Gegner. Als der Leiter des Genfer PLO-Büros nach Wien versetzt wird, reißt auch dieser Kontakt ab.

Luka, der sich nach seiner Entlassung aus langjähriger israelischer Haft wieder mit dem Gedanken trägt, den bewaffneten Kampf fortzuführen, und zeitweilig auch in Westberlin anzutreffen ist, vermeidet es hinfort, mit PLO-Organisationen feste Bindung einzugehen. Er zieht es vor, sich der Carlos-Gruppe anzuschließen. Sein radikaler Anhang ist ähnlich strukturiert und organisiert wie die RZ in Deutschland. Man will endlich mehr als nur verbale Opposition betreiben, die Gewalt soll sich aber nicht gegen Menschen richten.

Diese Diskussion kennt *Steve* aus der Zeit seiner Frankfurter »Lehrjahre« nur zu gut und weiß damit umzugehen. Auch die Methode, wie die Kontakte zur Gruppe hergestellt werden, ist ihm sehr vertraut. Die Anlaufstelle ist in Zürich der Buchladen »Eco Libro«, ein Treffpunkt für die linksintellektuelle und linksradikale Szene.

Für *Steve* ist der Hauptansprechpartner eine Schweizerin mit dem Decknamen Sally. Ihr werden Beziehungen zu den Altkadern der »Roten Brigaden« in Italien sowie zu militanten Kräften in Frankreich nachgesagt. Mit ihr und einem linken Schweizer Anwalt, der Graf genannt wird, führt *Steve* tage- und nächtelange Gespräche über Sinn und Notwendigkeit militanter Aktionen. *Steve*, der überraschende Gewaltakte aus der Legalität heraus befürwortet, versteht es, die Schweizer Gesinnungsgenossen mit verlockenden Angeboten zu ködern. Er kann generöse Hilfe versprechen und für die Durchführung gemeinsamer Terroraktionen Geld und Waffen beschaffen.

Die Schweizer Gruppe soll seinen Vorstellungen nach logistische Aufgaben übernehmen und zur strategischen Basis ausgebaut werden. Ihm schwebt vor, die Mitglieder der eidgenössischen RZ für Waffentransporte sowie als Kundschafter zur Aufklärung von Terrorzielen in Italien und Frankreich einzuspannen.

Inwieweit die Partner in der Schweiz tatsächlich im Auftrag von *Steve* tätig werden, läßt sich lange Zeit nicht ausmachen. Was jetzt Stasi-Akten bekräftigen, ist der französischen offensichtlich schon Anfang der achtziger Jahre bekannt. Dem nachfolgenden Protokoll über den Anschlag gegen das französische Atomkraftwerk Creys-Malville am 18. Januar 1982 ist zu entnehmen:

Am 18. Januar 1982 schossen kurz vor Mitternacht unbekannte Täter fünf

Raketen gegen die Baustelle des Atomkraftwerks in Creys-Malville (Isère), wo gerade der Brutreaktor Super-Phènix gebaut wurde.

Zwei der Raketen gelangten durch die Öffnung des Silos, welches das Herz des Kraftwerks umschließt, ins Innere. Zwei weitere Raketen flogen gegen die erste Mauer, die die Anlage umschließt, und die letzte verursachte ein 35 cm tiefes Loch in der Wand des zukünftigen Wasserreservoirs.

Bei den Ermittlungen wurde ein Raketenwerfer des sowjetischen Typs RPG 7V, Baujahr 1963, mit Zubehör auf einer behelfsmäßigen Lafette entdeckt. Waffe und Zubehör befanden sich in neuwertigem Zustand. Die Identifizierungsnummern waren abgefeilt. Folgende Nummern konnten dennoch entziffert werden: »94-81 M 6456 12« und »6321 – 8 6456 2550 m«.

Eine unbekannte Person, die sich als pazifistischer Umweltschützer vorstellte, bekannte sich eineinhalb Stunden später in einem Anruf bei der Presseagentur *AFP* in Paris zu diesem Anschlag. Er wies darauf hin, daß man alle Vorsichtsmaßnahmen getroffen hätte, um niemanden zu verletzen. Bei einem zweiten Anruf bei *AFP* erklärte dieselbe Person zwei Tage später, daß es das Ziel seiner Organisation gewesen wäre, den Bau der Anlage zu verzögern und »die Menschen zum Nachdenken zu veranlassen, um in Frankreich die Debatte über Atomkraft neu zu entfachen«.

Laut vorliegenden Informationen soll dieser Anschlag von einer Gruppe Schweizer Extremisten auf Befehl von *Carlos* verübt worden sein.

Zwölf Jahre später, als *Carlos* in Khartum gefaßt und von der sudanesischen Regierung ausgeliefert wird, erwischt es nicht nur die Schweizer mutmaßlichen Terroristen um Giorgio Bellini. Auch der französische Staranwalt Jacques Vergès gerät zunehmend in Bedrängnis. Nicht nur weil er dafür sorgt, daß sich sein Mandant Ilich Ramirez Sanchez alias *Carlos* im Untersuchungsgefängnis wenigstens bei Nacht wohl fühlt, wofür er ihm seidene Bettwäsche verschafft. Wenn die Stasi-Erkenntnisse, die aus Weinrichs Aufzeichnungen gewonnen werden, stimmen, dann steht Jacques Vergès mittlerweile selbst im Verdacht, dem Venezolaner bei Terrorakten, die von Schweizer Boden aus organisiert wurden, geholfen zu haben. Für die Helfer in der Schweiz zeitigt das Weinrich-Material aus deutschen Quellen bereits erste Konsequenzen.

Bombenterror in Athen

Für die Umtriebe der Carlos-Gruppe bietet die griechische Halbinsel eine hervorragende Aktionsbasis. Die Militärjunta hat vor allem unter den selbstbewußten Studenten heftige Militanz geweckt. Die noch sehr gravierenden Kontraste zwischen Arm und Reich speisen zudem eine ideologisch und klassenkämpferisch orientierte Gewaltbereitschaft. Und nicht zuletzt produziert die Auseinandersetzung mit dem Erzfeind Türkei im Streit um Zypern stets neuen Konfliktstoff. Athen zieht die organisierte Kriminalität ebenso an wie den internationalen Terrorismus. Es ist ein Verschiebebahnhof für Waffen und Schmuggelware jeder Art. Hier tummeln sich palästinensische Terrororganisationen und andere extremistische Untergrundgruppen wie die ASALA sowie Geheimdienste aller Herren Länder.

Nutzbringende Kontakte mit einheimischen hellenischen Terrororganisationen stellt *Steve* bereits 1982 her. Dazu zählen die ELA und mit Einschränkungen auch die aus der Studentenbewegung hervorgegangene kommunistische Untergrundbewegung »17. November«, benannt nach dem denkwürdigen Tag im Jahre 1973, als der gewaltlose Studentenprotest am Athener Polytechnikum von der Militärjunta blutig niedergeschlagen wurde.

Die vom ungarischen Geheimdienst Ende 1983 heimlich fotokopierten Aufzeichnungen über *Steves* Beziehungen zur »EPANASTAKOS LAIKOS AGONAS«, (»Revolutionärer Volkskampf«), enthalten umfassende Details über Standpunkte und Aktivitäten der ELA. Von den Strukturen und den Anhängern der ELA war in der Öffentlichkeit ist nur wenig bekannt. Sie versteht sich als »antiimperialistische, antikapitalistische, revolutionäre Linke«, der über zweihundert Anschläge zugeschrieben werden.

Als *Steve* mit der ELA erstmals Kontakt aufnimmt, stuft er sie zwar als klein und finanziell schwach ein, schätzte aber ihre beharrliche propagandistische und terroristische Aktivität, mit der es ihr gelingt sehr stark die Aufmerksamkeit der Öffentlichkeit auf sich zu lenken. Gehör im radikalen Lager verschafft sich die Gruppe auch mit der Verbreitung einer illegalen Publikation, der *Zeitschrift für Gegeninformation.* Davon sind bis 1983 über vierzig Nummern erschienen. Das Blatt informiert über die Aktivitäten der ELA, kritisiert gnadenlos die offizielle Politik und verbreitet technische Hinweise und praktische Anleitungen zur Durchführung von Anschlägen und Attentaten. Die permanente »revolutionäre Gewalt« steht im Mittelpunkt der politischen Ideologie dieser Organisation.

Ähnlich wie die Revolutionären Zellen ist die ELA bemüht, Gewalt gegen Personen zu vermeiden. Der »revolutionäre Volkskampf« soll sich nicht gegen das Volk richten, sondern seine Unterstützung finden. Mord sei einem solchen Ziel immer abträglich. Als die ELA aber aus dem Anfangsstadium herausgewachsen ist, geht sie zu Bombenanschlägen über, 1990 sogar einer ganzen Serie.

Gemeinsam mit der erst seit 1987 bekannten Terrorgruppe »1. Mai« bombt die ELA gegen den Industriellenverband in Thessaloniki, den Dachverband der Gewerkschaft, das Wirtschaftsministerium und gegen den Industrieverband in Athen. Die Zusammenarbeit mit der Gruppe »1. Mai«, die von Anfang an vor Attentaten gegen Menschen nicht zurückschreckte und bei Operationen gegen zwei Gewerkschaftssekretäre, einen Staatsanwalt und einen Richter eindeutig deren Tod in Kauf nahm, belegt, daß die ELA ihre idealistische Unschuld abgelegt hat und nicht mehr zurückschreckt, Gewalt gegen Menschen einzusetzen.

Vor über 10 Jahren bewertete *Steve* die terroristischen Aktivitäten der ELA als nicht eben von überragender Bedeutung. Sie unternahmen damals Anschläge auf amerikanische Fahrzeuge und Versorgungseinrichtungen, auf Militärbasen und amerikanische Clubs. Auf seinem persönlichen Merkzettel hält *Steve* außerdem fest: einen Anschlag auf das Gebäude der »Vereinigung der Arbeitgeber«, Anschläge auf griechische Banken und Firmenanlagen, auf öffentliche Verkehrsmittel, einen Fleischgroßhändler, Großhandelsgeschäfte, Gerichtsgebäude und andere Objekte, um die es irgendwelche öffentlichen Auseinandersetzungen gibt. Sabotageakte der ELA richten sich außerdem gegen ausländische Firmen, wie zum Beispiel die griechische Siemens-Niederlassung.

In den Aufzeichnungen von Weinrich wird immer wieder ein Treffen mit Therese und Philippe erwähnt. Es handelt sich dabei offensichtlich um die Decknamen zweier besonders verwegener ELA-Mitglieder, die in Griechenland immer noch gesucht werden. Es gibt Hinweise, daß es sich bei Therese um eine Schweizerin handelt. Therese und Philippe gaben *Steve* Aufschluß über die personelle Basis ihrer Organisation. Die ELA setzt sich aus Studenten, Technikern, Arbeitern, Arbeitslosen aus unterschiedlichen Berufs- und Gesellschaftsschichten zusammen. Sie ist keine übliche elitäre Intellektuellengruppe. Ihre Untergrundstruktur ist 1983 nur noch sehr schwach entwickelt. Nach *Steves* Einschätzung verfügt sie über eine unzureichende Logistik.

Ein gewisser *Christos* hat die Grundlagen der ELA geschaffen und war am Aufbau der Organisation maßgeblich beteiligt. Er ist zunächst Mitglied der griechischen Untergrundorganisation »20. Oktober« gewesen, die sich nach dem Sturz der faschistischen Militärdiktatur 1974 in Griechenland aufgelöst hat. Sein voller Namen ist Christos Kassimis. Er kommt im Oktober 1977 bei einem Angriff auf die Athener Niederlassung der AEG um. Christos stirbt nicht an einer Polizeikugel, sondern an dem Schuß aus einer Terroristenwaffe, die im Handgemenge losging.

Auch gegenüber eigenen Leuten herrscht bei den griechischen Terroristen Brutalität, wie sich im Mai 1985 zeigt. Mitten in Athen liefern sich Zivilpolizei und Angehörige des Kommandos »Revolutionäre Solidarität Christos Kassimis« eine wilde Schießerei. Der Innendekorateur Nikos Kouvatsos und der zweiunddreißigjährige Christos Tsoutsouvi, wegen mehrerer Terroraktionen und eines versuchten, aber vereitelten Bombenanschlags auf das Gebäude der deutschen Botschaft unter Verdacht stehen und gesucht werden, laufen der Polizei in die Arme. Bei dem folgenden Feuerwechsel wird Tsoutsouvi schwer verletzt. Augenzeugen beobachten, daß er den fliehenden Kouvatsos aus 100 Meter Entfernung noch nachschießt und tödlich trifft. Offenbar will er verhindern, daß Tsoutsouvi der Polizei lebend in die Hände fällt.

Zu Beginn der achtziger Jahre war die ELA weitgehend auf Unterstützung von außen angewiesen. Wie Christos Kassimis, der bald von der griechischen Linken zum nationalen Märtyrersymbol hochstilisiert wird, so gilt es auch andere ehemalige Mitglieder der Gruppe »20. Oktober«, die für die ELA wichtige Dienste leisten, etwa bei der Beschaffung von Geldern oder von Personaldokumenten. Die terroristische Linke in Griechenland ist stark zersplittert, letztendlich jedoch stehen sie sich trotz konkurrierender Interessen nicht feindselig gegenüber. Inwieweit die Splittergruppen miteinander kooperieren, ist den Sicherheitsorganen nicht bekannt. Aus welchen Gründen auch immer: Der Wille, die Terrororganisation wirksam zu bekämpfen, scheint bei den Behörden nur sehr gering ausgeprägt gewesen zu sein. Der Kontakt zwischen der ELA und dem Personenkreis des »20. Oktober« ist, so registriert *Steve*, nach einer gewissen Zeit abgebrochen. Die Unterstützung wird nach und nach eingestellt. Die Gruppe muß sich mehr und mehr selbst helfen. Den staatlichen Sicherheitskräften ist es nie gelungen, Undercover-Agenten in die Organisation einzuschleusen. Das imponiert *Steve,* und er betont in seinen Aufzeichnungen nachhaltig diese Feststellung.

Der eiserne Zusammenhalt in der Gruppe ist ausschlaggebend dafür, daß *Steve* empfiehlt, trotz der teilweise sehr unterschiedlichen politischen Auffassungen insbesondere über das Verhältnis von Demokratie und Klassenkampf mit der ELA zusammen zuarbeiten. Diese scheint ihm geeignet zu sein für die Beschaffung von falschen Pässen, für Erkundungen und die logistische Vorbereitung bei geplanten Anschlägen sowie für die Bereitstellung von Waffen. Kurz und gut, sie soll Aufgaben übernehmen, wie sie für einen terroristischen Stützpunkt üblich sind. Seiner Meinung nach soll die ELA außerdem die Organisation der Ausbildung zu einem Kernstück ihrer Aktivitäten machen. Hierfür gibt es großen Bedarf, nachdem die Beziehungen zu palästinensischen Gruppen abgekühlt sind.

Die Ergebnisse dieser Kontakte sind ein Bündnis, das gegenseitige Hilfe bei gewaltsamen Operationen gegen die USA, Frankreich, Saudi-Arabien und Israel zum Inhalt hat.

Auf dem sensiblen Gebiet Waffen vereinbaren sie Austausch und wechselseitige Unterstützung, um bei Gewaltakten schnell das nächstgelegene Depot nutzen zu können und riskante wie zeitraubende Beschaffungsfahrten zu vermeiden. *Steve* soll der ELA in einem Fall 50 Schuß Munition und mehr für Smith & Wesson-Revolver; 38 lange Hülsen für die gleiche Waffe; 50 Schuß Munition und mehr für die Beretta, Kaliber 9 mm und ebenfalls 50 Schuß Munition und mehr für den Colt 45 besorgen. Im Gegenzug will die griechische Untergrundorganisation aus ihren Beständen Munition für Pistolen vom Kaliber 7,65 mm (Abgabe 20-25 Schuß), für den Colt 45 (Abgabe ca. 30 Schuß) sowie Munition für Pistolen vom Kaliber 9 mm (Abgabe 38 Schuß) abgeben.

In einem weiteren Fall hat *Steve* für eine von der Carlos-Gruppe und der ELA gemeinsam geplanten Operation zwischen zwei und sechs Pistolen des belgischen Fabrikats FN mit Munition; ein bis zwei Berettas vom Typ SH 6 mit Munition, mehrere Handgranaten sowie Plastiksprengstoff und die dazugehörigen Elektrozünder in Aussicht gestellt. Für ein kg Sprengstoff sind zwei Zünder vorgesehen.

Für *Steve* ist es charakteristisch, daß er alle Absprachen, die er bei seinen Treffen mit der ELA vereinbart, genauestens protokolliert. Bei einem Treffen mit dem ELA-Führungsmitglied Philippe trägt *Steve* eine Reihe von logistischen Wünschen vor, um dem Plan von einem griechischen Stützpunkt näherzukommen:

1. Dokumente und Autopapiere für die Nutzung eines Pkw in Zypern beschaffen.

2. Ein Waffendepot in Griechenland, in der Umgebung von Athen einzurichten, in dem 2 Maschinengewehre, 3 Maschinenpistolen, 11 Pistolen, 775 Patronen der dazugehörigen Munition sowie 1500 Patronen Übungsmunition eingelagert werden sollten.

Der weitere Gang der Dinge: Die Waffen werden aus Ungarn herbeigeschafft. Der Transport geht von Budapest über Belgrad nach Athen, eine weit weniger beschwerliche Tour im Vergleich zu den Waffentransporten für die spanische ETA aus Bagdad. Für die Route von der ungarischen Hauptstadt über den jugoslawischen Autoput genügt ein einfaches Personenauto. Denn weder der Weg macht Beschwerden, noch die Abfertigung an den Grenzen. Mit syrischen Diplomatenpässen ausgestattet, kommt man unbehelligt am Zoll vorbei.

Anlaufpunkt für dieses Unternehmen ist das »Ideal Restaurant« an der Ecke Panepistimiou/Venizelou, ganz in der Nähe der Universität. Dort soll *Steve* die ELA kontaktieren. Bei Gefahr im Verzug sammelt man sich wieder in Belgrad. Solche schnellen grenzüberschreitenden Manöver sind typisch für *Steves* Arbeitsweise, die ihm *Carlos* beigebracht hat.

Die um 1982 angeknüpften Kontakte zu den hellenischen Terrororganisationen dauern bis Ende der achtziger Jahre an. Die häufigen Treffen und das wechselseitige Vertrauen von Anfang an schaffen die Grundlage für eine enge Beziehung zwischen *Steve* und seinen Gesprächspartnern. Bei seinen Aufenthalten in Athen wohnt *Steve* in der Regel im Hotel »Titania«, das relativ zentral liegt. Der unübersichtliche Empfangsbereich und mehrere Zugänge bieten ideale Bedingungen für konspirative und illegale Aktivitäten.

Zu keiner anderen Gruppe hat *Steve* so enge und zuverlässige Beziehungen in so kurzer Zeit aufbauen können wie zu der ELA. Ihre Leute sind hilfsbereit und absolut zuverlässig bei der Arbeit. Ein Beispiel für die gute Zusammenarbeit sind dieVorbereitungen eines Anschlages auf einen Autokonvoi mit Diplomaten der saudischen Botschaft im Frühjahr 1983. Von der ELA erhält *Steve* die Autonummern der Diplomatenfahrzeuge und die genauen Fahrzeiten, kurz, alle wichtigen Einzelheiten.

Dennoch, der Anschlag gegen die Saudis, der von der spektakulären und politischen Qualität her an den Überfall auf die OPEC-Tagung in Wien erinnern soll, verläuft nicht wie geplant. In einer Art Tätigkeitsbericht an seinen Boß *Carlos*, den *Steve* später in seinem Belgrader Domizil verfaßt, merkt er an, daß der gesamte Sprengstoff hochgegangen sei. »Von unserem Auto blieb nichts übrig.« Angesichts der Wucht der Detonation erscheint es *Steve* aber eigenartig, daß die beiden Insassen des ersten Autos im Konvoi nicht auf der Stelle tot sind. So lauten jedenfalls die ersten Zeitungsberichte, und das gibt ihm zu denken. »Vielleicht – so scheint es – hat George den Bruchteil einer Sekunde zu früh gedrückt. Nun ja«, fährt er fort, »vielleicht sind sie doch tot, denn der Fall wurde nur einmal in den Zeitungen erwähnt. Da war nach einem Besuch des Botschafters im Krankenhaus von schweren Verbrennungen die Rede, sonst aber durfte sie (die Verletzten) keiner sehen, obwohl es Journalisten versucht hatten.«

Was *Steve* in seinem Bericht offensichtlich verschweigt, was aber aus einer Art Inventurliste hervorgeht, ist die Tatsache, daß womöglich die Funkfernzündung nicht in Ordnung war. Zu dem für die Zündung erforderlichen Empfänger »Rx Nr. 60«, den die Carlos-Gruppe im Januar 1982 von einem rumänischen Geheimdienstoffizier mit dem Decknamen André erhalten hat und mit dem im März 1983 der Plastiksprengstoff vor der saudischen Botschaft gezündet wird, ist auf der Liste seine »very bad condition« vermerkt.

Nervös reagiert *Steve* nach dem mißlungenen Anschlag auch wegen des mangelhaften Medienechos. Der sichtbar gegen die Saudis gerichtete Bombenanschlag findet nicht einmal annähernd die Publizität, die seinerzeit der Anschlag auf die OPEC-Konferenz hervorgerufen hat. Einerseits schreiben die Zeitungen sehr ausführlich über die verletzten Personen des dritten und vierten Autos im Konvoi. Andererseits aber werden die Personen – ebenfalls Saudis – im ersten und zweiten Fahrzeug in der Berichterstattung fast unterschlagen. Nach Anssicht Weinrichs ist ebenso die bare »Unwahrheit« über den Botschafter verbreitet worden. In der Presse wird behauptet, für den Botschafter und das Botschaftspersonal seien schon zwei Monate zuvor aufgrund gewisser »Andeutungen« besondere Sicherheitsvorkehrungen getroffen worden. Sie hätten unter anderem darin bestanden, daß der Botschafter morgens mit dem Dienstwagen nie bis zur Botschaft gefahren, sondern etwa einen Kilometer vorher ausgestiegen sei und den Rest des Weges – getarnt als gewöhnlicher Passant – zu Fuß zurückgelegt habe. Für *Steve*, der die Gewohnheiten des Botschafters von den ELA-Kundschaftern genauestens hat ausspionieren lassen, ist das »Provokation und Lüge« zugleich. »Die Saudis versuchen zu vertuschen, unterstützt von den Griechen.« *Steve* vermutet in diesem Verhalten eine neue politische Qualität in den Beziehungen zwischen der griechischen Regierung und den Saudis, die sich sogar in der UN niederschlägt. Denn plötzlich stimmen die Saudis in der Zypern-Frage »carte blanche« ab, völlig unabhängig. Früher hätten sie stets ihr Votum Seite an Seite mit den türkischen Delegierten abgegeben.

Der Verdacht liegt nahe, daß sich die Fronten und somit die politischen Interessenlagen auf dem Balkan und im Nahen Osten erneut verändern. Ein Jahr zuvor, während der israelischen Invasion im Libanon, hat sich der griechische Ministerpräsident Papandreou auf die Seite der Palästinenser geschlagen. Später gerät er deswegen in der Europäischen Gemeinschaft unter Druck. Für derlei Entwicklungen ist *Steve* besonders sensibilisiert, weil es für das Überleben seiner Gruppe zwingend notwendig ist, rechtzeitig auf Frontwechsel zu reagieren.

Besonders mißtrauisch macht *Steve* auch die Art und Weise, wie König Fahd über den Vorfall aus Athen informiert wird. Der erwartete diplomatische Eklats bleibt aus . Von beiden Seiten wird so getan, als sei nichts Ungewöhnliches passiert, fast so, als ginge das Ganze die Saudis nichts an. Eine offizielle diplomatische Note scheint es nie gegeben zu haben. Erst zwei Wochen später bemüht sich Botschafter Sali Sahaer nach Riad und erstattet Bericht, über diesen Vorfall, als sei er irgendein Privatsekretär.

»Der Feind«, so notiert *Steve*, »versuchte vier Wochen später, mit einer kleinen und verhältnismäßig harmlosen Bombe Vergeltung zu üben. Sie explodierte nachts vor der syrischen Botschaft unter einem Auto, das ebenfalls den Syrern gehörte. Eine weitere Bombe war an der Außenwand einer Schule angebracht, in der die Kinder von Libyern, die in Griechenland lebten, unterrichtet wurden«.

In der »legalen Szene« der Anhänger und Unterstützer, so erfährt *Steve* von seinem Mitstreiter Janni, sei die Operation gegen die Saudis, »gut angekommen«. Das ermutigt sie, neue Terroroperationen in Angriff zu nehmen. Bald darauf ist ein neuer Operationsplan unter dem Tarnnamen »Tango« ausgearbeitet. Die Waffen, sieben Revolver, Kaliber 9 mm, vom Fabrikat Browning bzw. FN sollten aus Budapestbeständen herangeschafft werden. Auch der Einsatz von Sprengstoff ist vorgesehen. Auf der Kampfmittel-Checkliste stehen außerdem ein Empfänger »Rx Nr. 51« zum Zünden eines Sprengsatzes per Funk. Zum Stand der Operation, die sich unter anderem auch gegen Kuwait richten soll, protokolliert *Steve:*

»1. Die Überprüfung ist im Gange. Wie Janni mir wiederholt mitteilte, machten sie während der Urlaubszeit im August keine Fortschritte und konnten nichts überprüfen, weil alles zum Beispiel die Büchereien etc. geschlossen waren. Er versprach Ergebnisse im September.

2. Kuwait ist in Arbeit.«

Als 3. Punkt werden französische Ziele in den neuen Aktionsplan aufgenommen:

»Sie wollen, daß wir den französischen Vertreter von Pechiney umbringen. Pechiney ist ein großer französischer Konzern, der in Griechenland eine bedeutende Rolle spielt. Sie wollen ihm auch wegen ›nationaler Politik‹ eins auswischen. Ich habe zugestimmt, und sie arbeiten an dem Plan, neben anderen Zielen gegen französische Diplomaten.«

Der französische Energieriese Pechiney ist bis heute bei der griechischen Bevölkerung nicht sonderlich angesehen. Für Ärger sorgen die Verträge, die der französische Verbundpartner mit der staatlichen Elektrizitätswirtschaft vereinbart hat. Sie knebeln nach Ansicht der öffentlichen Meinung die griechischen Stromabnehmer. Immer dann, wenn Energie knapp wird, müssen die Griechen zugunsten von Pechiney zurückstecken.

Steve ist nicht abgeneigt, die ELA zu unterstützen. Für die Durchführung des Plans hat er Waffen angeboten. Sie schnell und unauffällig heranzuschaffen, scheint zunächst Probleme zu machen. *Elisabeth* löst sie.

In einem weiteren Schriftstück vom 1. Juni 1982, diesmal von *Carlos* an *Steve* gerichtet, wird ein weiterer Aspekt der Partnerschaft zwischen der Carlos-Gruppe und griechischen Terroristen beschrieben; nämlich, daß *Carlos* mit seinen Kooperationspartnern nicht immer ehrlich umgegangen ist, daß er sie sogar bewußt funktionalisierte. Pakistanischen Terrorauftraggebern soll nämlich unbedingt verschwiegen werden, daß die Carlos-Gruppe sich der Unterstützung durch die ELA bedient. Damit rückt man sich selbst ins helle Licht und kann die eigene Bedeutung besser geschäftlich ausschlachten. Umgekehrt gilt dies natürlich auch gegenüber den Griechen.

Unter »1. Griechenland« schreibt *Carlos*: »Sage Nicola auch, daß wir Geiseln nehmen wollen, erwähne nicht, daß es sich um Pakistanis handelt. Lasse sie in dem Glauben, daß es einzig und allein unsere eigene Operation ist.« Tatsächlich handelt es sich aber um einen Auftrag, den die Carlos-Gruppe für die pakistanische »Al Zulfikar-Organisation« übernommen hat.

Steve hat mit dem Anführer Murtaza ausgehandelt, die Botschaft eines mit Pakistan befreundeten Landes während der Feier eines Nationaltages zu stürmen und Geiseln zu nehmen. Die von ihm getroffene Auswahl geeigneter Termine sind der malaiische Nationalfeiertag am 31. August, der saudische am 23. September, der türkische am 29. Oktober und der sudanesische am 1. Januar des darauffolgenden Jahres. Für den »neuen Tango« bleibt wenig Zeit, weshalb *Steve* zu Eile drängt.

Carlos stimmt dem Plan grundsätzlich zu, gibt jedoch zu bedenken: »In Athen sind Botschaften von Saudi-Arabien, der Türkei und des Sudan, aber nicht von Malaysia.(...)Sage Nicola, er soll die kuwaitische Botschaft und die Gewohnheiten des Botschafters ausspähen.« *Carlos* tendiert dazu, eine Operation wie gegen die Saudis gegen die Kuwaitis zu wiederholen. Er verlangte aber auch, »französische Ziele« auszukundschaften. Welche Gelegenheit sich auch bietet, *Carlos* und *Steve* lassen nichts aus, wenn sie ihren privaten Feldzug gegen den verhaßten französischen Geheimdienst fortsetzen können. »Die gleiche alte Geschichte«, freut sich *Carlos* in seinem Brief. Dafür sollen die ELA-Genossen ordentlich mit Waffen versorgt werden.

Eine Zusammenarbeit zwischen *Steve* und der griechischen Terrororganisation »17.November« ist nicht belegbar. Gegen eine solche Zusammenarbeit spricht, daß *Steve* diese Gruppe noch 1983 abqualifiziert hat als »stalinistisch organisiert« und »absolut sowjethörig«, und daher auch als wenig effektiv. Andererseits aber unterhalten beide Gruppen beste Beziehungen zum libyschen Geheimdienst. Deshalb wird verschiedentlich doch eine Verbindung über diese Schiene vermutet.

Die marxistisch-leninistisch orientierte Untergrundorganisation »17. November« ist erstmals mit der Ermordung des CIA-Agenten Richard Welch in Erscheinung getreten. Ihre Attentate richten sich gegen hohe Polizeioffiziere, Juristen, Verleger, Angehörige der in Griechenland stationierten US-Armee, Geheimdienstagenten und Diplomaten. In Larissa überfallen sie ein Munitionsdepot der griechischen Armee und erbeuten Panzerabwehrgranaten. Die dazugehörigen Abschußvorrichtungen beschaffen sie sich aus einem Kriegswaffenmuseum in Athen. Insgesamt 20 Morde gehen auf das Konto der Organisation »17. November«.

Sie verwandeln Athen nicht nur in ein heißes Pflaster, sie beherrschen auch die Szene im terroristischen Untergrund. Schon der Verdacht guter Beziehungen zum sowjetischen KGB bewahrt den »17. November« davor, daß gegen ihn härter vorgegangen wird. Direkte Beziehungen des »17. November« zum KGB, aber auch zu Agenten des Ministeriums für Staatssicherheit der DDR können allerdings auch im nachhinein nicht belegt werden. Beobachter wollen bei Aktionen des »17. November« hingegen einen nationalistischen Hintergrund erkannt haben, vor allem aber, daß einige Anschläge ohne Kontakte zur Polizei nicht durchführbar gewesen wären.

Carlos ist in den frühen achtziger Jahren auf Athen als logistische Basis angewiesen, noch mehr aber sein Stellvertreter *Steve*, was sich anhand dessen Reiseaktivitäten nachvollziehen läßt. Er nutzt die hellenische Metropole häufig als »Sprungbrett« zwischen den kommunistischen Balkanländer und dem Nahen Osten.

Noch wichtiger aber wird Athen nach 1985, als die ehemaligen sozialistischen Staaten nach und nach den beiden Top-Terroristen die Einreise verweigern. Für internationale Kontakte bietet der stark frequentierte Athener Flughafen ideale Voraussetzungen. Mit seinem teilweise sehr rückständigen Kontrollsystem dient er lange Zeit als Schlupfloch für Terroristen aller Couleur. Fluggesellschaften klagen häufig über die lasche Handhabung der Kontrollen.

Bestens geeignet für terroristische und kriminelle Aktivitäten jeglicher Art sind auch die griechischen Häfen. Der rege Fährschiffsverkehr in die Türkei, Syrien, nach Zypern, Ägypten und Israel kann von interessierten Kreisen ausgezeichnet zum Schmuggel von Waffen und Sprengstoffen genutzt werden. In Piräus tummeln sich bis heute Schmuggler, Waffenhändler, Drogendealer, Geheimdienstagenten aller Gattungen. Für Geld war und ist hier alles zu bekommen.

Auch Wohnungen, Häuser, ja ganze Hotels können von jedermann, gleichgültig ob Terrorist oder Krimineller, angemietet oder gar gekauft werden. Hauptsache der Preis stimmt. Begünstigend wirken auch die politischen Verhältnisse in Griechenland. Sie ermöglichen es Terroristen der verschiedenen ideologischen Richtungen, vor allem Palästinensern und den mit ihnen befreundeten Gruppen, beinahe unbehelligt ihren Zielen nachzugehen.

Die Wurzeln dieser Freizügigkeit stammen aus der Zeit des Widerstandskampfes gegen die Athener Militärdiktatur. Die antidiktatorische Partei Andreas Papandreous unterhält sehr gute Beziehungen zum jungen libyschen Staatspräsidenten Muammar al-Gaddafi. Die »Libyan Connection« wurde von der »Panhellenischen Sozialistischen Bewegung« PASOK auch noch gepflegt, als sie in der Regierungsverantwortung war. Papandreou gewährte der PLO, aber auch den mit ihr befreundeten Gruppen wie den Armeniern, großzügig Freiräume. Die libysche Regierung in Tripolis unterließ es ihrerseits nicht, sich ständig bei der PASOK-Regierung in Erinnerung zu bringen und die »antiimperialistischen Solidaritätspflichten« einzumahnen.

Unter dem konservativen Ministerpräsidenten Mitsotakis wiederum sind es die kurdische PKK und die türkische »Dev Sol«, deren terroristischer Kampf gegen die Regierung in Ankara auf Sympathien in Athen rechnen darf. Was die konservativen Hellenen nicht wußten oder nicht zur Kenntnis nehmen wollten, war die Tatsache, daß die geduldeten Organisationen ihrerseits mit den offiziell bekämpften Gewalttätern, wie der ELA oder auch der Carlos-Gruppe, zusammenarbeiteten.

Die griechische Regierung kam immer wieder aufs neue in verzwickte Lagen, so Ende Dezember 1985, als die Polizei acht Sympathisanten von Abu Nidal, darunter zwei Frauen, festnahm. Sie wurden verdächtigt, in der Silvesternacht einen Terroranschlag gegen die »eigenen Brüder« der PLO geplant zu haben. Der Hinweis kam, so berichteten die Agenturen, von Arafats Sicherheitsberatern. Sogleich dementierte der griechische Regierungssprecher Papaioannou, daß es sich bei den sechs Männern und zwei Frauen um Terroristen handelte. Sie besäßen einen legalen Paß und Rückflugschein und dürften Griechenland wieder verlassen. Es sei »keinem Palästinenser untersagt, Griechenland zu besuchen«. Damit demonstriert Athen indirekt, daß es der weltweit bombenden Terrororganisation Abu Nidals keine Steine in den Weg legen wollte.

Selbst nach dem Zusammenbruch des Ostblocks und der Auflösung der kommunistischen Geheimdienste, die zeitweise und je nach politischem Bedarf mit Terrororganisationen paktierten, blieb in Griechenland ein harter Kern gewaltbereiter Gruppen übrig: die ELA, die Gruppe »1. Mai« und die Untergrundorganisation »17. November«, die alle noch in den neunziger Jahren mit extremen Aktionen in Erscheinung getreten sind. Letztere im Juli 1994 mit einen Mordanschlag auf den türkischen Diplomaten Ömer Haluk Sipahioglu und mit einem Raketenanschlag auf das Athener Bürogebäude der Firma Siemens. Die Panzerabwehrrakete des russischen Typs PRG-7 stammte aus dem Waffendiebstahl bei Larissa. Als »Begründung« des Anschlags auf Siemens dienten Reparationsforderungen für den von Deutschen im Zweiten Weltkrieg angerichteten Schaden. Mit dem antideutschen Feindbild suchten diese Gruppen neues Ansehen erlangen. Neuerdings haben sie auch Aktionen gegen die Lufthansa angedroht.

So ist es nicht verwunderlich, daß sich die Altkader der Carlos-Gruppe noch nach 1990 in Griechenland wohlfühlten. Wie aus veröffentlichten Polizeiberichten zu entnehmen ist, waren den griechischen Behörden sowohl *Steves* Reiserouten, seine bevorzugten Treffs wie auch die von ihm und seinen Komplizen gebuchten Hotels bestens bekannt. Noch für die jüngste Zeit läßt sich eine Übernachtung im Hotel »Titania« nachweisen.

RZ, Ostberlin und ein Liebesdrama

Bei all den mehr oder weniger guten internationalen Beziehungen achtet *Steve* stets darauf, daß die Kontakte zu einzelnen Mitgliedern der Revolutionären Zellen (RZ) in der Bundesrepublik erhalten bleiben. Zeitweise sind diese Verbindungen für die Carlos-Gruppe sogar eine wichtige Quelle für die Rekrutierung neuer Leute. Doch sie haben es nicht mehr so leicht wie einst die »Wadi Haddad-Gruppe« und ihr Beauftragter Ramirez Ilich Sanchez. Der erste revolutionäre Sturm im linken Spektrum hat sich längst gelegt. Dem Ansinnen, sich einer internationalen Guerilla-Truppe anzuschließen, steht man viel kritischer gegenüber als noch wenige Jahre zuvor.

So trifft *Steve* mit denen, die weiter mit den RZ zusammenarbeiten, aber nicht direkt an internationalen Operationen teilnehmen wollen, Sondervereinbarungen auf Gegenseitigkeit. Denn er will auf keinen Fall auf die Fähigkeit der RZ verzichten, überraschend in Erscheinung zu treten und sich gleich wieder unsichtbar machen zu können, wie es ihre terroristischen Aktivitäten bis in die jüngste Zeit mehrfach beweisen. *Steve* ködert sie mit großzügigen Gegenleistungen. Den RZ-Partnern bietet er nicht nur allen benötigten Rat, sondern vor allem auch reichlich Waffen und Sprengstoff.

Wie gut die RZ ausgerüstet sind, beweist etwa ein Fund vom 11. September 1978 in der Dotzheimer Straße 77 in Wiesbaden. Die Terroristenfahnder stellen ein umfangreiches Depot sicher, darunter zwei amerikanische Schnellfeuergewehre vom Typ »M-16«, eine tschechische Maschinenpistole Scorpion, einen Revolver und mehrere Pistolen. Folgt man Kleins Aufzeichnungen, so werden für den Überfall im Dezember 1975 auf die OPEC-Zentrale in Wien Waffen aus den Depots der RZ im Rhein-Main-Gebiet benutzt. Demnach soll Wilfried Böse die RZ telefonisch aufgefordert haben, schnellstens Waffen nach Wien zu schaffen, weil das für den Überfall benötigte Schießzeug nicht rechtzeitig angelangt ist. In letzter Minute, am Freitag, dem 19.Dezember 1975 erscheint ein RZ-Mitglied aus Hessen in einem Wiener Hotel. Bei sich hat er einen Koffer mit »M-16«-Schnellfeuergewehren, eine Scorpion-Maschinenpistole, zwei Revolver, eine Pistole, 15 bis 20 kg Sprengstoff und dazugehörige Elektrozünder. Offenbar werden diese Waffen aber dann doch nicht mehr benötigt und gelangen wieder zurück ins Wiesbadener Depot.

Gute Waffen sind oft Mangelware und nicht immer leicht zu beschaffen. *Steve*, der die dunklen Kanäle des illegalen Waffenhandels kennt, macht gerne verlockende Angebote, um so Anhänger für sich und seine Organisation zu verpflichten. Die Methode »eine Hand wäscht die andere« ist ebenso alt wie simpel.

Für die Pflege der Beziehungen zu deutschen Mitglieder der RZ ist fast ausschließlich *Steve* zuständig. Er hält die Verbindungen aufrecht, sorgt dafür, daß die Gespräche nicht abreißen.Wenn Hilfestellung gebraucht wird und Probleme auftauchen, kann man sich auf ihn verlassen. Damit festigt er seine Stellung gegenüber den RZ-Genossen ungemein. Und schließlich kommt er aus ihren Reihen.

Von dem Zeitpunkt an, als *Carlos* und *Steve* in Ostberlin die Fundamente für ihre eigene Gruppe »Internationaler Revolutionäre« gelegt haben, wird auch systematisch mit den linksextremistischen Gruppierungen in der Bundesrepublik die Zusammenarbeit intensiviert. *Steve* macht sich unverzüglich daran, die ehemaligen Mitstreiter aus der Frankfurter Zeit für den bewaffneten Kampf zu überreden. Er versucht sie entweder für die Carlos-Gruppe direkt zu gewinnen oder zu überreden, wenigstens mit ihr bei terroristischen Aktionen zusammenzuarbeiten oder sie bei Projekten zu unterstützen. Einige folgen ihm sofort, andere können nur in einem langfristigen Prozeß gewonnen werden. Weitere von *Steves* ehemaligen Weggefährten erkennen allerdings schon nach ersten Gesprächen, daß dies nicht ihren Vorstellungen »vom Kampf für bessere Lebensbedingungen« entspricht. Sie haben sich längst gegen Gewalt und für den »politischen Weg« entschieden.

Eine beliebte Methode Weinrichs ist es, mit falschen Versprechungen zu operieren oder Angst zu schüren. Bei Rekrutierungsversuchen malte er gerne das Gespenst an die Wand, die RZ-Mitglieder könnten eines Tages ihre Anonymität verlieren. Da sei doch besser, wie er selbst gleich in den Untergrund abzutauchen. Damit stoßen er bei manchen auf strikte Ablehnung. Einige lassen sich mit ihm erst gar nicht ein und wollen von ihm nichts mehr wissen.

Andere wiederum zeigen sich zunächst interessiert, lösen sich aber schon nach kurzer Zeit wieder von ihm, so etwa das zeitweilige RZ-Mitglied mit dem Decknamen *Max*. *Steve* hat 1979 versucht, *Max* ordentlich Angst einzujagen, was ihm auch zu glücken scheint, als die Ankündigung eines Buches von Hans-Joachim Klein, »Rückkehr in die Menschlichkeit«, in der Szene bekannt wird. Kleins vorweg propagierte Absicht, mit der Vergangenheit aufzuräumen und seine Zeit in der RZ, die Mitgliedschaft in der »Wadi Haddad-Gruppe« sowie die Erfahrungen beim Massaker in Wien aufzuarbeiten, nutzt *Steve* als willkommene Gelegenheit, um seine Köder auszulegen. Er redet auf Max ein und warnt ihn, daß Klein in seinem Buch sicher Klarnamen nennen und somit an seinen früheren Genossen Verrat begehen werde. Eine Enttarnung von Decknamen hätte schwerwiegende Folgen gehabt. Um einer befürchteten Verhaftung zuvorzukommen, rät ihm *Steve*, die Bundesrepublik zu verlassen und sich den »Internationalen Revolutionären« anzuschließen.

Max läßt sich schließlich überreden und befolgt *Steves* Rat. Er gibt seine Existenz in der Bundesrepublik auf und reist mit ihm nach Bagdad. Dort finden sofort die ersten Sondierungsgespräche statt mit dem Ziel, für *Max* ein geeignetes Betätigungsfeld in Beirut oder Damaskus zu finden. Schon in der Anfangsphase wird *Max* klar, daß diese Art von Leben und Wirken nicht seinen Vorstellungen entspricht. Er hält mit seiner Kritik auch nicht hinter dem Berg. Die Gruppe steht daher vor der Aufgabe, für *Max* eine Beschäftigung zu finden, die den geheimen Aktivitäten nicht schadet, die aber noch den Anschein einer sinnvollen Beschäftigung vermittelt.

Carlos selbst ist es, der den Vorschlag macht, *Max* in dem Glauben zu lassen, er arbeite weiter für die Gruppe, ihn tatsächlich aber zu isolieren, damit er über die terroristischen Strukturen im Nahen Osten und Europa keine Erkenntnisse sammeln kann. In der Beiruter Zentrale der Gruppe beschließen sie, *Max* nach Amerika zu schicken, um dort einen Stützpunkt zu etablieren. Fortan spielt *Max* in *Steves* Überlegungen keine Rolle mehr. Aber auch *Max* legt sich nach seiner Abreise wenig ins Zeug und nimmt die Vereinbarungen, die in Bagdad getroffen wurden, nicht so wichtig. Vielmehr bemüht er sich sogleich ernsthaft in einem lateinamerikanischen Land als Entwicklungshelfer unterzukommen und am Aufbau landwirtschaftliche Projekte mitzuhelfen.

Inzwischen stellt sich heraus, daß *Steves* Prophezeiungen vom Verrat in Kleins Buch falsch sind, womit auch die strafrechtlichen Konsequenzen ausbleiben. Alles ist nur aufgebauscht. Klein ist es unter anderem ein Bedürfnis, sich bei all denen zu bedanken, die ihm geholfen haben, aus dem internationalen Terrorismus auszusteigen. Diese »Jemande«, wie er sie bezeichnet, verfügen zu diesem Zeitpunkt schon längst über einen gewissen Einfluß, den sie auf ihrem Marsch durch die Institutionnen erlangt haben. Hans-Joachim Klein begnügt sich, die einzelnen Personen beim Decknamen zu nennen.

Max nimmt das zur Kenntnis, bleibt vorerst aber trotzdem in Lateinamerika. Er fühlt sich » denen verpflichtet, die auf Hilfe angewiesen waren «. Mit seiner Situation ist er allerdings nie ganz zufrieden. Als Entwicklungshelfer kann er sich nicht so entfalten, wie er es sich vorstellte. Deshalb kehrt er nach Beendigung der vereinbarten Einsatzzeit wieder in die Bundesrepublik zurück.

Daß sich neuerdings deutsche Ermittlungsbehörden für ihn und seine Vergangenheit interessieren, hat *Max* den Hinterlassenschaften der Stasi sowie ungarischen beziehungsweise tschechoslowakischen Geheimdienstquellen zu verdanken. Dem Vernehmen nach gibt es in diesem Bericht kaum Aufschluß über terroristische Aktivitäten. *Max* hat sich ganz offensichtlich von *Carlos* und *Steve* nicht zu strafbaren Handlungen überreden lassen, auch wenn es deren Ziel war.

Andere Mitglieder der deutschen RZ lassen sich jedoch ohne großen Widerstand in das Netz der beiden Top-Terroristen einarbeiten. Sie haben keine Bedenken, in den Reihen der »Internationalen Revolutionäre« zu schießen und zu bomben. Allen voran Weinrichs Freundin, die ehemalige RZ-Genossin Magdalena Kopp mit dem Decknamen *Lilly*. *Steve* hat mit *Lilly* offensichtlich ständig in Kontakt gestanden. Denn er ist 1978, wie sich später beim Prozeß von Magdalena Kopp und Bruno Breguet vor einem Pariser Gericht herausstellt, an der deutsch-holländischen Grenze vom französischen Geheimdienst observiert worden.

Lilly folgt 1979 ihrem Hannes und schließt sich der Carlos-Gruppe an. In der ersten Zeit halten sie sich gemeinsam hauptsächlich im Nahen Osten auf. Sie pendeln zwischen Beirut, Damaskus, Aden und Bagdad, den einschlägigen Zentren des internationalen Terrorismus. Im April 1979 kommen *Steve* und *Lilly* auch nach Ostberlin. In der Hauptstadt der damaligen DDR läßt es sich für sie zunächst gut an. Sie bewohnen für längere Zeit gemeinsam mit *Carlos* in der 35. Etage des ehemaligen Interhotels »Stadt Berlin« ein großes Appartement.

Steve und *Lilly* sind es hauptsächlich, die von Ostberlin aus ihre Beziehungen zu den früheren Freunden in den westdeutschen RZ intensivieren. Die vereinfachten Einreisebedingungen über Westberlin in die sonst weitgehend abgeschottete DDR begünstigen Begegnungen mit Gleichgesinnten aus dem Westen.

Das Zusammenleben des Trios gestaltet sich anfangs unkompliziert und locker. *Carlos* ist nicht ständig in Ostberlin. Er wechselt oft seinen Standort, hält sich an den unterschiedlichsten Orten auf und kann immer wieder ungehindert in die DDR einreisen. Während seines dritten Aufenthaltes in Ostberlin muß *Steve* für einige Zeit in den Nahen Osten reisen. In Beirut trifft er sich mit PLO-Kadern und übernimmt dort die Aufgabe, neue Mitglieder einzuweisen. Währenddessen bleiben *Carlos* und *Lilly* allein an der Spree. Ihr Domizil ist auch diesmal wieder das Hotel »Stadt Berlin«, und sie bewohnen das Appartement 3621/22 mit getrennten Zimmern. Abends sieht man sich in der 37. Etage im hauseigenen Nachtclub, einem beliebten Treff auch für betuchte Nachtschwärmer, die bei ihren Aufenthalten in der DDR Schwierigkeiten haben, ihre Devisen auszugeben. Es ist Schicksal oder einfach Zufall, daß auch *Carlos* und *Lilly* bei ihrem Bestreben, der lastenden Langeweile eines normalen Ostberliner Abends zu entkommen, im Nachtclub bei Whisky und Sekt landen und in Fahrt geraten. Als die Stimmung ihren Höhepunkt erreicht hat, entdeckten sie ihre Zuneigung, und das ist der im weiteren Verlauf der Nacht vollzogene Anfang einer neuen und das Ende einer alten Liebe.

Die Stasi, die ihre »Kunden« auch in solchen Lebenslagen nicht aus den Augen verliert, will der Echtheit der romantischen Beteuerungen des »hartgesottenen Terroristen-Pärchens« zunächst keinen Glauben schenken. Mißtrauisch vermuten sie einen Trick oder einen schlechten Scherz, was man von *Carlos* gewohnt ist. Schließlich kennen sie *Carlos* als manischen Frauenhelden, der nichts anbrennen läßt und bei seinen nächtlichen Eskapaden oft genug aus dem Rahmen fällt. Die Aufpasser der Staatssicherheit haben es dann nicht leicht, denn sie müssen stets darauf achten, daß der weltweit meistgesuchte Terrorist nicht von Gästen aus dem Westen erkannt wird.

Es ist noch nicht so lange her, daß *Carlos* Souhaila Sami Andrawes Sayeh, besser bekannt unter dem Namen *Soraya Ansari*, die Ehe versprochen haben soll. Die einzige Überlebende des PFLP-Terrorkommandos, das 1977 die Lufthansa-Maschine »Landshut« entführt hat, sagt bei ihrer Vernehmung in Oslo aus, mit Ilich Ramirez Sanchez alias *Carlos*, dem weltweit mehr als 80 Morde nachgesagt werden, »sehr persönliche Beziehungen« gepflegt zu haben. Die schwer verletzte Soraya wurde einige Zeit nach dem Überfall auf Vermittlung der PFLP nach Prag geschickt, wo ihre zerschossenen Beine behandelt wurden. Am Krankenbett erhält sie öfters Besuch von *Carlos*, der sie mit Blumen hofiert und ihrer Mutter eröffnet, die Tochter heiraten zu wollen. Diese jedoch hält nicht viel von dem zwielichten Verehrer, abfällig bezeichnet sie ihn als »Bastard«.

Inwieweit Soraya Ansari den deutschen Ermittlern bei der Vernehmung in Oslo auch die Wahrheit erzählt hat, läßt sich derzeit schwer beurteilen. Aus ihrer Situation heraus wäre es denkbar, daß sie all das erzählt, von dem sie glaubt, es könnte die Deutschen interessieren. Wenn sie geschwiegen hätte, wäre ihrem Bestreben, nicht ausgeliefert zu werden, wesentlich wenig Aussicht auf Erfolg beschieden.

Aber die zeitliche Abfolge macht stutzig. Nach der Erstürmung der »Landshut« 1977 in Mogadischu wurde die Palästinenserin, nachdem sie sich von ihren Verletzungen erholt hatte, im Jahr darauf verurteilt, aber kurze Zeit später nach Bagdad abgeschoben. Von dort reiste sie bald nach Prag weiter. Die Sicherheitsbehörden in Prag wurden erstmals 1979 mit *Carlos* konfrontiert, sie bemerkten allerdings nichts vom »Rosenkavalier« am Krankenbett der *Soraya Ansari*.

Der nächtliche Ausrutscher von *Carlos* und *Lilly* im Hotel »Stadt Berlin« hat Konsequenzen. Die von MfS-Mitarbeitern auf Tonbändern festgehaltenen Liebesbeteuerungen sind sehr ernst gemeint, wie *Carlos* im Februar 1982 demonstriert. Auf die Festnahme von *Lilly* und Bruno Breguet reagiert er unberechenbar. Zehn Tage danach, am 26. Februar, geht bei der französischen Botschaft in Den Haag ein Drohbrief von *Carlos* ein mit dem Ultimatum, die Mitglieder seiner Organisation binnen Monatsfrist zu entlassen. Als sie dennoch vor Gericht gestellt werden, veranstaltet *Carlos* ein Bombenfeuerwerk, das Paris sehr schnell als Kriegserklärung versteht. Für Frankreich sind schlimme Zeiten angebrochen. Der Weg für eine pragmatische Lösung – mildes Urteil und schnelle Abschiebung –, dem man in Paris nicht abgeneigt ist, wird mit jeder neu gezündeten Bombe mehr verbaut. Es dauert bis 1985, daß *Lilly* aus der Haft entlassen wird. Sie fliegt sofort zu *Carlos* nach Syrien, wo sie ihn heiratet und ihm bald eine Tochter zur Welt bringt.

Steve bleibt der gehörnte Verlierer. Als er 1980 von seinem längeren Aufenthalt im Nahen Osten wieder nach Berlin zurückkehrt und die Freundin in den Armen seines Chefs vorfindet, gerät er in eine peinliche, auch menschlich sehr komplizierte Lage. Seit *Steve* und *Carlos* in Bagdad Freundschaft geschlossen haben, sind sie auf Gedeih und Verderb voneinander abhängig. Da helfen keine Vorwürfe mehr und auch kein Bitten. *Steve* hat den Kürzeren gezogen und will nun sogar freiwillig das Feld räumen. Fortan versucht er, *Carlos* nur zu treffen, wenn es unumgänglich notwendig ist. Insbesondere achtet er stets darauf, nicht mit ihm und *Lilly* zur gleichen Zeit am gleichen Ort zu erscheinen. Von nun an kämpfen sie zwar noch gemeinsam, marschieren jedoch getrennt. Um dramatischen Begegnungen aus dem Weg zu gehen, begeben sich *Carlos* und *Lilly* nach Budapest. *Steve* hingegen residiert in Prag, Sofia oder Ostberlin. Müssen sich *Carlos* und *Lilly* in Ostberlin aufhalten, dann wechselt *Steve* nach Budapest.

Wie bei den meisten Enttäuschungen, und mögen sie noch so schmerzhaft sein, heilt die Zeit auch Weinrichs Wunden. Mit wachsendem Erfolg sucht er Trost in den Nachtbars der Ostblockhauptstädte. In Budapest, Sofia und Ostberlin stürzt er sich in die Vergnügungen der dortigen Demimonde. Er versucht sich, wie es im trockenen Stasi-Deutsch heißt, »mit Intimpartnerinnen zu trösten« und das nicht zu knapp. Die »Liebesdienste« belohnt er gelegentlich mit kleinen Geschenken. Im Rechnungsbuch, das er akribisch genau für seinen Chef *Carlos* führt, sind solche Ausgaben allerdings nicht ausgewiesen. Sie werden als »Fehlbeträge von 200,— DM« oder als »Bewirtungskosten für *Eric* = 245 $« verbucht. *Steves* Freund von der ETA muß für diese Schwindelei seinen Namen hergeben. Ein Vorgang, wie er in jeder Steuererklärung gang und gäbe ist.

Die Alltagsarbeit holt sie bald wieder ein. In zahllosen Briefen legt *Carlos* *Steve* nahe, geeignete Objekte für neue Anschläge auszusuchen und das Umfeld abfzuklären. Dabei macht er auch personelle Vorschläge. In einem solchen Zusammenhang taucht zum ersten Mal der Name *Tina* auf, eine Mitläuferin aus Kreisen der deutschen RZ, die *Steve* schon frühzeitig für die Carlos-Gruppe angeheuert hat. Ihr Klarname ist Wilhelmine Götting, sie ist jedoch reichlich mit Decknamen ausgestattet: Linda, Julia und Martine.

Für die Organisation führte sie hauptsächlich Kurieraufträge aus. Sie wird aber auch mit der Aufklärung von Zielobjekten betraut. In einem Brief von *Carlos* an *Steve* von 1982, geht es offenkundig um die Ausspähung des internationalen Flughafens in Dubai. *Carlos* macht den Vorschlag, zur ersten »Einschätzung« einen »Erkundungstrip« zu unternehmen. Erkenntnisse anhand von Beobachtungen liegen bereits vor: »Einchecken geschieht immer 15 Minuten vor dem Abflug und die Passagiere müssen sich sofort in den Abflugbereich begeben. Dies könnte durch Observation überprüft werden. Wir sollten jemanden schicken, der die Sache auskundschaftet. Die Erkenntnisse beruhen auf Informationen aus Damaskus.« Die syrische Hauptstadt ist als Zufluchtsort vorgesehen. Gleichzeitig weist *Carlos* darauf hin, das Unternehmen »richtig zu finanzieren«. Aus den Notizen gehen die genauen Abflug- und Ankunftzeiten sowie die Flugnummern der Maschinen von Karatschi nach Bahrain und umgekehrt hervor. Außerdem liegen umfangreiche Skizzen vom Flughafen, von den An- und Abfahrtswegen, dem Terminal, dem Passagiertransit, der Gates und sogar von den Toilettenanlagen bei. Auf einer weiteren Skizze ist der Transitraum und die Anordnung der Paßkontrolle des Airports von Bahrain festgehalten.

Offensichtlich ist im Frühsommer 1983 eine Flugzeugentführung oder ein Anschlag geplant. Auch andere deutsche Terroristen sollen daran beteiligt werden. *Carlos* fordert *Steve* auf, bei den Vorbereitungen nicht nur an *Tina*, sondern auch an *Kay* zu denken. Ein weiterer Deckname, hinter dem sich Gerhard Albartus verbirgt, der nach einem Kinobrand in Nordrhein-Westfalen unter dem Verdacht der RZ-Mitgliedschaft festgenommen worden ist.

Ob sich *Steves* Kontaktpersonen in der Bundesrepublik letztendlich auch an terroristischen Aktivitäten beteiligt haben, steht nicht eindeutig fest. Auch der inzwischen verstorbenen Wilhelmine Götting ist eine direkte Teilnahme an Terrorakten nicht nachzuweisen. Doch ist ihre Tätigkeit weit mehr als nur Unterstützungsarbeit. Die Geheimdienste ehemaliger Oststaaten haben damals schon Götting und Albartus eindeutig als Mitglieder der Carlos-Gruppe identifiziert, obwohl sie mit gefälschten Reisedokumenten die Grenzen passieren. Allein damit machen sie sich schon strafbar. *Tina* benutzt auf ihren Reisen nach Ostberlin zu den Begegnungen mit der Carlos-Gruppe einen BRD-Reisepaß auf den Namen SENGER, Ursula (geb. 7.11.1951) und bei einem anderen Grenzübertritt ein Reisedokument, ausgestellt auf den Namen SCHUBERT, Julia (geb. 10.4.1948). In der zweiten Hälfte 1980 entwickelt sich eine besonders rege Reisetätigkeit von RZ-Genossen nach Ostberlin.

Im September 1980 ist *Carlos* zum letzten Mal in der »Hauptstadt der DDR«. Die Stasi ist ihm lästig geworden. Außerdem haben sich seine Hoffnungen, mit führenden und einflußreichen Personen des DDR-Staatsapparates direkten Kontakt aufzunehmen, nicht erfüllt. Deshalb beginnt er Ostberlin zu meiden und bestellte *Steve* gelegentlich nach Budapest, um sich über den Stand der Diskussionen und getroffenen Vereinbarungen informieren zu lassen. Ständiger Treff ist eine konspirative Wohnung im Obergeschoß eines mehrstöckigen Hauses außerhalb des Zentrums. Die Wohnung hat die Carlos-Gruppe angemietet. Sie ist eine Art feste Basis. In einem als Wohn- und Arbeitszimmer eingerichteten Raum führen sie ihre Debatten über die Situation der Revolutionären Zellen in der Bundesrepublik, ohne zu ahnen, daß sie ständig belauscht werden. Denn trotz aller Vorsichtsmaßnahmen ist ihnen nicht aufgefallen, daß sich der ungarische Geheimdienst, lange bevor sie eingezogen sind, in einer anderen Etage des gleichen Hauses bereits breitgemacht und die Räume verwanzt hat.

Die geheimen Lauscher förderen Erstaunliches über die Kontakte zu den RZ ans Tageslicht. So können die Ungarn einen ausführlichen Bericht *Steves* zum Thema Klein aufzeichnen.

> »Schon in der Vergangenheit ist Klein mehrfach mit publizistischen Veröffentlichungen in Erscheinung getreten.

Nach der Beteiligung am Überfall auf den OPEC-Minister in Wien hat er sich vom Terrorismus losgesagt und hielt sich längere Zeit vor der Polizei, aber auch vor uns verborgen. In dieser Phase wurde Klein von sogenannten »Spontis« in Frankfurt unterstützt, deren Führer der bekannte Daniel Cohn-Bendit ist.«

In Budapest fallen aber noch andere Namen, die *Steve* dem Personenkreis zurechnet, die dem reuigen Terroristen geholfen haben auszusteigen und die Klein selbst in seinem Buch als »Jemande« bezeichnet, Personen, die zwischen 1972 und 1975 in der Main-Metropole zur linken Szene gerechnet wurden. So jedenfalls ist es Stasi-Aufzeichnungen zu entnehmen:

1. Dr. BROMBERGER (Arzt, ca. 35 Jahre),
2. Tom KÖNIGS (der vom revolutionären Bankersohn zum Kämmerer der Stadt Frankfurt avancierte)
3. Ralf SCHAEFFLER (lebte lange Zeit mit Königs in einer Wohngemeinschaft),
4. HEIPE (ca. 28 Jahre, schwarzes Haar, hat in der Karl-Marx-Buchhandlung in Frankfurt/Main gearbeitet), Ermittlungsbehörden vermuten hinter diesem Namen, den sie ebenfalls aus Kleins Buch kennen, einen gewissen Heinz Peter W.,
5. MELCHIOR (der Vorname des Berliners Wilfried Melchior J.v. G.),
6. OBELIX (der Spitzname des Frankfurters Rainer L.),
7. Burkhard BLÜM (ehemaliges SDS-Mitglied).

Daniel (Dany) Cohn-Bendit, der 1968 im Pariser Mai als »roter Dany« bekannt geworden ist, lebt aus Frankreich ausgewiesen seither in Frankfurt. Sein Blatt *Pflasterstrand* war seit 1976 das führende Organ der westdeutschen »Spontiszene«. Er ist der einzige aus der Gruppe der »Jemande«, der sich offen dazu bekennt, Hans-Joachim Klein beim Ausstieg geholfen zu haben. Nach den Aufzeichnungen von *Steve* wird der Aussteiger Klein bis etwa August 1978 aktiv unterstützt, um sich, wie es der Ex-Terrorist selbst formuliert, der »staatlichen Vernichtung zu entziehen«.

Die Abteilung Terrorismus beim Bundeskriminalamt hat sich der Sisyphusaufgabe unterzogen, anhand von Daten und Ortsangaben in Kleins Aufzeichnungen sowie anhand von Wetterberichten sein Untertauchen im Ausland nachzuverfolgen. Ohne Erfolg. Auf seinem langen Marsch in eine neue unverdächtige Identität werden als Stationen Belgien, Südtirol, eine Berghütte in den italienischen Bergen und gar Stockholm genannt. *Steve* hingegen will erfahren haben, daß das Netzwerk der »Jemande« Hans-Joachim Klein nach Amerika bringen und ihm zu einer neuen Legalität verhelfen wollte. Dieses Angebot soll Klein jedoch abgelehnt haben und stattdessen in Frankreich untergetaucht sein.

Die vielen Einzelheiten, die *Steve* zu berichten weiß, belegen, daß er über exzellente Kontakte zu den RZ verfügt, zu Einzelpersonen eventuell auch heute noch, und daß seine Gesprächspartner ziemlich geschwätzig sind. Wie sonst ist zu erklären, daß *Steve* von den 10000 Dollar erfahren hat, die Klein anläßlich seines Buches für ein *Spiegel*-Interview erhalten hatte, ebenso von einem stattlichen Honorar für ein Interview mit der französischen Zeitung *Liberation*. *Steve* stellt außerdem fest, daß Klein weder in den Interviews noch im Buch alle Informationen, über die er verfügt, preisgegeben hat. So fehlen zum Beispiel die Angaben über seinen Aufenthalt in Algerien. *Steve* kommt zu dem Schluß, daß er dies offensichtlich aus Angst vor Reaktionen des algerischen Geheimdienstes verschwiegen habe.

Nach einer Analyse der einzelnen Aufenthaltsorte Kleins, die er in seinem Buch beschreibt, vermutet *Steve*, daß Klein bis August 1978 mit Geheimdiensten nichts zu tun hat.Anschließend könnten jedoch wegen der auffälligen und absoluten Geheimhaltung seines Aufenthaltsortes in den weiteren Veröffentlichungen Kontakte zum israelischen Geheimdienst »Mossad« geknüpft worden sein.

»Ich halte es für denkbar«, betont *Steve*, »daß sich Klein gegenwärtig in Israel aufhält. Auf Grund des begangenen Verrates sollten wir Klein suchen, vor ein Revolutionsgericht stellen und, wenn erforderlich, töten.«

»Tod den Verrätern und Abweichlern«

Für *Steve* und *Carlos* werden die Veröffentlichungen des untergetauchten Hans-Joachim Klein zu einem ernsthaften Problem. Wenn der Name *Engee*, Kleins Deckname, fällt, stehen die Antennen auf höchste Empfangsbereitschaft. Denn bei aller Schuld, die Klein auf sich geladen hat, eines hat er mit seinen Veröffentlichungen erreicht: Der Mythos der beiden Top-Terroristen, mit dem sie sich gerne umgeben, beginnt von diesem Zeitpunkt an in der Szene zu bröckeln. Die Bewunderung, die beiden bei Linksradikalen genießen, läßt nach. Die Terroristenromantik, mit Waffen und Bomben eine bessere Welt zu schaffen, wird jäh ernüchtert. Kein Wunder also, daß der Venezolaner bei Erwähnung Kleins seither immer rot sieht.

»Du kennst doch den ›Engee‹ genauso gut wie ich«, protokollierten die Ungarn *Carlos* Wutausbruch. Er nennt Klein bei seinem Decknamen, weil er es so gewohnt ist. »Ich erinnere dich nur an die umfangreichen Diskussionen, die wir mit ihm hatten, um ihn zu überreden, an der OPEC-Aktion mitzumachen. Denke auch noch an das wehleidige Gejammere, als er während der Operation verletzt wurde und an den großen Ärger, den wir anschließend mit unseren Freunden hatten, als er versorgt und gesund gepflegt werden mußte. Aus dieser Sicht ist sein Verschwinden kein Verlust, sondern sogar eine Erleichterung für uns.« Mit jedem weiteren Wort wird *Carlos* Stimme noch heftiger, und der Zorn macht sein Gesicht puterrot. Mit einer abfälligen Bemerkung will er das Thema Klein beenden. Doch dann springt er von seinem Stuhl auf und geht wutschnaubend im Zimmer auf und ab.

»Du kennst ja meine generelle Auffassung zu solchen Fragen. In unserem Geschäft muß man Härte und Entschlossenheit zeigen. Alle müssen dich akzeptieren und gleichzeitig fürchten. Bei einer Flugzeugentführung muß man nach Ablauf des Ultimatums jede Stunde eine Geisel töten und nicht ewig herumquatschen. Und Leute, die ohne vorherige Abstimmung oder gar heimlich ihre eigene Gruppe verlassen und dann noch durch Veröffentlichungen ehemalige Mitkämpfer denunzieren und gefährden, muß man in aller Öffentlichkeit wirksam bestrafen. Ich bin daher der Auffassung, daß wir ihn suchen müssen, ohne übermäßig Geld, Zeit und andere Kapazitäten zu investieren. Wenn wir Engee aufspüren, stellen wir ihn vor unser eigenes Revolutionsgericht. Das wird dann sein letztes Interview sein.«

Erleichtert, es ausgesprochen zu haben, geht er wieder an seinen Platz zurück, setzt sich, greift zum Glas, das auf dem Tisch steht und nimmt einen kräftigen Schluck: Rum, importiert aus Venezuela, damals das Lieblingsgetränk der beiden.

Steve ist erleichtert zu erfahren, daß *Carlos* seine eigene Meinung teilt. Das kommt nach der Affäre um Magdalena Kopp seltener vor. Da sie gerade bei der Vergangenheitsbewältigung sind, bringt *Steve* das Gespräch auch auf Monika Haas alias *Amal* die ihm schon seit der kurzen Begegnung in Aden Kopfzerbrechen bereitetet. Wie andere in der Gruppe wird er den Verdacht nicht los, daß sie, wie er es zunächst vorsichtig ausdrückt, »mit unseren Gegnern zusammenarbeitete«. »Das ist die Frau,« so fährt er fort, »die einmal der RAF-Gruppe um Siegfried Haag angehörte. Bevor sie zur RAF stieß, arbeitete sie als Angestellte bei der amerikanischen Besatzungsarmee in Frankfurt/Main. Außerdem war sie mit dem RAF-Mitglied Werner Hoppe eng befreundet.«

Nach *Steves* Erinnerungen tauchte Monika Haas mit Siegfried Haag, dem früheren Rechtsanwalt aus Heidelberg, unter und setzte sich in den Südjemen ab. Auf diese Weise entzogen sich die beiden den Fahndern und der drohenden Festnahme.

Es war die Zeit nach der Lorenz-Entführung, als die Berliner Polizei zusammen mit der amerikanischen MP die größte Fahndung nach Terroristen eingeleitet hat. 175 Personen wurden vorübergehend festgenommen. Aus der Bevölkerung gingen ca. 5000 Hinweise ein. Verdächtigt, den Berliner CDU-Politiker Peter Lorenz entführt zu haben, wurden Norbert Kröcher, Angela Luther, Till Meyer, Ralf Reinders, Werner Sauber, Fritz Teufel, Inge Viett und Andreas Vogel, alles zweite und dritte Garnitur. Sie standen plötzlich im Mittelpunkt und im Verdacht, die einsitzenden Extremisten Ingrid Siepmann, Verena Becker, Rolf Pohle, Rolf Heissler und Gabriele Kröcher-Tiedemann freigepreßt zu haben. Diese sind am 3. März 1975 in Begleitung von Pfarrer Albertz mit einer Lufthansa-Maschine nach Aden ausgeflogen worden.

Die »freiwillige Absetzbewegung« in den schützenden Jemen hat *Steve* schon damals mißfallen. Im Camp von Wadi Haddad führt er endlose Diskussionen »über den bewaffneten Kampf in Deutschland«. »Schon damals habe ich die RAF-Ansicht kritisiert, die meinte, nur aus der Illegalität heraus, völlig frei von bürgerlichem Scheiß mit der Kanone in der Tasche, kann man wirkungsvoll militanten Widerstand leisten. Siegfried Haag, Monika Haas und die anderen haben nicht kapiert, daß durch ihr Untertauchen für die gesamte Szene nur Schwierigkeiten entstanden sind. Sie hingen weitab vom Schuß im heißen Wüstencamp rum, und inzwischen stand die Restgruppe in Deutschland führerlos und mit einer großteils zerstörten Logistik da. Ihre Aktionsfähigkeit war dadurch für längere Zeit unterbrochen.«

Obwohl die RAF-Leute ihm zustimmt hätten, »daß das Konzept der Revolutionären Zellen, solange wie möglich legal zu leben und zu arbeiten und andererseits illegal zu kämpfen, wesentlich effizienter war«, konnte er sie nicht von der RAF-Theorie abbringen. »Weil ich auch immer bei den Diskussionen ganz schön heftig wurde«, wie er mit leiser Selbstkritik eingesteht, endeten sie wie meistens in solchen Fällen mit gegenseitigen Vorwürfen und Unterstellungen. »Die RAF-Anhänger haben mich als einseitigen Dogmatiker bezeichnet und ich sie als sture Verfechter einer überholten Strategie.« Und fast schon amüsiert fügt er hinzu: »Eine Annäherung zwischen RAF und RZ war wieder einmal gescheitert«.

Beim folgenden Thema geht es mehr ans Eingemachte: um die Zusammenarbeit mit der PFLP von Wadi Haddad in den Jahren 1975 und 1976. Während des Aufenthaltes in Aden hatten die verschiedenen deutschen Terroristen in Haddads Palästinensercamp nicht nur eine umfassende militärische Ausbildung zu absolvieren, auch andere Formen des illegalen Kampfes wurden ihnen beigebracht. Wadi Haddad verfiel auf die Idee, die frisch gebackenen Kämpfer aus Deutschland einer Feuerprobe zu unterziehen. Deshalb plante er einen spektakulären Anschlag gegen ein Flugzeug der israelischen Fluggesellschaft EL-AL in Nairobi, der Hauptstadt von Kenia. Dazu kam es allerdings erst gar nicht. Noch bevor das Terrorkommando tätig werden konnte, wurde es festgenommen. Die Deutschen Brigitte Schulz und Thomas Reuter und als dritte Monika Haas, die mit einem Kurierauftrag hinterher geschickt worden war, saßen in Haft.

Nach ersten Vernehmungen durch die keniatische Polizei wurden alle drei dem israelischen Geheimdienst Mossad übergeben. Was der in seinem »Fängen« hat, das gibt er nicht so schnell frei. Davon sind jedenfalls *Steve* und *Carlos* überzeugt. Brigitte Schulz und Thomas Reuter wurden auch tatsächlich in Israel ins Gefängnis gesteckt. Nicht so Monika Haas. Sie kehrte als einzige unbehelligt nach Aden zurück.

Am Rätselraten, auf welcher Seite Monika Haas alias *Amal* gestanden haben mag, beteiligten sich viele. »Die Geschichte, mit der sie ihre Freilassung begründet, war unglaublich«. Sogar Wadi Haddad, unter dessen Schutz *Amal* gestanden hat, sprach plötzlich offen »von möglichem Verrat«. Andere äußerten den Verdacht, daß »sie von einem, wahrscheinlich dem israelischen Geheimdienst angeworben worden ist und nur nach der Zusage, »eine Tätigkeit als Spitzel« zu übernehmen, wieder freikam.

Hier unterbricht *Carlos* die Ausführungen seines Partners. »Ich kann mich sehr gut an diese Geschichte erinnern. Auch mir erschien das wie ein schlechter Krimi. Vor allem, daß sie dem israelischen Geheimdienst nach ihrer Festnahme aus eigener Kraft und ohne fremde Hilfe wieder entwischt sei. »Ich habe damals von Wadi Haddad eine genaue Untersuchung gefordert. Er aber wollte nach der gescheiterten Aktion in Nairobi keine weiteren Probleme heraufbeschwören und hat die Sache dem Chef der Gruppe in Aden, Zaki Helou, übertragen.« Der nahm sich dann der »schönen Frau« an, wie sie genannt wurde, und verliebte sich in sie. Als sie von Zaki auch noch ein Kind erwartete, war der leidige Zwischenfall mit dem Mossad vorerst vergessen.

Damit waren die mysteriösen Geschichten um *Amal* längst nicht beendet. Neuen Anlaß zu Mißtrauen lieferte 1977 eine Reise in die Bundesrepublik. Wie *Steve* zu berichten weiß, war ihr gefälschter Paß auf den Decknamen *Amal* ausgestellt. Damit reiste sie unbehelligt von Aden in die Bundesrepublik und zurück. »Nichts war ihr passiert. Rolf Pohle wurde mit einem Paß aus der gleichen Produktion und auf der gleichen Route festgenommen.«

Ein Verbindungsmann des jemenitischen Sicherheitsdienstes, der seinerseits gute Beziehungen zu palästinensischen und ostdeutschen Geheimdiensten unterhielt, sprach damals gegenüber *Steve* davon, daß Monika Haas »Agentin für einen imperialistischen Geheimdienst« sei. Im Verdacht standen Israel, die BRD oder Frankreich. Auch den Ostgeheimdiensten lagen dem Vernehmen nach Hinweise über Agententreffen mit Monika Haas in Kuwait vor.

Der Verdacht, daß Monika Haas den Hijackern der Lufthansa-Maschine »Landshut« im Oktober 1977 nach Mallorca nachgereist ist und ihnen dort die Waffen ausgehändigt hat, wurde jüngst durch die Vernehmung von Souhaula Sami Andrawes Sayeh alias Soraya Ansari, die im Herbst 1994 in Oslo festgenommen und inzwischen wieder auf freiem Fuß lebt, bestätigt. Was die Stasi-Akten nicht vollständig belegen, leistet jetzt die Aussage Soraya Ansaris. Der gewiefte Frankfurter Rechtsanwalt Armin Golzem, der schon 1975 die Interessen Weinrichs vertrat, überzeugte noch vor kurzem den zuständigen Richter, daß Mielkes Kundschafter nur Subjektives und juristisch Unverwertbares aufgeschrieben hätten. Seine Mandantin wurde von der bereits verfügten Untersuchungshaft verschont. Die einzige Überlebende des Terrorkommandos, Soraya Ansari, schilderte in norwegischer Untersuchungshaft den aus Wiesbaden angereisten BKA-Beamten anschaulich, in welchem Verhältnis *Amal,* die »blonde Frau«, zu Haddads Terrororganisaton gestanden hat. Diese sei ihr auch kurz vor der Entführung der Lufthansa-Maschine »Landshut« in Mallorca begegnet. Mit einem »großen Kinderwagen« erschien sie im Hotelzimmer des Kommandoführers Zohair Akache. Im Wagen lag nicht nur ein Kind. Unter den Kissen versteckt waren auch mehrere »runde und viereckige englische Bonbondosen«. In diesen seien »die Waffen gewesen«.

Das war seit Jahren auch der Wissensstand in Ostberlin. Das MfS mit seiner nahezu schon paranoiden Neugierde für Dinge, die nur Randprobleme berührten, machte in Sachen Monika Haas einen eigenen Vorstoß. Die Stasi-Mitarbeiter in Aden nutzten ihre guten Beziehungen zum dortigen Geheimdienst und schlugen vor, Monika Haas gemeinsam als Agentin zu überführen oder sie ein für allemal vom Verdacht zu befreien. Die Angelegenheit landete beim stellvertretenden Minister für Staatssicherheit Südjemens. Der war jedoch auf schnellen Erfolg aus und bestellte, anstatt die Sache vertraulich zu behandeln, Haddads Nachfolger, Abu Mohamed, zu sich. Der Vizeminister forderte ihn auf, die Angelegenheit rasch aufzuklären – womit der Fall Monika Haas schon so gut wie vom Tisch war. Denn Abu Mohamed, gleichermaßen verärgert über die Ostdeutschen wie über Monika Haas, zitierte wiederum den Stützpunktleiter in Aden zu sich, keinen geringeren als Zaki Helou, den Ehemann von Monika Haas, Vater der gemeinsamen Kinder. Dieser beteuerte die Unschuld seiner Frau, und das Problem war erledigt.

Für *Carlos* sind einige Aspekte des Falles noch neu. »Wenn du mir das so erzählst, werden mir einige Zusammenhänge klarer. Ich habe mich mehrfach gefragt, warum Monika Haas so plötzlich ihren Mann in Aden verlassen hat und nach Deutschland zurückgekehrt ist.« *Carlos* zieht die Schlußfolgerung, daß sie »durch die Enttarnung in Aden als Agentin wertlos geworden ist«. Daß sie gefährdet ist, stört weniger die Geheimdienste als ihren Mann, Zaki Helou.

Gemeinsam überlegen sie, wie sie mit der Sache künftig umgehen sollen und beschließen, sich herauszuhalten. Wenn sie sich in die Querelen der Geheimdienste zwischen Ost und West einmischen, könnte es gefährlich werden. Die Devise lautet: »Neutral bleiben. Sollen die Palästinenser und die anderen das Problem klären. Für unser Handeln ist wichtig, daß wir alles, was mit ihr und dem Camp im Südjemen zusammenhängt, aus Sicherheitsgründen abschalten.« Das einzige, was man tun könnte, ist, darüber mit der Stasi in

Ostberlin zu reden. *Carlos* empfielt *Steve*: »Du kannst bei einem nächsten Gespräch mit deinen Verbindungsleuten unsere Verdachtshinweise über die Haas darlegen. Das schadet unseren Leuten nicht. Im Gegenteil, du machst dich beim Geheimdienst interessant und uns kann später niemand einen Vorwurf machen, wir hätten einen Agenten gedeckt.«

Nach den Tonbandaufzeichnungen des ungarischen Geheimdienstes bringt das Thema *Amal* die beiden Top-Terroristen auf einen bislang vernachlässigten Gedanken: Wie können sie sich selbst gegen unerwünschtes Eindringen von Geheimdienstagenten schützen. Sie beschließen einen, Ukas an alle Mitglieder herauszugeben. *Carlos* formuliert: »Nur wir vier, du, ich, *Lilly* und *Ali*, sind autorisiert, mit Geheimdienstvertretern zu sprechen«. *Steve* legt weiter fest: »Über jeden Geheimdienstkontakt informieren wir uns gegenseitig.« Von Mitgliedern der Gruppe und von wichtigen Verbindungspersonen wird verlangt, daß sie jeden Versuch der Kontaktaufnahme und jeden Versuch der Anwerbung seitens der Geheimdienste melden. »Damit wir eine hohe Sicherheit haben, drohen wir ihnen bei Zuwiderhandlung mit dem Tode, und bei ganz wichtigen Leuten lassen wir uns eine Erklärung schreiben, daß sie mit einer Erschießung einverstanden sind, wenn sie uns ihre Geheimdienstbeziehungen nicht melden.«

Carlos gefällt dieser Ton. Mehrfach pflichtet er *Steve* mit Bemerkungen wie »richtig« oder »genau so« bei. Abschließend bemerkt *Carlos*: »Das halte ich als Abschreckung für sehr gut geeignet. Denn wenn einige wackelige Kandidaten faktisch im voraus schon ihr Todesurteil unterschreiben müssen, werden sie sich den Verrat genau überlegen. Trotzdem müssen wir dabei bleiben, daß alle Leute, die wir enger einbeziehen wollen, ihre Zuverlässigkeit durch Taten und nicht durch Worte zu beweisen haben. Erst wer an einer militanten Aktion beteiligt war, beweist, daß er für uns geeignet ist. Außerdem ist es eine gute Möglichkeit, Spitzel in unseren Reihen zu erkennen. Die Geheimdienste sind ja skrupellos, aber sie scheuen doch meist davor zurück, ihren Agenten die Ausführung oder Teilnahme an Terrorakten zu befehlen. Wenn es also Leute gibt, die vor Aktionen zurückschrecken, ist Mißtrauen aus verschiedenen Gründen angesagt.« Dazu bemerkte *Steve* zynisch: »Ich denke, die beste Garantie für uns ist, wenn ein neues Mitglied als Einstand erst einmal jemanden umlegt.«

Nachdem sich beide erneut ein Glas Rum hinter die Binde gekippt haben, schneidet *Steve* das Thema Revolutionäre Zellen an. Er habe mehrere Jahre von Ostberlin aus, mehr oder weniger solo, die Kontakte zum linken und terroristischen Untergrund aufrecht gehalten, nun ist es Zeit für einen Meinungsaustausch auch in diesen Fragen. *Carlos* muß feststellen, daß nicht alles so reibungslos läuft, wie sich die Dinge aus der Ferne angehört haben. Die alte Auseinandersetzung über die Frage, ob der revolutionäre Kampf auf nationaler oder internationaler Ebene zu führen sei, auch bei Gefährdung von Menschen, flammt bei den RZ immer wieder aufs Neue auf. Nicht zuletzt trug Hans-Joachim Klein Anteil daran. Besonders in den Gruppen des Ruhrgebiets und des Großraums Frankfurt gab es heftige Auseinandersetzungen. Das Ergebnis ist eine Spaltung der RZ. Die neu entstandene RZ-Gruppe im Frankfurter Raum bezeichnet sich als DAF.

Bundesdeutsche Terrorszene im Umbruch

»Was bedeutet diese Abkürzung ›DAF‹? Davon habe ich noch nie vorher etwas gehört. Gibt es dafür einen revolutionären Hintergrund?«, will *Carlos* wissen. »DAF heißt nichts anderes als ›Die Andere Fraktion‹.« »So ein Quatsch! Hätte man da nicht den Namen eines Märtyrers oder eine politische Bezeichnung wählen können?« »Das war der kleinste Nenner«, erwidert *Steve* und schildert gleichzeitig, wie schwierig es nach wie vor im linken Spektrum ist, eine einheitliche Meinung durchzusetzen. »Da sie sich nur auf den Kampf gegen den Imperialismus in Deutschland konzentrieren wollen, käme nur der Name eines deutschen Märtyrers in Frage. Darüber wäre bestimmt eine uferlose Diskussion entstanden. Ehe sie sich auf einen Namen geeinigt hätten, wären Jahre ins Land gegangen. Deshalb glaube ich, daß diese völlig abstrakte Bezeichnung DAF die schnellste und eine für alle befriedigende Lösung war«, erklärt *Steve* mit leichtem Sarkasmus in seiner Stimme. Die heimlichen ungarischen Zuhörer haben den Eindruck, daß *Steve* der neuen RZ-Gruppierung DAF mit einer gewissen Distanz gegenübersteht.

Doch viel wichtiger als die Gruppenbezeichnung ist es nach dieser Spaltung, die politische Position der Revolutionären Zellen in der Bundesrepublik neu einzuschätzen. Im Frühjahr 1980 hat sich schon die »Bewegung 2. Juni« gespalten. Ein Teil der Mitglieder schloß sich der RAF an, andere gingen zu den RZ und manche stiegen ganz aus. Inge Viett verhandelte bald darauf mit DDR-Vertretern über den Ausstieg von acht RAF-Kämpfern. Sie selbst unterzog sich dort einer paramilitärischen Ausbildung und übte bei eisiger Kälte das Schießen mit einer Panzerfaust. Die bundesdeutsche terroristische Szene ist in Bewegung geraten, auch wegen des Generationswechsels.

Steve hebt deutlich hervor: »Die DAF unterscheidet sich gegenüber den früheren ›Revolutionären Zellen‹ dadurch, daß der Kampf gegen den Imperialismus immer noch Vorrang hat, sie die Ziele für bewaffnete Aktionen aber nur im nationalen Rahmen auswählen wollen. Daraus leitet die DAF ab, daß ihre Hauptangriffsobjekte zum Beispiel im Raum Frankfurt und Heidelberg zu suchen sind. Sie meinen auch, daß es Aufgabe der jeweiligen nationalen Kräfte ist, die bewaffnete Auseinandersetzung gegen den Feind vor allem im eigenen Land zu führen.« Einer solchen politischen Linie der Selbstbeschränkung kann *Carlos* nicht viel abgewinnen. Die Auffassung, daß lediglich die Palästinenser zur Befreiung der von Israel besetzten Gebiete beziehungsweise zur Erlangung anderer übergeordneter Ziele das Anrecht haben sollen, feindlich gesinnte Personen im Ausland anzugreifen und gegen deren Einrichtungen vorzugehen, paßt dem Terroristenchef gar nicht.

»Vor diesem Hintergrund wirst du auch verstehen«, erläutert Weinrich seine Diplomatie, »daß wir nicht mit allen ehemaligen RZ-Mitgliedern zusammenarbeiten können. Andere lehnen es sowieso von selbst ab, sich uns anzuschließen.« An dieser Stelle hakt *Carlos* erneut ein, nimmt sich einen Schreibblock und bittet alle zu nennen, die in Deutschland noch »fest auf unserer Seite sind«. Nach kurzer Überlegungspause zählt *Steve* folgende Namen auf: »Wilhelmine Götting, Christa Fröhlich, Thomas Kram und Uwe Krombach«. *Carlos* versucht, eine Art Übersichtsschema auf ein Blatt Papier zu zeichnen. Unter der Rubrik »Organisation Internationaler Revolutionäre« schreibt er der Reihe nach die Decknamen der vier Führungsmitglieder *Salem* für *Carlos, Ali* für Abul Hakam, *Lilly* für Magdalena Kopp und *Steve* für Weinrich. Darunter zeichnet er drei große Felder für die wichtigsten Aktionsgebiete Arabien, Europa und Lateinamerika. In das Feld Europa notiert er alle Organisationen, mit denen die Carlos-Gruppe in Verbindung gestanden hat: ETA – Spanien; ELA – Griechenland, »Aktion Direkt« – Frankreich, RZ – Bundesrepublik, IRA – Nordirland, »Bewegung für ein freies Korsika«. Der RZ ordnet er anschließend die von *Steve* aufgezählten Personen mit ihrem Decknamen zu: *Tina* (Wilhelmine Götting), *Heidi* (Christa Fröhlich), *Lothar* (Thomas Kram) und *Leo* (Uwe Krombach).

»In diesem Zusammenhang«, fügt *Steve* hinzu, »sollten wir gleich noch über einen weiteren Kandidaten aus der Ecke der Revolutionären Zellen sprechen. Den könnten wir in unsere Aktivitäten perspektivisch einbeziehen.« *Carlos*: »Ich wollte dich sowieso fragen, ob das alle unsere deutschen Mitstreiter sind.« Ihm scheinen vier Mitglieder im Gegensatz zu dem Unterstützerfeld Nahen Osten doch recht bescheiden. »Zu den vier Leuten mußt du ja mich und *Lilly* noch dazu rechnen, außerdem unsere Schweizer Genossen Luka, Therese, Sally und Roberto. Sie verstärken den deutschsprachigen

Raum. «Außerdem gibt er zu bedenken: »Hinzuzurechnen sind eine ganze Reihe von Personen, die sich zwar nicht fest an uns binden wollen, auf die wir aber im Bedarfsfall zu jeder Zeit zählen können.« *Steve* denkt dabei an RZ-Mitglieder und RZ-Unterstützer aus der ehemaligen »Bewegung 2. Juni« in Westberlin, die den Zusammenschluß mit der RAF nicht mitgemacht haben, aber auch an Leute aus dem direkten RAF-Umfeld. *Carlos* beruhigt sich offensichtlich, denn er hört auf mit der Kritzelei auf seiner Vorlage und lehnt sich auf seinem Stuhl zurück. »Mein Einwurf sollte keine Kritik an deiner Kontaktarbeit sein. Ich wollte nur unterstreichen, wie wichtig und notwendig ich die Schaffung neuer personeller Stützpunkte in Westdeutschland halte.«

Steve holt aus seinem schwarzen Aktenkoffer, den er fast ständig bei sich führt und auf den er sorgsam achtet, einen Briefumschlag heraus. Sein Inhalt sind diverse Schriftstücke und Zeitungsausschnitte. Alles zusammen legt er vor *Carlos* auf den Tisch und erläutert die Hintergründe zu einem möglichen weiteren Mitglied. »Es handelt sich um einen alten Bekannten von mir. Sein Name ist Gerhard Albartus. Wir nennen ihn *Kay*. Er gehört schon seit langem den Revolutionären Zellen an. Er hat umfangreiche Kenntnisse über andere Mitglieder sowie über Verbindungen im nationalen und internationalen Bereich.«

Albartus beteiligte sich 1977 an einer von Klaus Viehmann geleiteten Befreiungsaktion für Till Eberhard Meyer, einem »Mitglied der Bewegung 2. Juni«. Zusammen mit Johannes Roos und Enno Schwall-Borstelmann wollten sie Meyer aus dem Berliner Gefängnis in Alt Moabit befreien. Nach *Steves* Informationen scheiterte das Unternehmen, weil Meyer im Gefängnis nicht rechtzeitig »die Voraussetzungen für eine Befreiung« geschaffen hat. Noch andere Aktionen seien für die Gruppe unter Einbeziehung von Albartus vorgesehen gewesen. »Beabsichtigt war unter anderem, die saarländische Gesundheitsministerin zu entführen.« Auch wollten Albartus und Schwall-Borstelmann eine Sprengbombe in einem Aachener Kino zünden, in dem der sogenannte Entebbe-Film gezeigt wurde, ein Streifen, der von der Erstürmung des israelischen Flugzeuges und dem Tod der Flugzeugentführer Brigitte Kuhlmann und Wilfried Böse handelt. Bei der Durchführung wurden Schwall-Borstelmann und Albartus beobachtet und einen Tag später verhaftet. Albartus bekam vier Jahre und acht Monate Gefängnis aufgebrummt.

Steve schildert die Story deshalb so ausführlich, weil er ein Auge auf ihn geworfen hat, gleichzeitig in ihm aber auch ein gewisses Sicherheitsrisiko für die RZ sieht. Denn Albartus soll nach Verbüßung der »Zweidrittel-Strafe« auf Bewährung entlassen werden und sich einem Resozialisierungsprogramm unterziehen. Diese Informationen haben die Eltern vom zuständigen Strafvollzugsbeamten erhalten. *Steves* Kontaktpersonen aus der RZ meinen, daß mit Albartus die von Bundesinnenminister Gerhard Baum eingeleitete weiche Welle gegen terroristische Straftäter fortgesetzt werde. Offenbar solle damit ein Experiment anlaufen, mit dem Ziel, stärker in das Innere der bisher autonomen und nach außen vollständig abgeschotteten Gruppen Einblick zu nehmen. Mit einer strengen und ausgeklügelten Überwachung des Resozialisierungskandidaten könnten möglicherweise Anhaltspunkte zur Identifizierung der Revolutionären Zellen, ihrer Mitglieder und des Unterstützerfeldes gewonnen werden. Ein Aspekt, der auch *Steve* beunruhigt. Denn dann besteht auch Gefahr, daß seine Kontakte zu Angehörigen der Revolutionären Zellen aufgedeckt würden.

Steves Plan ist, einer solchen Strategie zuvorzukommen. Gegenüber *Carlos* verdeutlicht er seine Einschätzung des Kandidaten. »Es handelt sich bei ihm nach meiner Erkenntnis um einen äußerst zuverlässigen Kämpfer. Ich denke, wir sollten ihn in den arabischen Raum holen.« *Steve* hat auch schon eine Vorstellung für das Untertauchen parat. Die Reise direkt von der Bundesrepublik oder einem anderen westeuropäischen Land aus anzutreten, hält er für gefährlich. Deshalb empfiehlt er, als Ausgangspunkt die DDR oder einen anderen Ostblockstaat zu wählen. Von dort könne Albartus direkt in den Libanon oder nach Syrien fliegen.

Carlos erklärt sich nach einigem Nachsinnen mit dem Vorgehen einverstanden. Er schlägt vor, Albartus erst einmal in den Nahen Osten zu holen, um ihn so in Sicherheit zu bringen. Danach aber sei »exakt zu prüfen«, ob und in welcher Form er in die Gruppe »Internationaler Revolutionäre« eingegliedert werden kann. *Carlos* denkt dabei an das Mißgeschick mit *Max*. Auch er hält im übrigen die viel erprobte Route über Ostberlin Schönefeld für den sichersten Weg. »Die DDR-Behörden solltest du davon in Kenntnis setzen«, meint *Carlos* . »Denn wenn Albartus offiziell aus dem BRD-Knast entlassen wird, gibt es keinen Grund, ihm die Durchreise zu verweigern. Dir schadet es auch nicht, wenn Du denen ab und zu solche Dinge offenlegst.«

Derlei Ratschläge sind typisch für *Carlos*. Wo immer sich auch die Gelegenheit bietet, verhandelt er mit Geheimdiensten, um auf diese Weise Geschäftsbeziehungen anzubahnen und Vorteile herauszuschlagen. Einen Nachteil sieht er allerdings darin, daß der ostdeutsche Geheimdienst mitbekomme, »daß Albartus zu uns gehört«. Denn das widerspricht seinen Grundsätzen der verdeckten Operation. Nur wer sowieso mit den Geheimdiensten dealen muß, darf als Gruppenmitglied identifizierbar sein.

Albartus: Eine verlorene Hoffnung

Die Budapester Aussprache beinflußt das weitere Schicksal von Gerhard Albartus, der am Ende einen außergewöhnlichen Tod stirbt.

1981 wird Albartus tatsächlich vorzeitig aus der Strafhaft entlassen. Schon kurze Zeit darauf wird der Fluchtplan realisiert. In Begleitung einer weiblichen RZ-Unterstützerin geht es nach altbewährtem Muster als Pärchen getarnt los, so als seien sie auf einem Wochenendausflug unterwegs. Sie benutzen mit ihrem Auto von Frankfurt aus die Transitautobahn nach Westberlin. An der Grenzkontrollstelle in Herleshausen wird das unauffällige Pärchen von den Beamten des Bundesgrenzschutzes ohne weitere Fragen durchgewinkt.

An der anderen Seite der Grenze werden sie, wie alle Transitreisenden, gestoppt und gründlich kontrolliert. Bei der Abfertigung am Schalter des hellgrauen Holzhauses beschäftigen sich die Ostgrenzer mit den beiden wesentlich länger als mit anderen Reisenden. Albartus wird nervös. Vergeblich versucht er herauszufinden, was im Inneren des Abfertigungshäuschens geschieht. Durch das Fenster erkennt er, wie ein zweiter Beamter der DDR-Grenzorgane telefoniert. »Sollte hier schon meine Reise zu Ende sein?«, schießt es ihm durch den Kopf. Zu seiner Begleiterin meint er: »Wenn die mich hier nicht durchlassen, dann steige ich aus und sage denen, wer ich bin und sage auch, daß ich wegen des Kampfes gegen den imperialistischen Feind im Knast war.« Über soviel Naivität etwas verwundert bremst sie ihn: »An deiner Stelle würde ich mich lieber ganz ruhig verhalten und nicht aussteigen. Wenn du hier an der Ostgrenze etwas tust, was nicht den Vorschriften entspricht, oder eigenmächtig aussteigst, dann bekommst du großen Ärger. Und wenn hier alle auch noch mitbekommen, daß du wegen Terrorismus im Knast warst, dann ist deine Reise hier tatsächlich vorbei.« Mit vielen Argumenten versucht sie Albartus zu beruhigen und beschwört ihn: »Also laß uns in Ruhe warten. Mir wurde ausgerichtet, daß deine Reise bei den Ostbehörden angemeldet und genehmigt ist.« Während der DDR-Grenzbeamte im Abfertigungshäuschen immer noch telefoniert, wird die Autoschlange hinter ihnen immer länger. Auf der Spur nebenan, am Nachbarschalter, geht alles viel flotter. Autos, die viel später ankommen sind, haben die Kontrollstelle längst passiert. Den beiden Wartenden ist es recht peinlich, wie sich die Insassen der vorbeirollenden Autos nach ihnen umdrehen, um zu sehen, wer an diesem Stau schuld ist.

Endlich bewegt sich etwas hinter dem Abfertigungsschalter. Der Beamte händigte dem Pärchen die Reisedokumente wieder aus und erlaubt ihnen weiterzufahren. Erleichtert starten sie, passieren die diversen Grenzbefestigungen und befinden sich bald auf dem kerzengeraden Autobahnstück in Richtung Eisenach. Am Hermsdorfer Kreuz folgen sie der Anzeige Richtung Berlin. Jetzt glauben sie, es sei überstanden. Um so erstaunter sind sie, als sie am DDR-Grenzkontrollpunkt Drewitz, kurz vor Berlin, erneut aufgehalten werden. Wieder werden sie genau gemustert, wieder telefoniert ein Beamter. Dann allerdings geht es ganz schnell. Ohne einen Grund für den Aufenthalt zu erfahren, dürfen sie die Grenze nach Westberlin passieren.

Für die Warterei gibt es jedoch eine ganz einfache Erklärung. Das Ministerium für Staatssicherheit hat besondere Vorsichtsmaßnahmen angeordnet. Da *Steve* gebeten hat, den Transit von Albartus durch die DDR nach Westberlin zu gestatten, um anschließend vom Ostberliner Flughafen Schönefeld nach Damaskus fliegen zu können, wußten die Ostbehörden, daß es sich bei den beiden um Personen aus dem terroristischen Umfeld handelt. Auch wenn die zwei auf der Avisierungsliste standen, wie alle DDR- und Transitreisenden, die in politischer, wirtschaftlicher, kultureller oder gar geheimer Mission die Grenze passieren, so gab es in diesem speziellen Fall Einschränkungen, vor allem wegen der Begleiterin. Auch über ihre Zugehörigkeit zur militanten Szene der RZ-Unterstützer weiß die Stasi Bescheid. Deshalb sind beide Namen auf der Liste mit dem Vermerk versehen, den Grenzübertritt sofort telefonisch zu melden. Die Anweisungen lauten, das Pärchen heimlich zu fotografieren, die Pässe zu kopieren und am Auto heimlich einen Sender zu befestigen. Die Stasi will sie auf keinen Fall aus den Augen lassen.

Dies alles zu befolgen dauerte seine Zeit. Am Grenzkontrollpunkt Drewitz muß der Sender wieder entfernt und die erforderliche Meldung gemacht werden. Danach wird Albartus auf seiner Weiterreise nicht mehr behelligt, vom Grenzschutz auf der Westberliner Seite ohnehin nicht.

Der Rest der Reiseroute, der Grenzübertritt von West- nach Ostberlin, ist Routine. Am Kontrollpunkt Bahnhof Friedrichstraße bekommt Albartus problemlos sein Transitvisum. Zum Ostberliner Flughafen Schönefeld fährt er mit der S-Bahn. Der DDR-Flughafen Schönefeld ist nicht nur die einfachste Verbindung in Länder, die mit den kommunistischen Staaten enge Beziehungen pflegen, sondern auch ein beliebter Dreh- und Angelpunkt für Missionen, die unter strengster Geheimhaltung stehen.

Als die TU-134 der DDR-Fluggesellschaft Interflug nach Damaskus auf Position steht, ist es Zeit, an Bord zu gehen. Mit der russischen Mittelstreckenmaschine Tupolev dauert die reine Flugzeit knappe fünf Stunden. In der syrischen Hauptstadt gelandet, läuft alles wie geschmiert. Der syrische Geheimdienst ist längst informiert. Haytham, Deckname des für Terrorgruppen zuständigen Offiziers im Majorsrang, hat die notwendigen Anweisungen gegeben, damit Albartus reibungslos in Syrien einreisen kann. Die sonst sehr unnachgiebigen Grenzbeamten in Damaskus stört es nicht, daß Albartus weder ein Einreisevisums besitzt, noch ihnen das sonst übliche »Bakschisch« zusteckt. Als er mit seinem spärlichen Gepäck die Ankunftshalle betritt, hat die nervenraubende Ungewißheit ein Ende. Erleichtert fühlt er sich, als er in der Menge fremder Menschen ein bekanntes Gesicht erblickt; seinen ehemaligen RZ-Mitstreiter Hannes Weinrich, genannt *Steve.* Nach einer kurzen freudigen Begrüßung begeben sie sich in die Unterkunft. Sie wollen keine Zeit verlieren.

In die künftige Zusammenarbeit setzen beide große Erwartungen. Albartus hoffte auf eine neue politische und persönliche Perspektive, die ihm auch bei seinen Freunden in Deutschland zu größerem Ansehen verhelfen soll. *Steve* hingegen sieht in ihm ein für die Organisation nützliches Mitglied. Die Absicht ist, die umfangreichen Kontakte von Albartus zur RZ-Szene in der Bundesrepublik und seinen Einfluß auf einige Leute für ihre terroristischen Vorhaben auszunutzen. Auch hofft *Steve,* mit Hilfe von Albartus den eigenen lädierten Ruf nach Kleins Veröffentlichungen über den internationalen Terrorismus wieder aufmöbeln zu können.

Nach einem kurzen Aufenthalt in Damaskus reisen *Steve* und Albartus weiter nach Beirut. Im Libanon, zu dieser Zeit dem Eldorado des internationalen Terrorismus, hat die Gruppe »Internationale Revolutionäre« ihren eigenen Stützpunkt. Er besteht aus einer Wohnung im moslemischen Teil der Stadt, wo sich die von den Arabern anerkannte Terrororganisation sicher fühlen kann. Spitzel wären hier sofort aufgefallen.

Eine Woche lang beraten beide über die künftigen Aufgaben des Neulings in der Carlos-Gruppe. Oft gehen die Gespräche bis tief in die Nacht hinein, und gelegentlich nimmt auch Abul Hakam teil, der Verantwortliche der Carlos-Gruppe für den arabischen Raum. Am Ende verspricht Albartus, sich der

Carlos-Gruppe bedingungslos unterzuordnen und die nationalen Beschränkungen der deutschen RZ, speziell der DAF, nicht mehr anzuerkennen.

Nach sechs Wochen trifft Albartus, fortan nur noch *Kay* genannt, seine Rückreise nach Deutschland an. Dabei machte er Zwischenstation in Budapest. Dort lernt er auch den obersten Boß persönlich kennen. Außerdem gibt es ein freudiges Wiedersehen mit Magdalena Kopp. Viele Neuigkeiten gibt es auszutauschen, aber auch viel Tratsch. Eine ehemalige Mitstreiterin aus der Szene jetzt an der Seite von *Carlos*, das beeindruckt ihn. Und auch er darf sich von nun an zur internationalen Terroristenelite rechnen.

Als Albartus Ende 1981 in die Bundesrepublik zurückkehrt, steckt er voller Elan und ist hochmotiviert. Er macht sich sofort daran, die unterbrochenen Kontakte zur linken militanten Szene in der Bundesrepublik wieder zu aktivieren und neue Verbindungen zu knüpfen. Er glaubte, ein Netzwerk aus neuen Leuten schaffen zu können, auf das künftig Verlaß ist. So leicht gestaltet sich das Vorhaben allerdings nicht. Verdutzt stellt er fest, daß viele seiner ehemaligen Gefährten nur noch begrenzte Zielvorstellungen haben und sich auf internationale Abenteuer nicht einlassen wollen. Trotzdem ist man ihm bei der Eingliederung in die Gesellschaft und beim Aufbau eines legalen Lebens behilflich. Über die Grünen verschafft man ihm eine Anstellung bei ihrer Parlamentariergruppe im Europaparlament. Als »Journalist« bekommt er außerdem Aufträge vom Westdeutschen Rundfunk, wirkt mit bei der Gründung der Zeitung *Bruchstücke*, engagiert sich in der »Knastarbeit« und besucht inhaftierte Terroristen im Gefängnis. Alle, die ihm helfen, wissen entweder nicht oder verdrängen, daß Albertus all seine Erkenntnisse an die Carlos-Gruppe weiter gibt und alle ihm zur Verfügung stehenden Möglichkeiten nutzt, den weltweit gefürchtetsten internationalen Terroristen zu unterstützen.

Darüber hinaus beteiligt sich Albartus auch an der Vorbereitung und Ausführung terroristischer Aktionen. Anfang 1983 schickt ihn *Steve* nach Westberlin mit dem Auftrag, Anschlagziele auszuspähen, um Aktionen gegen französische Einrichtungen starten zu können. Unter diesen Objekten befindet sich auch das »Maison de France« in Westberlin am Kurfürstendamm, Ecke Uhlandstraße.

Daß *Steve* der Auftraggeber ist, läßt sich nachträglich auch anhand von Stasi-Aufzeichnungen rekonstruieren. Unter anderem belegt ein Abhörprotokoll, daß sich Albartus exakt zu dieser Zeit in Berlin aufhält. Außerdem gibt es eine Abrechnung von *Steve* über die Übergabe von 2000 Mark an Albartus.

Für solche Aufgaben kommen nur wenige in Frage, wie aus dem bereits erwähnten Brief von *Carlos* deutlich wird, der für so »vertrauensvolle Aufgaben«

wie einen »Erkundungstrip«, – in diesem Zusammenhang zur Auskundschaftung des Flughafen von Dubai – entweder *Tina* (Götting) oder *Kay* (Albartus) vorgeschlagen hat. Der Ostberliner Geheimdienst stellt wiederum fest, daß *Kay* alias Gerhard Albartus von 1982 an sehr häufig als Kurier über den Flughafen Schönefeld in den Nahen Osten reist. Die Ziele sind vielfältig: Beirut, Damaskus, Tripolis, aber auch Budapest, Belgrad und Bukarest, wo er ziemlich regelmäßig mit *Steve*, *Carlos* und Abul Hakam zusammentrifft. In ganz eiligen Fällen oder wenn sich *Steve* gerade an der Spree aufhält, finden seine Besprechungen mit Albartus in der Ostberliner Nobelabsteige »Metropol« statt. Zutritt haben nur ausländische Gäste. *Steve* wohnte dort häufig, wenn er sich mit Gesprächspartnern trifft, auch aus praktischen Gründen. Denn das »Metropol« ist günstig gelegen, unweit der Grenzübergangsstelle Bahnhof Friedrichstraße, und zu Fuß gut zu erreichen.

Obwohl die Mitarbeit von Albartus für die Gruppe nützlich und wichtig ist, gibt es trotzdem Mißtrauen, Unzufriedenheit sogar Argwohn gegen ihn. Der Grund ist: Albartus läßt sich nicht völlig vereinnahmen, stets müssen seine Anführer bei ihm mit Überraschungen rechnen. So fällt *Steve* zum Beispiel aus allen Wolken, als ihm *Kay* 1982 seinen gefaßten Plan eröffnet, die Revolutionären Zellen in der Bundesrepublik zu verlassen und in Frankreich um Asyl nachzusuchen. *Steve* hält das zunächst für einen Scherz. Doch Albartus meint es ernst. Er bedrängt *Steve* heftig, einen Anwalt in Frankreich zu beauftragen, bei den französischen Behörden in Paris auszuloten, welche Aussichten ein solches Asylgesuch an der Seine haben.

Diese Vorstellungen bringen vor allem *Carlos* in Rage, der wegen der Festnahme von *Lilly* mit den französischen Behörden in einer Privatfehde liegt. Das Ansinnen von Albartus, gerade zu diesem Zeitpunkt in Frankreich einen Asylantrag zu stellen, ist für *Steve* und seinen Chef mehr als nur eine Taktlosigkeit. Sie zweifeln an seiner Zuverlässigkeit.

Noch gravierendere Auswirkungen auf Albartus' Stellung in der Gruppe »Internationaler Revolutionäre« hat sein offenes Bekenntnis, »Schwuler« zu sein. Von Vorurteilen geleitet und auch der Befürchtung, Albartus könne wegen seiner Veranlagung zu einem Sicherheitsrisiko werden, geht die Gruppe auf Distanz zu ihm. Hinter seinem Rücken bringt man sogar die Aidsgefahr ins Spiel. Mehrfach wird sein unvorsichtiges oder zu vertrauensseliges Verhalten gegenüber Kontaktpartnern und Verbindungspersonen kritisiert.

Steve gerät mit *Kay* in heftigen Streit, als dieser 1983 versucht, nach seiner Rückkehr von einer Auslandsreise am Flughafen Schönefeld ohne das erforderliche Transitvisum nach Westberlin zu gelangen. Den Grenzbeamten an der

Übergangsstelle Bahnhof Friedrichstraße ist er prompt aufgefallen, und als sie ihn nicht durchlassen wollen, kommt es zu einem peinlichen Eklat. Vor allen Leuten verlangt er, einen Geheimdienst-Offizier zu sprechen, offenbar in der Annahme, dieser könne alles schnell aufklären. Ein solcher erscheint dann auch und regelt alles. Allerdings geschieht das nicht ohne Hintergedanken, denn die Gelegenheit war für den DDR-Geheimdienst selten so günstig, an Informationen zu gelangen. Der Stasi-Offizier fragt Albartus, dessen Vertrauensseligkeit er sofort erkennt, nach seinen Kenntnissen über die Carlos-Gruppe aus und erfährt dabei eine Reihe von Geheimnissen, die die Carlos-Gruppe trotz guter Beziehungen zu den Sicherheitsbehörden der DDR niemals preisgegeben hätte.

Über soviel Leichtsinn ärgert sich vor allem *Steve*. Denn *Kay* ist auf seine Empfehlung hin in die Gruppe aufgenommen worden. Deshalb erlaubt er sich, scharf mit ihm ins Gericht zu gehen. Für die Zukunft untersagt er ihm strikt, jemals wieder mit einem Vertreter der Ostgeheimdienste zu sprechen. Offenbar wirkt seine Entschiedenheit, denn Albartus lehnt später einen Annäherungsversuch der Stasi kategorisch ab.

Trotz solcher Schwierigkeiten wird Albartus auch weiterhin von *Steve* gedeckt, was sich noch als großer Vorteil herausstellen soll. Als die Entspannungspolitik im d*amal*igen Ostblock Fortschritte macht und die Kontakte zu terroristischen Organisationen den politischen und wirtschaftlichen Interessen zuwiderlaufen, untersagt Ostberlin der Carlos-Gruppe auf dem Territorium der DDR zu agieren. *Steve* gerät in eine schwierige Situation. Er verliert die wichtigste Basis, von der aus die Kontakte zu den Revolutionären Zellen in der Bundesrepublik aufrecht gehalten werden. Nun zahlt sich die Nachsicht gegenüber Albartus aus. Dieser ist es, der die meisten Verbindungen zu den RZ und verschiedenen anderen Gruppen in Westeuropa für die »Internationalen Revolutionäre« intakt halten kann.

In den Reihen der Revolutionären Zellen erntet Albartus dafür mehrheitlich wenig Verständnis. Trotzdem tolerieren einige RZler seine Bindungen zu *Steve* und halten weiter zu ihm. In einer internen Einschätzung der RZ wird das Für und Wider des Verhaltens von Albartus festgehalten.

> »Gerd Albartus teilte die Kritik anderer Genossinnen, mit denen es aufgrund der von der RZ beschlossenen Loslösung aus den internationalen Verbindungen harte Auseinandersetzungen gab, die bis zur Trennung gingen. Die Reduktion auf den eigenen nationalen Zusammenhang empfand er als Schwächung, die Betonung der politischen Differenz als Spaltung. Der

Preis, den wir für die Hervorkehrung unserer Autonomie bezahlten, sei das Verschwinden in der Bedeutungslosigkeit. Der freiwillige Verzicht auf die Umsetzung eines konkreten Antiimperialismus mache nicht nur unseren revolutionären Anspruch zur Farce, er komme zugleich einer Kapitulation vor ganz praktischen Anforderungen wie der Erhaltung der Option auf Gefangenenbefreiung, der Sicherung von Rückzugsmöglichkeiten oder der Bewahrung eines bestimmten Aktionsniveaus gleich. Es sei, so die Meinung von Albartus, eine Fiktion zu glauben, die RZ könnten aus eigener Kraft den Aufgaben nachkommen, die wir uns gestellt hätten. Überdies werde der Bruch einen Verlust an subjektiver Radikalität zur Folge haben; es sei jetzt schon eher unserer Kleinmütigkeit als einer wirklichen Notwendigkeit geschuldet. Für den trügerischen Vorteil einer reinen Weste hätten wir die RZ auf das Niveau linker Kleingruppenmilitanz gebracht und den Guerilla-Anspruch über Bord geworfen. Unsere ›Selbstkritik‹ in Sachen Entebbe und danach sei Dokument verlogener doppelter Moral, die nur haltbar sei, weil wir andere Realitäten aus unserer Wahrnehmung vollkommen ausblendeten. Es sei ein verkehrtes Wunschbild und zugleich zynisch gegenüber tatsächlichem Leiden, wenn wir revolutionär seien und selbst vor allem saubere Finger behalten wollten. Der Bruch mit den internationalen Zusammenhängen, so prophezeite er uns, würde das rasche Ende der RZ einleiten.

Gegenüber unserer Entscheidung hielt Gerd fest an der Idee eines unmittelbaren Bezugs auf den palästinensischen Widerstand, nicht zuletzt, weil er sich von der dort erfahrenen Solidarität und subjektiven Radikalität angezogen fühlte. Daß diese Entschlossenheit von zutiefst machistischen Verkehrsformen durchsetzt war, war ihm in der ganzen Widersprüchlichkeit bewußt und hinderte ihn, sich definitiv für ein Leben in den Strukturen zu entscheiden. Er versuchte, der Unterschiedlichkeit von Zielsetzungen und Anforderungen in seiner Person gerecht zu werden. Wo wir uns auf das scheinbar sichere Terrain einer politischen Praxis zurückgezogen hatten, die wir für überschaubar hielten, suchte er umfassendere Lösungen. Wo uns Zweifel, Fragen, Unsicherheiten zurückhielten, beschloß er nach dem Motto: Scheißegal, muß laufen. Er bewahrte die alten Kontakte, weil er es wollte und weil er sich den Genossinnen dort gegenüber in der Verantwortung wußte, vielleicht aber auch in der unausgesprochenen Erwartung, daß wir uns eines Tages eines Besseren besinnen würden und er die abgebrochenen Kontakte wieder knüpfen könnte. Wenn wir ihn auf eine definitive Entscheidung festnageln wollten, hat er sich entzogen. Er beharrte auf seinem eigenen Weg – gegen totalitäre Gruppenansprüche, gegen alle Vereinnah-

> mungsversuche, von welcher Seite denn auch. Er hat sich verweigert, wo der schmale Grat von Verbindlichkeit hin zu Reglementierung überschritten wurde. Wir hatten unsere Schwierigkeiten damit und haben ihn trotzdem gerade deswegen geliebt. Er kritisierte die Halbherzigkeit der RZ und half uns vorbehaltlos, wo es in seinen Möglichkeiten stand. Er hat bei vielen Erwartungen geweckt und zwangsläufig nur einen Teil erfüllt. Wer ihn ganz wollte, wurde immer auch enttäuscht.«

Mit dieser Rechtfertigung haben die Freunde von Albartus seine Rückkehr in die RZ ermöglicht. Die letzten Jahre seines Lebens verbringt er in der Düsseldorfer »Politszene«, pflegt umfangreiche Kontakte zu ehemaligen Mithäftlingen und zu verschiedenen RZ-Strukturen, seine Neigungen als Homosexueller lebt er in der Schwulenszene auf Ibiza aus. *Steve* bleibt er aber trotzdem treu.

Diese Beziehung soll ihm zum Verhängnis werden. Im November 1987 reist er zum wiederholten Mal zu einem Treffen in den Nahen Osten. Diesmal auf eigenen Wunsch. Bedenkenlos und ohne dem geringsten Anzeichen von Nervosität verabschiedet sich von seinen Freunden. Zum Zeitpunkt seiner Abreise ist er sich keines Fehlers und keines Versäumnisses bewußt. Wie ein heftiges Unwetter bricht es über ihn herein, als er bei seiner Ankunft in Damaskus von seinen eigenen Gruppenmitgliedern »verhaftet« und später wegen »Verrats« vor ein selbsternanntes Tribunal gestellt wird. Seine Ernüchterung ist groß. Der Kodex und die Regeln der Gruppe »Internationale Revolutionäre« sind ihm bekannt, und er macht sich in diesem Augenblick gewiß keine Illusionen mehr. Das Todesurteil ist ihm sicher. Im Dezember 1987 wird es schließlich durch Erschießen vollstreckt.

Einzelheiten von dieser kaltblütigen Hinrichtung dringen nur spärlich an die Öffentlichkeit. Das Ende von Gerhard Albartus wird sowohl von *Steve* und seinen Komplizen wie auch von der RZ verschwiegen. Zu ungeheuerlich erscheint seinen deutschen Freunden die Tat, die »stalinistische Züge« trägt. Soll sich das klassische Diktum »die Revolution frißt ihre Kinder« auch in ihren Reihen als unausweichlicher Ablauf erwiesen haben? Für die RZ ist ein aktiver Mitstreiter gestorben. Für die anderen ist ein unzuverlässiger, weil schwuler, Mitwisser beseitigt. Wieder einmal hatte sich auf brutalster Weise offenbart, wie gefährlich es sein kann, sich mit dem Terrorismus einzulassen.

In Bulgarien und der CSSR: Ausschau nach Waffen

Der Grad und die Intensität der Zusammenarbeit von der Carlos-Gruppe mit den Geheimdiensten im kommunistisch beherrschten Osteuropa ist unterschiedlich. Referenzen arabischer Botschaften und die Fürsprache einflußreicher ausländischer Diplomaten spielen lange Zeit eine entscheidende Rolle. Die freundschaftlichen Beziehungen zwischen den kommunistischen Regierungen und der PLO und Teilorganisationen der Palästinenser helfen *Carlos* und *Steve* sehr bei ihren Bestrebungen.

Die Auseinandersetzung im Nahen Osten ist Bestandteil des Kaltes Krieges. Israelis und Palästinenser tragen ihre Konflikte als Stellvertreter für die Großmächte aus. Terror ist insbesondere für die radikalen Palästinenser legitim, und sie können dafür sogar wohlwollende Duldung aus Moskau in Anspruch nehmen. Für die Regierungen in Osteuropa gilt das Freund-Feind-Prinzip. Feinde Israels und gleichzeitige Freunde der Palästinenser brauchen in den kommunistisch beherrschten Staaten wenig zu befürchten, selbst zu Zeiten, als sich gemäßigte Palästinenser längst von den Methoden des internationalen Terrorismus distanziert haben.

Carlos und *Steve* finden immer wieder Fürsprecher, wenn auch nicht offiziell. Vor allem unter den Mitgliedern palästinensischer und arabischer Geheimdienste bewahren sie sich ihre Freunde. Hier ist man noch aufeinander angewiesen. Die Araber benötigen Informationen, dafür können *Steve* und seine Komplizen vielfach deren diplomatische Immunität oder die exterritorialen Privilegien der Botschaften im Ausland nutzen, vor allem beim Transport oder der Aufbewahrung von Waffen.

Die vielfältigen Kontakte und Beziehungen zu den osteuropäischen und arabischen Geheimorganisationen, zu westeuropäischen Terror- und Untergrundorganisationen in Frankreich, Spanien, Griechenland und in der Bundesrepublik sind die Pfründe, mit denen die Carlos-Gruppe wuchern kann . In westlichen Ländern hängt die Operationsfähigkeit davon ab, ob man mit den nationalen Terrororganisationen klar kommt. Und das gelingt in verschiedenen Ländern.

In der Zeit zwischen dem Frühjahr 1979 und dem Herbst 1984 hat *Steve* in allen Ostblockländern und in vielen westlichen Staaten weitreichende Verbindungen, die ihm legalen, halblegalen oder auch illegalen Aufenthalt ermöglichen. Auch die Volksrepublik Bulgarien zählt zu den Ländern, die internationale Terrororganisationen beherbergen. Bis gegen Ende 1984 kann *Steve* ungehindert ein- und ausreisen. Ohne Schwierigkeiten werden ihm die erforderlichen Visa erteilt. Obwohl der bulgarische Geheimdienst die wahre Identität von *Steve* kennt, läßt er ihn gewähren. Anders als in Budapest oder Bukarest kann *Steve* jedoch keine Wohnung mieten, sondern muß im Luxushotel »Witoschall«, im Zentrum Sofias, Quartier nehmen.

In dieser Nobelherberge dürfen nur Ausländer wohnen. Entsprechend intensiv sind Kontrolle und Überwachungsmaßnahmen der bulgarischen Sicherheitsorgane. Entsprechend groß ist auch die Zahl der Geheimdienstler und Agenten, die sich in dem Hotel tummeln, sich gegenseitig bewachen, überprüfen und bespitzeln. Für *Steves* illegales Agieren sind diese Schnüfflerpraktiken lästig. Deshalb hält er sich auf bulgarischem Staatsgebiet nur dann auf, wenn Verbindungspersonen der Gruppe aus dem Nahen Osten auf der Durchreise sind und ihren Weg über Sofia wählen.

Für einen Aufenthalt in Bulgarien gibt es einen weiteren Grund, nämlich Besuche bei der Firma Kintex, der staatlichen Waffen-Export-Import-Gesellschaft. Mehrmals versucht *Steve*, mit ihr Geschäfte anzubahnen. Schließlich zählen zum Kundenstamm der Kintex immerhin internationale Waffenhändler wie Monzer Al-Khassar und seine Brüder, die für Wadi Haddad und die Nachfolgegruppe in Aden die Waffeneinkäufe besorgen.

Nahezu familiär sind die Verbindungen der syrischen Brüder NICOLA mit den Bulgaren. Beshara Nicola, der jüngere Bruder des einflußreichen Firmenbosses Simon Nicola, ist mit der Schwester eines ehemaligen Generals der bulgarischen Volksarmee verheiratet. Der Syrer mit Firmensitz in Athen beschafft Waffen unter anderem für die PLO, aber auch für das Königreich Saudi-Arabien, für die Jemenitische Arabische Republik und das Haschemitische Königreich Jordanien. Vorübergehend dealt der syrisch-griechische Waffenhändler auch mit der KoKo-Firma IMES. Mit dem Irrtum, daß Beshara Nicola Mitglied der Carlos-Gruppe gewesen sein soll, räumt der Bonner KoKo-Ausschuß im Mai 1992 auf. Diese Falschinformation wurde vom tschechoslowakischen

Geheimdienst in die Welt gesetzt. Das Innenministerium in Prag hat 1982 gegen Nicola eine Einreisesperre verhängt.

Häufiger Gast in Bulgarien ist Abu Nidal. Mitarbeitern der Abu-Nidal-Organisation (ANO) wird sogar gestattet, in Sofia einen Geschäfts- und Agitationsstützpunkt zu errichten. Gegen alle Landesgepflogenheiten gestattet der bulgarische Geheimdienst Arafats früherem Gefährten und späteren Todfeind in der Nähe des »Witoschall«-Hotels sogar, eine Villa zu beziehen.

Steves Ausflüge in das Waffengeschäft sind aber nicht so erfolgreich wie die seiner Vorbilder. Die Bulgaren, von den Geheimdiensten der sozialistischen Bruderstaaten über das Treiben von *Steve* und *Carlos* genauestens informiert, tun zwar so, als wollen sie mit der Gruppe Geschäfte machen; eine ernsthafte Absicht, Waffen oder militärische Geräte zu verkaufen, liegen real nie vor.

Nach einiger Zeit durchschaut *Steve* diese Taktik, und als er 1982 und 1983 im Hotel »Witoschall« auf einen zufrieden lächelnden Monzer Al-Khassar stößt und von ihm erfährt, welch »gute Geschäfte« dieser mit der Firma Kintex abgeschlossen habe, ist er ernsthaft erzürnt.

Trotz der Mißerfolge, die *Steve* mit seinen Versuchen im Waffengeschäft hatte, will er die angenehmen Seiten des Lebens in Bulgarien nicht missen. Anders als im sozialistisch-puritanischen Bukarest hat die bulgarische Hauptstadt doch einiges zu bieten. Schließlich ist man das den internationalen Geschäftspartnern schuldig. *Steve* stürzt sich mit vollen Zügen ins Nachtleben, egal was es kostet. Wenn es sein muß, scheut sich der vergnügungssüchtige Terrorist nicht, die Kriegskasse zu plündern. Um solche Eskapaden vor seinem Boß zu verbergen, verschleiert er die separaten Ausgaben mit einem alten Spesentrick. Er läßt alles auf eine Gesamtrechnung »Kost und Logis« schreiben, um so *Carlos* zu täuschen.

Doch wie schon in allen anderen Ostblockstaaten sind *Steve* und die übrigen Mitglieder der Carlos-Gruppe ab 1984 auch hier nicht mehr gern gesehen. Im September untersagen die Bulgaren der Terroristen-Crew sogar die Einreise. Bei einem weiteren Einreiseversuch 1986 wird *Steve* am Flughafen gestoppt, mit einem Transitvisum abgefertigt und muß nach 24 Stunden das Land wieder verlassen. Trotz Verboten, Maßregelungen und Einreisebeschränkungen fallen ihnen immer wieder neue Tricks ein, um sich durchzumogeln. In der CSSR sind die Mitglieder der Gruppe schon im Frühjahr 1979 unerwünscht. Damals hat, wie bereits erwähnt, die irakische Botschaft mit einer diplomatischen Note bei der Regierung auf dem Hradschin erfolgreich interveniert. Aus Angst, sie könnten vom Territorium der Tschechoslowakei Anschläge und Attentate planen, werden *Carlos* und alle seine Komplizen auf die Liste der unerwünschten Personen gesetzt, allerdings nur soweit ihre Tarn- und Decknamen bekannt sind. *Carlos* betrachtet diese Abweisung als Diskriminierung seiner Person und macht von dieser Zeit an um Prag einen Bogen. Doch *Steve* erkennt bald ein Schlupfloch. Er, *Lilly* und die anderen Gruppenmitglieder wechseln rasch Namen und Reisepaß. Mit den auf neue Decknamen ausgestellten Personalpapieren können sie wieder ungehindert ein- und ausreisen und in tschechische Hotels einchecken. Von den Behörden bemerkt oder nicht, jedenfalls weilt *Steve* zwei- bis dreimal im Jahr in der tschechoslowakischen Hauptstadt und kann sich mit bundesdeutschen Verbindungspersonen aus dem RZ-Umfeld – getarnt als harmlose Touristen – an der Moldau treffen. Es dauerte freilich nicht lange, und der tschechoslowakische Geheimdienst StB hat ihn wieder im Visier.

Wie schon früher, steigt *Steve* meist im Hotel »Intercontinental« am Rande der historischen Altstadt ab. Doch um nicht erkannt zu werden, wohnt er gelegentlich auch im Hotel »Europa«, für Kenner das schönste Bauwerk auf der linken Seite des geschichtsträchtigen Wenzelsplatzes. Dort im Touristenrummel fühlt er sich besonders sicher aufgehoben, läuft auch nicht so sehr Gefahr, daß alte Bekannte aus dem Nahen Osten seinen Weg kreuzen. Denn die weniger luxuriösen Hotels am Wenzelsplatz werden von Arabern oder palästinensischen Kurieren gemieden.

Sowohl arabische Agenten als auch Mitglieder von Terroristenorganisationen, die der Carlos-Gruppe nicht mehr gut gesonnen sind, können *Steve* gefährlich werden und ihn an Kontaktpersonen im Westen verraten. Denn viele von ihnen kennen die wahre Identität des »arabischen Geschäftsmannes«, als der *Steve* in Prag stets auftritt, sehr gut. Wie überall, so muß er auch hier die Nachstellungen des allgegenwärtigen israelischen Geheimdienstes »Mossad« befürchten.

Selbstverständlich fürchten die tschechoslowakischen Sicherheitsbehörden peinliche Enthüllungen und schlimmes Gerede über Kontakte zum internationalen Terrorismus. Da *Steve* aber vorsichtig agiert, und nach Meinung des Geheimdienstes StB durch seine Anwesenheit für das Land keine unmittelbare Gefahr ausgeht, lassen sie ihn gewähren. Sie behalten ihn jedoch immer im Auge, so auch 1984 bei einer seltsamen Begegnung. Die Aufpasser werden Zeugen eines trauten Familienfests. Der internationale Top-Terrorist *Steve* feiert ein Wiedersehen mit seinen gutbürgerlichen Eltern aus dem Kohlenpott.

Neben vielen heimlichen Zusammenkünften mit Mitgliedern und Verbindungspersonen der eigenen Gruppe arrangiert er auch Treffen, bei denen er sich keine große Mühe um Geheimhaltung gibt, auch wenn es sich um Vertreter extremistischer Organisationen oder Einzelpersonen handelt. Unter anderem trifft sich *Steve* mit dem Leiter der armenischen Untergrundarmee ASALA, Hagop Hagopian, der in Prag häufiger Gast ist. Auch der Leiter der PLO-Vertretung Abu Hisham, der ehemalige syrische Minister Abu Tamur und Atef Pseissio, ein wichtiger Geheimdienstoffizier der PLO, dinieren mit *Steve* in der tschechoslowakischen Hauptstadt.

Ende 1979 hält sich der Palästinenser Tarik an der Moldau auf, ein Kontaktmann *Steves*. Diesen bittet *Steve* zu prüfen, wo und unter welchen Bedingungen Waffen in Westeuropa zu beschaffen seien. Tarik kennt für solche Geschäfte eine entsprechende Adresse in der Bundesrepublik: Peter K., einen ehemaligen SS-Mann, der zu dieser Zeit in Karlsruhe ein Militaria- und Waffengeschäft betreibt. Zu ihm nimmt Tarik Anfang 1980 Verbindung auf. Da sein reguläres Geschäft in der Sofienstraße allem Anschein nach wenig Gewinn abwirft und er deshalb ständig unter Geldsorgen leidet, läßt er sich anscheinend auf illegale Besorgungen ein.

Die Vergangenheit des Waffenhändlers störte *Steve* wenig. Ausschlaggebend für die Erteilung des Auftrages sind Schnelligkeit und Erfolg. Die sonst zwingend erforderliche Prüfung des Endzertifikats kümmert ihn nicht. Bei der Übergabe kramt der Waffenschieber zwei Pistolenpatronen vom Kaliber 45 mm aus dem Gepäck hervor und zeigt sie dem palästinensischen Makler. Die Munition ist mit einer Besonderheit ausgestattet: sie hat im Geschoß eine extra Sprengladung.

Diese Patronen seien, so erklärt Peter K., von einem privaten Büchsenmacher einzeln angefertigt worden. Die Wirkung ist frappierend, wie sich bei einem Probeschuß mit einer Patrone herausstellt. Als Ziel dienen zwei dicke Telefonbücher. Das Einschußloch sieht noch völlig normal aus. Doch die Innenseiten sind durch die Explosion des Geschosses vollständig zerfetzt. Für Tarik genügt das als eindrucksvolle Demonstration. Die zweite Patrone nimmt er für *Steve* als Vorführstück mit.

Der Karlsruher Geschäftsmann versucht zu Tarik eine Vertrauensbasis aufzubauen. Er wird sehr gesprächig und erzählt ihm, wie im Dezember 1979 im Rhein-Main-Gebiet und in Osthessen ein Waffenhändlerring aufgeflogen ist und dabei dreiunddreißig Personen in den Knast wanderten, eine in der Öffentlichkeit kaum beachtete Polizeiaktion. Die Geschichte fesselt Tariks Aufmerksamkeit.

Den spärlichen Zeitungsmeldungen zufolge entdeckten das Bundeskriminalamt in Wiesbaden und die Staatsanwaltschaft in Fulda bei einer Speditionsfirma in der hessischen Darmstadt einen Container mit fast 10000 fabrikneuen Revolvern und Pistolen. Die Fracht war per Bahn aus dem Hamburger Freihafen gekommen und für einen Empfänger im Libanon bestimmt. Die Frachtpapiere waren falsch. Es war nur von 2000 Revolvern und Pistolen die Rede. Der Rest der als »Stahlwaren« deklarierten Lieferung bestand laut Frachtpapieren aus harmlosen Gegenständen wie Waschmaschinen, Autoersatzteilen und Spirituosen mit einem Gesamtwert von 500000 Mark.

Acht Tage später stellte sich der vermeintliche Waffenschmuggel offiziell als »Irrtum und Rechenfehler« heraus. Die *Frankfurter Rundschau* berichtete am 12. Januar 1980, daß sich der Verdacht des Waffenschmuggels nicht bestätigt habe. Der Geschäftsführer der vorübergehend inkriminierten Spedition, ein gewisser Dr. Gerhard Müller aus Göttingen, erklärte, daß die Ware nach den damals geltenden Bestimmungen »legal« in Österreich erworben worden sei und daß bei einer Transitsendung seine Firma nicht verpflichtet gewesen sei, die Waffenlieferung bestimmten Stellen wie etwa dem Bundeskriminalamt zu melden. Zu der mißverständlichen Deklarierung »Stahlwaren« meinte Müller forsch, dies sei »branchenüblich«, um sich gegen Diebstahl zu schützen. Auch das BKA bestätigte die Absprache der Warenbezeichnung mit dem früheren Zollkriminalamt.

Waffendiebstahl ist in den siebziger Jahren zu einem Volkssport geworden. Das Bundeskriminalamt stellt im November 1979 fest, daß die seit 1972 gestohlenen Waffen ausreichen würden, um damit eine 20000 Mann starke Division komplett auszurüsten. Im Organ der deutschen Polizeigewerkschaft wird die erschreckende Statistik der bei Privatpersonen, Herstellern und aus Militärdepots abhandengekommenen Waffen veröffentlicht: 216 Maschinenpistolen, 166 Maschinengewehre, 519 voll- und halbautomatische Gewehre, 5698 Pistolen und Revolver, 3924 Kleinkalibergewehre und Karabiner, 5664 »sonstige« Waffen wie Handgranaten, Raketen und anderes. Auch die Terroristenszene versorgt sich teilweise mit gestohlenen Waffen. Immerhin stammen von den 229 im terroristischen Bereich sichergestellten Waffen 81 aus Diebesgut, so etwa 52 Splitterhandgranaten.

Was die Zeitungen über den Fuldaer Waffentransit nicht berichteten, erfährt Tarik von Peter K., der ebenfalls in die Affäre verwickelt worden ist. Einer der Hintermänner des umstrittenen Waffengeschäfts ist demnach ein einflußreicher, in der Bundesrepublik lebender Syrer namens Abdel Rauf. Er betreibt von der Bundesrepublik aus einen umfangreichen Waffenhandel. Zur Tarnung bedient er sich eines Antiquitätengeschäfts. Die von den Ermittlungsbehörden entdeckte Waffenlieferung sei für eine libanesische Falangistengruppe bestimmt gewesen. Tatsächlich wurde die Fracht bald darauf in den Libanon weitergeschickt.

Diesen anstandslosen Weitertransport hatte Abdel Rauf angeblich seinen guten Beziehungen zu staatlichen Stellen insbesondere in Pullach zu verdanken. Der Ordnung halber mußte der Syrer lediglich die höhere Versicherungsprämie, die beim Versand von Waffen anfällt, sowie die entsprechenden Steuern bezahlen.

All diese Informationen gibt Tarik sofort an *Steve* weiter. Gleichzeitig berichtet er ihm über Umfang und Art der Waffen, die der Händler aus Karlsruhe angeblich für die Gruppe besorgen will und zwar ohne Ausfuhrgenehmigung und ohne Endabnehmerzertifikat. Auf der Angebotsliste stehen:

> 300 Schnellfeuergewehre der Marke Steyr, außerdem mehrere Pistolen verschiedener West-Fabrikate vom Kaliber 9 und 22 mm sowie die dazugehörigen Schalldämpfer.

Gleichzeitig vermittelt der Karlsruher Waffenhändler auch Kontakte zu zwei privaten Büchsenmachern in Westdeutschland, mit denen sich Tarik bald darauf trifft. Dabei geht es in erster Linie um die Beschaffung von Pistolen mit Schalldämpfern. Nachdem *Steve* den vollständigen Bericht von Tarik hat, faßt er ihn zusammen und übermittelt ihn an *Carlos* nach Budapest.

Für den Palästinenser ist die Aufgabe vorerst erledigt. Mit Peter K. muß er sich nicht mehr treffen. Da aber Tarik im Westteil Berlins wohnt, wird er gebeten, auch weiterhin nach Waffeneinkaufsmöglichkeiten Ausschau zu halten. Anscheinend ist er aber nicht sonderlich erfolgreich. Aber *Steve* trifft sich 1980 mit Tarik häufig in Ostberlin und beschäftigt ihn mit Aufträgen, um ihn als Mitarbeiter der Gruppe zu erhalten.

In Prag bemüht sich *Steve* , Waffengeschäfte mit CSSR-Firmen anzubahnen. Schließlich gibt es in Böhmen und Mähren mit die besten Waffenschmieden der Welt. Die von der Außenhandelsfirma Omnipol weltweit vertriebenen Fabrikate Para oder die zerlegbare Maschinenpistole Scorpion sind bei Terroristen besonders gefragt. Und im ostböhmischen Pardubice wird der begehrte und hochexplosive Plastiksprengstoff Semtex geknetet. Die verformbare Masse eignet sich sehr gut für Attentate, da er leicht zu verstauen ist und lange für die Gepäck-Kontrollgeräte auf den internationalen Flughäfen unsichtbar war. Erst seit dem Attentat auf die amerikanische Pan Am, die nach der Explosion einer mit Semtex präparierten Radiobombe über dem britischen Lockerbee abgestürzt, mischen die tschechischen Sprengstoffproduzenten der knetbaren Masse Metallpartikel bei, worauf die Kontrollgeräte ansprechen. Wie bekannt wird, deckt sich zuvor der libysche Staatschef, General Gaddafi, noch mit beträchtlichen Mengen des Sprengstoffs alten Typs ein. Er ist in der CSSR lange Zeit als Großabnehmer geschätzt. Man wirft ihm vor, terroristische Organisationen, unter anderem auch die IRA, mit Semtex versorgt zu haben.

Steve hat die Absicht, Waffen und Sprengstoff von den Tschechen unter der Hand zu erwerben. Nun ist es in der CSSR Vorschrift, daß neue Geschäftspartner vom tschechischen Geheimdienst durchleuchtet werden. Die Firmenfunktionäre halten ihn also vorerst hinund stellen zunächst die gewünschte Geschäftsanbahnung als problemlos in Aussicht. Als ihnen später die Dossiers über die potentielle Kundschaft auf den Tisch flattern, sind sie heilfroh, nicht gleich gehandelt zu haben. Nach mehreren erfolglosen Versuchen erkennt *Steve*, daß direkte Waffengeschäfte für seine Gruppe in der CSSR nicht laufen werden.

Insgesamt gesehen ist die Tschechoslowakei für die Gruppe ein willkommenes Rückzugsgebiet, um sich dort mit Freunden, Partnern und Informanten zu treffen. Für die Planung neuer Aktionen bleibt sie jedoch ohne große Bedeutung. Da es auch zu keiner Zeit direkte Kontakte zum tschechoslowakischen Geheimdienst StB gibt, ist der Aufenthalt in der CSSR faktisch illegal, obgleich geduldet. Man zieht es daher vor, bei Aktivitäten in das benachbarte Ungarn oder in die DDR auszuweichen.

Budapest: Unter den Lupen der Geheimagenten

Zum Zeitpunkt, als *Steve* und *Carlos* 1980 im sicheren Domizil ihrer Budapester Wohnung über bisher Erreichtes und die angestrebten künftigen Aktivitäten debattieren, kann niemand, ja nicht einmal sie selbst, die mörderische Blutspur voraussehen, die sie in den darauffolgenden Jahren in Europa und im Nahen Osten hinterlassen würden.

Das Fazit, das die eifrigen und heimlichen Zuhörer des ungarischen Geheimdienstes AVH (Allavédelmi Hatosag) aus all ihren Informationen ziehen können, ist, daß die Konsolidierung der Gruppe »Internationale Revolutionäre« 1980 abgeschlossen ist und daß sie sich vom Einfluß der palästinensischen Wadi–Haddad-Gruppe abgenabelt hat. Im Verbund der internationalen Terrororganisationen agieren und operieren sie relativ selbständig. Das bekannte Führungsquartett *Carlos*, *Steve*, *Lilly* und *Ali* befehligt eine Truppe von etwa vierzig Personen, ständige Mitläufer und feste Unterstützer. In dieser personellen Zusammensetzung ist die Gruppe »Internationale Revolutionäre« bei Geldbeschaffungsaktionen anfangs nur in geringem Umfang aufgefallen, zum Beispiel mit kleineren Erpressungen in Italien und Frankreich. Bevor sie sich auf große militante Aktionen einläßt, will sie erst ihre eigene personelle, finanzielle und materielle Basis festigen. Bis dahin begnügen sich *Steve* und *Carlos*, ihren Finanzbedarf weitgehend als terroristische »Dienstleister« zu verdienen, mit weltweiten Koordinationsaufgaben oder der Unterstützung nationaler Terrorgruppen.

Deshalb sind sie bestrebt, umfangreiche Kontakte und Beziehungen zu verschiedenen Staaten, zu ihren Geheimdiensten, zu Befreiungsbewegungen, politischen Gruppierungen, einflußreichen Einzelpersonen und Großmeistern des internationalen Terrorismus zu knüpfen und dauerhaft zu pflegen. Des weiteren konzentriert sich die Gruppe auf die

– Beschaffung von Geld, Waffen und Reisedokumenten,
– Anwerbung und Einbeziehung neuer Mitglieder,
– Schaffung einer eigenen Werkstatt für die Fälschung von Personaldokumenten.

Steves Aufenthalte in Budapest werden von den ungarischen Sicherheitskräften sehr genau beobachtet. Das zeigt ein dreißigseitiger Geheimbericht des Staatssicherheitsdienstes AVH, in dem die Madjaren alles über *Steve* festhalten, was sie entweder aus eigener Erkenntnis gewonnen haben oder von befreundeten Geheimdiensten in Erfahrung bringen konnten. Dazu zählen alle Daten von Ein- und Ausreisen sowie Angaben auf den Visapapieren, die Inhalte von abgehörten Telefonaten und belauschten Gesprächen sowohl in den Budapester Hotels und deren Bars wie auch im Quartier. Alle Papiere werden in Abwesenheit der Bewohner des Stützpunkts abgelichtet. Obwohl die Volksrepublik Ungarn als einer der wenigen Ostblockstaaten Mitglied von Interpol ist, behält der Geheimdienst sein Wissen über die international gesuchten Terroristen für sich.

Johannes Weinrich steht aber nicht nur an der Donau unter ständiger Beobachtung, sondern auch an der Moldau. Aus allen Informationen, die von den sozialistischen Geheimdiensten im Ostblock zusammengetragen werden, ergibt sich folgendes Bild: Erst nach einer relativ langen Zeit, die er ausschließlich in arabischen Ländern wie dem Südjemen, in Syrien, im Irak sowie im Libanon verbringt, wagt sich *Steve* nach seiner Flucht erstmals im Frühjahr 1979 wieder nach Europa. Auch danach, so die Erkenntnisse der Ostdienste, habe er sich nicht getraut, westeuropäische Länder zu bereisen.

Im Widerspruch dazu stehen Erkenntnisse des bayerischen Landesamtes für Verfassungsschutz. In einem am 23.10.1994 vom Bayerischen Fernsehen ausgestrahlten Filmbeitrag erklärt der Münchner Verfassungsschützer Norbert Wingerter, daß Unterstützer der Carlos-Gruppe bis Ende der siebziger Jahre im oberfränkischen Gaiganz in einer Landkommune lebten und von dort aus mehrere Anschläge geplant hätten. Gelegentlich sollen dort auch Johannes Weinrich und Magdalena Kopp aufgetaucht und *Steve* noch im April 1976 identifiziert worden sein. Eine Druckerei, die von einem Willie Gunnar Jihad (Deckname) und seiner Freundin betrieben wurde, diente zur Tarnung. Später sei das Pärchen in die Gegend von Fürth gezogen, wo sie wieder eine Druckerei eröffnen und für die Herausgeber der radikallinken Postille *Öko Linx* arbeiten.

Ziel der Reise *Steves* im Frühjahr 1979 nach Europa ist nach den Erkenntnissen des ungarischen Geheimdienstes das »goldene« Prag. Dort hat sein

Komplize *Carlos* nach seiner fluchtartigen und hastigen Abreise aus dem Irak eine sichere Bleibe gefunden. In dem erst Anfang der siebziger Jahre neu errichteten Hotel »Intercontinental«, das für devisenschwache Tschechen und Slowaken strenge Tabuzone ist und zu dem nur, wie im Sozialismus üblich, Gäste mit harter Westwährung Zutritt haben, reorganisieren *Steve* und *Carlos* ihre Gruppe. Die bisherige Strategie ist wegen des Drucks des irakischen Geheimdienstes in Unordnung geraten.

In der vom tschechischen Staatssicherheitsdienst StB gegen ungebetene Gäste abgeschirmten Atmosphäre können sie sich völlig unbekümmert bewegen. In der Cafeteria des Prager Nobelhotels werden sie bei stundenlangen Diskussionen beobachtet. Ab Mitternacht tauchen sie häufig in der Hotelbar auf. Unter Strömen von Whisky und tschechischem Bier beschließen sie, sich endgültig von den palästinensischen Strukturen zu lösen und eine eigene Gruppe zu bilden. Die Manpower holten sie sich aus unzufriedenen oder enttäuschten Mitgliedern anderer Terrorgruppen zusammen. Das Startkapital bringt *Carlos* offensichtlich aus den Summen auf, die vom Blutgeld übrig sind, das er 1975 für die Entführung der OPEC-Minister in Wien von seinen Auftraggebern erhalten hat.

Der Aufenthalt an der Moldau ist dennoch nicht von Dauer. Denn der irakische Geheimdienst hat *Carlos* sehr schnell aufgespürt und ihn bei den tschechischen Behörden wegen unerlaubten Waffenbesitzes denunziert. Er wird daraufhin gezwungen, Prag zu verlassen und setzt sich über Warschau nach Ostberlin ab. *Steve* kehrt wieder in den Nahen Osten zurück.

In den Palästinenserlagern beginnt er eine unabhängige Gruppe militanter Kämpfer zu rekrutieren. Unter den Kräften des palästinensichen Widerstandes schaut er sich nach Unzufriedenen und Enttäuschten um. Die Zeit ist günstig. Denn nach dem Camp-David-Abkommen im Herbst 1978 beginnen sich in der PLO die gemäßigten Kräfte durchzusetzen. Yassir Arafat setzte mehr und mehr auf Diplomatie statt auf uneingeschränkte Gewalt. Viele, die weiter den bedingungslosen Kampf gegen Israel forderen, fühlen sich verraten, suchen nach Widerstandsvarianten, die ihren Vorstellungen entsprechen.

Das zerrissene Bild, das die PLO-Gruppen besonders Ende der siebziger und Anfang der achtziger Jahre abgeben, spiegelt sich auch im Geheimdienst der Palästinenserorganisation wider. *Steve* gelingt es schnell, Kontakte zum Sicherheitschef der PLO, Abu Iyad, zu knüpfen. Er steht in Konkurrenz zu Abu Houl, dem Leiter des Al-Fatah-Geheimdienstes. Begünstigt werden diese Beziehungen zu Iyad, weil *Steve* auf Leute trifft, die sich in der BRD aufgehalten haben, weshalb es nicht die geringsten Kommunikationsschwierigkeiten mit ihnen gibt. Seine ständigen Verhandlungspartner sind der Stellvertreter des Sicherheitsapparates Amin und dessen Mitarbeiter Bengasi.

Gleichzeitig bemüht sich *Steve*, auch die Kontakte zu anderen Führungsfunktionären der palästinensischen Widerstandsbewegung zu aktivieren. Wo immer sich eine solche Gelegenheit ergibt, ergreift er sie. Er bahnt nicht nur mit Funktionären der zweiten und dritten Führungsebene Beziehungen an, sondern auch mit den einflußreichen Führern der PLO-Teilorganisationen wie Bassem Abu Sharif, Abu Daud, Thaysir Cuba und Naji Aloush, alles Männer die sich mit Arafats Politik nicht anfreunden können. Ziel dieser Bestrebungen ist es, sich bei radikalen Palästinenserführern ins Gespräch zu bringen und sich deren Wohlwollen zu sichern.

Der unter Palästinensern am meisten gehaßte Araber ist zu dieser Zeit der ägyptische Präsident Anwar El Saddad, der im März 1979 auf der Grundlage des Camp-David-Abkommens mit Israel einen Friedensvertrag unterzeichnet. Was liegt für die frischgegründeteTerrororganisation näher, als dieses Feindbild zu nutzen. Man trifft sich in Ostberlin. Dort werden als Ziele die Unterstützung des Kampfes der Palästinenser und unter Umständen auch die Ermordung des verhaßten ägyptischen Präsidenten ins Auge gefaßt. Selbst über Anschläge gegen den USA-Präsidenten wird nachgedacht. Das Gewaltprogramm hüllen sie in die bekannte Rhetorik, den unterdrückten Völkern im Befreiungskampf zu helfen und den Kommunismus in der Auseinandersetzung mit dem imperialistischen Westen zu unterstützen.

In der Hotelbar wird das strategische Konzept zusammen mit den anwesenden Kontaktleuten ordentlich begossen. Die »Internationalen Revolutionäre« sind voller Erwartungen und Tatendrang. Ihre Aufgabengebiete haben sie vorher schon in Budapest genau abgegrenzt. *Steve* und seine Ex-Freundin *Lilly* unterhalten fleißig Kontakte zu den Revolutionären Zellen in der Bundesrepublik. In Ostberlin, Prag und Budapest finden häufige Treffen statt. Nur für kurze Zeit gelingt es, mit Decknamen und falschen Ausweispapieren die DDR-Kontrollbehörden und die Staatssicherheit zu täuschen.

Die zahlreichen Besucher aus Westdeutschland fallen Mielkes Beobachtern auf, auch wenn sie mit dem üblichen und ohne große Formalitäten zu erlangenden Tagesvisum die DDR-Grenze passieren. Kehrt ein Westbesucher bis 24 Uhr wieder nach Westberlin zurück, so kann niemand nachweisen, daß sich der Betreffende einen ganzen Tag in Ostberlin aufgehalten hat, es sei denn, er wird von Anfang an beobachtet. Das MfS, aber auch die anderen Geheimdienste im kommunistischen Lager sammeln eine Fülle von Hinweisen über die rege Reisetätigkeit in nahezu alle Himmelsrichtungen.

Will ein DDR-Besucher im Ostteil Berlins übernachten, braucht er beim Grenzübertritt nur ein Zimmer in einem der sogenannten Valutahotels zu buchen. Das Visum gibt es dann automatisch und sofort, der Reisende braucht keine langwierige Antragsprozedur über sich ergehen zu lassen. Ein Verfahren, zu dem die SED-Regierung auf der Grundlage des Vier-Mächte-Status politisch gezwungen ist. Wer unter falschem Namen und mit falschem Paß die Grenzübergangsstellen in Ostberlin passiert, kann die Sicherheitsbehörden in der DDR zumindestens bei kurzfristigen Auftritten täuschen. Ein Vorteil, den Geheimkuriere, aber auch diplomatische Vertreter mit Vorliebe nutzen. *Steve* und *Lilly* kennen diese Lücken im sonst so perfekten Grenzsystem, ebenso die in Ostberlin ansässigen arabischen Diplomaten und ihre Verbindungspersonen im Westen der Stadt.

Trotzdem dauert es nicht lange, bis *Steve*, *Lilly* und *Carlos* von der Stasi identifiziert sind. Von da an gibt es kaum noch ein Entrinnen. Auf Schritt und Tritt werden sie in der DDR überwacht, Telefongespräche abgehört und mit Hilfe elektronischer Wanzen in ihren Hotelzimmern belauscht. Da sie nie lange gemeinsam an einem Ort weilen und häufig zwischen Berlin, Prag, Budapest und Bukarest wechseln, vereinbaren die Geheimdienste der osteuropäischen Bruderstaaten, ihre Erkenntnisse in Sachen *Carlos* und seiner Komplizen untereinander auszutauschen. Um so wachsamer werden die Aufpasser von der für Terrorismusabwehr zuständigen MfS-Abteilung XXII, als sie herausfinden, daß die Carlos-Gruppe mit eigenen Terroraktionen in Erscheinung tritt. Von diesem Augenblick an verstärken die Geheimdienste der DDR, Ungarns, der CSSR, Bulgariens, Cubas und zum Teil auch das sowjetische KGB ihre Aktivitäten zur Überwachung der einzelnen Gruppenmitglieder. Da sich bis Mitte der achtziger Jahre vor allem *Steve* häufig im Machtbereich dieser Staaten aufhält, wissen sie über ihn gut Bescheid.

Neben den Bestrebungen, neue Mitglieder zu rekrutieren, baut *Steve* mit gleicher Intensität logistische Stützpunkte in Europa auf. Es entstehen sowohl halblegale wie auch illegale Basisquartiere. Dabei hilft ihm die Duldung und Toleranz, die der Gruppe zu dieser Zeit von den kommunistischen Staatsorganen entgegengebracht wird, unter anderem aus Rücksicht auf deren Beziehungen zu palästinensischen Befreiungsbewegungen. Doch es ist nicht immer alles Gold, was glänzt. Auch wenn das Territorium der DDR nach Ansicht von *Steve* wegen der zentralen Lage die besten Voraussetzungen bietet, ist Ostberlin als Ausgangsort für terroristische Aktivitäten nur in Einzelfällen zu gebrauchen.

Was *Steve* und seine Komplizen stört, sind die ständigen Reglementierungen durch die Stasi. Die andauernde Schnüffelei wird ihnen lästig. Daher weichen sie allmählich nach Ungarn aus, wo sie sich weniger beobachtet glauben. So entsteht von 1980 an im Budapester »Bukat-Hotel« nahezu ein Hauptquartier der Gruppe. Fortan sind sie in der ungarischen Hauptstadt fast stets mit einem ihrer Mitglieder präsent. Die konspirativen Treffen finden allerdings nicht im Hotel statt, sondern im angemieteten zweistöckigen Wohnhaus abseits des Stadtzentrums. Dort ist es auch, wo *Carlos* und *Steve* den Vorsatz fassen, bei Gelegenheit den verhaßten Ex-Komplizen und späteren Aussteiger Hans-Joachim Klein umzubringen.

Doch es bleibt nicht nur bei den konspirativen Treffen. Das Domizil wird relativ schnell zu einem logistischen Zentrum und Waffenlager ausgebaut. Von diesem Versteck aus werden Telefonate in die ganze Welt geführt, Treffen der Führungsmitglieder abgehalten und in einem Nebenraum eine Fälscherwerkstatt eingerichtet. Neben einem Arsenal von Blankopässen verfügen sie über Stempelstöcke für Visa und Präzisionsgeräte für die Herstellung anderer Personal- und Reisedokumente.

Das erforderliche Handwerkszeug und die notwendigen Chemikalien beschafft *Steve* hauptsächlich mit Hilfe seiner Verbindungsleute in Westberlin. Das umfangreiche Waffenarsenal hat er in der Zeit nach 1981 zusammengekauft. In mehreren Metall- und Holzkisten werden Sprengstoff und Munition nach und nach angeliefert und im Basisquartier eingelagert. Auf der Arsenalliste stehen unter anderem:

- 24 kg C-4, hochexplosiver Sprengstoff amerikanischer Herkunft,
- 25 kg Nitropenta, Plastiksprengstoff,
- 20 kg TNT

sowie das nötige Zubehör wie Sprengzünder, Empfänger und Sender zur Fernzündung von Bomben.

Als die ungarischen Beobachter erkennen, was sich hinter den schlichten Mauern eines einfachen Wohnhauses verbirgt, fährt ihnen der Schrecken durch alle Glieder. Und das ist noch nicht alles. Neben dem hochexplosiven Inventar lagern in der Wohnung außerdem in ständig wechselnder Anzahl jede Menge Waffen der Marken

Beretta, Maschinenpistolen aus Italien,
FN 9mm-Pistolen belgischer Herkunft und
HP-Maschinenpistolen mit Schalldämpfer, eine von Terroristen gern benutzte Kombination der deutschen Firma Heckler & Koch.

Vorhanden ist selbstverständlich auch die zu den vorhandenen Waffen gehörige Munition. Das Lager wäre nicht vollständig gewesen, hätten die leicht transportierbaren Panzerabwehrraketen RPG-07 gefehlt, die *Carlos* und *Steve* auch in Orly benutzt haben. Ein solches Panzerabwehrgeschoß russischer Bauart wird auch in Heidelberg beim Attentat auf den US-General Kroesen abgefeuert.

Im Stützpunkt Budapest befindet sich außerdem ein wertvoller Aktenkoffer, griffbereit für den Notfall. Sein Inhalt sind Banknoten der verschiedensten Währungen: D-Mark, französische Franc, vor allem aber US-Dollar sowie für jedes Führungsmitglied ein Reserve-Reisepaß.

Dieser gut bestückte Stützpunkt erfordert es, daß ständig eines der vier Führungsmitglieder in Budapest anwesend ist, um ein Auge darauf zu haben. Nachdem *Lilly* 1982 in Frankreich festgenommen worden ist und *Carlos* sich in Ungarn nicht mehr ganz sicher fühlt, entstehen personelle Probleme. Deshalb übernehmen vermehrt *Steve* und Abul Hakam die Arsenalwacht in Budapest. Vielbeschäftigt wie sie sind, können die beiden jedoch eine lückenlose Bewachung der Wohnung mit dem brisanten Inventar bald nicht mehr gewährleisten. Zudem schöpfen sie nach und nach Verdacht, daß sie vom ungarischen Geheimdienst AVH intensiver observiert werden, als ihnen lieb ist. Überlegungen, den Ort wieder einmal zu wechseln, drängen sich auf.

Doch es kommt anders. Als *Steve* wieder einmal für einige Zeit beim Hausmeister im voraus zahlt, erkennt er, daß dieser offensichtlich mit dem Geheimdienst zusammenarbeitet. Er führt nämlich eine genaue Liste über alle ein- und ausgehenden Personen und zudem über das Inventar der Wohnung. »Wenn die ungarische Stasi auf den Kram aufpaßt, dann hilft das auch uns«, ist *Steves* einfache und logische Überlegung. »Sollen die doch den Stützpunkt mit all den Geräten und Waffen bewachen, dann können wir sicher sein, daß Unbefugte keinen Zugriff auf das Waffenarsenal haben. Lediglich den Aktenkoffer mit dem Geld und den Reisedokumenten stellen sie zukünftig bei Abwesenheit in der syrischen Botschaft unter.

Die Mitglieder der Carlos-Gruppe können sich mindestens bis 1982 in Ungarn völlig frei bewegen, auch wenn sie sich ständig observiert fühlen. Wenigstens werden sie in ihren Aktivitäten nicht behindert. *Steve* läßt von Budapest aus Terrorobjekte in Westeuropa ausspähen, organisiert von hier aus den Transport von Waffen und Geräten in Richtung Jugoslawien und weiter nach Griechenland. An der Donau finden die wichtigsten Treffen mit Mitgliedern der baskischen ETA, der IRA sowie mit den Vertretern anderer Terrorgruppen etwa aus Frankreich und der Schweiz statt.

Budapest ist selbst für terroristische Verbindungspersonen aus Lateinamerika eine Reise wert. Wenn sie die Flugroute über das neutrale Zürich wählen, brauchen sie nicht zu befürchten, von westeuropäischen Sicherheitsbehörden erkannt zu werden. Wie Weinrich über Zürich unerkannt via Prag nach Bagdad entkommen ist, so können südamerikanische Terroristen unauffällig nach Ungarn gelangen, ohne die verräterische Identitätskarte ausfüllen zu müssen. Für einen Venezolaner ist es wichtig, die Reiseroute über Havanna und Castros Fluggesellschaft Cubana zu wählen, auch wenn man mit ihr nur bis nach Madrid kommt. Noch in Havanna kann der Reisende bei der spanischen Fluggesellschaft »Iberia« den Anschlußflug Madrid-Zürich buchen und ein paar Schalter weiter gleich bei der ungarischen »Malev« das Ticket für Zürich-Budapest kaufen. Auch wenn das Verfahren ein wenig umständlich ist, so ermöglicht es den *Carlos*-Leuten, durch die ohnehin weiten Maschen der neugierigen westlichen Behörden zu schlüpfen. Denn die Buchungen auf der Malev und auf der Cubana sind dem Registrierungssystem der westlichen Fluggesellschaften nicht angeschlossen und deren Daten somit den westlichen Geheimdiensten nicht zugänglich.

Auf diese Weise kann Mama Elba Maria Sanchez in den Jahren zwischen 1980 und 1984 mehrmals ihren Sohn Ramirez in Budapest besuchen, ohne daß Interpol das Reiseziel jemals genau nachvollziehen kann.

Für *Carlos* und *Steve* ist Ungarn nicht zuletzt ein idealer Ruheplatz zum Ausspannen. Nach längeren Reisen etwa im Nahen Osten genießt *Steve* die Gastfreundschaft dieser »fröhlichsten Baracke im östlichen Lager«, wie sich ihre Insassen gerne ironisch selber bezeichnen. Man versteht es hier, Touristen für sich einzunehmen, ob in Budapest, am Balaton (Plattensee) oder an den Donaubadeständen um Estergom. Unter falschen Namen, ausgestattet mit der Legende eines arabischen Geschäftsmannes, sucht *Steve* amouröse Kontakte und läßt sich nachts von jungen Ungarinnen verwöhnen. Für derlei Bedürfnisse bietet das Land viele Möglichkeiten. Ist die Zeit knapp bemessen, zieht er es vor, sich in der angenehmen Atmosphäre des »Gellert«-Bades zu entspannen. Hat er Langeweile, so kam er sie auch in netter Gesellschaft auf dem flachen Land, zum Beispiel bei Ausflügen in die Puszta, vertreiben.

Mit Vorliebe verkehrt *Steve* in den einschlägigen, teuren Nachtlokalen. Arabische Geschäftsleute waren gerngesehene Gäste. Als in Budapest im »Hilton«-Hotel auf der Fischerbastei das erste große Spielkasino, ein österreichisch-ungarisches Joint Venture, eröffnet wird, zählen *Steve* und *Carlos* zu den ersten Besuchern. Hinter den historischen Mauern des Nicolai-Turms können sie ihrer Spielleidenschaft an drei Black-Jack-Tischen und an einem amerikanischen wie einem französischen Roulette nachgehen. Doch schon der erste Spielabend bekommt den beiden »Arabern« nicht gut. Das Glück ist ihnen nicht hold, und bald haben sie nach ganz kurzer Zeit stattliche 1000 Dollar verzockt.

Von Spiel zu Spiel, das *Carlos* macht und verliert, steigt ihm mehr Röte ins Gesicht. Aufmerksam verfolgt der österreichische Geschäftsführer die steigende Spannung am Roulettetisch. Er befürchtet von Seiten der beiden vom Pech verfolgten Kasino-Gäste Ärger. Deshalb wendet er sich hilfesuchend an die allgegenwärtigen Sicherheitsbeamten der »Allavédelmi Hatosag«. Diese erkennen in dem wütenden Zocker *Carlos* und sorgen sich nun ihrerseits um die Sicherheit der Kasino-Angestellten. Sie kennen seinen Jähzorn, und rechnen mit unvorhersehbaren Ausbrüchen von Gewalttätigkeit. Nur allzu gut wissen sie, wie locker bei *Carlos* die Pistole sitzt. Einschlägige Erfahrungen haben Sicherheitsbeamten mit den beiden Terroristen schon während ihres allerersten Aufenthalts in Budapest gemacht.

Damals war *Carlos* auf der Suche nach einer neuen Bleibe, um sich vor den Nachstellungen des irakischen Geheimdienstes in Sicherheit zu bringen. Der ungarische HVA hatte zu diesem Zeitpunkt wenig Erfahrungen mit Terroristen vom Schlage *Carlos* und *Steve*. Beim Observieren bewiesen sie nicht gerade eine glückliche Hand. Sie beobachteten ihn rund um die Uhr und waren ihm stets hautnah auf den Fersen.

So dauerte es nicht lange, bis der mißtrauische *Carlos* seine ständigen Begleiter wahrgenommen hatte. Zunächst schien es dem Venezolaner Spaß zu machen, seine Verfolger zu foppen. Als diese das spitzkriegten, änderten sie ihre Methode, wechselten die Personen und tauschten an den Autos die ungarischen Nummernschilder gegen deutsche und österreichische aus. Sie nahmen ihre Arbeit sehr ernst.

Als Touristen und mit westdeutschen Autokennzeichen getarnt, verfolgten sie *Carlos*, während er eines Abends mit einem Mietwagen durch Budapest fuhr. Doch diesmal erregten die Verfolger seine Aufmerksamkeit. Im Rückspiegel erkannte er das ausländische Nummernschild und vermutete geheime Spitzel aus der Bundesrepublik. Mit solchen Überraschungen mußte er immer rechnen. Der international meistgesuchte Terrorist fürchtet nichts mehr, als von westlichen Geheimdiensten erkannt zu werden, die seiner Meinung nach ausnahmslos mit dem israelischen »Mossad« intensiv zusammenarbeiten.

Die Situation machte ihn so nervös, daß er plötzlich in eine Seitenstraße abbiegt, anhält, mit gezogener Pistole aus dem Auto springt und in der Manier eines Chicago-Gangsters kaltblütig mehrere Schüsse auf seine Verfolger abfeuert. Zwei Kugeln treffen das Auto, ohne einen der Insassen zu verletzen. Für die Ungarn war die bleihaltige Bekanntschaft mit dem Top-Terrorismus eine

Warnung. Von da an setzten die Sicherheitsbehörden nur noch ihre allerbesten Leute auf *Carlos* und *Steve* an. Von nun vermieden sie alles Auffällige.

Trotz dieses Zwischenfalls schon beim ersten Zusammentreffen gelingt es der internationalen Terroristenorganisation, 1980 in Ungarn Fuß zu fassen. Die Schießerei ließ sich damals noch als Mißverständnis entschuldigen. Auch den Ungarn durfte es nicht recht sein, wenn Geheimdienste aus dem Westen den international verfolgten OPEC-Attentäter plötzlich in Budapest aufgespürt hätten.

Die »Internationalen Revolutionäre« beanspruchen für den Aufenthalt in Ungarn einen offiziellen Status. Mit der Schutzbehauptung, Teil der palästinensischen Widerstandsbewegung zu sein, haben sie Erfolg: Budapest glaubt ihnen und toleriert sie weitgehend. Diesen halblegalen, nur geduldeten Aufenthalt bemühen sie sich stets zu legalisieren. Unermüdlich versuchen sie, Kontakte zu den offiziellen staatlichen Stellen zu bekommen. Auch wenn sie immer wieder beim ungarischen Geheimdienst landen, schafft es *Steve* dennoch, die Vorstellungen und den Standpunkt der Gruppe der politischen Führung in Budapest nahezubringen.

Janos Kadar, der damalige Parteivorsitzende und Staatschef, macht die Angelegenheit zur Chefsache. In Übereinstimmung mit anderen sozialistischen Regierungen entscheidet er, vor allem dem Europa-Vertreter in der Gruppe, eben *Steve*, weitgehende Privilegien einzuräumen. Damit ist nicht nur eine Aufenthalts- und Durchreiseerlaubnis verbunden, sondern auch die Benutzung der erwähnten Wohnung als Stützpunkt, sowie der Transport und die Lagerung von Waffen und Sprengstoff.

Dennoch: *Steve* ist damit nicht ganz zufrieden, hat er doch von der ungarischen Regierung ein größeres Entgegenkommen erwartet. Was ihn enttäuscht ist die Festlegung, daß außer dem Geheimdienst keine andere staatliche Stelle Kontakt zu ihnen unterhalten darf. Aus Verärgerung straft *Steve* die ungarischen Sicherheitsleute mit Verachtung und beauftragt seinen Mitstreiter Abul Hakam fortan mit der Führung der Verhandlungen.

Als Gegenleistung für die besondere Art der Gastfreundschaft muß die Carlos-Gruppe versprechen, in Ungarn auf Terrorakte zu verzichten und auch auf befreundete Organisationen Einfluß zu nehmen, jegliche Gewaltakte gegen ungarische Bürger und Einrichtungen zu unterlassen. Nach geraumer Zeit bekommt aber auch Abul Hakam Schwierigkeiten mit dem Geheimdienst. 1983 wird er dabei ertappt, als er einem reichen libyschen Geschäftsmann in Budapest droht, gegen ihn und seine Familie einen Terroranschlag zu verüben. Eine reine Erpressung, bei der es um eine Million Dollar geht.

Die ungarischen Sicherheitsbehörden gehen allerdings zu *Carlos* vor allem deswegen auf Distanz, weil er 1982 seinen spektakulären Privatkrieg gegen französische Einrichtungen führt und Budapest als sein Zufluchtsort enttarnt wird.

In der Zwischenzeit hat die ungarische Regierung auch die Aufenthaltsbestimmungen für Ausländer verschärft mit der Begründung, daß dies wegen der gestiegene Zahl von Gesetzesverletzungen durch Ausländer notwendig geworden sei. Drei unterschiedliche bürokratische Prozeduren müssen absolviert werden: Man braucht ein Visum, eine Aufenthaltsgenehmigung und – bei Wohnsitz in Ungarn – einen entsprechenden Personalausweis. Eine bereits erteilte Aufenthaltsgenehmigung kam nach der neuen Verfügung sofort zurückgezogen werden, wenn »staatliche, gesellschaftliche oder wirtschaftliche Interessen« gefährdet sind. Diese »Schikanen» nerven, aber bald darauf wird die Gruppe auch formell aufgefordert, das Land zu verlassen.

Zunächst bleibt es allerdings bei der Aufforderung. Außer Landes sind *Steve* und seine Mitarbeiter damit noch lange nicht. Die Ungarn wagen es nicht, sie direkt hinauszuschmeißen oder sie gar festzunehmen und an Frankreich auszuliefern. Viel zu groß ist die Furcht vor Racheakten und noch größer die Angst, in der Öffentlichkeit mit der brutalen Terrortruppe in Verbindung gebracht zu werden. Zu dieser Zeit, als sich beinahe alle Staaten des sozialistischen Lagers von der Carlos-Gruppe abwenden und den Mitgliedern den Aufenthalt verwehren, haben die Ungarn den »Schwarzen Peter«. Sie suchen nach einer gütlichen Lösung, einem lautlosen Abgang aus Budapest im gegenseitigen Einvernehmen.

Große Sorge bereitet den Madjaren die Auflösung des umfangreichen Waffenlagers. Es dauert schließlich noch weitere drei Jahre, bis die Carlos-Gruppe endgültig aus Ungarn verschwunden ist.

Im Oktober 1981 hat Bundeskanzler Helmut Schmidt den ungarischen Ministerpräsidenten Lazar mit allen Ehren noch vor Breschnew in Bonn empfangen. Und auch die Beziehungen zwischen Budapest und Paris sollen sich bessern. Ungarns »Offensive des Lächelns«, wie es in Zeitungsschlagzeilen damals heißt, soll das Land für Investoren und Touristen öffnen. Deshalb darf nichts geschehen, was den liberalsten Staat des Ostblocks mit den gefürchtetsten Terroristen in Verbindung bringen könnte.

Die Truppe mit der brisanten und hochexplosiven Habe über die Grenze ins benachbarte Rumänien abzuschieben, kommt wegen der schwelenden Spannungen um die Nationalitätenprobleme beider Völker nicht in Frage. Das Ceaucescu-Regime hat Anfang der achtziger Jahre damit begonnen, die Rechte der ungarischen Minderheiten in Siebenbürgen und im Banat zu beschneiden. Das Verbot, in der Öffentlichkeit ungarisch zu sprechen, und die Kürzung der Sendezeiten für die Minderheit im Rumänischen Fernsehen hat in Budapest zu Mißstimmungen geführt.

Solche Probleme kommen *Steve* sehr gelegen. Sie verlängern ihren Aufenthalt in Ungarn. Auch die Überlegung der Madjaren, die Waffen auf dem Luftweg nach Syrien zu verfrachten, läßt sich nicht verwirklichen. Knapp eineinhalb Zentner Sprengstoff an Bord eines Flugzeuges, dieses Risiko kann man keiner Fluggesellschaft zumuten. So bleibt als einziges der Landweg über Jugoslawien. Als diese Lösung gefunden ist, versuchen *Steve* und Abul Hakam mit allen Tricks Zeit zu schinden. Denn sie wissen: Sind die Waffen erst außer Landes, dann sind auch ihre Tage in Budapest gezählt.

Schließlich ist es soweit. *Steve* und *Carlos* werden 1985 ins Innenministerium bestellt. Dort erfahren sie, daß sie zukünftig als unerwünschte Personen angesehen werden und im Interesse der eigenen Sicherheit, aber auch wegen der Belange der ungarischen Regierung das Land zu verlassen haben. Bei denen, die all die Jahre mit ihnen zusammengearbeitet haben, wohnen, ach, zwei Seelen in der Brust. Und vorerst dominierten noch die kommunistische. Sie gestattet es nicht, den Ermittlern im dekadenten Westen die Arbeit abzunehmen. Es mag sogar bei der zornigen Verabschiedung durch die ungarischen Sicherheitsbeamten ein wenig Wehmut auf beiden Seiten mitspielen. Bei allen Höhen und Tiefen, die man miteinander erlebt hat, ist man sich doch »kollegial« nähergekommen.

Das Terroristenduo versucht, die Geheimdienstoffiziere des AVH, die ihnen die unangenehme Nachricht unterbreiten, in eine Diskussion zu verwickeln, doch ohne Erfolg. Es gibt eine eindeutige Weisung von oben und die muß befolgt werden. Sie laute: Rausschmiß.

Im Vergleich dazu verläuft die Ausweisung westlicher Pazifisten im Sommer 1983 wesentlich unkomplizierter und rascher. Fünf Britinnen, drei Niederländer, zwei Schweden, drei Österreicher und zwei US-Bürger, die an einem »Friedenslager« teilnehmen wollen, müssen kurzerhand das Land verlassen, weil sie mit Dissidentenkreisen Kontakt aufgenommen haben. Ärger kündigt sich auch mit nationalistischen Gruppen im eigenen Land an, und nicht zuletzt bereitet der ungarischen Regierung nach dem Danziger Werftarbeiter-Streik die Entwicklung in Polen große Kopfschmerzen. Um seinen in Moskau, aber auch in anderen Hauptstädten des Warschauer Pakts mit Argwohn betrachteten wirtschaftlichen Reformkurs nicht zu gefährden, will Budapest keinerlei Risiko eingehen. Auch von daher scheint es den ungarischen Sicherheitsbehörden höchste Zeit, daß *Carlos, Steve* und der Rest der Gruppe den Donaustaat verlassen.

Wütend, aber ohnmächtig, etwas gegen diesen Beschluß zu unternehmen, müssen sie nach fast sechsjähriger Präsenz das strategisch wichtige Land verlassen. Das letzte Gespräch, das Vertreter des ungarischen Geheimdienstes mit *Carlos* und *Steve* führen, wird auf Video festgehalten.

Im Visier: Radio Freies Europa

Der Verlust der ungarischen Basis hat sich lange vorher abgezeichnet. Die Ostgeheimdienste haben 1982/83 beschlossen, in einer Art konzertierten Aktion die mittlerweile lästige Killertruppe loszuwerden. In Bulgarien, in der Tschechoslowakei sowie in Ungarn werden sie zu unerwünschten Personen erklärt. Weiter will man allerdings nicht gehen, geschweige sie festnehmen oder in den Westen abschieben, wo die Strafverfolgungsbehörden *Carlos* und *Steve* gerne den Prozeß gemacht hätten.

Als am 21. Februar 1981, an einem Samstag abend um 21.47 Uhr, die ungarischen Nachrichten von *Radio Free Europe* von Hörern in Budapest empfangen werden, erleben sie einen aufgeregten Sprecher, der ihnen verkündet, daß vor wenigen Minuten auf die Zentralredaktion der amerikanischen Radiostation in München ein hinterhältiger Bombenanschlag verübt worden sei. Was der Radiosprecher und bis zunächst auch nicht die deutschen Ermittlungsbehörde nicht wissen: Dieser Bombenanschlag ist etwa vier Monate zuvor von niemand anderem als Johannes Weinrich in allen Einzelheiten ausgearbeitet worden.

Das Sendeteam der CSSR-Abteilung, Marie Pulda, Rudolf Skukalek und Josef Antalic bereiten gerade ihre stündliche Nachrichtensendung vor, als an der östlichen Außenmauer des Gebäudes am Englischen Garten ca. 15 kg Plastiksprengstoff explodieren. Durch die Wucht wird nur ein achtzehn Quadratmeter großes Loch gerissen, ein 50 mal 50 Zentimeter starker Betonträger knickt wie ein Grashalm um und eine Zwischenmauer wird auf eine Länge von 15 Metern eingedrückt.

Zum Zeitpunkt der Detonation sind von den insgesamt 1400 Beschäftigten etwa 25 Personen im Hause, acht von ihnen werden zum Teil schwer verletzt. Die vierzigjährige Sekretärin Marie Pulda erwischt es besonders schlimm. Ein

Balken trifft sie lebensgefährlich am Kopf. Der aus Bratislava stammende Skukalek wird zwischen Aktenschrank und Schreibtisch eingeklemmt. Selbst in der Nachbarschaft gibt es Verletzte durch herumfliegende Glassplitter. Durch die Druckwelle bersten in Nachbargebäuden zahlreiche Fenster.

Vier Millionen Mark beträgt der Schaden und am Tage danach lauten die Schlagzeilen: »Von den Tätern noch keine Spur«. Die achtunddreißigköpfige Sonderkommission des Landeskriminalamtes in Bayern tappt von Anfang an im Dunkeln. Die Bundesanwaltschaft in Karlsruhe zögert, die Ermittlungen an sich zu ziehen, weil sie bei dem Bombenanschlag auf *Radio Free Europe* keine Anhaltspunkte erkennen kann, die für einen terroristischen Hintergrund sprechen.

Auch als Ende Februar das erste Bekennerschreiben eingeht, ändert die Polizei ihre Meinung nicht. Der in polnischer Sprache abgefaßte und im schwedischen Göteborg aufgegebene Brief wird als das Werk von Trittbrettfahrern gedeutet. Hinter den beiden weiteren Schreiben, das eine in tschechischer, das andere in serbokroatischer Sprache verfaßt, vermuten die Ermittler ein Ablenkungsmanöver.

Indirekt hat man damit wahrscheinlich sogar recht. Denn zwei Jahre später, beim Anschlag auf das französischen Kulturzentrum »Maison de France« in Berlin, wird bewußt mit Täuschung gearbeitet. (In diesem Falle vereinbart *Steve* mit dem Armenier Hagop Hagopian, durch ein Bekennerschreiben seiner Untergrundarmee ASALA von der Carlos-Gruppe abzulenken.)

Ein Ablenkungsmanöver mit Bekennerbriefen nach dem Münchner Sprengstoffanschlag macht einigen Sinn, zieht man die sich komplizierenden Beziehungen in Betracht. Zu der Erkenntnis, daß die Carlos-Gruppe hinter diesem brutalen Anschlag stecken könnte, kommen die Ungarn tatsächlich erst geraume Zeit später. Bei einer heimlichen Durchsuchung finden sie Skizzen und Beschreibungen über das »Angriffsobjekt Freies Europa«. Anhand des Schriftvergleichs sind sie sich sicher, daß die Aufzeichnungen von *Steve* stammen. Dennoch sehen die Ungarn zu diesem Zeitpunkt noch keinen Handlungszwang. Denn das Attentat hat sich gegen einen Sender gerichtet, der den kommunistischen Machthabern sowieso stets ein Dorn im Auge war.

Wenn die Redakteure von *Radio Freies Europa* auf Sendung gehen, lauschen die Politoffiziere der Ostdienste vom sowjetischen KGB, die rumänische »Securitate«, das tschechoslowakische StB. Die Radiomacher im Exil geißeln den Totalitarismus in ihren Heimatländern und erfreuen sich bei der dortigen Hörerschaft großer Reputation. Wenn die »Fanfare des Feindes« allzu laut ertönt, stören die Geheimdienste kurzerhand die Frequenzen. Das geschieht im

August 1968 nach dem Einmarsch der Warschauer-Pakt-Staaten in die Tschechoslowakei, während der Solidarnosc-Unruhen in Polen und auch im Zusammenhang mit dem sowjetischen Einmarsch in Afghanistan. Solche Ereignisse sind für *Radio Freies Europa* immer Anlaß für besonders intensive Berichterstattung.

Mit ihren Sendungen erreichen die Münchner Radioredakteure weit über 20 Millionen Zuhörer. In Krisenzeiten steigt das Informationsbedürfnis in den kommunistischen Ländern mächtig an. Die Völker wollen wenigstens über Äther erfahren, was im eigenen Land los ist. Das US-Nachrichtenmagazin *Time* schätzt im Frühjahr 1980, daß allein in der UdSSR über einhundert Millionen Sowjetbürger ausländische Nachrichten und Informationssendungen hören, neben *Radio Free Europe* auch die *Deutsche Welle*, die *Stimme Amerikas, BBC* sowie *Kol Israel.*

Im April 1980, zehn Monate vor dem Bombenanschlag auf »Radio Free Europe«, berichtet unter anderem auch die *FAZ* von Plänen, wonach die neuen Eigentümer des ehemals vom CIA finanzierten Radiosenders mit der Absicht spielen, den Standort der starken Kurzwellenantennen von der spanischen Halbinsel an die östliche Mittelmeerküste zu verlegen. Damit wollen sie dem gestiegenen Interesse für Westnachrichten nach dem Einmarsch in Afghanistan im Inneren der Sowjetunion gerecht werden. Ob solche Bestrebungen oder aber die verstärkte Afghanistan-Berichterstattung die Nischenterroristen auf die Idee bringen, dem Münchner Sender einen Denkzettel zu verpassen, ist denkbar, aber im einzelnen nicht belegt. Sicher ist, daß *Steve* und *Carlos* auf diese Weise ihren Gönnern zeigen wollen, wie unentbehrlich sie sind. Exakt belegt sind die genauen und sehr detaillierten Aufzeichnungen über die Lage des Gebäudes von *Radio Free Europe*, über die Anordnung der Räume sowie über die genaue Anzahl der Beschäftigen bei dem US-Radiosender, die *Steve* mindestens vier Monate zuvor angefertigt hat. Offensichtlich sind diese Informationen vor Ort ausgespäht worden, vielleicht sogar von ihm persönlich. Minutiös ist festgehalten:

»Radio Freies Europa: Münchner Hauptquartier. Adresse: Öttingenstraße 67.

Das Hauptquartier von RFE ist ein niedrig liegendes Gebäude mit Flügel- und Korridorstruktur am Rand des Englischen Gartens. Es sind nicht weniger als 1144 Angestellte beschäftigt. Das amerikanische Personal stellt die entscheidende Mehrheit des administrativen Know-how und der technischen Sachkenntnis. Aber die Emigranten sind diejenigen, die in den Programmen von RFE zu ihren Heimatländern sprechen.

Das Gebäude selbst befindet sich am Rand des Englischen Gartens. Die Öttingenstraße geht in einer Entfernung von ungefähr 13 Metern an seinen äußeren Mauern vorbei. Der Gehweg ist ca. 3 Meter breit und verläuft neben der Straße. Zwischen dem Gehweg und dem zum Gebäude gehörenden Rasenteil befindet sich an der linken Seite des Eingangs eine Betonmauer; ungefähr 1,5 Meter hoch.

An der rechten Seite des Eingangs ist ein niedriger Metallzaun, der ungefähr 40 Zentimeter hoch ist. Dieser Zaun ist teilweise von einem Parkeingang im rechten Teil des Gebäudes unterbrochen.«

Der von *Steve* verfaßte Lageplan stimmt mit den späteren Feststellungen der Polizei überein. Die Bombe detoniert an der Ostseite des Gebäudes, im Erdgeschoß neben der Telefonzentrale. An dieser Stelle, so das Polizeiprotokoll, ist die Außenmauer frei zugänglich. Daß sich im Nordflügel die sensible Sendetechnik befindet, wird nicht erwähnt:

»Die obengenannte Beschreibung bezieht sich auf die Südseite des Gebäudes. Die Ostseite wird von einer ungefähr 2 Meter hohen Betonmauer, die entlang der Tivolistraße verläuft, geschützt. Sie beginnt dort an der Kreuzung Tivolistraße und Öttingenstraße und endet ungefähr 40 Meter weiter in nördlicher Richtung an einer schmalen stillgelegten Straße, die an der Nordseite des Gebäudes in den Englischen Garten mündet.

Am Ende der Straße steht ein Privathaus (vom RFE-Gebäude nördlich, in einer Entfernung von ca. 50 Metern). Von diesem Punkt aus gibt es einen öffentlichen Weg, der ca. 2 Meter breit ist. Dieser Weg zieht sich an der Nordseite des Gebäudes entlang.

Die Nordseite des Gebäudes ist mit einem ca. 2 Meter hohen Metallzaun geschützt. Der Zaun befindet sich in einer Entfernung von 5 bis 10 Metern vom Gebäude und läuft im Abstand von 1 bis 2 Meter parallel zum beschriebenen Weg. Zwischen dem Zaun und dem Gebäude gibt es sehr viele Bäume und Sträucher.

Es verdient jedoch Aufmerksamkeit, daß das Gelände gut gepflegt ist. Die Westseite des Gebäudes ähnelt der Nordseite. Auch hier befindet sich unweit des Gebäudes ein ca. 2 Meter hoher Metallzaun, der an der Betonmauer endet, wo der öffentliche Weg und die Öttingenstraße sich kreuzen. Es ist zu beachten, daß im Westteil des Gebäudes vermutlich Unterkünfte für die Angestellten sind und daß sich dort ein Parkplatz befindet.«

Mit der exakten Lagebeschreibung des Straßenverlaufs, der Höhen sowie Längen von Mauern und Zäunen ist es möglich, einen genauen Angriffs- und Fluchtplan zu erstellen. *Steve* pflegt auf gute Tarnung zu achten. Großen Wert legt er auf die Beschreibung von Straßen und deren Frequentierung. Doch das allein reicht nicht aus. Auch das Umfeld der Radiostation wird präzise ausgekundschaftet, obwohl es dann gar keine große Rolle spielen sollte.

»Der Chinesische Turm steht in einer Entfernung von fünfhundert Metern und ist sehr niedrig, niedriger als die ihn umgebenden Bäume.

Das Hilton-Hotel ist ebenfalls ein Gebäude, von dem aus das Hauptquartier von RFE nicht zu sehen ist, da zwischen den beiden Gebäuden – 2 Kilometer voneinander entfernt – hohe Bäume die Sicht versperren.

Die Öttingenstraße ist Einbahnstraße. Auf der linken, dem RFE-Gebäude gegenüberliegenden Seite sind bis zum Ende der Straße Parkplätze. Die Öttingenstraße wird hauptsächlich von Taxis und Besuchern des Englischen Garten benutzt. Die Tivolistraße führt zum Hilton-Hotel und einem Privatkrankenhaus und wird hauptsächlich von Hotelgästen, Krankenhausbesuchern sowie vom Hotel- und Krankenhauspersonal benutzt. Der 54er Bus fährt an der Ostseite des RFE-Gebäudes entlang, nördlich der Kreuzung mit der Öttingenstraße. Privatautos ist die Einfahrt in die Tivolistraße faktisch verboten.

Das Gebäude hat nur einen einzigen Eingang, aber es verdient Aufmerksamkeit, daß es an der linken Seite des Gebäudes (Unterkünfte?) von der Ottingenstraße her eine weitere Tür gibt, die aber immer verschlossen ist. An dieser Stelle befindet sich in der Betonmauer, die entlang der Öttingenstraße verläuft, ein verschiebbares Eisentor, das etwa die gleiche Höhe hat wie die Betonmauer.

An der Nordseite gibt es im Metallzaun ein weiteres Metalltor, das jedoch geschlossen ist und selten, vermutlich nur vom Gärtner, benutzt wird.

Zwischen dem Gebäude und der Mauer sowie dem Metallzaun beziehungsweise Eisenzaun sind keine Fernsehkameras wahrnehmbar. Das wäre eigentlich auch ohne praktischen Nutzen, und zwar wegen der Vegetation, die das Gebäude umgibt.«

Nach diesen äußerst genauen Ortsangaben mit den dazugehörigen Skizzen folgt eine Beschreibung über die von den Kundschaftern vorgefundene Situation mit den genauen Zeitangaben.

»Sonnabend 22.00 Uhr: Am Eingang ein Wachposten mit Telefon (drahtlos).

An der rechten Seite des Gebäudes befindet sich eine Parkfläche ohne Wachposten. Der Eingang ist vollständig beleuchtet.«

Ein Buchstabencode in der Legende gibt Aufschluß, welche Gebäudeteile nachts beleuchtet beziehungsweise nicht beleuchtet sind. Dies sind wichtige Hinweise für die Planung von Bombenanschlägen.

»(n) – dunkel, Ausnahme ist der Korridor im ersten Stock, niemand ist zu sehen.

(d) – vollständig dunkel

(h) – Beleuchtung nur im ersten Stockwerk

(e) – Lampen brennen

Nachts 01.00 Uhr: Wachposten am Eingang, aber auf dem Parkplatz keine Wache.

Die Lampe vor dem Rasen und die am Gebäude befestigte Lampe erhellen die Parkfläche.

Vor dem Eingang ist ein PKW zu sehen, ein dunkelblauer Golf mit der Zahl 244; möglich, daß es sich um Privatpolizei handelt?«

Besonders ausführlich befaßt sich *Steve* mit den Vorgängen um 21 Uhr. Aus dem Polizeibericht ist zu entnehmen, daß der zuständige Wachdienst um 21 Uhr seine letzte Runde dreht. Bei diesem Patrouillengang haben die Wachmänner nichts »Auffälliges entdecken können«.

»Nachts 21.00 Uhr:

40 Prozent der Zimmer im Erdgeschoß sind erleuchtet. Mehrere Flügel sind vollständig beleuchtet. Einige Personen bewegen sich auf den Fluren und in den Büros. Ungefähr 20 Prozent der Angestellten arbeiten nachts. Auf dem Parkplatz ist keine Wache. Die Straße ist mit Ausnahme von Taxis ausgestorben. Etwa alle 8 Minuten kommt ein Taxi. Der Eingang ist nachts immer beleuchtet, und zwar von den zwei Türlampen und einer weiteren unter dem Dach an der Wand befestigten Lampe, die letztlich den Platz vor der Eingangstür erhellt.«

Das Wetter an diesem Abend begünstigt die Lage der Terroristen. Laut Polizei hat eine frische Schneedecke die Ermittlungen an der »ruhigen Straße zwischen Park und Tennisanlage« erheblich erschwert.«

Aus den in Budapester Dokumenten geht außerdem hervor, wie man bei den Vorbereitungen eines Anschlags vorgeht. Solche Anweisungen sind sehr umfangreich und bis in alle Einzelheiten ausgefeilt. Hierzu gehörte auch *Steves* Checkliste der benötigten Ausrüstung. In den Dokumenten mit dem Datum vom 14. Oktober 1980 heißt es unter anderem:

»Punkt 4 – Ausrüstung:
- 3 Walky-Talky (Sender u. Empfänger)
- 2 Pistolen mit Schalldämpfer
- 5-7 Pistolen möglichst 9 mm Makarow
- 5 Splitterhandgranaten und Nebelgranaten Sprengstoff möglichst Plastik

Punkt 5 – Fluchtsystem:
- Pkw-Möglichkeit –Tivoli-Theodor-Park-Oettingen
- Schema der Fernsehkameras USW

Punkt 6 – Transport:
- Transport einer großen Menge Sprengstoff nach München
- Funksender und -empfänger
- Waffen

Punkt 7– Hilfe bei der Unterbringung:
- Wohnung, Pkws

Punkt 8 – Gemeinsamer Plan:
- operative Planungssitzung sowie Kontrolle des Materials und der Ausbildung – ca. 1. bis 10. November
- Vorbereitung des gesamten Materials (Waffen) und Klärung der technischen Fragen
- in ca. 3 Wochen
- Kontrolle der operativen Möglichkeiten
- in ca. 3 Wochen
- von da an beginnt Transport und Unterbringung.«

Für die ungarischen Behörden ist klar, daß es sich bei den von *Steve* eigenhändig geschriebenen Dokumenten ausschließlich nur um »Täterwissen« handeln kann. Es ist gleichzeitig ein Beweis dafür, daß die Gruppe vom ungarischen

Territorium aus Terrorakte gegen Ziele in Westdeutschland geplant und auch durchgeführt hat. Damit bringt *Steve* die Madjaren in eine Zwickmühle. Während die Ungarn mit dem Westen eine Verständigungspolitik anstreben und den Bombenanschlag auf *Radio Free Europe* offiziell verurteilt haben, können sie ausgerechnet wegen dieses Anschlags nichts gegen die Urheber unternehmen.

Erst wenige Tage zuvor hat Moskau über die »massive Einmischung kapitalistischer Medien« geklagt und mit ca. 3000 Störsendern den Ätherkrieg gegen die unangenehmen Radiobotschaften aus dem Westen erklärt. Zu dieser Zeit verstärkte der amerikanische Sender am Englischen Garten die Berichterstattung über die Unruhen in Polen, die das Ende des sozialistischen Ostblocks einleiten sollten. Den Radiomachern wurde vorgeworfen, die »konterrevolutionären« und »antisozialistische« Kräften in Polen und anderswo zu dirigieren. Wenn auch nicht bestellt, so kommt der Anschlag einigen Propagandisten doch sehr gelegen. Als Vermutungen laut werden, östliche Agenten stünden hinter dem Anschlag, meldet sich die sowjetische Nachrichtenagentur TASS zu Wort mit der Behauptung, daß bei dieser Aktion die »Handschrift von amerikanischen CIA-Spezialisten« zu erkennen sei.

Obwohl der Aufenthalt der Carlos-Gruppe für die Ungarn langsam unerträglich wird, so sind sie doch gezwungen, »gute Miene zum bösen Spiel« zu machen. Sie unterrichten die Genossen anderer Ostblockstaaten umfassend über ihre Erkenntnisse, die mit der Carlos-Gruppe in Zusammenhang stehen. Nach ihren Ermittlungen ist ausschließlich Weinrich für den Terroranschlag auf *Radio Free Europe* verantwortlich.

Allerdings geht aus den Aufzeichnungen nicht hervor, wer unmittelbar vor Ort die Bombe gelegt und schließlich gezündet hat. Sicher ist lediglich eine Verwicklung französischer militanter Kräfte, weil für die Tat ein französischer PKW benutzt wurde, der mit den darin gelagerten Waffen in der Nähe des Tatortes zurückgelassen wurde. Die Schweizer Behörden nehmen wiederum an, daß die aus der Schweiz stammenden Verbindungspersonen der Carlos-Gruppe bei der Vorbereitung und Durchführung des Sprengstoffanschlages eine Rolle spielten.

Nahe liegt auch der Verdacht, daß Verbindungsleute der Revolutionären Zellen in der Bundesrepublik den Anschlag durchgeführt haben. Eine halbwegs plausible Erklärung für die RZ-Täterschaft wäre, daß der Sprengstoffanschlag auf Sachschaden angelegt war und der Personenschaden trotz der 15 kg Sprengstoff, die in die Luft gejagt wurden, verhältnismäßig gering geblieben ist.

Nicht auszuschließen ist jedoch auch, daß *Steve* die Aktion persönlich geleitet hat und vor der unmittelbaren Tatausführung selbst in die BRD eingereist ist. Denn zu dieser Zeit verfügt er über sehr gut gefälschte österreichische und deutsche Reisepässe. Mit diesen Reisedokumenten kann er fast gefahrenlos an den Grenzkontrollstellen Österreichs, der Schweiz und auch der Bundesrepublik ein- und ausreisen. *Steves* Interesse gilt modernen Funkfernzündern, die das Zünden von Bomben aus größeren Entfernungen erlauben, um so bessere Fluchtchancen zu sichern. Eine solche Art von Zünder sei, so die Erkenntnisse von Sprengexperten, mit großer Wahrscheinlichkeit auch beim Anschlag auf die amerikanische Radiostation *Radio Freies Europa* verwendet worden. Inzwischen verfolgt auch das bayerische Landesamt für Verfassungsschutz die Theorie, daß *Steve* die Vorbereitungen für den Sprengstoffanschlag vor Ort getroffen habe, gemeinsam mit den zeitweise in Oberfranken aktiven Mitgliedern der RZ mit den Tarnnamen Max Sharif, Lothar Bassem, Lilly Fatma, Antar und Leo Gahneh, mit denen sich die Terroristenführer öfters in Budapest getroffen haben.

Der Pakt mit der »Securitate«

Die Suche nach den Attentätern auf den US-Sender *Radio Free Europe* bleibt ohne Erfolg, das Rätselraten um die Hintermänner regt lediglich die Phantasie in den Redaktionen an. Schließlich ist es nicht das erste und auch nicht das letzte Mal, daß den Radioredakteuren im Münchner Exil nach dem Leben getrachtet wird. Als Auftraggeber von Attentaten haben sich schon Geheimdienste mehrerer Ostblockländer hervorgetan. Bereits 1955, fünf Jahre nach der Gründung von *Radio Free Europe* inszenierte der tschechoslowakische Geheimdienst StB in München einen spektakulären Bombenanschlag auf den slowakischen Exilpolitiker Matus Cernak. Als Cernak auf dem Postamt 13 in der Agnesstraße ein an ihn adressiertes Päckchen öffnete, explodierte der Inhalt. Matus Cernak war auf der Stelle tot.

Im September 1993 überführt ein Prager Gericht den früheren Journalisten Pavel Minarik, der als Geheimagent zwischen 1970 und 1975 gleich drei Sprengstoffanschläge auf den Münchner Sender plante. Sein Ziel sei gewesen, den Sender auszuschalten. Die Pläne seien zwar nie umgesetzt worden, der tschechoslowakische Geheimdienst hat sie jedoch nie aufgegeben. Minarik macht zu seiner Verteidigung geltend, daß er während der Zeit des kalten Krieges seinem Land dienen wollte.

Im Juli 1981, wenige Monate nach der verheerenden Explosion am Englischen Garten, wird an einem Dienstag vormittag der staatenlose Redakteur und ehemalige Oberstaatsanwalt rumänischer Abstammung, Emil-Valer Georgescu, in der Tiefgarage seiner Wohnungsadresse niedergestochen und dabei lebensgefährlich verletzt. Georgescu hat wegen seiner bissigen Kommentare schon zuvor zahlreiche Drohbriefe erhalten, unterzeichnet mit »Eiserne Garde«, eine inzwischen versprengte faschistische Organisation. Die Drohbriefe haben jedoch einen Schönheitsfehler, sie sind in der zeitgenössischen rumänischen mit ideologischen Schnörkeln durchsetzten Sprache abgefaßt. Die Messerstecher sind zwei aus Paris angereiste Franzosen, der damals fünfundzwanzigjährige Gerard Freddy Layani und der dreiunddreißigjährige Jean Claude Cottenceau. Einen politischen Hintergrund bestreiten sie. Neun Monate später, als der Prozeß gegen die heimtückischen Attentäter unter großen Sicherheitsvorkehrungen eröffnet wird, geben sie zu ihrer Verteidigung immerhin zu, daß sie zur Tat gezwungen worden seien, ob von Zuhältern oder Angehörigen des rumänischen Geheimdienstes bleibt unklar. Der mit zweiundzwanzig Messerstichen traktierte Redakteur von *Radio Free Europe* ist aber fest davon überzeugt, daß die Hintermänner des Mordanschlags auf seine Person im rumänischen Geheimdienst »Securitate« zu suchen seien.

Wie alle anderen Ostblockstaaten sind auch die Rumänen auf den US-Sender nicht gut zu sprechen, hat er doch immer wieder dafür gesorgt, daß die Weltöffentlichkeit von Ceaucescus menschenverachtendem und selbstherrlichem Terrorregime erfährt. Auf diese Weise wurde nicht nur die miserable wirtschaftliche Lage des Landes bekannt, die sogar die Rationierung von Brot zur Folge hatte. Noch schmerzhafter waren Informationen über Zwischenfälle, von denen die rumänische Bevölkerung nichts erfahren sollte, wie zum Beispiel 1981 einer Schießerei mit Geiselnahme und Bombenanschlägen in der Stadt Ploiesti sowie der bewaffnete Überfall auf einen Bus im grenznahen Temeswar. Ein Jahr zuvor erfuhren die Rumänen über den Äther von *Radio Free Europe*, wie 20 ihrer Landsleute ein landwirtschaftliches Flugzeug gekapert hatten und damit nach Österreich geflüchtet waren.

Der Angstpegel steigt in Bukarest. Das Regime befürchtet Ereignisse wie in Polen. Kritiker sind deshalb besonders gefährdet. Amnesty International wirft den rumänischen Behörden am Beispiel des Textilarbeiters Janos Török vor, gegen die Menschenrechte zu verstoßen. Török – der Name verrät ungarische Abstammung – kritisierte das System, wurde daraufhin festgenommen und für drei Jahre in eine psychiatrische Klinik gesteckt und mit Psychopharmaka vollgestopft. Bei den »langen Verhören« wurde er »heftig geprügelt«.

Die ersten Anhaltspunkte, daß hinter dem von *Steve* ausgetüftelten Bombenanschlag im Februar 1981 auf *Radio Free Europe* die rumänische »Securitate« stecken könnte, haben wiederum die Ungarn entdeckt. Denn die Carlos-Gruppe verfügt auch in Bukarest über einen Stützpunkt. Dort haben sie mit Hilfe der »Securitate« ein Haus gemietet. Die Kontakte zum rumänischen Geheimdienst vermittelt Abdim Imad, auch Abu Imad genannt. Er kennt *Steve* gut aus Bagdad und Aden.

Die ersten Sondierungsgespräche mit den Rumänen führt man bereits 1979 in Prag. Schon zu dieser Zeit wird der Modus der Zusammenarbeit gefunden: finanzielle, materielle und logistische Hilfe für die Gruppe bei entsprechender Gegenleistung. Die Rumänen suchen vor allem Unterstützung für ihre Auseinandersetzung mit »imperialistischen» Staaten sowie deren Geheimorganisationen – und sie wollen den lästigen »antirumänischen« Exilanten auf den Pelz rücken. Zunächst geschieht noch nichts. *Carlos* und *Steve* sind skeptisch. Sie fürchten Unannehmlichkeiten mit dem israelischen Geheimdienst »Mossad«. Rumänien ist das einzige Land des Warschauer Paktes, das sowohl zu den arabischen Ländern als auch zu Israel Beziehungen unterhält.

Ein knappes Jahr nach dieser Begegnung in Prag, 1980, folgt *Lilly* einer Einladung der rumänischen Sicherheitsorgane. Die »Securitate«-Offiziere, die *Lilly* in Bukarest empfangen haben, wollen von ihr wissen, warum die Carlos-Gruppe auf ihr Angebot nicht eingegangen ist. Sie bekräftigen erneut, daß sie bereit seien, der Carlos-Gruppe die schon in Prag zugesagte logistische und materielle Hilfe zu gewähren, ja sogar für ihre Sicherheit zu garantieren, wenn sie dem rumänischen Geheimdienst bei Aktionen gegen Exil-Rumänen und feindliche Kräfte im Ausland behilflich sei. In diesem Zusammenhang wird ihnen auch Schutz vor dem »Mossad« zugesichert. Zusammenfassend verspricht der Sicherheitsoffizier Andre Vicescu gegenüber *Lilly*, daß *Carlos* und seine Komplizen zu jeder Zeit in Rumänien aufgenommen würden und nach Durchführung von Aktionen gegen imperialistische Staaten mit jedmöglicher Unterstützung rechnen könnten.

Lilly betont nochmals ihre Bedenken wegen Rumäniens Beziehungen zum Erzfeind Israel. Vicescu erläutert einige Fakten über das Wirken des israelischen Geheimdienstes in Rumänien. Gleichzeitig verpflichtet sich der »Securitate«-Unterhändler, persönlich den Kontakt zur Carlos-Gruppe zu halten und gibt seine Telefonnummer (111969) mit, unter der er jederzeit in Bukarest zu erreichen ist. Später wird Nikolae Nokock, ein weiterer Mitarbeiter des rumänischen Geheimdienstes, als Kontaktperson für die Carlos-Gruppe hinzugezogen.

Bereits 1981 haben die Rumänen ihre Zusage an die Carlos-Gruppe eingelöst. Nachweislich steht ihnen ein Wohnhaus zur Verfügung. Zur selben Zeit werden ihnen zwei Panzerabwehrbüchsen der russischen Bauweise RPG 07 mit Spezialoptik übergeben und achtzehn dazugehörige Geschosse. Außerdem finden sie in ihrer neuen Unterkunft die erforderlichen Pässe und Reisedokumente vor.

Im Gegenzug hat *Steve* unter Einbeziehung der ETA sowie französischer militanter Kräfte die Anschläge gegen Exilrumänen vorbereitet. Wie bereits im

Kapitel über die ETA beschrieben, sollen mit den Bombensendungen kritische Exil-Rumänen eingeschüchtert werden. Zwei Wochen danach berichten Zeitungen, daß auch die rumänische Botschaft in Paris aus Spanien eine Buchbombe empfangen habe, sie sei jedoch entschärft worden. Es liegt nahe, darin ein Ablenkungsmanöver zu sehen.

Der Anschlag gegen *Radio Freies Europa* in München im Februar 1981 ist offensichtlich gegen das rumänische Sendeteam gerichtet. Denn in dem Gebäudeteil, an dessen Außenwand die Bombe gezündet wurde, arbeitete auch das rumänische Redaktionsteam. Es war jedoch zu diesem Zeitpunkt glücklicherweise nicht mehr anwesend.

Rumänien ist neben dem lustlose Ungarn das letzte Ostblockland, das die Terrororganisation materiell unterstützt. Waffen, Sprengstoff, Zündmittel und elektronische Geräte zur Herstellung von Sprengbomben erhalten *Steve* und *Carlos* im Osten ausschließlich vom rumänischen Geheimdienst. Dieser gewährt auch logistische Unterstützung beim Transport von Waffen und Sprengstoff. Mit seiner Erlaubnis darf die Carlos-Gruppe Waffen und Sprengstoff sogar gelegentlich mit der rumänischen Fluggesellschaft Tarom transportieren.

So fliegt *Steve* am 25. Mai 1982 mit 25 kg Sprengstoff im Handgepäck mit der Tarom von Bukarest nach Ostberlin. Auch die wegen Sprengstofftransports am 18. Juni 1982 in Rom festgenommene *Carlos*-Helferin *Heidi* Fröhlich hat sich zuvor in Rumänien aufgehalten. Selbst noch im darauffolgenden Herbst berichtet *Steve* seinem Chef, daß die Beziehungen zu Rumänien insgesamt gut seien, obgleich sich die rumänischen Vertreter bei *Steves* letztem Besuch in Bukarest reserviert verhalten und sich ihm gegenüber, wie er es ausdrücke, »nicht völlig geöffnet« hätten. Trotzdem habe er mit einem leitenden Funktionär des rumänischen Geheimdienstes ein »nettes« Gespräch geführt und von ihm abschließend ein Paket mit 24 kg Plastiksprengstoff ausgehändigt bekommen.

Im September 1983 machten die Rumänen einen weiteren Versuch, mit *Steve* Kontakt aufzunehmen. Die »Securitate« interessiert sich für eine Panzerabwehrrakete aus dem Waffenbestand der Carlos-Gruppe. Es handelt sich um den modernisierten russischen Typ RPG 75, den die Rumänen offensichtlich für einen eigenen Anschlag einsetzen wollen. Bei einem Anschlag mit dieser Waffe kann man nicht so leicht auf die »Securitate« schließen. Denn die RPG 75, Kaliber 68 mm, ist eine besonders leichte Variante aus RPG 7 und RPG 18, damals noch nicht allzu weit verbreitet und für Rumänen offiziell unzugänglich. *Steve* hat für derlei Wünsche großes Verständnis, muß ordnungshalber allerdings das Anliegen an *Carlos* weiterleiten. Wie nicht anders zu erwarten ist, befürwortet auch dieser die Herausgabe einer RPG 75-Rakete an den rumänischen Geheimdienst.

Trotz der guten Beziehungen zur »Securitate« hält sich *Steve* im rumänischen Stützpunkt meist nur solange auf, bis die Geschäfte erledigt sind. Grund ist der spartanische Lebensstandard im Land, das selbst Ausländern mit Devisen oder bevorzugten Personen nur karge Freuden zu bieten hat. Vielerorts werden die Restaurants schon um 22.00 Uhr geschlossen, wenn nicht schon zuvor aus Energiemangel der Strom abgeschaltet wird. Das sind für den vom Luxus verwöhnten *Steve* wenig erfreuliche Umstände. Hinzu kommt, daß sich die Mitglieder der Gruppe in Rumänien nicht ohne weiteres selbständig und frei bewegen können. Reisen außerhalb der Hauptstadt müssen beim rumänischen Geheimdienst angemeldet werden und werden stets überwacht. Der einzige Vorteil dabei ist: Die Carlos-Gruppe kann sich in Rumänien relativ sicher fühlen, da alle Ausländer solchen Beschränkungen unterworfen sind. Solange sie unter der Obhut der »Securitate« operieren, haben sie unliebsame Beobachter oder »feindliche« Verfolger nicht zu befürchten.

Nachdem die Beziehungen der Gruppe zu den Ungarn kühl geworden sind, mißt *Steve* zwangsläufig der Securitate-Connection wesentlich mehr Bedeutung bei. Neben Jugoslawien ist es noch das einzige Land, das die Gruppe vorbehaltlos unterstützt. Aus einem abgehörten Ferngespräch, das *Steve* 1983 mit *Carlos* führt, läßt sich schließen, daß Rumänien für sie »strategische Bedeutung« besitzt. Als 1984 Bulgarien, die DDR und die CSSR und ein Jahr darauf Ungarn der gesamten *Carlos*-Truppe die Einreise verweigern, beginnt jedoch auch in Bukarest ein Umdenken.

Steve und Abul Hakam sind die einzigen, die in die Stadt gelassen werden. Von nun an sind sie selbst in der Hauptstadt so intensiven Kontrollen ausgesetzt, daß sie keinen Schritt mehr unbemerkt tun können. Auch mit der materiellen Hilfe ist es zu Ende. Mit Hinweis auf die ständig schlechter werdende wirtschaftliche Lage lehnen die Rumänen weitere Unterstützung ab und machen ihre früheren Zusagen rückgängig. Lediglich die Wohnung, in der sich mittlerweile allerdings keine Waffen mehr befinden, können *Steve* und Hakam weiter benutzen. Außerdem dürfen sie das Konto bei der staatlichen Außenhandelsbank in Bukarest weiter führen.

Dafür verlangt die »Securitate« 1986 hinsichtlich der bisherigen gegenseitigen Beziehungen absolute Verschwiegenheit von Seiten der Terroristen. Die Rumänen begründen dies mit ihrem angespannten Verhältnis zum benachbarten Ungarn. Diese sollten nicht erfahren, wie intensiv die Zusammenarbeit zwischen der rumänischen »Securitate« und der Carlos-Gruppe war. Die Rumänen fürchten einen weiteren Streitpunkt und natürlich insbesondere die öffentliche Bloßstellung als Unterstützer von Terrorbanden. Ceaucescu setzt nach all seinen binnenwirtschaftlichen Mißerfolgen mehr denn je auf das Feld der internationalen Diplomatie und geriert sich im Weißen Haus, im Buckingham-Palast und im Elysée-Palast als unabhängiger Kopf und allseits geachteter Staatsmann.

Terroristenärger hat es zwei Jahre zuvor genug gegeben, als der jordanische Diplomat Azmi al-Mufti im Dezember 1984 in Bukarest Opfer eines Mordkommandos von Abu Nidal wurde. Dieser ist neben seinem Terrorjob einer der erfolgreichsten Waffenhändler und sucht wie *Carlos* ständig nach neuen Zufluchtsorten. Eine direkte Zusammenarbeit zwischen beiden ist nicht nachgewiesen, obwohl sich gelegentlich ihre Wege kreuzen, etwa in Budapest.

Als im Dezember 1985 ein Kommandomitglied Abu Nidals einen Anschlag auf den Flughafen in Wien verübte und der Terrorist auch noch erklärte, er sei in der ungarischen Hauptstadt gelandet und von dort mit dem Auto nach Wien weitergefahren, bekommt es der ungarische Geheimdienst erneut mit der Angst zu tun. *Carlos* hat gerade die Koffer gepackt, da müssen sich die Madjaren mit Abu Nidal beschäftigen. Um künftigen Ärger zu vermeiden, schließen sie mit seiner Organisation ein Sicherheitsabkommen, das von Atif Abu Bakr ausgehandelt wird. Genau wie in Rumänien ist es Abu Nidal gelungen, auch die Ungarn zu erpressen.

Langsam werden die Beziehungen der »Internationalen Revolutionäre« zu den Geheimdiensten sowohl in Budapest wie auch in Bukarest immer eisiger. Wie lange *Steve* und Hakam ihre Basis in Rumänien aufrecht erhalten können, ist nicht belegt. In Ungarn taucht nach Pressemeldungen *Carlos* hin und wieder einmal auf. Die Sicherheitsbehörden beobachten ihn 1986 ein letztes Mal in Ungarn. Heimliche Besuche anderer Gruppenmitglieder muß es aber weiterhin geben, denn die letzten Reste des umfangreichen Waffenlagers in Budapest sollen erst 1992 aufgelöst worden sein.

Unter den Fittichen des Erich Mielke

Besondere Beziehungen hatte *Steve* zum ehemaligen Ministerium für Staatssicherheit der DDR. Sie begannen im März 1979, als *Carlos* von Prag kommend nach Ostberlin als Gast der südjemenitischen Botschaft einreiste. Kurze Zeit darauf, im Frühsommer des gleichen Jahres, folgten unter falschem Namen und mit falschen Pässen *Steve* und *Lilly*.

Den Vermerken zufolge hält es die Stasi für bemerkenswert, daß die vielen praktischen Aufgaben, wie Geld- und Visabeschaffung, Einkäufe, Hotelreservierungen und Organisation von geheimen Treffen, meistens von *Steve* erledigt werden. Fast ausschließlich ist es er, so scheint es den Beobachtern, der die Gruppe managte und über alles Bescheid weiß. So liegt es nahe, daß in der Normannenstraße auf höchster Ebene des MfS beschlossen wird, bei günstiger Gelegenheit ein Gespräch mit *Steve* zu führen und seine Bereitschaft für einen Geheimdienstkontakt zu testen.

Eine solche Gelegenheit ergibt sich im Vorfeld der Feierlichkeiten zum 30. Jahrestag der DDR am 7. Oktober 1979, als *Steve* am Flughafen Schönefeld ein Visum verlangte. Ein Stasi-Offizier nimmt ihn zur Seite und bittet ihn, die DDR wieder zu verlassen. Seine Anwesenheit während des Jahrestages könne sich auf die Feierlichkeiten störend auswirken. *Steve* ist einsichtig und fliegt wieder ab. Gleichzeitig wird ihm angeboten, mit dem MfS zu einem anderen Zeitpunkt Gespräche zu führen. Ohne Zögern willigt er ein. Die offizielle Begründung für diese Kontaktaufnahme mit einem der damals gefährlichsten und meistgesuchten Terroristen seitens der DDR ist in einem MfS-Bericht aus dem Jahre 1984 im Stasi-Deutsch nachzulesen:

»Um die von der Gruppe ausgehenden Gefahren und Sicherheitsrisiken zu minimieren wurde 1979 operativer Kontakt zum Führungsmitglied der

Gruppe Johannes WEINRICH, genannt ›*Steve*‹, unter der Deckbezeichnung ›Heinrich Schneider‹ hergestellt.«

Im Klartext heißt das nichts anderes, daß damit der Versuch unternommen wurde, *Steve* als MfS-Agent anzuwerben. Wie weiteren Berichten zu entnehmen ist, hat *Steve* auch tatsächlich Informationen über die internationale Terrorszene und über eine ganze Reihe arabischer und westlicher Geheimdienstoperationen an das MfS weitergegeben. *Steve* den offiziellen Status eines »IM« (Informellen Mitarbeiters) zu verleihen, das traut sich das MfS doch nicht.

Immerhin liefert die Quelle *Heinrich Schneider* teilweise verblüffende und umfassende Einschätzungen über die PLO, die ETA, über die Gruppe »Abu Mohammed« im Jemen sowie über die in Westdeutschland agierenden RZ und die RAF. Der neugewonnene Informant weiß dank seiner Kontakte aber auch über die Verstrickungen des syrischen, libyschen und irakischen Geheimdienstes zu einzelnen Terrororganisationen bestens Bescheid.

Einerseits sind die MfS-Auswerter vom Informationsreichtum begeistert, andererseits gibt es die ersten Probleme mit der »Quelle«. Es beginnt ein Eiertanz. Denn *Steve* verlangte als Vertreter der Gruppe »Internationale Revolutionäre« für die Preisgabe von Informationen plötzlich auch Gegenleistungen. Aus Furcht, die Gruppe könne Anschläge auch gegen DDR-Einrichtungen verüben, so jedenfalls im nachhinein die offizielle Version, habe sich das MfS mit *Steve* eingelassen.

Keine unwichtige Rolle spielt dabei auch das Interesse der DDR an den breitgefächerten Informationen aus dem Ausland. So wird eine Art »Pakt« geschlossen »zwischen dem MfS, vertreten durch den damaligen Abteilungsleiter DAHL und der Carlos-Gruppe, vertreten durch das Führungsmitglied *Steve* «. In der Wohnung in Budapest fanden die Mitarbeiter des ungarischen Geheimdienstes AVH von *Steve* Ende 1979 handschriftlich ausgearbeitete Vorschläge für eine Vereinbarung mit Anmerkungen von *Carlos* in englisch:

»Beziehungen zum MfS

1) Den Charakter zwischen Forderungen und Unterstützung bestimmt Ihr.

2) Wir sind bereit zur sozialistischen Kooperation ohne Zwang, soweit sie den Kampf vorantreibt. / (Kooperation nicht unter Bedrohung: Unabhängigkeit und Selbständigkeit, die Autonomie unserer Organisation ist Grundlage für die Kooperation.)

3) In die Widersprüche zwischen Euch und andere sogenannte Bruderländer werden wir uns nicht hineinziehen lassen.

4) Wir respektieren selbstverständlich gute politische Argumentation, die der politischen Führung der DDR hilft – selbst wenn wir nicht mit ihr übereinstimmen.

5) Solidarische Kooperation ist das Ergebnis eines politischen Arguments.

6) Bei Unklarheit den direkten Weg des Kontakts gehen. Gerüchte und Gerede über Dritte ist das Schlimmste.

7) Die Beziehungen zu den sozialistischen Bruderländern – gleich ob generell oder ausgewählte Kooperation – ist das strategische Ziel, im Gegensatz z.B. zu Beziehungen taktischer Art mit anderen Bündnispartnern (Org. FATAH in Syrien).

Felder der Kooperation

1) Austausch der Sicherheitsinformationen
2) Logistische Hilfe
3) Austausch bei Unglücksfällen/Informierung
4) Kommunikation
5) Dokumentation
6) Waffen
7) Finanzielle Hilfe
8) Medizinische Betreuung
9) Training.«

Diese Vorschläge machen unter anderem deutlich, daß die Carlos-Gruppe bereit ist, ihre Bündnispartner, sofern es ihr nützlich erschien, jederzeit zu verkaufen.

Daraufhin bestätigte Erich Mielke persönlich am 26.6.1980 in einer streng geheimen Vorlage das »weitere Vorgehen des MfS bei der Bearbeitung und Kontrolle der *Carlos*-Gruppierung« mit Unterschrift:

»1. Die politisch-operativen und operativ-analytischen Erkenntnisse der bisherigen Bearbeitung und Kontrolle der *Carlos-Gr*uppierung und die bisher praktizierte politisch-operative Einflußnahme haben positive Ergebnisse …«

(Der weitere Text des Dokuments im Facsimile-Anhang.)

Das MfS-Dokument beweist, wie weit Mielke bereit ist, die von westlichen Behörden gesuchten Terroristen im Namen des »sozialistischen Kampfes« zu unterstützen. Doch gibt es bald Schwierigkeiten, die ein Umdenken erfordern.

Carlos läßt sich in Ostberlin nicht disziplinieren. Offen spaziert er durch Hotels und Bars, die als Anlaufstelle für Geheimdienstagenten aus der ganzen Welt dienten. So werden *Carlos, Steve* und Co in der »Sinusbar« des ehemaligen »Palasthotels«, in der Nachtbar im 37. Stock des Hotels »Stadt Berlin« oder im »Club« des Hotels »Metropol« angetroffen, wie sie ungezwungen im größeren Kreis von Arabern und Diplomaten palavern oder mit Frauen schäkern.

Das Ergebnis der für die DDR kompromittierenden Vorgänge ist, daß Mielkes Zusagen rückgängig gemacht werden: kein Haus, keine Wohnung, kein »Lada«. *Steve* ist weiterhin auf Taxi oder Mietwagen und auf die Gastfreundschaft der jemenitischen Botschaft, die das Hotel bezahlt, angewiesen. Die Stasi ist nur noch bereit, mit *Steve* zu verhandeln und drängte ihn, alles zu unternehmen, damit *Carlos* die DDR wieder verlasse. Da sich Carlos Zeit läßt und nicht sofort verschwindet, ordnet das MfS totale Überwachung und offene Observation an, dies offensichtlich so penetrant, daß *Carlos* tatsächlich am 8. September 1980 der DDR schimpfend und für immer den Rücken kehrt.

Mit *Steve* macht die Stasi ebenfalls bald schlechte Erfahrungen, weil er vor allem gegen die Geheimhaltungsabsprachen verstößt. Aus abgehörten Telefonaten bekommen sie mit, wie er seine Komplizen *Carlos, Lilly,* Abul Hakam und Abdul Haidar über die MfS-Kontakte informiert, in allen Einzelheiten die Vereinbarungen, die zugebilligten Reisemöglichkeiten und die Namen und Telefonnummern der MfS-Verbindungpersonen weitergibt. In den Ostberliner Geheimdienstkreisen ist das ein sträfliches Vergehen. Obwohl er, was er in seinen Telefonaten geflissentlich verschweigt, sie mit wichtigen Informationen über die internationale Terrorszene versorgt, überdenkt man in der Normannenstraße erneut das beiderseitige Verhältnis. Allmählich schwindet die Lust, ihn als faktischen »Inoffiziellen Mitarbeiter« (IM) weiter zu nutzen.

Als *Steve* 1980 vorschlägt, auch *Lilly* in die geheimen Besprechungen einzubeziehen, die mit den MfS-Offizieren in einem als Ferienheim getarnten Bungalowkomplex in der Nähe der Ortschaft Klein-Köris südlich von Berlin stattfinden, verstärkt sich die Skepsis. *Steve* ganz in die Wüste zu schicken, das wollen sie allerdings nicht. An den Informationen über den internationalen und westeuropäischen Terrorismus ist man nach wie vor interessiert, und so führen sie eine Doppelstrategie. Einerseits versuchen sie ihn bei Laune zu halten, indem sie ihn zum Beispiel in Visa-Angelegenheiten oder bei logistischen

Angelegenheiten zuvorkommend behandeln. Anderseits geht das MfS mit der Gruppe, wie man es nennt, ein »Scheinbündnis« ein. Dafür formuliert man folgende Verhaltensregeln, allerdings mündlich:

> • Keine Anschläge in oder gegen die DDR zu verüben.
> • Bei Bedarf Einfluß auf andere Terrorgruppen nehmen, damit auch diese nichts gegen DDR-Interessen tun.
> • Bei Aufenthalten in der DDR die Gesetze beachten bzw. sich Genehmigungen für illegale oder konspirative Handlungen wie Benutzung falscher Pässe oder den Transport von Waffen bei der DDR-Staatssicherheit einholen.
> • Sich in der DDR unauffällig und konspirativ bewegen, damit nicht westliche Journalisten oder Geheimdienstmitarbeiter die Gruppenmitglieder aufspüren können.«

Es zeigte sich allerdings sehr bald, daß das mündlich mit *Steve* getroffene Abkommen nicht mehr als Makulatur war, wie einer mit den Verhandlungen beauftragte Stasi-Offizier resignierend feststellte:

> »...nach zunächst positiven Ergebnissen nahm mit fortschreitender Kontaktdauer die Bereitschaft *Steves*, geheime und bedeutsame Informationen zu übergeben, immer mehr ab. Die Gruppenmitglieder zeigten in immer geringerem Maße die Bereitschaft, Rücksichten auf die Interessen der DDR zu nehmen und stellen unreelle und unerfüllbare Forderungen nach Unterstützung.«

Trotzdem übt sich das MfS in Geduld. Die Kontakte mit *Steve* werden unvermindert fortgeführt. Jedesmal, wenn er in die DDR einreist, werden geheime Treffen anberaumt, zum Schluß in einer konspirativen Wohnung mit der Deckbezeichnung »Mühle«, gut erreichbar in Berlin-Mitte am Prenzlauer Berg. Die ständigen Gesprächspartner bei diesen Treffen sind MfS-Oberstleutnant Helmut Voigt und sein Mitarbeiter Wilhelm Borostowski, beide von der Abteilung XXII, eine im Laufe der Jahre immer größer gewordene Organisation mit Unterabteilungen in den Bezirksverwaltungen. Anfangs war die Abteilung für die Überwachung von Terroristen eine einfache Stasiabteilung. So ist es auch erklärbar, daß an den Treffen mit *Steve* hochrangige Obristen teilnehmen, etwa Günter Jäckel und Harry Dahl aus der Führungsebene der Berliner Stasizentrale.

Die Beziehung zwischen *Steve* und den Verbindungsoffizieren der Stasi ist lange Zeit auf der Basis »gibst du mir, geb' ich dir« gelaufen. *Steves* Taktik ist es, so wenig wie möglich zu erzählen, aber auf die Wünsche des MfS soweit einzugehen, daß die für ihn äußerst nützliche Verbindung nicht unterbrochen wird.

Das gleiche Ziel verfolgen die Terrorismusexperten in der Ostberliner Normannenstraße. Dies, so heißt es heute, seien die Beweggründe gewesen, warum nicht schon nach dem Anschlag auf *Radio Freies Europa* etwas gegen die Gruppe unternommen wurde, obwohl längst ungarische Geheimdienstquellen die vorherrschende Meinung, eine prorumänische Gruppe aus Frankreich trage dafür die Verantwortung, widerlegt haben. Schon kurz nach dem Anschlag in München haben die Ungarn in der Budapester Wohnung Hinweise gefunden, daß die Fäden von *Steve* gezogen worden sind.

Aber auch privat ist die Stasi für *Steve* sehr hilfreich. Als er 1983 den Wunsch verspürt, sich mit seinen Eltern zu treffen, gestattet die Stasi den als Touristen getarnten Eltern den Transit durch die DDR nach Prag.

Während seiner häufigen DDR-Aufenthalte pflegt *Steve* auch eine Intimbeziehung zu einer Angestellten der Fluggesellschaft Interflug: Unter dem Decknamen *Martina* wurde sie jedenfalls in den Stasi-Unterlagen geführt. Mit wem sie es zu tun hat, weiß sie ganz offensichtlich nicht. Ihr gegenüber gibt sich *Steve* als Manager einer arabischen Ölgesellschaft aus. Für *Martina*, die auf den Flughafen Schönefeld am Abfertigungsschalter tätig ist, hat die Beziehung zu *Steve* allerdings berufliche Folgen. Sie wird nach dem Sicherheitsverständnis des MfS auf ihrer Position zum Unsicherheitsfaktor und deshalb an einen weniger sicherheitsrelevanten Arbeitsplatz versetzt. Obwohl *Steve* die Hintergründe kennt, verschweigt er dies seiner Freundin *Martina*.

Seine Reisepässe wechseln häufig. Im »Stadt Berlin« heißt er Ben Ali TABET, im »Palasthotel« Kamal Amer SAED und im »Metropol« Josef LEON. Bei diesem Wechselspiel mit den Namen haben vor allem die Wanzenleger ihre Arbeit. Denn *Steve* steht unter besonderer Kontrolle. Nichts darf ihnen entgehen. Seine Auslandsgespräche mit vielen interessanten Details über Verbindungspersonen und vereinbarte Treffen mit westdeutschen Terroristen werden sorgfältig aufgezeichnet, darunter auch »Spießiges und Kleinkariertes«. So brüstet er sich gegenüber Frauen als »knallharter Typ«. Als er aber einmal in der »Sinusbar« des »Palasthotels« von dem eifersüchtigen Freund eines Mädchens verbal bedroht wird, flüchtet er sofort auf sein Zimmer und ruft einen Freund zu Hilfe.

Wenn ein Personenwagen auf der Straße längere Zeit hinter ihm herfährt, bittet er sofort seine »Partner« vom MfS um Hilfe, damit sie ihn von der

»Observation« befreien. *Steves* Kontaktpersonen erkenne bei ihm den Anflug von Verfolgungswahn. So unterstellt er dem Ministerium für Staatssicherheit, als er und einige Begleiter mit der Deutschen Reichsbahn der DDR nach Ungarn unterwegs sind , es habe auf der Strecke Saßnitz/Rügen-Budapest den Kurswagen aussondern lassen, damit ihm und seinen Leuten kein Liegewagen zur Verfügung stehe.

Nach dem Bombenterror in Frankreich sind die Beziehungen auf einem Nullpunkt angelangt. Bei aller Toleranz bezüglich seines bisherigen militanten Wirkens, so bekommt *Steve* zu hören, wolle »die MfS-Führung mit einem solchen völlig sinnlosen unpolitischen Mordfeldzug nicht in Verbindung gebracht werden«.

Der Bombenanschlag auf das »Maison de France« am 25. August 1983 hatte das Faß zum Überlaufen gebracht. Gemeinsam mit den Geheimdiensten der osteuropäischen Bruderländer und in besonders enger Zusammenarbeit mit Ungarn wird beschlossen, dem Treiben von *Steve* & Co. im Ostblock ein Ende zu bereiten. *Steve* hat sich innerlich bereits vom MfS gelöst, so daß die Trennung ohne großes Aufsehen verläuft. Da ihm längst der syrische Geheimdienst und die syrische Botschaft in Ostberlin Unterstützung zugesichert haben, ist er auf die Hilfe der Stasi nicht mehr angewiesen. Mit offiziellen syrischen Diplomatenpässen und einem von Damaskus aus autorisierten Status ist er vorübergehend sogar in der Lage, illegale Waffentransporte unter Umgehung der DDR-Behörden vorzunehmen.

Der Streit mit der Stasi bleibt allerdings nicht ganz ohne Reaktionen. 1983 erklärt er in einem Gespräch mit dem deutschen RZ-Mitglied Thomas Kram, genannt *Lothar*, in Ostberlin:

> »...das MfS plant, langfristig meine und die Arbeit der Gruppe zu behindern. Das MfS trägt die Schuld, daß wir bei der Kontaktanbahnung in anderen Ostblockstaaten nicht vorankommen, da nur schlechte Nachrichten über uns dort verbreitet werden. Das MfS versucht, uns als Agenten zu gewinnen, um Einfluß auf andere nehmen zu können. Praktische Hilfe gibt das MfS nur, um uns besser zu kontrollieren und auszuspähen.«

Das ist keine besonders neue Erkenntnis. Auf dieses Spiel hat er sich von Anfang an eingelassen. Denn die geteilte Stadt bietet westlichen Terroristen viele Möglichkeiten, konspirative Treffen abzuhalten, fernab von den Augen und Ohren westlicher Ermittler. Ebenso leicht ist es für Mitglieder der Gruppe, in den Westteil zu gelangen. Der Flughafen Schönefeld ist ein geeignetes Sprungbrett, um unbeobachtet in den Nahen Osten zu gelangen oder von dort einzureisen. Das wird von westdeutschen Terroristen gerne genutzt. Sie brauchen nur den Grenzübergang »Bahnhof Friedrichstraße« zu passieren und der Weg nach Damaskus oder Tripolis steht ihnen offen. Sie brauchten nicht zu befürchten, daß ihre Flugdaten den Ermittlungsbehörden bekannt werden, denn die DDR-Staatsfluggesellschaft Interflug war nicht an das westlichen Verbundsystem »Amadeus« angeschlossen, das den Fahndern des BKA alle gewünschten Daten ausspuckt.

Dennoch: Der oberste Stasi-Boss, Armeegeneral Erich Mielke, sieht im Gegensatz zu seinen Untergebenen das Problem mit dem »Informanten Heinrich Schneider« immer noch nicht so eng, wie ein handschriftlicher Vermerk auf einer geheimen »Operativ-Information« vom 31. August 1983, sechs Tage nach dem schrecklichen Bombenanschlag in Westberlin, an die Leitung der Abteilung XXII belegt:

> »Soweit möglich politisch einwirken. Verhältnis politischer Schaden gegen operativen Nutzen (prüfen). Seite 3, letzter Absatz ständig beachten. (...erforderlich, die ... Kontroll- und Überwachungsmaßnahmen zu verstärken und weiter disziplinierend auf die Gruppe einzuwirken): Mielke, 1.XI.83.« (Siehe Facsimile-Anhang)

Wie undurchlässig und unüberwindbar der Eiserne Vorhang für westdeutsche Terrorismusermittler ist, geht aus einer Ergänzung zum Sachstandsbericht »G/12406/14/05/84« der Stasi-Hauptabteilung III hervor. Die Männer von der Abteilung »Horch« belauschen, wie so häufig, auch zwischen dem 15. März und 16. April 1984 mehrere Gespräche, die das Polizeipräsidium Westberlin und das Bundeskriminalamt in Wiesbaden führt. Als das Stichwort *Carlos* fiel, werden sie hellhörig und bekommen mit, daß die Ermittler aus der Bundesrepublik schon ganz nahe an *Steve* dran sind. Denn ein Informant aus dem Raum Leipzig hat den gesuchten Johannes Weinrich im Ostberliner »Palasthotel« erkannt. Er war in Begleitung einer sechsundzwanzigjährigen blonden Frau, etwa 1,50 Meter groß und sprach nur englisch.

Die »Quelle«, so bekommt die Stasi mit ihrem System der »Totalüberwachung« bald heraus, ist »für gegnerische Dienste« tätig, ein gebürtiger Syrer, der sich gelegentlich mit Mitarbeitern des Westberliner »Landesamtes für Verfassungsschutz« trifft und deshalb geschützt werden muß. Folglich kommt das BKA nicht so einfach an Weinrich heran. Der zuständige Mitarbeiter im Referat »Ausländerüberwachung« rät davon ab, ein

Rechtshilfeersuchen zu stellen, wie es dem Gespräch zufolge die Frankfurter Staatsanwaltschaft geplant hat. Der Verfassungsschützer und der BKA-Mann befürchten, mit einem läppischen Vorwand abgewimmelt zu werden, und gleichzeitig, daß Weinrich gewarnt würde. Es wird also nichts unternommen, »damit nichts irgendwie kaputt geht«. Die Stasi jedoch, sie weiß längst, was die Gegenseite weiß.

Vereinigtes Europa: Terrorismus ohne Grenzen

Als sich das Terroristentrio *Carlos*, *Steve* und *Lilly* aus der palästinensischen Abhängigkeit löst und 1979 in Ostberlin die Gruppe »Internationale Revolutionäre« gründet, besteht von Anfang an die Absicht, eigene Stützpunkte auch in Westeuropa zu schaffen. Schon ab Mitte 1980 besitzt die Gruppe »Internationale Revolutionäre« gute logistische Möglichkeiten fast überall in Europa. Schließlich hat sie eine ganze Menge zu bieten, zum Beispiel gut gefälschte Personaldokumente westlicher Länder und Diplomatenpässe arabischer Staaten.

Steve benutzt auf seinen Reisen nach Westeuropa österreichische, schweizer und bundesdeutsche Reisepässe. Andere Mitglieder benutzen gelegentlich auch italienische Reisedokumente. Es handelt sich meistens um gestohlene Originale, die sie in der eigenen, in Budapest eingerichteten Fälscherwerkstatt nach ihren Bedürfnissen manipulieren. *Steve* versteht sich darauf, die Lichtbilder auszutauschen und die Namen zu verändern. Die BRD-Pässe hingegen, die die Carlos-Gruppe ab 1980/81 benutzt, stammen offensichtlich aus den Fälscherwerkstätten des syrischen Geheimdienstes. Wie osteuropäische Sicherheitsdienste herausfinden, haben die Syrer eine ganze Serie bundesrepublikanischer Blankopässe nachgedruckt, von denen auch einige der Carlos-Gruppe übergeben werden. Gleichzeitig registrieren sie, daß die Terroristen-Crew Anfang der achtziger Jahre auch ihre Beziehungen mit Damaskus intensiviert hat.

Die Herkunft der österreichischen Blankodokumente können die Ostberliner Staatssicherheit und der ungarische Geheimdienst nicht eindeutig klären. Sie vermuten allerdings, daß der rumänische Geheimdienst »Securitate« dahintersteckt. Höchstwahrscheinlich von da hätten die »Internationalen Revolutionäre« die Dokumente als Gegenleistung für übernommene Aufträge bezogen. Schließlich sind die Rumänen finanziell auch nicht allzu üppig ausgestattet. Als jedoch Überprüfungen innerhalb des Ostblocks zu keinem Ergebnis führen, entsteht das Gerücht, daß die österreichische Stapo selbst die Blankopässe zur Verfügung gestellt habe. Die Ungarn haben herausgefunden, daß die österreichischen Behörden über die Aktivitäten der Gruppenmitglieder, vor allem über *Steve*, Abul Hakam, *Linda* und *Kay*, bestens Bescheid wissen.

Die Stapo verhält sich auch sonst sehr kulant gegenüber den Hauptakteuren. Mit Ausnahme von *Carlos*, der sich seit der Entführung der OPEC-Minister nicht mehr nach Wien traut, reist die Gruppe unbehelligt durch Österreich, wenn sie auf dem Weg nach Italien, in die Schweiz, nach Frankreich oder in die Bundesrepublik ist. Auch gibt es niemals Reaktionen des österreichischen Geheimdienstes, wenn Gruppenmitglieder wie *Steve* und Abul Hakam Treffen im berühmt berüchtigten Wiener Caféhaus »Demel« vereinbaren. Das »Demel« ist unter seinem Besitzer Udo Proksch Drehscheibe für Agenten und Geheimdienstleute jeglicher Couleur, von Waffenschiebern und Schmugglern. Proksch, der sich bester Beziehungen zu Mitgliedern der österreichischen Regierung und zu Sicherheitsorganen rühmt, hilft lange Zeit dem DDR-Ministerium für Staatssicherheit und dem KGB, Embargogüter für militärische Zwecke zu beschaffen. Erst nachdem der Wolf-Mitarbeiter Werner Stiller, lange Jahre ein erfolgreicher HVA-Spion, in den Westen getürmt ist, wird die »Demel«-Connection den westlichen Sicherheitsbehörden bekannt. Proksch passiert im neutralen Österreich deswegen nichts. Erst sein großer Versicherungsbetrug in der sogenannten »Lucona«-Affäre, benannt nach einem im Indischen Ozean versenkten Schiff, mit dem sechs Matrosen ertranken, bricht dem Wiener Geschäfts- und Lebemann das Genick.

Steve operiert unbehindert auf österreichischem Boden. Von Salzburg und Klagenfurt telefoniert er mit *Carlos* in Budapest, um Waffen- und Sprengstofftransporte von Ungarn, Rumänien und Jugoslawien nach Deutschland und Italien zu dirigieren. Die Route führt über österreichisches Territorium.

In osteuropäischen Hauptstädten wundert man sich auch, als *Steve* nach der Rückkehr aus Wien ein offiziell in Österreich zugelassenes Auto vom Typ Renault 19 mitbringt. Nachdem Westmedien erste Hinweise veröffentlichen, daß *Carlos* Unterschlupf in Budapest gewährt wird, und er also vor der Haustür der Alpenrepublik agiere, gibt es seitens der österreichischen Regierung keine Reaktion. Die ungarischen Behörden werten dieses Schweigen als Bestätigung ihres Verdachts, daß auch der österreichische Geheimdienst mit der Gruppe Beziehungen pflegt.

Relativ frei kann sich *Steve* auch in Belgien bewegen. Seit etwa 1980 nutzt er beim westlichen Nachbarn der Bundesrepublik und Europa-Partner die logistischen Möglichkeiten der dort operierenden ETA-PM. Diese Beziehung verdankt er seinem baskischen Freund *Eric*. Als der belgische Staatsbürger, der im Dienste der ETA gestanden hat, sich von der spanischen Terrororganisation trennt und eine eigene militante Gruppe aufbaut, wird es für *Steve* noch einfacher, einen stabilen logistischen Stützpunkt zu schaffen. *Eric* arbeitet mit *Steve* nicht nur als Vertreter der ETA-PM. Er nutzt die Freundschaft zu *Steve* auch, um eigene Interessen durchzusetzen.

Beide verfolgen im terroristischen Untergrund die gleichen Ziele, stimmten in ihren Auffassungen vielfach überein und haben eine ähnliche Vorliebe für das weibliche Geschlecht. Wenn sie in Budapest ihre Zusammenkünfte haben, werden sie in den einschlägigen Restaurants meistens in Gesellschaft von jungen Frauen beobachtet. Beliebteste Plätze waren der Hofgarten des altehrwürdigen Hotels »Gellert« und das Terrassencafé des »International« mit Blick auf die Donau.

»*Steves*« logistischer Stützpunkt in Belgien besteht nicht nur aus einer Wohn- und Unterschlupfmöglichkeit. Er verfügt auch über Waffendepots. Die ETA-Mitglieder um *Eric* übernehmen für die Carlos-Gruppe zudem terroristische Auftragshandlungen. *Carlos* gibt 1982 die Anweisung an *Steve*, er möge mit den Leuten von der ETA arabische Botschaften auf die Möglichkeiten zu Besetzungen und Geiselnahmen hin ausspähen. Fast zur gleichen Zeit erteilt *Steve* auch der griechischen ELA einen solchen Auftrag. *Carlos* hat es auf die Botschaften Saudi-Arabiens, der Türkei und des Sudan abgesehen. Weder gegenüber der ELA noch gegenüber *Eric* erwähnen, daß es sich dabei um eine Gemeinschaftsaktion mit der pakistanischen Gruppe »Al Zulfikar« handelt, und daß die Geiseln gegen Häftlinge in Pakistan ausgetauscht werden sollen.

Die Zusammenarbeit von *Steve* und *Eric* geht soweit, daß die Carlos-Gruppe bei der Vorbereitung der Aktion fest mit der Bereitstellung von Waffen und dem Einsatz des zwölf Mann starken ETA-Kommandos in Belgien rechnen kann. Obwohl die geplante Botschaftsbesetzung schließlich doch nicht stattfindet, gibt es genügend Anhaltspunkte, daß *Eric* in Belgien über eine umfangreiche Waffensammlung und anderes Material für Terrorakte verfügt.

Der Plan, Botschaftsmitglieder zu kidnappen, wird offensichtlich deshalb fallengelassen, weil die Observation durch die belgischen Sicherheitsbehörden zu hartnäckig ist. Die belgische Polizei hält das Haus, in dem *Eric* wohnt, unter Beobachtung und verfolgt ihn bei seinen Fahrten mit dem Auto. In einem Fall werden sogar auf die Personen, die sich in *Erics* Unterschlupf aufhalten, von der Polizei auf ihre Personalien überprüft. Obwohl Folgen ausbleiben, ist es diesmal für die Gruppe ein mittelschwerer Schock. Der Grund: Unter den überprüften Personen befindet sich auch Santiago, ein hochkarätiges Führungsmitglied der ETA-PM, das die Kontakte zu terroristischen Organisationen im Ausland pflegt. Er hat einen gefälschten argentinischen Paß bei sich. Um so erstaunter sind alle, als die belgische Polizei nach der Feststellung der falschen Personalien und der gefälschten Pässe nicht reagiert. Ist es Nachlässigkeit oder nur eine Warnung, sich ruhig zu verhalten? Denn eine routinemäßige Überprüfung der gefälschten Dokumente mit den Computerdaten der Polizei hätte ausgereicht, um festzustellen, daß die Papiere und im besonderen der Paß Santiagos falsch sind. Er und die zwölf Mitglieder seines Kommandos bemerken nun das stärker gewordene Interesse der Belgier. Das Gebäude, in dem sich er und einige seiner Komplizen aufhalten, wird »erkennbar« observiert.

Da sonst aber nichts passiert, setzen sie ihre Tätigkeit fort. Vorsicht waltet allerdings künftig bei geplanten Treffen mit Mitgliedern anderer Terrororganisationen. Manchmal, wenn die Polizei ihm allzu dicht auf den Fersen ist, sagt *Eric* Reisen ab oder kehrt gar unverrichteter Dinge zurück, um sich und die Verbindungsleute nicht zu gefährden. Die ungarischen Terroristen-Beobachter können sich von *Erics* Problemen mit der Polizei sogar schriftlich überzeugen, als er einmal *Steve* via Telex im Budapester »Bukat«-Hotel wissen läßt, daß er das beabsichtigte Treffen »wegen zu starker Observation durch die belgische Polizei« absagen müsse.

Eine besondere Bedeutung erlangt der logistische und personelle Stützpunkt, als sich 1982/83 die Bewegungsmöglichkeit der Gruppe in Frankreich sehr verschlechtert. Mit Hilfe des ETA-Kommandos weicht man nun nach verübten Anschlägen ins benachbarte Belgien aus. Als Drehscheibe zwischen Ost und West wählte *Steve* den Brüsseler Flughafen, weil er davon überzeugt ist, daß das Kontroll- und Überwachungssystem der Belgier bei weitem nicht so perfekt ist, wie auf den Flughäfen in Frankfurt/Main, Paris oder Amsterdam. Noch in der zweiten Hälfte der achtziger Jahre, als die Bewegungsfreiheit der gesamten Carlos-Gruppe wegen ihrer zunehmenden Ächtung im Ostblock weit mehr eingeschränkt ist, ziehen es die französischen Kontaktpartner bei Reisen nach Damaskus vor, statt von Paris aus via Brüssel zu fliegen.

Italien spielt logistisch für die Carlos-Gruppe keine große Rolle. *Steve, Lilly,* Abul Hakam und *Kay* reisen zwar häufiger durch Italien, aber meist nur über den Norden. Wenn *Steve* in Norditalien Station machen muß, dann bevorzugt er bei seinen Aufenthalten in Mailand das »Placa«-Hotel. Unweit der weltberühmten Mailänder Scala handelt er hier mit Unterstützern Möglichkeiten aus, wie sich Waffen und Sprengstoff unauffällig nach Frankreich und in die

Schweiz schaffen lassen. Mehrfach wird dabei der Weg über Italien genutzt.

Völlig unberührt von terroristischen Aktivitäten der »Internationalen Revolutionäre« bleibt Italien allerdings nicht. Angesichts knapper Kasse planen sie im September 1983, durch Erpressung neues Geld zu beschaffen. Zu diesem Zweck haben sie sich eine reiche ältere Jüdin ungarischer Nationalität ausgesucht, die in Rom lebt. Die ehemaligen deutschen RZ-Mitglieder *Tina* und *Kay* werden beauftragt, die Gewohnheiten der Frau und die logistischen Voraussetzungen für den Erpressungsakt auszukundschaften. Für die Realisierung werden zusätzlich Feisal und Fariq, zwei Gruppenmitglieder arabischer Abstammung, bestimmt. Mit Nachdruck fordert *Carlos* im August 1983 von *Steve*, die Aktion sehr sorgfältig vorzubereiten und präzise durchzuführen. Immerhin erhofft er sich – wenngleich vergeblich – mit der Aktion eine Million Dollar einzunehmen.

Wichtigste Verbindungspersonen für Aktionen sind Ex-Mitglieder der »Roten Brigaden«, die sich nach Frankreich ins Exil zurückgezogen haben. Denn gegen die Terrororganisation, die in den sechziger und siebziger Jahren Furore gemacht hat, wird nach der Ermordung des ehemaligen Ministerpräsidenten und christdemokratischen Parteiführers Aldo Moro im März 1978 eine massive Polizeiaktion gestartet. Im Zuge einer Säuberungsaktion verhaften die Carabinieri über 2500 Verdächtige. Aber erst Ende 1981, nach der Befreiung des amerikanischen Generals James Dozier aus der Gewalt der »Roten Brigaden«, wird sie endgültig zerschlagen.

Es dauert ziemlich lange, bis sich die versprengten Mitglieder einigermaßen wieder organisieren können und später zur Anti-NATO-Allianz formieren. So greift *Steve* bei Bedarf auf deutsche RZ-Mitglieder zurück, die sich aufgrund der freizügigen europäischen Reisebedingungen problemlos auch für längere Zeit in Italien aufhalten können. An der italienischen Grenze sind für *Steve* und den Palästinenser Abul Hakam die syrischen Diplomatenpässe besonders vorteilhaft. Damit können sie jederzeit italienisches Territorium betreten. Die diplomatischen Beziehungen zwischen Syrien und Italien sind außerordentlich gut und dürfen durch polizeiliche Hartnäckigkeiten nicht gestört werden. Die Bedingungen sind also so günstig, daß für die Schaffung eines eigenen Stützpunktes gar kein nennenswerter Grund vorliegt.

Frankreich hingegen ist für die Gruppe stets ein begehrter Standort. Über lange Jahre hinweg gelten die französischen Sicherheitsbehörden gegenüber terroristischen Gruppierungen als besonders kulant. Deshalb versuchen sie bereits 1979, in Frankreich eine logistische Basis aufzubauen. Dabei zahlen sich für *Steve* und *Carlos* die vor 1975 gemachten Erfahrungen in Frankreich aus.

Anfangs profitiert man auch vom Wohlwollen des französischen Geheimdienstes gegenüber der spanischen ETA, der armenischen Untergrundarmee ASALA, den »Roten Brigaden« und der libanesischen Revolutionsarmee FARL. Die teils sehr freundschaftlichen Beziehungen zu diesen Gruppierungen schützen auch die Carlos-Gruppe in Frankreich.

Durch gemeinsame Aufenthalte in den nahöstlichen Palästinenserlagern lernen *Steve* und seine Komplizen auch Mitglieder der »Korsischen Befreiungsfront« kennen, die das Mutterland Frankreich mit Terroranschlägen sowohl auf Korsika als auch auf dem Festland attackiert. Derartige Kontakte lassen sich im Bedarfsfall gut nutzen.

Diese vielfältigen Anlaufstellen in Westeuropa machten die Gruppe so gefährlich. Sie kann immer wieder untertauchen und an anderer Stelle wie das Phantom der Oper zuschlagen. Im französischen Teil des Baskenlandes ist mit Hilfe der ETA problemlos ein Waffendepot angelegt worden. Verbindungsleute der ASALA oder der »Roten Brigaden« sind meistens behilflich, wenn es um die Beschaffung von konspirativen Wohnungen oder um die Bestellung günstig gelegener Hotels für illegale Aktionen geht.

Auch persönliche Beziehungen zu den in Frankreich ansässigen Arabern können jederzeit schnell reaktiviert werden. Trotz der vermehrten Distanz zu den Palästinensern geht der Austausch von Informationen weiter, die gegenseitige Unterstützung hört nie gänzlich auf. Im Gegenteil, als der Südjemen nach 1980 unter dem Druck der internationalen Politik den Terrorismus nicht mehr so frei unterstützen kann was auch *Carlos* zu spüren bekommt, verbessern sich nahezu schlagartig die Beziehungen zu Syrien. *Steve* und seine Mitstreiter können nun wie in Italien auch in Frankreich gelegentlich syrische Diplomatenprivilegien nutzen.

Durch diese Freizügigkeit und den liberalen Umgang der Franzosen mit terroristischen Organisationen werden die »Internationalen Revolutionäre« offensichtlich übermütig. Sie beginnen, vom französischen Territorium aus terroristische Aktionen zu starten. Seit dem Anschlag auf die israelische Verkehrsmaschine »El-Al« auf dem Pariser Flughafen Orly im Januar 1975 wagt sich zwar *Carlos* nur noch sehr selten nach Frankreich, dafür weilen um so häufiger Abul Hakam, *Lilly* und Bruno Breguet an der Seine. Unter Anleitung von *Steve* und mit Hilfe der ETA werden 1981 unter anderem die Briefbombenanschläge in Frankreich gegen oppositionelle Exil-Rumänen verübt.

Auch beim spektakulären Anschlag Anfang 1981 auf den amerikanischen Nachrichtensender *Radio Free Europe* führt ein wichtiger Strang nach Frankreich. Das Auto, das in München in der Nähe des Tatortes am »Englischen

Garten« zurückgelassen wird, in dem sich noch einige Waffen befinden, ist in Frankreich beschafft worden. Diese logistische Rolle, die Frankreich lange Zeit für die Gruppe »Internationale Revolutionäre« bei terroristischen Aktionen in Europa spielt, findet mit der Ergreifung der *Carlos*-Geliebten Magdalena Kopp und des Gruppenmitglieds Bruno Breguet im Sommer 1982 ein jähes Ende.

Blutrache eines Cholerikers

Der 16. Februar 1982 beginnt für die beiden Wachleute, die in Paris täglich ihre Runde machen und dabei auch eine Tiefgarage in der Nähe der Champs-Élysées zu kontrollieren haben, wie jeder andere Tag auch. Doch dann entdekken sie plötzlich ein Pärchen, das sich an einem Auto zu schaffen macht. Im ersten Augenblick vermuten sie Autodiebe und verständigen vorsichtshalber die Polizei. Als sich Beamte den beiden Verdächtigen nähern, um ihre Ausweise zu kontrollieren, zieht der Mann eine Pistole und versucht, mit seiner Begleiterin zu flüchten. Gegen die Wachmänner und die Polizei, die das flüchtende Pärchen aufhalten wollen, richtet der Mann die Waffe und drückte zweimal ab. Einer Ladehemmung ist es zu verdanken, daß an diesem Tag kein Blut fließt. Nach einer kurzen und wilden Verfolgungsjagd hat die Polizei die beiden gefaßt.

Wen man da geschnappt hat, erkennt man bei der Festnahme noch nicht. Die Ausweispapiere, ein Schweizer Reisepaß und italienische Reisedokumente, die der Mann bei sich hat, sind gefälscht. Die Begleiterin kann sich überhaupt nicht ausweisen, sie hat gar keine Papiere bei sich. Erst als sich die Polizei das Auto näher anschaut, wird ihr klar, daß es sich nicht um gewöhnliche Autodiebe handelt. Denn es kommt Handfestes zum Vorschein: eine Pistole, Kaliber 9 Millimeter der Marke Herstal, fünf Stangen Sprengstoff vom Fabrikat Pentrit, zwei Handgranaten (geriffelt) und verschiedenes Zubehör zur Herstellung eines Sprengsatzes.

Selbst danach weigerten sich die beiden, ihre wahre Identität zu offenbaren, geben angesichts der gefundenen Gegenstände allerdings zu, »militante Revolutionäre« zu sein. Erst nach einem Vergleich der Personalbeschreibung und der Fingerabdrücke mit den Daten aus der Terroristenkartei des deutschen Bundeskriminalamtes stellt sich heraus, daß der französischen Polizei zwei zur

Carlos-Gruppe zählende Top-Terroristen, nämlich Bruno Breguet und Magdalena Kopp, ins Netz gegangen sind.

Der Fall ist so klar, daß sie schon zwei Tage später, am 18. Februar 1982, vor Gericht gestellt werden. Die Anklage lautet auf Mordversuch, Bedrohung mit dem Tod, Verstoß gegen das Waffen- und Sprengstoffgesetz, sowie auf Führung falscher Namen.

Als *Carlos* von der Festnahme seiner Geliebten und eines seiner zuverlässigsten Mitstreiter erfährt, tobt er vor Wut. Ohne lange darüber nachzudenken, verfaßt er am 25. Februar 1982 einen Brief, den er an die französische Botschaft in Den Haag in den Niederlanden richtet. In dem mit *Carlos* unterzeichneten Schreiben droht er Frankreich Repressalien an, wenn der schweizerische Staatsbürger Bruno Breguet und die deutsche Staatsangehörige Magdalena Kopp, die er als »Aktivisten der Organisation des Kampfes der arabischen Armee – Arm der arabischen Revolution« bezeichnet, nicht innerhalb von dreißig Tagen freigelassen würden. Die Botschaft hat den Brief drei Tage später, am 28. Februar, im Posteingang.

Eine kriminaltechnische Untersuchung des Schriftstücks ergibt, daß der Verfasser des Drohbriefes tatsächlich der weltweit gesuchte Terrorist Ilich Ramirez Sanchez ist. Denn auf dem Papier identifizieren die Ermittler zwei Daumenabdrücke von *Carlos*. Die französischen Behörden haben zwar den Ernst der Lage erkannt, doch Erpressung können sie nicht hinnehmen. Deshalb unternehmen sie zunächst einmal nichts und lassen das Ultimatum verstreichen.

Schon kurz nach Ablauf ders Ultimatums , am 29. März 1982, explodiert im Zug »Le Capitole« auf der Strecke von Paris nach Toulouse die erste Bombe. Es ist das Signal eines mörderischen Privatkrieges, den *Carlos* gegen Frankreich führt, bei dem viele unschuldige Menschen ihr Leben lassen müssen.

Die französische Polizei soll für die nächste Zeit nicht mehr zur Ruhe kommen. Immer wieder neue Anschläge werden ihr gemeldet. Sie werden alle der Carlos-Gruppe zugeschrieben, auch wenn die Indizien nicht in jedem Fall eindeutig sind. Der Brief mit der schriftlichen Androhung, seine »Freunde« freizupressen, ist für die Polizei eindeutig und somit auch die Herkunft des Terrors.

- 29.03.82 – Anschlag gegen den Schnellzug »Le Capitole« (5 Tote, 28 Verletzte).
- 5.04.82 – Ermordung des Diplomatenehepaares Cavallo in Beirut.
- 19. und 21.04.82 – Anschläge gegen die AIR-France-Niederlassung und die französische Botschaft in Wien (Sachschaden).
- 22.04.82 – Anschlag auf den Sitz der arabischen Zeitung *AL WATAN-AL-ARABI* in Paris (1 Toter, 60 Verletzte).

- 25.08.83 – Anschlag auf das »Maison de France« in Westberlin (1 Toter, 23 Verletzte).
- 31.12.83 – Anschlag auf den Bahnhof »St. Charles« in Marseille und den Hochgeschwindigkeitszug T.G.V. Marseille-Paris 4 Tote, 55 Verletzte).
- 01.01.84 – Anschlag auf das französische Kulturzentrum in Tripolis/Libanon (Sachschaden).
- 25.01.84 – Anschlag bei Paris auf das französische staatliche Luft- und Raumfahrtunternehmen SNIAS (Sachschaden).

Dieser Rachefeldzug fordert nach den Erkenntnissen der französischen Polizei elf Menschenleben und einhundertsechsundsechzig Verletzte. Diese Angaben decken sich auch weitgehend mit den Beobachtungen der Ostblockgeheimdienste. Allerdings gehen diese davon aus, daß zusätzlich ein Anschlag am 15. März 1982, nach Ablauf des Ultimatums, auf die französische Botschaft in Beirut und das dortige französische Kulturzentrum, bei dem lediglich Sachschaden entstand, als eine Art Vorwarnung ebenfalls auf das Konto der Carlos-Gruppe geht. Außerdem sei mit der Festnahme von Christa-Margot Fröhlich, genannt *Heidi*, am 18. Juni 1982 auf dem Flughafen in Rom ein weiterer Anschlag vereitelt worden. Die *Steve*-Komplizin kam aus Bukarest über Jugoslawien und wollte weiter nach Frankreich. Als Gepäck hat sie einen mit Sprengstoff präparierten Koffer bei sich, wie sie auch bei den Anschlägen gegen die französische Staatsbahn verwendet wurden. Nach dem Vorfall in Rom gibt es eine längere Pause. Es sieht ganz danach aus, daß die Gruppe unsicher wird und ihre logistischen Verbindungen überprüfen muß, bevor sie den Terror fortsetzen kann.

Organisator dieser Terrorkampagne ist offensichtlich *Steve*. Das belegen jedenfalls die in Budapest vorgefundenen Aufzeichnungen. Obwohl sie mit den offiziellen Angaben nicht ganz übereinstimmen, halten die Terrorismusspezialisten des Ministeriums für Staatssicherheit die Angaben von *Steve* für relativ zuverlässig. Anhaltspunkte oder gar Gründe für Verfälschungen oder Weglassungen sehen sie nicht. Im Gegenteil. Dem überzogenen Selbstwertgefühl von *Steve* nach zu urteilen, würde er eher übertreiben als herunterspielen.

In seinen Aufzeichnungen vom 30. Mai 1982, die *Steve* nach einem Treffen mit »Graf« in Budapest zu Papier bringt, sind all die bis zu diesem Zeitpunkt verübten Terrorakte aufgelistet:

»Nr 1 29.3. – CAPITOLE
Nr 2 15.4. – CAVALLO

Nr 3 22.4. – RUE MARBEUF
Nr 4 03.5. – ROCKET (BAZOUKO) AT CONSULIS
Nr 5 24.5. – EMBASSY BEIRUT. «

Diese Zusammenstellung deckt sich nicht ganz mit der offiziellen Liste der französischen Polizei über die Gewalttaten der Carlos-Gruppe und auch nicht mit den Beobachtungen der osteuropäischen Geheimdienste. *Steves* Erläuterungen der Einzelheiten weisen jedoch eindeutig auf seine Täterschaft hin.

> *Steve* zu Nr. 1: » CHIRAC war gebucht in dem Waggon, FOUQUET Schwester getötet. «

Gemeint ist ganz offensichtlich, daß mit dem Anschlag auf den Schnellzug » Le Capitole « auf der Strecke Toulouse-Paris der ehemalige französische Ministerpräsident und Bürgermeister von Paris, Jacques Chirac, getötet werden soll. Wie die *Carlos*-Terroristen herausgefunden haben, verbringt der gaullistische Politiker seine Wochenenden häufig in einem Dorf in der Nähe von Toulouse. Für die Reise zwischen Paris und Toulouse benutzt er meistens den Schnellzug » Capitole «. Durch einen unvorhersehbaren Umstand muß Chirac jedoch früher nach Paris zurückfahren und ist deshalb nicht in diesem Zug, als am 29. März 1982 um 21 Uhr in einem der Waggons die Bombe explodiert.

Als Sprengstoff, so stellte die Polizei fest, wird eine starke Ladung Pentrit benutzt. Zu dem Anschlag bekennen sich mehrere terroristische Organisationen, unter ihnen auch der » Schwarze September «, so jedenfalls der Polizeibericht. Der erste Bekenneranruf kommt erst am 30. März 1982 um 19.27 Uhr, fast 24 Stunden nach dem Anschlag. Der Anrufer erklärt akzentfrei dem Kriminalbeamten am Telefonapparat der Polizeipräfektur:

> » Ich übernehme die Verantwortung für den Anschlag gegen den Zug » Le Capitole « im Namen der mit Carlos befreundeten › Terroristischen Internationale ‹. Wenn Sie nicht unsere Freunde Bruno Breguet und Magdalena Kopp freilassen, werden wir noch andere Projekte haben, die noch viel zerstörerischer sind. Dieser Anschlag wurde von der ETA-PM auf Befehl von Carlos verübt. «

> *Steve* zu Nr. 2: » Fand statt wenige Stunden nach dem geplatzten Prozeßtermin. «

Der Mordauftrag gegen das französische Diplomatenehepaar Cavallo in Beirut wird am 15. April 1982 zum Prozeßauftakt gegen Magdalena Kopp und Bruno Breguet ausgeführt. Die Staatsanwaltschaft hat die beiden Terroristen des versuchten Polizistenmordes und der Vorbereitung eines Sprengstoffanschlages angeklagt. Der Prozeß wird kurzfristig vertagt, der Mordauftrag aber nicht gestoppt. Die Ermordung Cavallos und seiner Frau ist gezielt gewählt. Der Diplomat ist gleichzeitig Angehöriger des französischen Geheimdienstes DGSE und verantwortlich für die Verschlüsselung des Nachrichtenverkehrs der französischen Botschaft in Beirut.

Zu Nr. 3 macht *Steve* keine weiteren Angaben. Die öffentliche Aufmerksamkeit nach dem »ANSCHLAG RUE MARBOEUF – ZEITUNG AL WATAN AL ARABI«, wie die Schlagzeile des Polizeiberichts lautet, ist groß genug, so daß es nicht vieler Worte bedarf. Denn am gleichen Tag, am 22. April 1982 beginnt auch endlich der Prozeß gegen das Terroristenpärchen Breguet/Kopp. Pünktlich um 9 Uhr explodiert vor dem Redaktionsgebäude eine Autobombe und richtet einen verheerenden Schaden an. Die blutige Bilanz: ein Toter und über 60 Verletzte.

Wie die Ermittlungen ergeben, hat der orangefarbene Opel-Caravan, in dem die Bombe deponiert ist, ein österreichisches Kennzeichen. Eine junge Frau hat das Auto drei Tage zuvor bei der Leihwagenfirma Hertz im jugoslawischen Lubljana gemietet. Der Reisepaß und der Führerschein, die von der Frau beim Autovermieter vorgelegt werden, sind ausgestellt auf den Namen Margot Stadelmann, geboren am 15.07.1950 in Zürich.

Die Dokumente, wie soll es auch anders sein, sind falsch. Die französischen Ermittlungsbehörden finden jedoch bald heraus, daß es sich bei der Frau um Christa Margot Froelich (Fröhlich), geboren am 19.09.1942 in Kalisz, handelt. Sie hat sich 1981 der Gruppe um *Carlos* angeschlossen. Am 18. Juni 1982 wird sie auf dem Flughafen Rom-Fiumicino, wie bereits erwähnt, mit Sprengstoff im Koffer geschnappt und aus dem Verkehr gezogen. Nach Verbüßen einer sechsjährigen Freiheitsstrafe in Italien wird sie im Dezember 1988 aus der Haft entlassen und in die Bundesrepublik Deutschland abgeschoben.

Wie weitere, aber erst viel später eingegangene, Informationen ergeben, sind zwei weitere Personen in den Anschlag in der Rue Marboeuf verwickelt. Es handelt sich um das französische Paar Francis Fraisse und Elisabeth Fischbach. Ein Jahr nach dem Anschlag in Paris treten sie bei einem Waffen- und Sprengstofftransport für die IRA in Erscheinung.

Steve zu Nr. 4: »Fand statt ca. 2 Stunden nach Ankunft von ihm aus einem zweiwöchigen Urlaub. Obwohl sie alle Identifizierungsmerkmale von der Wohnung entfernt haben und obwohl das Haus von 3 Milizen abgesichert war. Zwar nicht gelungen, aber von den Franzosen sofort richtig eingeordnet.«

Mit diesem Hinweis verrät *Steve*, daß wohl ein weiterer Anschlag geplant war, und zwar wiederum ganz offensichtlich gegen französische Botschaftsangehörige in Beirut, wie aus der Erwähnung der drei Milizionäre vor der Wohnung geschlossen werden kann. Diplomaten genießen in Beirut einen solchen Schutz. Da aber diese Aktion fehlschlägt, findet sie im offiziellen Polizeibericht keine Erwähnung. Ebenso fehlt ein weiterer Punkt, der selbst den Ostgeheimdiensten entgangen ist.

Steve zu Nr. 5: »24.5.- EMBASSY BEIRUT – Die Betonung liegt auf drinnen. Anzahl der getöteten Franzosen ist nicht ganz klar, aber mehr als im nachhinein dargestellt (2 PARAS darunter der Chef und ca. 5 bis 6 andere) AL-SAFIR berichtet über den Grund der Aktion.«

Obwohl, wie *Steve* ausführt, die arabische Zeitung *AL SAFIR* über diesen Anschlag informiert hat, wird er anscheinend – aus welchen Gründen auch immer – nicht der Carlos-Gruppe zugeordnet. Der zeitliche Abstand zwischen der Anschlagserie im April/Mai 1982 und dem nächsten folgenschweren Terrorakt auf das französische Kulturzentrum »Maison de France« am 25. August 1983 im Westteil Berlins deutet auf logistische Schwierigkeiten hin, die unter anderem auch mit der Einfuhr des Sprengstoffes über den DDR-Flughafen Schönefeld zusammenhängen. Mit seinem Bericht über die OPERATION BERLIN hat es *Steve* offensichtlich dann sehr eilig. Damit sind auch alle bisherigen Zweifel an seiner Täterschaft im Zusammenhang mit dem Blutbad ausgeräumt.

»OPERATION BERLIN
Ziad hat Dir das meiste erzählt; er hat sich ausgezeichnet benommen (bei dieser Gelegenheit, grüße ihn bitte nochmals recht herzlich von mir). Was nun Helmut betrifft, so ist es klar, daß wir sie, vor allem durch die solidarische Hilfe von Nabil, austricksen könnten. Er weiß übrigens von der Operation, wie er mir gegenüber gesagt und angedeutet hat, aber nicht offiziell, denn er hat mir bei der Aufbewahrung des Sprengstoffs geholfen, ohne den

Botschafter in Kenntnis zu setzen, der abwesend war, aber vor der Operation zurückkam. Offiziell weiß Nabil also nichts von der Operation, außer der Tatsache, daß ich eine Tasche brachte und sie später wieder mitnahm.

Helmut hat uns immer gewarnt, wir sollten keine Operation im Westen durchführen, bei der wir direkt aus dem Osten kommen und dorthin zurückkehren. Wir haben es stets abgelehnt und tarnten uns damit, daß wir lediglich die Tasche in den Westen transportieren.

Am Freitag – dem letzten Treffen mit ihnen nach der Operation – schienen sie nicht sicher zu sein, ob wir oder die ASALA es getan haben, und ich habe diese Geschichte beibehalten und ihnen erzählt, daß die ASALA niemals eine Operation als ihre beanspruchen wird, die sie nicht ausgeführt hat. Ich würde gern mit Dir darüber sprechen.

Und außerdem: Wir haben getan, was wir wollten. Sie haben versucht, uns die ganze Zeit zu sabotieren, aber letztendlich gab es keinen Ausweg.

– Vielleicht wird es ihnen eine Lehre sein, wenn sie die offizielle Bestätigung erhalten, daß wir es waren...

– Und das wichtigste: Ich habe nicht die Absicht, Berlin für eine sehr, sehr lange Zeit zu nutzen.

Ich hatte nicht die Absicht, hierüber so ausführlich zu berichten, denke aber, daß Du Dir ein Bild machen kannst und mit der Schlußfolgerung einverstanden sein wirst, alles so zu planen, daß wir Helmut umgehen können. Was mich betrifft, so habe ich die ganzen Anwaltsangelegenheiten geändert, um nicht länger von Helmut abhängig zu sein. Alle Treffen sind entweder Chez Doktor oder hier geplant.

Die Operation selbst hatte eine größere Wirkung, als ich erwartet hatte. Ich schicke Dir einige Bilder, die Du – wenn Du willst – *Omar* zeigen kannst.

Schicke sie mir aber bitte bei nächster Gelegenheit zurück.«

Bis auf die Tatsache, daß sich damals die wenig bekannte armenische Untergrundorganisation ASALA zum Anschlag auf das französische Kulturzentrum »Maison de France« bekennt, und daß über einen Monat später *Carlos* selbst die Verantwortung übernimmt, bleiben die näheren Umstände und weitere Hintermänner im Dunkeln. Die Aufklärung im damals geteilten Berlin endet vor dem Eisernen Vorhang. Erst durch den Fall der Mauer und dem Zusammenbruch der ideologischen Barrieren kommen die Ermittlungsbehörden nach und nach an das von der Staatssicherheit und dem ungarischen Geheimdienst gebunkerte Wissen über die Verbrechen von *Carlos*, seiner Geliebten

Lilly und des gefürchteten zweiten Mannes der Gruppe Johannes Weinrich heran.

Hinter dem bisdahin unbekannten »Ziad«, den *Steve* ganz am Anfang seines Briefes lobend erwähnt und der den Anschlag ausgeführt haben soll, verbirgt sich der inzwischen ermordete Libanese Mustafa Ahmed El-Sibai, ein getreuer Mitstreiter der Gruppe, der, laut ersten Berichten, auch mit der Kommandoebene der ASALA zusammenarbeitet. Mustafa Ahmed El-Sibai war laut libanesischem Reisepaß, mit dem er damals im kleinen Grenzverkehr nach Ostberlin eingereist ist, 1953 in Borg Barajne geboren. Die fingierte Fährte zur ASALA, der sogenannten »Geheimarmee für die Befreiung Armeniens« soll den Ermittlungsbehörden Rätsel aufgeben, was zunächst auch gelingt.

Mit »Helmut« meint *Steve* den inzwischen wegen Beihilfe zu vier Jahren Haft verurteilten früheren Oberstleutnant der DDR-Staatssicherheit, Helmut Voigt. Das Gericht hatte ihm vorgeworfen, für die Herausgabe des Sprengstoffs, der zuvor von den DDR-Grenzbehörden beschlagnahmt worden ist, an Weinrich verantwortlich zu sein. Dennoch beklagt sich *Steve*, »sie haben versucht, uns die ganze Zeit zu sabotieren«, und meint das Ministerium für Staatssicherheit. Die Terrorismusspezialisten sind der Gruppe zu neugierig geworden. Um sich der ständigen Beschattung des MfS zu entledigen, sollen alle künftigen Treffen mit den Anwälten Rambert und Vergès nach Bukarest oder Belgrad verlegt werden.

Ein weiterer bis zur Öffnung der Stasiakten nicht vermuteter Helfer ist Nabil. Eingeweiht oder nicht, jedenfalls hat der dritte Sekretär der syrischen Botschaft in Ostberlin, Mohamed Nabil Shritah, für Weinrich den Sprengstoff aufbewahrt. Der Syrer stellt sich 1994 selbst den deutschen Behörden als Kronzeuge zur Verfügung.

Die Beteiligung der syrischen Botschaft an dem Anschlag auf das französische Kulturzentrum in Westberlin verwundert sogar die DDR. Obwohl ihr bekannt ist, daß die Carlos-Gruppe von Damaskus massiv unterstützt wird, glaubt man bei der Staatssicherheit nicht, daß Syrien soweit gehen könne, »Anschläge gegen deutsche Interessen« zuzulassen. Laut *Steves* Analyse wurde die diplomatische Vertretung zu diesem Zeitpunkt nur von der zweiten Garnitur geleitet. Der von der Berliner Staatsanwaltschaft heute mit internationalem Haftbefehl gesuchte erste Botschafter Faisal Sammak war damals abwesend. Obwohl der Botschafter nach Meinung der Berliner Staatsanwaltschaft von der Lagerung der 25 kg Plastiksprengstoff gewußt hat, reicht den österreichischen Behörden Mitwisserschaft allein nicht aus, um den im Oktober

1994 vorübergehend festgenommen Ex-Diplomaten an die Bundesrepublik auszuliefern. Faisal Sammak, heute Generaldirektor der syrischen Tabakindustrie, wird vom Oberlandesgericht in Wien wieder auf freien Fuß gesetzt und darf das Land verlassen.

Spätestens am 4. Oktober 1983 ist der Bundesrepublik bekannt, daß hinter dem blutigen Anschlag auf das »Maison de France«, bei dem ein Mensch getötet und weitere 23 zum Teil schwer verletzt wurden, Top-Terrorist *Carlos* steckt. An diesem Tag ist bei der bundesdeutschen Botschaft in Saudi-Arabien ein mit *Carlos* unterzeichnetes Bekennerschreiben eingegangen. In dem Brief befindet sich ein weiterer Umschlag, adressiert an den Innenminister der Bundesrepublik Deutschland mit einer handschriftlichen, in englisch geschriebenen Mitteilung vom 1. September 1983, die unterzeichnet ist mit: »Für die Organisation des bewaffneten arabischen Kampfes – Arm der Revolution *Carlos*«.

Der Text betrifft Gabriele Kröcher-Tiedemann, die derzeit in Schweizer Untersuchungshaft sitzt und ohne gerichtliches Verfahren an Deutschland ausgeliefert werden soll. Dem Dokument ist ein Plan der vierten Etage des »Maison de France« beigefügt mit einer Beschreibung der Örtlichkeit und des Zeitpunkts des Bombenanschlags. Mit diesem Schreiben direkt an das Innenministerium will sich *Carlos* ganz offensichtlich wichtig tun, um zu zeigen, wie entschlossen und mit welcher Brutalität er seine Interessen verfolgt. Das erste Bekennerschreiben vom 7. September 1983 scheint ihm dafür offensichtlich nicht auszureichen.

Am besten Bescheid über den Anschlag weiß das Mielke-Ministerium. Schließlich ist die Abteilung XXII in die Vorbereitungen involviert, und wie Ex-Oberstleutnant Helmut Voigt im Prozeß zugibt, wurden er und seine Leute durch eine Täuschung von Weinrich hineingezogen. Das MfS informiert die befreundeten Geheimdienste auch darüber, daß die Carlos-Gruppe hinter diesem Anschlag auf das »Maison de France« stehe und nicht die ASALA, wie von der Terrororganisation verbreitet wurde. Diese Meldung sei von *Carlos* nur als Verschleierungsmanöver gedacht. Aus dem MfS-Bericht unmittelbar nach dem Anschlag:

> »Es liegen Hinweise vor, wonach bei der Vorbereitung und Durchführung der Aktion gegen das ›Maison de France‹, die zu diesem Zeitpunkt in der DDR aufhältigen Mitglieder der Carlos-Gruppierung *Steve*, Ziad und Abul Hakam beteiligt waren.
>
> Die Kontrolle der Reisetätigkeit aus der DDR von und nach Westberlin

sowie die Durchführung von Bildvergleichen mit dem in westlichen Medien verbreiteten Phantombild des vermutlichen Attentäters ergab, daß mit hoher Wahrscheinlichkeit El-Sibai, Mustafa, Ahmad (genannt Ziad) als Täter für den Sprengstoffanschlag angesehen werden kann. El-Sibai reiste am 25.8.1983, 10.05 Uhr über die Grenzübergangsstelle Bahnhof Friedrichstraße nach Westberlin und kehrte 11.45 Uhr über die gleiche GÜST in die DDR zurück (Zeitpunkt der Bombenexplosion 11.22 Uhr). Zu fast gleicher Zeit reiste das Führungsmitglied der Carlos-Gruppe Abul Hakam unter Verwendung des Diplomatenpasses der VDR Jemen, ausgestellt auf die Personalien OBADI, Ahmed Saleh nach Westberlin und kehrte mit El-Sibai um 11.45 Uhr gemeinsam zurück.

Vor der Ausreise nach Westberlin traf *Steve* mit dem III. Sekretär der syrischen Botschaft in der DDR, Nabil Shritah, zusammen, der als Unterstützer der Carlos-Gruppe bekannt ist und bei dem die Gruppe in der Vergangenheit neben Geld und Dokumenten auch Waffen deponiert hatte. Nach Rückkehr in die DDR wurde von den Carlos-Mitgliedern sofort die Abreise organisiert. Abul Hakam reiste noch am gleichen Tag mit der Malev 809 nach Budapest. El-Sibai reiste am 26.8.1983 mit IF 828 nach Damaskus und *Steve* am 27.8.1983, 12.55 Uhr nach Belgrad. Durchgeführte Zollkontrollen bzw. konspirative Gepäckkontrollen verliefen ohne Beanstandungen.

Für die Beteiligung der Carlos-Gruppierung an dem Anschlag spricht auch, daß nach gesicherten Unterlagen im Zeitraum 25.1. bis 9.2.1983 durch ein bisher nicht identifiziertes Mitglied der Carlos-Gruppe das Objekt, in dem sich das französische Generalkonsulat in Westberlin befindet, aufgeklärt wurde.«

Weinrichs Beteiligung am Bombenanschlag auf das »Maison de France« wird in dem bereits erwähnten Prozeß gegen den Ex-MfS-Offizier Helmut Voigt 1994 vor dem Landgericht Berlin erstmals konkret aufgeklärt. Auch wenn sich dieser Terroranschlag auf bundesdeutschem Boden ereignet, so gehört er zu der Serie der Attacken gegen die französische Regierung. Das persönliche Bekennerschreiben soll wahrscheinlich mehrere Zwecke erfüllen. Zum einen geht *Carlos* sicher davon aus, daß es auf diplomatischem Wege auch Paris erreichen werde. Zum anderen demonstriert er damit alte »Verbundenheit« zu Gabriele Kröcher-Tiedemann, die im Dezember 1975 unter seinem Kommando am OPEC-Anschlag in Wien teilgenommen hat. Und schließlich kann er seine Bedeutung in der internationalen Terrorszene bekräftigen. Das wird langsam notwendig, denn im Lager der Palästinenser besitzt er längst nicht mehr das Gewicht wie früher.

Daß der Bombenterror gegen französische Einrichtungen nicht beendet ist, stellt sich am Silvesterabend 1983 heraus. In Marseille stimmen sich die Leute bereits auf den Jahreswechsel ein. Der Champagner ist längst kaltgestellt, als vier Stunden vor Mitternacht am Bahnhof St. Charles ein riesiger Knall die Menschen aufschreckt. Im Gepäckaufbewahrungsraum detoniert ein großer Koffer mit Plastiksprengstoff und verwüstet das Gebäude. Neben 25 Verletzten sind zwei Tote zu beklagen. Fast zur gleichen Zeit explodiert eine zweite Bombe im TGV, dem Schnellzug Marseille-Paris in der Nähe der Ortschaft Taint-L'Hermitage im Departement Drome. Die Bilanz im Zug: abermals zwei Tote und fast dreißig Verletzte mit einem besonders hohen Anteil an Schwerverletzten.

Sand im Getriebe: Die Zahl der Freunde vermindert sich

Der blutigen Neujahrsnacht zum Jahreswechsel 1983/84 folgt ein neues Verwirrspiel mit Anrufen und Bekennerschreiben. Unmittelbar nach dem Anschlag meldet sich beim Bahnhofsbüro der Hafenstadt und bei der Polizei ein anonymer Anrufer, der sich als Angehöriger einer Gruppe »Occident« ausgibt und zur Tat bekennt. Als nächstes erhält die Zeitungsredaktion *France Soir* ein Bekennerschreiben, das am 2. Januar in Morsang-sur-Orge (Essonne) aufgegeben und im Namen einer Gruppe von Arbeitern einer Fabrik der Staatsbetriebe USINOR verfaßt wurde. Unterzeichnet ist das Schreiben mit der Abkürzung RIA.

Sowohl die beiden Anrufe in Marseille wie auch der Brief an *France Soir* werden von den Ermittlungsbehörden als wenig glaubhaft eingestuft. Wesentlich ernster wird ein weiterer Anruf genommen, der am 2. Januar um 17:45 Uhr bei der Nachrichtenagentur *Agence France Presse (AFP)* in Paris eingeht. Der unbekannte Anrufer meldet sich mit ausgeprägtem arabischen Akzent im Namen der »Organisation des bewaffneten arabischen Kampfes«. Der Wortlaut:

> »Wir übernehmen die Verantwortung für das dreifache Attentat am Silvesterabend in Südfrankreich und im Nordlibanon. Wir wenden uns an das französische Volk. Wir werden unsere Märtyrer und unsere Opfer der am Donnerstag, dem 17. November 1983, erfolgten französischen Luftangriffe gegen unsere Wohnstätten rächen. Kein weiterer Angriff bleibt ungestraft.«

Am Tag darauf, dem 3. Januar, erhalten »Associated Press« und gleichzeitig die *Agence France Presse* Bekennerpost, diesmal in Berlin, jeweils zwei Briefe, in Französisch und Arabisch abgefaßt. Der Text deckt sich weitgehend mit dem

Wortlaut des Telefonats vom Vortag. Sinngemäß heißt es: »Botschaft der Organisation des bewaffneten arabischen Kampfes an das französische Volk. Nicht nur unsere Kinder werden weinen. In Gedenken an die Märtyrer von Baalbek.« Das Datum: 31. Dezember 1983.

Die Briefe befinden sich in Umschlägen. Sie sind wahrscheinlich in der Nacht vom 1. zum 2. Januar 1984 in Berlin aufgegeben. Eine graphologische Untersuchung ergibt, daß es sich bei dem Verfasser um dieselbe Person handeln muß, von der auch die Botschaften aus Den Haag stammen: dem Ultimatum von *Carlos.* Und es ist die Schrift des Briefes, der nach dem Anschlag auf das »Maison de France« bei der deutschen Botschaft in Dschidda abgegeben wurde. Also von *Carlos* persönlich!

Naturgemäß interessiert sich auch das Ministerium für Staatssicherheit um ihre »Schutzbefohlenen«, wo immer sie auf der Welt Spuren hinterlassen. Das ist schon aus eigenem Interesse angebracht, da die Terroristenclique meistens über das Territorium der ehemaligen DDR oder anderer Ostblockstaaten untertauchte. Die Stasi ist stets bestrebt, präventiv zu erfahren, was die Mitglieder terroristischer Organisationen Neues aushecken. So hat sie bald gesicherte Beweise dafür, daß das arabische Führungsmitglied der Carlos-Gruppe, Abul Hakam, die Bekennerbriefe zu den Anschlägen in Marseille und Tripolis/Libanon von Westberlin aus abgesandt hatte.

Die Serie der Anschläge gegen Frankreich endet mit dem Angriff auf das staatliche französische Luft- und Raumfahrtunternehmen SNIAS am 25. Januar 1984. Die Sprengbombe explodiert im Planungsbüro des Unternehmens. Für die SNIAS entsteht ein erheblicher Sachschaden. Wie zuvor beim Anschlag in Marseille wählt der Bekenner wieder eine Nummer der französischen Nachrichtenagentur *Agence France Presse,* abermals im Namen der »Märtyrer von Baalbek«.

Wenn es vorher Zweifel gegeben hat, so werden sie mit dem Hinweis auf die ostlibanesische Stadt an der Straße nach Damaskus zerstreut. In Baalbek, historische Tempelstätte orientalischer, griechischer und römischer Götter und gleichzeitig auch die Hauptstadt des Bekaa-Gebiets, konzentrieren sich nicht nur radikale Palästinensergruppen. Dort ist auch die prosyrische schiitische Amalmiliz stationiert. Die PFLP, die Uralt-Förderer von *Carlos* und *Steve,* haben in Baalbek lange Zeit ihr Büro wie auch ihre Waffenverstecke. Mit Haschisch aus dem Bekaa-Tal finanzieren die Palästinenser zum Teil die Waffenkäufe. Nach dem Einmarsch israelischer Truppen im Juni 1982 im Südlibanon, der sich gegen militante Gruppierungen der PLO und gegen autonome palästinensische Terrororganisationen richtet schickt Teheran die

»Erste iranische Pasdaran-Abteilung« nach Baalbek und bilden dort einen militärischen Stützpunkt. Die Palästinenserorganisationen, unter anderen die Al-Fatah und PFLP, werden mißtrauisch und ziehen sich zurück.

Als kurz vor Weihnachten 1983 israelische Kampfflugzeuge Baalbek bombardieren, gilt der Angriff in erster Linie Chomeinis Libanon-Kämpfern und den Syrern, die für den Nachschub von Waffen sorgen. Wenige Wochen zuvor haben französische Jagdbomber als Teil der multinationalen Friedenstruppen die Schiiten-Lager in Baalbek angegriffen. Der Anschlag zum Jahreswechsel 1983/84 in Marseille ist laut Bekennerbrief in erster Linie »Rache für die Opfer der Bombenangriffe auf Baalbek«. Damit bekundet *Carlos* und *Steve* ihre engen Beziehungen zu radikalen Islamisten, besonders zu den Syrern. Die militanten Palästinenserführer haben zu diesem Zeitpunkt längst in Syrien und in Bagdad neue Zufluchtsorte gefunden. In Paris soll offensichtlich der Eindruck erweckt werden, daß die Carlos-Gruppe funktionierender Bestandteil einer konzertierten Generalattacke im Zusammenhang der Auseinandersetzung um den Libanon ist. Das erklärt auch den Hinweis auf die »Märtyrer von Baalbek«. Denn nur die Schiiten verstehen sich als Märtyrer im Heiligen Krieg, und Franzosen zählen zu den Feinden. Im Oktober 1983 kommen bei einem Bombenanschlag auf das Quartier französischer Fallschirmjäger in Beirut dreiundfünfzig Soldaten ums Leben.

Die Freilassung der verurteilten Gruppenmitglieder Magdalena Kopp und Bruno Breguet nimmt im Bekennerschreiben die zweite Position ein. Auch das ein eindeutiger Hinweis auf die Verantwortlichen von Marseille. Trotzdem, auch nach der Festnahme von *Carlos* im Sudan und seiner Überstellung nach Frankreich wird in Paris bis heute darüber spekuliert, wer nun tatsächlich für die einzelnen Terrorakte die Aufträge gab.

Solange der Eiserne Vorhang undurchlässig ist, ist es für Ermittlungsbehörden im Westen fast unmöglich, eindeutige Beweise gegen *Carlos* und *Steve* vorzulegen. Hilfreich erweist sich die Öffnung der Geheimdienstarchive in den ehemaligen sozialistischen Staaten, die von ihren Terrorismussachbearbeitern reichlich mit Hinweisen und Dokumenten gefüllt wurden. Insbesondere nach der Auflösung des Ministeriums für Staatssicherheit im Osten Deutschlands, aber auch nach der Ablösung der ehemals kommunistischen Regime in Ungarn und der CSSR gerät viel Erhellendes ans Tageslicht.

Zur Aufklärung trägt auch die Lockerung der Nachrichtensperre in Frankreich bei. In Paris sind der Terrorismus und seine Hintergründe für die Regierung über lange Jahre hinweg ein Tabuthema. Selbst jetzt, da *Carlos* gefaßt ist, dringt wenig an die als Öffentlichkeit; gelegentlich belangloser Klatsch, an dem sich sogar die seriös geltende französische Tageszeitung *Liberation* beteiligt. Als die vierundvierzigjährige Rechtsanwältin Marie-Annick Ramassamy-Vergès *Carlos* in seiner Zelle aufsucht wird darauf kolportiert, sie sei sowohl die Geliebte von *Carlos* wie auch vom ehemaligen Präsidenten François Mitterand gewesen. Das ehemalige Mannequin arbeitete 1989 als Parlamentsattaché für Justizminister Pierre Arpaillange und begleitete Mitterand auf Reisen.

Mit einer gründlichen Aufklärung der terroristischen Aktivitäten der Carlos-Gruppe und einer Enthüllung der Unterstützer und Hintermänner beziehungsweise der »Dulder« und »Gönner« ist, wie Insider meinen, erst beim Prozeß zu rechnen. Maitre Jacques Vergès, der heutige Strafverteidiger und langjährige *Carlos*-Freund, verbreitet allerdings, daß noch Jahre bis dahin vergehen können. Außerdem glaubt Vergès Beweise für die Zusammenarbeit von *Carlos* und Arafats Spitzenberater Bassem Abu Sharif zu besitzen, die den Friedensprozeß im Nahen Osten gefährden könnten. Im März 1995 beklagt sich der Vernehmungsrichter Bruguière, daß *Carlos* zwar wie ein Wasserfall rede, jedoch über alles andere als über Terrorismus. Die Verhöre mißbraucht er zum Blödeln mit Sprüchen wie: »Mein Anwalt Vergès ist ein viel größerer Terrorist als ich.«

Offensichtlich spielen *Carlos* und sein Verteidiger auf Zeit. Solange das möglich ist, können alle anderen, die sich mitschuldig gemacht haben, gelassen bleiben. Eine nicht unwesentliche Bedeutung hat auch Abul Hakam. Als Verantwortlicher für den arabischen Raum steht er im dringenden Verdacht, die Anschläge gegen französische Ziele im Nahen Osten gemeinsam mit *Carlos* gesteuert zu haben. Den Anschlag auf den Schnellzug »Le Capitole« im März 1982 verbuchen die französischen Behörden »auf das Konto der ETA«. Die Ermittler übersehen die Zusammenarbeit mit *Steve*, der als Europabeauftragter seinen eigenen Beitrag zur Freipressung der inhaftierten Gruppen-Mitglieder leistete.

Am 8. Juni 1982 werden *Steve* und Christa Fröhlich alias *Heidi* von der Stasi in Ostberlin geortet. Anschließend reisen sie nach Bukarest, wo sich ein umfangreiches Waffen- und Sprengstofflager der Carlos-Gruppe befindet. Als *Heidi* am 18. Juni 1982 von römischen Zöllnern auf dem Flughafen Leonardo da Vinci verhaftet wird, befinden sich in ihrem Koffer neben 3,5 kg hochbrisantem amerikanischen Sprengstoff vom Typ C-41 auch serienmäßige Sprengzünder. Andere bei ihr gefundene Unterlagen deuten darauf hin, daß sie in Frankreich mit der Eisenbahn weiterreisen wollte. Es ist also nicht auszuschließen, daß von *Steve* ein weiterer Anschlag gegen einen französischen Schnellzug geplant war.

Über *Steves* Beteiligung oder gar Mitwirkung an den Terrorakten am 19. und 21. April 1982 gegen französische Behörden und Einrichtungen in Wien liegen keine gesicherten Erkenntnisse vor. Unstrittig ist jedoch, daß die Gruppe in Österreich relativ ungehindert operierte. Ob *Steve* selbst in das Management der beiden doch recht schlichten Anschläge gegen das Büro der AIR FRANCE und gegen einen Wachmann der französischen Botschaft einbezogen war, ist aus den vorhanden Aufzeichnungen nicht ersichtlich.

Einen nahezu lückenlosen Nachweis hingegen über *Steves* Beteiligung am Bombenanschlag auf das französische Kulturzentrum »Maison de France« am 25. August 1983 in Westberlin liefern die Unterlagen aus der Wohnung in Budapest. Neben dem bereits erwähnten Eingeständnis in dem an *Carlos* gerichteten Brief vom 29.8.1993, also nur vier Tage nach der Tat, lassen sich auch die einzelnen Schritte zur Vorbereitung des Anschlags relativ genau rekonstruieren.

In Bukarest wurden ganz offensichtlich die Voraussetzungen geschaffen. Als Dank oder Belohnung für die gelungenen Attacken mit Paketbomben zur Einschüchterung von Exilrumänen in Frankreich und Deutschland sowie für den Anschlag gegen den amerikanischen Sender *Radio Free Europe*, der, obgleich er die tschechische Redaktion traf, gegen die rumänische Abteilung gerichtet ist, hat man *Steve* und seine Gruppe großzügig mit Waffen und Sprengstoff ausgerüstet.

Diese Großzügigkeit ist gleichzeitig auch eine Art Abschiedsgeschenk des rumänischen Geheimdienstes, so etwas wie ein Schlußstrich unter die gemeinsame Zusammenarbeit. Denn auch in Bukarest wird man nach den Anschlägen im April 1982 nachdenklich, ob es aus politischen Gründen auf die Dauer nicht zu gefährlich sein könne, die Carlos-Gruppe weiter zu beherbergen. Rumäniens Bemühungen, sich mit einer von Moskau unabhängigen Außenpolitik wirtschaftliche Vorteile zu verschaffen, würden einen empfindlichen Rückschlag erleiden, würde bekannt werden, daß *Carlos* von Ceaucescu gedeckt wird.

Deshalb beginnt die »Securitate« ihre Kooperation einzuschränken; vor allem aber verstärkt sie die Überwachung bis zur spürbaren Einengung der Bewegungsfreiheit. Als Reaktion beginnen *Steve* und Abul Hakem den Rückzug aus Bukarest zu organisieren, einen Teil der Waffen und Ausrüstungen nach Damaskus zu verlagern. *Steve* verstaut die von den Rumänen erhaltenen 24 kg Sprengstoff in eine lederne Reisetasche, um sie Ende Mai an einen sicheren Ort nach Syrien auszufliegen. Doch die Rechnung macht er ohne den Wirt. Die rumänische Fluggesellschaft Tarom weigert sich aus Sicherheitsgründen, die hochexplosive Fracht zu befördern. *Steve* änderte daraufhin seinen Plan. Er beschafft sich mit syrischer Hilfe in Rumänien einen Diplomatenpaß auf den bis dahin ungenutzten Namen Josef LEON (Diplomatenpaß Nr. 3774), schnappt sich die fertig gepackte Tasche und besteigt mit dem brisanten »Diplomatengepäck« ein Flugzeug nach Berlin. Keiner hat mit soviel Dreistigkeit gerechnet.

Am 31. Mai 1982 landet die Linienmaschine der Tarom auf dem Ostberliner Flughafen Schönefeld, an Bord der weltweit gesuchte Terrorist Johannes Weinrich mit 24 kg Plastiksprengstoff. Obwohl *Steve* bei der Einreise in die DDR den syrischen Diplomatenpaß vorzeigt, erkennt ihn die anwesenden Terrorismusspezialisten der Staatssicherheit auf Anhieb und kontrollieren ihn, wie es im DDR-Sprachgebrauch heißt, mit »wohlwollender Sorgfalt«. Seine Ledertasche lassen sie keineswegs als Diplomatengepäck durchgehen, obwohl sie als solches deklariert ist.

Schon als die ostdeutschen Zöllner die Tasche öffnen, sind sie baß erstaunt. Bei den in Plastikfolie eingeschweißten Würfeln vermuten sie zuerst Rauschgift. Bei näherem Hinschauen bemerken sie, daß es sich um Sprengstoff handelt. Um einen Fehler zu vermeiden, verständigen die Beamten sofort den auf dem Flughafen Schönefeld stationierten MfS-Offizier. Er beschlagnahmt den Sprengstoff trotz heftiger Proteste von *Steve*. Selbst als der ertappte Top-Terrorist auf seinen diplomatischen Status hingewiesen hat, läßt sich der Offizier von seinem Handeln nicht abbringen.

Die Tasche mit dem heißen Inhalt wird in der Technischen Untersuchungsstelle des Ministeriums für Staatssicherheit einer genauen Analyse unterzogen. Das Ergebnis: Genau 24,38 Kilogramm zeigt die Waage an. Das Fabrikat: Nitropenta. Strafmaßnahmen wegen unerlaubtem Sprengstofftransport, so heißt es später, können die DDR-Behörden nicht einleiten, weil Weinrich im Besitz eines echten vom syrischen Außenministerium ausgestellten Diplomatenpasses ist.

Außerdem hinderen taktische Überlegungen die Terrorismuswächter in der Normannenstraße, den Sprengstoffspediteur sofort des Landes zu verweisen. Denn zwischen *Steve* und dem MfS besteht immer noch der geheimdienstliche Kontakt. Die Stasi erwägt zwar, ihn zu beenden, aber zu diesem Zeitpunkt wollen sie das abgekühlte Verhältnis noch nicht völlig auflösen. Die Geister, die man gerufen hat, wird man nicht so schnell wieder los: Die Zöllner nehmen den Sprengstoff in Verwahrung, die Einreise jedoch wird *Steve* gestattet.

Doch damit gibt sich Weinrich nicht zufrieden. Kaum im Ostberliner Nobelhotel »Metropol« angekommen, meldet er sich bei seinen Kontaktpartnern im Ministerium für Staatssicherheit und fordert die Herausgabe des Sprengstoffs. Es sei geplant gewesen, das explosive Material in der syrischen Botschaft Ostberlins zwischenzulagern, dann nach Damaskus weiterzuverfrachten, wo es wieder an die Gruppe ausgehändigt werde. *Steves* Gesprächspartner bleiben dennoch hart. Die schweren Terrorakte gegen französische Einrichtungen sind ihnen doch zu starker Tabak. Der Sprengstoff bleibt unter Verschluß, doch stellen die Ostdeutschen in Aussicht, wenn *Steve* den genauen Zeitpunkt des Abtransportes nach Syrien mitteilt, erneut über dieses Thema zu reden.

Wie aus dem folgenden Schriftverkehr mit *Carlos* ersichtlich ist, will *Steve* die Ostdeutschen täuschen. Denn schon im Sommer 1982 ist in Berlin ein neuer Terrorakt geplant, der allerdings von der Stasi ganz unfreiwillig verhindert wird. Bereits einen Tag nach *Steves* Ankunft am Flughafen Schönefeld und der Beschlagnahme des Sprengstoffs am 1. Juni 1982, erhält er Post von *Carlos.* In dem ausführlichen Schreiben erwähnt dieser unter Punkt IV eine »Berliner Operation« und mahnt zu Beachtung folgender Punkte:

> »1. Bitte mich nicht, »meine Brüder« (z.B. Feisal oder Fariq) nach Berlin zu schicken, bevor Du den Sprengstoff in den Händen hast, um eine Sabotage zu vermeiden.«

Mit dieser etwas kryptischen Botschaft gibt *Carlos* die Anweisung, nichts zu unternehmen, solange das Problem mit dem Sprengstoff nicht geklärt ist, um den Plan nicht zu gefährden. Keineswegs will er dabei persönlich in Erscheinung treten. Für den Fall, daß *Steve* schnell wieder an den beschlagnahmten Sprengstoff herankommt, soll folgendermaßen verfahren werden:

> »2. Ich und Feisal können nicht reisen, ich werde Fariq schicken.
> Feisal würde mit seinem libanesischen Reisepaß auf den Namen
> MUSTAFA AHMED SEBA'T reisen. Fariq mit seinem Spezialpaß:
> ABDULLA AHMED SALEH...«

Mit der Festnahme von *Heidi* im Juni 1982 in Rom ist die Carlos-Gruppe personell und logistisch geschwächt, denn *Heidi* gilt als wichtiges Mitglied mit Westeuropaerfahrung. Das ist wohl auch ein entscheidender Grund dafür, daß die geplante »Berliner Operation« nicht mehr verfolgt wird. Viele Stützpunkte in Westdeutschland, Frankreich und in der Schweiz können aus Sicherheitsgründen nicht mehr benutzt werden. Die von *Steve* sorgfältig ausgeklügelte Logistik gerät ins Wanken. Durch die Rückverfolgung der Reiseroute von

Heidi durch die italienischen Ermittler sind auch die Unterstützerländer Jugoslawien, vor allem aber Rumänien gefährdet, der Komplizenschaft mit dem internationalen Terrorismus bezichtigt zu werden.

Gleichzeitig bekommt *Steve* die Auswirkungen des Rachefeldzugs gegen Frankreich zu spüren. Die Revolutionären Zellen in der Bundesrepublik, auf die er sich bislang immer noch verlassen konnte, meutern. Sie glauben immer noch an das Traumkonzept von der »Gewalt gegen Sachen und nicht gegen Personen«. Die Blutspur, die *Carlos* und *Steve* nun in Frankreich hinterlassen, ist einigen doch zu dick, sie brechen ihre Kontakte ab und versagen weitere Hilfe. Mehr und mehr isoliert hat sich die Carlos-Gruppe auch gegenüber der PLO. Nach ihrer Niederlage im Sommer 1982 gegen Israel muß die PLO wie auch andere Palästinensergruppen ihre Stützpunkte räumen, wodurch *Carlos* und *Steve* die logistischen Möglichkeiten im Libanon verlieren. Sie weichen nach Syrien aus und bauen dort ihre neue Hauptbasis auf.

Unter diesen Umstände nimmt *Steve* erneut mit dem MfS wegen des immer noch beschlagnahmten Sprengstoffs das Gespräch auf. Er teilt mit, daß die Gruppe unter dem Eindruck der »Greueltaten in den Lagern Sabra und Schatila gegen die Palästinenser« beschlossen habe, den Privatkrieg gegen Frankreich einzustellen. Sie beabsichtige die in verschiedenen Ländern gelagerten Materialien, Waffen und Sprengstoffe in ihrer Base in Damaskus zusammenzuführen und sich vor allem der »Unterstützung des Kampfes gegen den Zionismus und den US-Imperialismus« zu widmen. Auf lange Sicht würden sie weder gegen Frankreich noch gegen ein anderes Land in Europa etwas unternehmen, beteuert *Steve* und beugt vor: »Sollte die Gruppe doch mit irgendwelchen Anschlägen in Verbindung gebracht werden, ist das eine Falschinformation oder eine Verleumdung.«

Steve rühmt die »neue Qualität« der syrischen Unterstützung. Höchste Regierungsstellen würden ihre Tätigkeit positiv hervorheben und umfassende Hilfe leisten. Gegenüber den MfS-Mitarbeitern prahlt er, daß der syrische Präsident Hafiz al-Assad *Carlos* persönlich zu einem Gespräch empfangen habe. Die Stasioffiziere sind mißtrauisch, denn sie haben *Steve* oft genug als Hochstapler erlebt. Andererseits ist ihnen nicht verborgen geblieben, daß sich Syrien für die Carlos-Gruppe geöffnet und die Beziehungen zu den international operierenden Terroristen vertieft hat.

Obwohl sich die MfS-Führung davon überzeugt, daß die Syrer der Gruppe gestatten, Waffen und Geräte zum Beispiel aus Ungarn und dem Südjemen nach Damaskus zu verlagern, stimmt sie einer Herausgabe des Sprengstoffes immer noch nicht zu. Bei weiteren Treffen mit Geheimdienstoberen der DDR fragt *Steve* nur noch sporadisch und ohne großen Nachdruck nach seiner Tasche mit dem Sprengstoff. Selbstverständlich hätte er den Sprengstoff gerne wiederbekommen. Doch da die Anschlagserie nicht zu dem gewünschten Erfolg geführt hat und mittlerweile Magdalena Kopp auf vier und Bruno Breguet auf 5 Jahre abgeurteilt sind, legt man zunächst einmal eine eine Denkpause ein, um eine Freilassung eventuell auf dem Verhandlungswege zu erlangen.

In der Tat verhandelt Jacques Vergès mit französischen Regierungsvertretern über eine vorzeitige Freilassung der beiden *Carlos*-Komplizen. Die Aufzeichnungen über juristische Schritte und mögliche Erfolge, die *Steve* bei seinen Treffen mit den Rechtsanwälten macht, füllen ganze Seiten eines Notizbuches. Beim Treffen mit Herzog und Duke vom 20. bis zum 22. Dezember 1982 in Berlin wird folgende Tagesordnung behandelt:

- Bericht von Herzog über den Fall Lilly und Bruno
- Fragen der Gruppierung über Regierungskontakte
- Fragen betreffs *Lilly*, Bruno und Heidi
- Vorstellungen über Befreiung/Rettung? der Gefangenen
- Instruktionen
- Fragen für oder über einen Anwalt für Heidi
- Verbindungen zu Heidi
- Politische Diskussion
- Fragen über die Gruppierung
- Positionen zu Regierungskontakten

Im Zusammenhang mit dem Brief, den *Carlos* an den französischen Innenminister Deferre geschrieben hat, schildert Jacques Vergès alias Herzog personelle Zusammenhänge und seine Verbindungen zu Mitarbeitern der französischen Regierung. Er nennt L. Joinet und Kessous, den Rechtsberater des Innenministers und erklärt, daß seine Ehefrau, Madame Vergès, von März bis August 1982 mehrmals Monsieur Kessous sowohl im Innenministerium als auch in seinen Arbeitsräumen aufgesucht habe. Bei dieser Gelegenheit hätte sie ihn auf die Gefahr hingewiesen, die der Staatsautorität und dem französischen Ansehen drohten, wenn *Lilly* und Bruno weiter im Gefängnis blieben. Kessous hätte ihr dabei jedesmal zu verstehen gegeben, daß der Minister an dieser Angelegenheit sehr interessiert sei, man aber die komplizierte politische Lage berücksichtigen müsse.

Auch Monsieur Joinet, der Berater von Pierre Mamom, sei viermal aufgesucht worden, sowohl in der Suite des Ministerpräsidenten als auch in seiner

Wohnung. M. Joinet habe versprochen, daß der Prozeß gegen die beiden *Carlos*-Komplizen am 29. April 1982 gut ablaufen werde. Bei der Zusammensetzung des Gerichts sei »speziell« darauf Rücksicht genommen worden. Eine weitere Verabredung hatte Madame Vergès in Sachen *Lilly* und Bruno mit Monsieur Colliard, einem Regierungsdirektor im Kabinett Mitterand.

Herzogs Resümee zu dem Brief von *Carlos* an Deferre:

- Deferre habe in einem Interview geäußert, daß 18 bis 20 Personen für die Veröffentlichung des Briefes von Carlos verantwortlich seien. Diese hätten auch für ein Blutvergießen, das daraus entstehen könnte, die Verantwortung zu tragen.
- Die Publikation des Briefes von Carlos in der Zeitung sei eine Provokation der Rechten in der französischen Regierung.
- Die Regierung wäre nicht auf der Linie des Staatsapparates.
- Die Veröffentlichung des Briefes sei keine Sabotage der französischen Regierung, aber ihre Macht reiche nicht in den Apparat rechtsgerichteter Regierungskreise.
- Damit die Opposition in der französischen Regierung nicht sagen könne, die Organisation sei schwach, müsse die Gruppe mehr Druck auf den französischen Innenminister ausüben.
- Es müßten aber größere Aktionen sein, da Mitterand sich nichts daraus macht, wenn nur ein kleiner Diplomat dran glauben muß.
- Herzog ist sich nicht sicher, wie die französische Regierung darauf reagieren wird und ob es vielleicht doch besser wäre, wenn die Gruppe einlenkt.
- • Die französische Gruppe hätte auf die Entscheidung der Richter keinen Einfluß.
- Einen negativen Einfluß auf den Prozeßbeginn hätte der Terroranschlag in der RUE MARBEUF gehabt, dies sei auch durch L. JOINET nicht beeinflußbar gewesen.

Wie *Steve* weiter in seinen Aufzeichnungen festgehält, soll L. Joinet wegen seiner Kontakte zu Herzog und dessen Aktivitäten im Prozeß vom französischen Sicherheitsdienst überwacht worden sein. Deshalb habe er seine Verbindung zu Herzog abgebrochen. Kessous und Deferre wiederum stimmten nach dem Eindruck Herzogs überein, aus der Verhaftung der beiden Mitglieder der Carlos-Gruppe kein Problem entstehen zu lassen.

Kessous wurde von *Herzog* darauf verwiesen, sich mit den »Unterlagen dieser Geheimverhandlungen«, in denen Personen aufgeführt und Vereinbarungsvorschläge gemacht werden und die sich »mit Organisationen wie der unseren« befassen, vertraut zu machen. Zur Vermeidung von Mißverständnissen und furchtbarer Konsequenzen schlug Herzog vor, die Angelegenheit über einen direkten Kontakt mit der Gruppe in Beirut zu klären.

Herzog erweist sich auch anderweitig als brauchbarer Informant für die Carlos-Gruppe. So erfährt *Steve* ganz nebenbei, was ein Vertreter der französischen Regierung ausgeplaudert hat, nämlich daß der französische Geheimdienst »Direction Generale al la Securite Exterieur« (DGSE) Beziehungen zur PLO unterhalte und seine Informationen auch direkt von Yassir Arafat bekomme. Wegen der Probleme mit der Carlos-Gruppe sei es zwischen dem DGSE und der PLO noch zu keinem förmlichen Kontakt gekommen. Nach Herzogs Meinung gibt es allerdings zwischen Innenminister Deferre und Polizeichef Franceschi bezüglich der Beziehungen zu terroristischen Organisationen etliche Differenzen, die sich im Zusammenhang mit der Festnahme von *Lilly* und Bruno zugespitzt hätten.

An einer anderen Stelle hält *Steve* fest, wie er und Herzog den Prozeß gegen *Lilly* und Bruno bewerten. Dabei kommt er auf den französischen Helfer Michel Jaquat zu sprechen, der für das Anmieten eines PKW zuständig war und deshalb wegen Unterstützung der terroristischen Vereinigung um *Carlos* zu sechzehn Monaten Haft verurteilt wurde. *Steve* findet es besonders verwerflich, daß der von der Justiz in die Enge getriebene Jaquat die Namen von zwei weiteren Verbindungspersonen vor Gericht preisgegeben hat.

Bei dem zwei Tage andauernden Treffen mit Herzog in Berlin im Dezember 1982 erfährt *Steve* von einer geplanten Flucht *Lillys* und Brunos aus dem Gefängnis. Bruno soll mit Hilfe eines korrupten Wächters durch einen Tunnel des Abwassersystems entkommen. Doch er wird mißtrauisch und befürchtet, daß es sich dabei um eine geplante Aktion des französischen Geheimdienstes handele, bei der er »auf der Flucht erschossen« werden solle. Deshalb lehnt Bruno ab.

Lilly hingegen wird vorgeschlagen, sich ärztlich auf ihren physischen wie auch psychischen Gesundheitszustand hin untersuchen zu lassen. Damit glaubte man, die mögliche Arrangierung eines vorgetäuschten Selbstmordes auszuschließen. Mit der Konsultation des Arztes hätten außerdem Fluchtmöglichkeiten geschaffen werden können.

In beiden Fällen ist vorgesehen, die Mitglieder der Carlos-Gruppe nach dem Ausbruch mit gefälschten Pässen zu versehen und sie über die Schweiz oder Italien in den Nahen Osten, genauer gesagt, nach Damaskus zu bringen.

Die abenteuerlichen Pläne können aber nicht verwirklicht werden. Beide müssen zwei Drittel des Strafmaßes in der Haftanstalt verbüßen.

Nach dem Treffen mit Herzog und *Duke* in Berlin ist *Steve* noch recht optimistisch gestimmt und glaubt, daß die Verhandlungen der Anwälte mit der französischen Regierung erfolgreich verlaufen werden. Er geht davon aus, daß man *Lilly* und Bruno in aller Stille und ohne die Öffentlichkeit zu informieren in ein arabisches Land abschieben werde. Für alle Fälle beginnt er dennoch gleich nach dem Treffen im Dezember 1982 erneut mit der Planung terroristischer Anschläge. Er beauftragt seinen arabischen Freund Abul Hakam und die deutschen Gruppenmitglieder *Tina* und *Kay* mit der Ausspähung französischer Anschlagsziele in Westberlin. Auf seiner Prioritätenliste ganz oben steht das französische Kulturzentrum »Maison de France« in der Fasanen-/Ecke Uhlandstraße. Als nächstes folgen die Wohnung eines französischen Generals und eine Kaserne der in Westberlin stationierten französischen Armee. Außerdem sollen Gruppenmitglieder und Verbindungspersonen in Frankreich besonders geeignete Ziele ausfindig machen. In einer Notiz, werden ein Hotel in Südfrankreich sowie weitere Gebäude an der französischen Mittelmeerküste erwähnt.

Auch auf diplomatischem Weg werden Versuche unternommen. *Steve* bemüht sich, syrische Stellen in die Geheimverhandlungen mit einzubeziehen. Er erreicht, daß führende Leute um Rifat al-Assad, dem einflußreichen Bruder des syrischen Präsidenten Hafiz al-Assad, versuchen im Auftrag der Carlos-Gruppe bei den französischen Sicherheitsbehörden wegen Magdalena Kopp und Bruno Breguet vorstellig zu werden.

Bis Juli 1983 bleiben die von *Steve* mittels der Anwälte und der Syrer entfachten Aktivitäten ohne sichtbare Ergebnisse. Für die Geheimdienstbeobachter in Osteuropa, die ihre Erfahrungen regelmäßig austauschen, sind keine Handlungen erkennbar, aus denen sich Vorbereitungen für terroristischen Aktivitäten hätten ableiten lassen. Es ist relativ ruhig. Doch Mitte Juli explodiert auf dem Pariser Flughafen Orly am Abfertigungsschalter der türkischen Fluggesellschaft Turkish Airlines ein Sprengsatz mit verheerender Wirkung. Urheber ist die armenische Terrorgruppe ASALA. Dies ist offensichtlich auch für *Steve* das Signal, mit den Vorbereitungen des Anschlags auf das »Maison de France« zu beginnen. Von einem ihm bekannten Staatssicherheits-Offizier fordert er die Herausgabe des beschlagnahmten Sprengstoffs. Da die Gruppe seit Mai 1982 keine Anschläge mehr begangen hat, stößt das erneute Ansinnen nicht mehr auf prinzipielle Ablehnung. Das Eis scheint gebrochen.

Im Juli 1983 ist die Ostberliner Staatssicherheit noch zögerlich. Doch die sonst sehr mißtrauischen Mielke-Mannen werden langsam gutgläubig und beginnen, *Steves* Raffinesse und Hinterhältigkeit zu unterschätzen. Er gaukelt den ostdeutschen Aufpassern vor, die Verhandlungen über die Freilassung von Magdalena Kopp und Bruno Breguet stünden kurz vor dem Abschluß.

Um sie diesbezüglich zu täuschen, richtet *Steve* an seine Gesprächspartner die Bitte, sie möchten Kopp und Breguet nach ihrer Freilassung erlauben, über den Ostberliner Flughafen Schönefeld nach Damaskus zu reisen. Das klingt logisch, denn wenn man nach einer Abschiebung der beiden Terroristen aus Frankreich die Spuren so schnell wie möglich verwischen will, dann ist das über Ostberlin am besten möglich. Auch weil die Stasi mittels der im Hotel sorgsam verteilten Wanzen Details von den Verhandlungen mit der französischen Regierung erfahren hat, erscheint den Verhandlungsführern aus der Normannenstraße *Steves* Version einleuchtend.

Andererseits beteuert *Steve*, er werde die Tasche mit dem Sprengstoff sofort nach der Übergabe in die syrische Botschaft bringen, damit sie von dort als Diplomatengepäck nach Syrien befördert werde. Auch diese Behauptung scheint plausibel. Denn dem Ministerium für Staatssicherheit ist bekannt, daß in der syrischen Botschaft in Ostberlin schon seit Anfang 1982 im großen Umfang Waffen und Sprengmittel gelagert werden und daß es trotzdem zu keinem der von der DDR so sehr gefürchteten Anschläge gekommen ist.

Es gibt auch genügend Beweise über Materialtransporte syrischer Diplomaten für die Carlos-Gruppe, ohne daß dabei DDR-Interessen verletzt worden sind. *Steve* beteuert, keine Anschläge auf dem Territorium der DDR oder von deren Gebiet aus gegen andere Staaten zu verüben. Gleichzeitig verweist er darauf, daß die Gruppe weltweit seit über einem Jahr keine Terrorakte begangen habe.

Wegen der engen Beziehung der Carlos-Gruppe zum syrischen Geheimdienst fühlen sich DDR-Organe fast genötigt, mit den Terroristen zu kooperieren, solange eigene Interessen nicht verletzt oder gefährdet werden. Syrien ist im Ost-West-Verhältnis und im Nahostkonflikt für den gesamten Ostblock ein wichtiger Faktor. Das wissen *Steve* und er wußte das auszunutzen. Wie der Leiter der für den Terrorismus zuständigen Abteilung XXII, Oberst Günter Jäckel, im Prozeß gegen seinen Untergebenen Helmut Voigt erklärt, löst man ein solches Problem, indem man die Verantwortung im Umgang mit terroristischen Organisationen der jeweiligen Botschaft überträgt.

Im vorliegenden Falle hält sich das MfS an die Syrer und übergibt deren Ostberliner Botschaft offiziell den Sprengstoff. Selbstverständlich werden die

Syrer gleichzeitig aufgefordert, nicht nur die Gesetze der DDR, sondern auch die internationalen Bestimmungen im Umgang mit Waffen und Sprengmitteln zu beachten. Wie sehr man sich darauf verlassen kann, erweist sich am 25. August, als mit diesem Sprengstoff das »Maison de France« in die Luft gejagt wird.

Unter dem Stichwort »Operation Berlin« notiert *Steve* später »... was Helmut betrifft, so ist es klar, daß wir sie vor allem durch die solidarische Hilfe von Nabil austricksen konnten ...«

Der 1994 in Berlin verurteilte MfS-Offizier Helmut Voigt ist der zuständige Hüter für die Carlos-Gruppe. Ihm entgeht nichts. Das ist auch *Steve* nach langjährigem Umgang mit Voigt bestens bekannt. Um Vorgänge zu verschleiern, benutzt er in seinen Mitteilungen und Aufzeichnungen den Namen »Helmut«, auch wenn das gesamte MfS gemeint ist. Nabil Shritha ist der dritte Sekretär der syrischen Botschaft und stellt sich nach dem Zusammenbruch der DDR freiwillig den deutschen Behörden, um im Prozeß gegen Voigt auszusagen.

Was die ungarischen Behörden Anfang 1984 ihren damaligen Freunden und Brüdern in der für Terrorismus zuständigen MfS-Abteilung XXII in Ostberlin an Unterlagen und vor allem an Erkenntnissen über den Bombenanschlag auf das »Maison de France« in Westberlin übermitteln, versetzt diese in Wut. Es gibt den letzten Ausschlag für den Hinauswurf der Carlos-Gruppe aus der DDR. Auch in anderen Ländern des Ostblocks müssen *Steve* und seine Komplizen auf Betreiben des ostdeutschen Geheimdienstes nun langsam das Feld räumen. Denn die Untersuchungen der Staatssicherheit in der DDR ergeben, daß *Carlos* zwar der geistige Vater und der Anstifter, die treibende Kraft allerdings Johannes Weinrich ist. Er, Abul Hakam und der Libanese Mustafa El-Sibai sind für den Anschlag in Westberlin direkt verantwortlich.

Zu diesem Ergebnis gelangt auch der Richter im Berliner Prozeß gegen den Stasi-Oberstleutnant Helmut Voigt. Ob es sich allerdings um denselben Sprengstoff gehandelt habe, den das MfS Weinrich ausgehändigt hat, bleibt zwar ungeklärt, aber nach Lage der Dinge nicht auszuschließen. Es steht fest, daß die syrische Botschaft behilflich war, den Anschlag durchzuführen. Auch das damalige Ministerium für Staatssicherheit hat nach Auffassung des Gerichts mit der Übergabe des Sprengstoffs an Weinrich Voraussetzungen für die Realisierung des Anschlags geschaffen.

Der Ex-Stasi-Oberstleutnant Helmut Voigt wird vom Landgericht Berlin zu vier Jahren Freiheitsstrafe verurteilt. Der Hauptbelastungszeuge im Prozeß, der ehemalige Stasi-Mitarbeiter Wilhelm Borostowski, wird nach der Anhörung ebenfalls angeklagt und wartet auf seinen Prozeß. Der Syrer Nabil Shritah, der ehemalige dritte Sekretär der syrischen Botschaft in der ehemaligen DDR, wird nach seiner mysteriösen Festnahme im Januar 1994 wieder aus der Untersuchungshaft entlassen, obwohl er, wenn alles mit rechten Dingen zugehen würde, ebenfalls wegen Beihilfe zum Mord auf die Anklagebank gehört hätte.

Es ist davon auszugehen, daß das »Maison de France« auch Bestandteil der Anklage gegen den seit 15. August 1994 in französischer Haft einsitzenden Ramirez Ilich Sanchez alias *Carlos* sein wird. Der eigenliche Bombenleger, der Libanese Mustafa El-Sibai ist – glaubt man dem Totenschein – nicht mehr unter den Lebenden. Es gibt allerdings daraus berechtigte Zweifel. Einen Totenschein im Libanon zu beschaffen ist nicht allzu schwer. Unbehelligt bleibt auch Abul Hakam, er ist bislang unauffindbar.

Auch bei den drei nachfolgenden, zum Teil sehr schweren Anschlägen in Marseille, auf das französische Kulturzentrum in Tropolis und auf das französische Luft- und Raumfahrtzentrum in der Nähe von Paris ist *Carlos* derDrahtzieher. *Steve* und Abul Hakam erledigen die Arbeit an der Front. In diesen Fällen bedienen sie sich unter anderem der »korsischen Befreiungsfront« (FNLC), die für die Unabhängigkeit Korsikas und eine Loslösung von Frankreich eintritt. *Steve* und Abul Hakam sorgen auch in diesem Fall dafür, daß die entsprechenden Informationen an die Presse gelangen. Abul Hakam, so wird von der Staatssicherheit später ermittelt, spielt nach dem Anschlag auf das »Maison de France« den Briefboten. Den an die französische Nachrichtenagentur *AFP* gerichteten Bekennerbrief bringt er persönlich über die innerdeutsche Grenze zu einem Briefkasten in Westberlin.

Der Druck in Osteuropa mit »abgestimmten Repressionsmaßnahmen gegen die Gruppe« wird immer stärker. Als *Steve* auf die neue Frostigkeit der Ostgeheimdienste angesprochen wird, kehrt er noch den Optimisten heraus: »Die französische Regierung lenkt ein und wird unsere Genossen vorzeitig freilassen.« Kleinlaut hingegen werden die syrischen Helfer. Wohl mehr von Selbstüberschätzung geleitet als von Überzeugungskraft erklären Vertreter des syrischen Geheimdienstes in Ostberlin: »Wir haben *Steve* und *Carlos* verboten, weitere Anschläge gegen Frankreich zu begehen.«

Nach der blutigen Anschlagserie zwischen 1981 und 1984 beginnt die DDR und vor allem das Ministerium für Staatssicherheit langsam, aber konsequent den Abbruch der Beziehungen. Von September 1984 an sind für *Steve* und all seine Verbindungsleute sowohl aus der Bundesrepublik wie auch aus Spanien, der Schweiz, Frankreich und dem arabischen Raum die Grenzen der

DDR dicht. Damit ist ein wichtiges Aufenthalts- und Transitland für die Anbahnung terroristischer Operationen verloren. Dem Beispiel schließen sich 1984/85 Bulgarien, die CSSR und die Sowjetunion an. Die Zeiten, in denen der internationale Terrorismus im Ost-West-Konflikt vor allem für das kommunistische Europa noch eine Rolle spielte, gehen mit der Gorbatschowschen Entspannungspolitik zu Ende. Als *Carlos* und *Steve* auch noch ihre Hauptbase in Ungarn verlassen müssen, sind bedeutende Teile der terroristischen Logistik verloren.

Nach dem Bombenterror gegen Frankreich steht *Steve* vor weiteren Problemen. Er traut sich nicht mehr, in westeuropäische Länder zu reisen. Zu Beginn der achtziger Jahre hat er sich noch unbefangen in Österreich, Italien oder auch in Spanien bewegt. Wegen der eingeschänkten Reisemöglichkeiten leidet die bislang regelmäßige Kommunikation mit Unterstützern und Sympathisanten vor allem aus den Reihen der Revolutionären Zellen in der Bundesrepublik. Der Terror gegen Frankreich, bei dem zahlreiche unschuldige Opfer zu beklagen waren, mißfällt der Szene. Diese Politik habe mit dem stets beteuerten »revolutionären militanten Widerstand« nichts zu tun. Eine Reihe von ehemaligen bereitwilligen Unterstützern wenden sich endgültig von *Steve* ab und sind nicht mehr bereit, mittelbar oder unmittelbar zu helfen. Hierzu zählen auch die einst zuverlässigen Kontaktpersonen Barbara, Max und Jürgen.

In der RZ-Szene entzündet sich die Diskussion wieder an der Frage der bewaffneten Gewalt. Die Positionen, die Aktionen auf den Rahmen der Bundesrepublik beschränken wollen, finden größeren Zuspruch als zuvor. *Steve* kann sich nur noch auf ein paar wenige Hardliner verlassen wie Thomas Kram, Uwe Krombach, Albartus und Götting.

Aus eigenen schlechten Erfahrungen mit *Steve*, aber auch auf ständiges Drängen der Ostgeheimdienste wenden sich sogar die Anführer der meisten Palästinenserorganisationen von *Carlos* ab. Sogar die PFLP unter George Habbash ist nicht mehr bereit, sich für *Steve* und seine Leute einzusetzen. Selbst so abgebrühte Terroristen wie Abu Nidal alias Sabri al-Banna und Abu Abbas alias Mohammed Zaidan gehen auf Distanz. Mit den beiden Abtrünnigen von Arafats Al-Fatah hat es gelegentlich Berührungspunkte gegeben. Eine Ausnahme in der Ablehnungsfront machte die palästinensische Geheimdienstorganisation »Vereinigte PLO-Sicherheit« unter Abu Iyad alias Salah Khalaf.

Er erneuert gegenüber der Carlos-Gruppe 1983 das Kooperations- und Kontaktangebot seiner Organisation. Abu Iyad, dessen Schläue bei Geheimdienstlern notorisch ist, geht es bei dieser Partnerschaft kaum um eine ehrliche und ausbaufähige Beziehung. Sein Plan ist es vielmehr, die ramponierte und logistisch geschwächte Carlos-Gruppe unter seiner Kontrolle zu wissen. Vielleicht läßt sich diese gelegentlich in seinem Sinne als Trumpfkarte einsetzen, sowohl gegen Frankreich wie gegen die Ostgeheimdienste. In solchem Kalkül liegt wohl auch der Grund, aus dem Abu Iyad *Steve* den brieflichen Vorschlag macht, sich mit ihm außerhalb des Ostblocks zu treffen. Von der Begegnung wie einem eventuellen Deal sollen die dortigen Behörden nichts erfahren.

Abu Iyad, mit seinen vielseitigen Beziehungen, könnte aber auch noch etwas anderes im Schilde geführt haben. Wie der BND-Spezialist Erich Schmidt-Eenboom zu berichten weiß, war der Sicherheitschef der PLO öfters auch zu Gast beim BKA. Zwischen 1979 und 1984/85 kam der palästinensische Nachrichtendienstler unter der Führung von Abu Iyad mehrfach zu Gesprächen nach Wiesbaden. Der Bundesnachrichtendienst, so Schmidt-Eenboom, »nutzte die Chance, sich in die Besprechungen beim BKA einzuklinken.« Es müßte mit dem Teufel zugehen, wenn bei diesen Besprächungen das Thema *Carlos* und *Steve* ausgeklammert worden wäre.

Mit dem Jahr 1985 beginnen für *Steve* und seine Kumpanen schwere Zeiten. Bis dahin haben die verschiedensten Geheimdienste das terroristische Agieren der Gruppe geduldet und unterstützt. Der politische Poker im Nahostkonflikt vor allem mit den arabischen Staaten und der bis 1989 bestehende Ost-West-Gegensatz bot den Terroristen Freiräume und Aktionsfelder, die sie eiskalt ausnutzten. Im nachhinein wirkt es geradezu pervers, daß die meistgesuchten Attentäter der Welt mit unübersehbaren Scharen von Geheimdienstmitarbeitern und Geheimdienstagenten manchmal geradezu freundschaftlichen Verkehr hatten.

Die linke militante Szene wiederum hat ihren Sproß Hannes Weinrich ob solcher Verbindungen allzu lange als Held bewundert, ohne zu merken, daß auch sie im internationalen Kräftespiel letztlich eine fremdbestimmte, untergeordnete Figur war. Insbesondere im Nahen Osten ging es nicht mehr um Menschenrechte und ähnliche edle Ziele, sondern um Vorherrschaft, Einfluß und Machtpfründe, für die alles eingesetzt wurde: blindwütiger Terror, Korruption, Waffengeschäfte, Geiselnahme und Kriegsverherrlichung. *Carlos* und *Steve* betrieben das Geschäft mit dem Tod bis zum Exzeß. Aber auch sie waren nur eine Schraube für die, die auf diesem mörderischen Terrain ein noch größeres Rad drehten.

Logistischer Rettungsanker: Jugoslawien

Für die Logistik der Gruppe »Internationale Revolutionäre« und speziell für die Mobilität von *Steve,* der als Europabeauftragter darauf angewiesen ist, schnell zu reagieren und viel zu reisen, spielt Jugoslawien schon seit 1980 eine wichtige Rolle. Von hier aus gibt es günstige Flugverbindungen in den Nahen Osten sowie die gut ausgebauten und wenig kontrollierten Straßen- und Eisenbahngrenzübergänge nach Italien und Griechenland, die vorteilhaft für den Transport von Waffen, Sprengstoff und anderem Gerät sind. Die Grenzen Jugoslawiens werden auch gerne für den geheimen Personentransfer aus dem Ostblock ins Gebiet der Europäischen Gemeinschaft genutzt.

Anfänglich bedient sich *Steve* seiner guten Kontakte zur PLO, um mit ihrer Hilfe das Wohlwollen der jugoslawischen Beamten zu erlangen. Über diese Verbindungen erhält er die erforderlichen Visa und die Erlaubnis, sowohl in Hotels, als auch in Mietappartements jederzeit wohnen zu können. Da die jugoslawischen Grenzer außerdem die syrischen beziehungsweise die südjemenitischen Diplomatenpässe anerkennen, sind *Steve,* Abul Hakam und *Lilly* faktisch von jeglichen Zollkontrollen befreit.

Wenn sie von Belgrad aus mit dem PKW durch die jugoslawische Teilrepublik Slowenien nach Italien oder durch Mazedonien nach Griechenland reisen, so kümmert es niemanden, wenn der Kofferraum mit Waffen oder Sprengstoff vollgestopft ist. Solche Touren mit brisanter Konterbande wiederholen sich öfters. Als *Steve* die Beziehungen zur griechischen Terrorgruppe ELA ausdehnt und die meisten sozialistischen Staaten wegen der im April 1982 von *Carlos* angezettelten schweren Terrorakte gegen Frankreich zu der Gruppe auf Distanz gehen, nimmt die Bedeutung Jugoslawiens als Stützpunkt und als Übertrittsland in den Westen zu.

Die Rolle Jugoslawiens für die Logistik der Gruppe läßt sich an mehreren

Beispielen nachvollziehen. Als 1982 der Anschlag auf das Gebäude der in Paris ansässigen Zeitung *AL WATAN AL ARABI* verübt wird, ist das Auto in Jugoslawien angemietet worden. Als *Heidi* Fröhlich am 18. Juni 1987 in Rom mit einem Koffer voll Sprengstoff festgenommen wird, ist sie gerade aus Belgrad angereist. Zuvor ist sie mit *Steve* in Sofia beobachtet worden. In abgehörten Telefongesprächen fanden sich Hinweise, daß die Gruppe Waffen aus ihren Arsenalen in Ungarn und Rumänien nach Jugoslawien transportiert.

Wegen der günstigen Infrastruktur, die man in Jugoslawien antrifft und vor allem, weil man andernorts schon viel zu stark unter Beobachtung steht, fordert *Carlos* seinen Stellvertreter auf, zu den Behörden in Belgrad direkte Verbindung aufzunehmen. Dabei besteht er auf offiziellen Kontakten, um die Anwesenheit auf dem Balkan möglichst zu legalisieren. Die Erfahrungen, die der deutsche Terrorist Johannes Weinrich mit den Gastgebern schon nach kurzer Zeit macht, ermuntern ihn, die Beziehungen mit den Jugoslawen zu festigen. Über den Sachstand berichtet er *Carlos* 1984 in einem Brief:

»Der Kontakt bestand über »Neda«, die ehemalige Sekretärin unseres Anwalts. Ich bat sie, mich einflußreichen Personen vorzustellen. Ich wollte mit der Regierung sprechen, jedoch nicht über diplomatische Kanäle. Sie kennt einen Beamten, der 1976 am Flughafen beteiligt war, als sie Dich retteten. Er ist aber für derartige Angelegenheiten nicht mehr zuständig, so daß er mir also versprach, mit den zuständigen Leuten zu reden. Es dauerte also einige Wochen, bis ein anderer Beamter über das Mädchen mit mir Kontakt aufnahm.

Ich unterhielt mich – natürlich unter vier Augen – mit ihm über die folgenden Punkte:

– Vorstellung meiner Person (unter richtigem Namen) als Verantwortlicher unserer Organisation.

– Unser Wunsch, – organisatorisch – mit ihnen in Kontakt zu sein.

– Aufgrund der politischen Situation möchten wir eine Beziehung aufbauen...

Ich sprach längere Zeit über die politischen Gründe, die uns zu der Entscheidung veranlaßten, an sie heranzutreten... Und warum auf diesem Weg und nicht über die Palästinenser? Beispielsweise. Er hat nur eine Frage: Ob es sich bei der Annäherung um die einer Person oder die der Organisation handelte... Die Antwort war klar: Die der Organisation. Und er endete damit, daß er nicht so mächtig sei wie ich (und meinte damit die Zuständigkeit...) und daß er erneut mit mir Kontakt aufnehmen wird, nachdem er alles seinen Vorgesetzen unterbreitet hätte.«

Steve setzt einerseits auf alte Verbindungen und kalkuliert andererseits mit der offiziellen Haltung des »blockfreien« Jugoslawien, das seine Beziehungen zu arabischen Staaten wie Algerien, Libyen und dem Irak nicht unnötig belasten will. Von diesen Ländern ist bekannt, daß sie den internationalen Terrorismus unterstützen. *Carlos* profitiert davon bereits im September 1976, als er zusammen mit Hans-Joachim Klein festgenommen und nach offizieller Version mit einer Verwarnung davonkommt.

Einen Monat später, im Oktober 1976, werden Kurt Wollny und zwei weitere deutsche Terroristen kleineren Kalibers, einschlägig vorbestraft wegen verschiedener Bankeinbrüche, an die Bundesrepublik ausgeliefert. Die jugoslawischen Behörden haben sie in Dimitroffgrad am Grenzübergang nach Bulgarien geschnappt. Grundlage für dieses Vorgehen der Jugoslawen ist ein Auslieferungsabkommen aus dem Jahre 1974, das zwischen der Bundesrepublik und Jugoslawien den Austausch von Straffälligen regelt. Trotzdem: *Steves* Rechnung ist, wie er weiter berichtet, aufgegangen.

»Es dauerte zwei Wochen, bis er erneut mit dem Mädchen (Neda) Kontakt aufnahm. Diesmal wollte er aber von ihr nur mehr Einzelheiten wissen: Woher wir uns kennen, wo ich hier wohne etc..., wobei er unterstrich, daß sie mir nichts davon erzählen sollte. Er sagte ihr erneut, daß er sehr bald mit ihr Kontakt aufnehmen würde. Was er aber erst kürzlich tat, als ich nicht da war. Jetzt ist er in Urlaub, er müßte in diesen Tagen zurückkommen. Er bat um ein Treffen mit mir. Ich bin bezüglich des Kontaktes zuversichtlich. Da es Zeit in Anspruch nimmt, heißt es für mich:

– Entweder die uns betreffenden Fragen sind äußerst wichtig und werden an eine hochgradige Person weitergegeben,

– oder sie wollen herausfinden, wie begierig wir auf diese Beziehung sind.

Nun ja, bis jetzt habe ich nicht gedrängelt. Ich denke aber, daß ich in den nächsten Wochen etwas unternehmen werde. Ich habe im Obengenannten vergessen zu erwähnen, daß ich davon sprach, daß eine Beziehung mit ihnen von einem technischen Kontakt bis hin zu einer Zusammenarbeit reichen kann, je nachdem, was gewünscht wird ...

Ich warte jetzt auf das nächste Treffen. Je nachdem, wie ihre Antwort ausfällt, werde ich dann einen von Euch für das nächste Treffen hinzuziehen.

Bei allem, was hier um mich herum geschieht, ist mein Gefühl positiv. Sie lassen sich Zeit. Aber ich glaube, die Ergebnisse werden sehr ermutigend sein.

Ich möchte Deine Aufmerksamkeit auf das Folgende lenken:

– Die Frage hier ist (abgesehen von der Beziehung zu anderen) strategisch sehr wichtig für uns ...

– Gleichzeitig ist dieses Land recht offen und verwundbar etc. ...

– Wir müssen also jeden Versprecher und Fehler vermeiden, wodurch bei dem Feind durchsickern könnte, daß wir hier sind.

Deshalb habe ich allen Genossen, die von unserem Aufenthalt hier wissen, gesagt, daß sie sehr vorsichtig und diskret sein sollen.

Ich möchte, daß Du dort das gleiche tust: sage jedem, daß er vergessen soll, daß dieses Land existiert, und bitte erinnere Ali nochmals daran, daß er auf geselligen Treffen nicht seinen alten Fehler machen soll, indem er über Frauen und Preise in anderen Ländern spricht ...

(P.S.: Aus diesem Grund mochte ich das nicht, daß Du das Telefon unverschlüsselt an Lucia übergeben hast ...) Nun ja, der Schritt, um die Beziehung offiziell zu machen, ist getan und ich erwarte bald ihre Antwort. Die Lebensbedingungen sind besser und viel billiger als früher. Die anderen Leute wie Svetlana und Mille sehe ich überhaupt nicht mehr, für sie bin ich nach Damaskus abgereist.«

Im Herbst 1983 kommt es dann zu dem von *Steve* gewünschten offiziellen Kontakt mit den jugoslawischen Sicherheitsbehörden. Zwei Geheimdienstoffiziere der »Sluzba Drzavne Bezbednosti« (SDB) besprechen mit *Steve* zunächst Möglichkeiten und Umfang gegenseitiger Beziehungen auf der mit *Carlos* erörterten Basis. Die jugoslawischen Unterhändler, die für dieses Gespräch offensichtlich den Segen von oben erhalten haben, gewähren der Carlos-Gruppe die Duldung in Jugoslawien. Grundbedingung ist, daß der Aufenthalt der Terrororganisation auf jugoslawischem Territorium absolut geheimgehalten wird. Außerdem verlangen sie, illegale Waffentransporte zu unterlassen. *Steve* bleibt nichts anderes übrig als einzuwilligen, denn außer in Rumänien besitzen sie 1983/84 im ehemaligen Ostblock keine wirklich sichere Basis mehr.

Als die Jugoslawen allerdings erkennen, wie vielfältig *Steves* Kontakte zu terroristischen Gruppierungen und Untergrundorganisationen sind, verlangen sie für die großzügige »Gastfreundschaft« Gegenleistungen in Form von Informationen, speziell über Vorgänge in der Bundesrepublik und Westeuropa. Der jugoslawische Geheimdienst muß sich gegen »Staatsfeinde« jeglicher Couleur zur Wehr setzen; sowohl gegen orthodoxe Kommunisten, die sich gegen den ehemaligen Partisanen-Marschall Tito und später auch gegen seine Nachfolger mit »Sowjetfreunden« verschworen haben, aber auch gegen Systemkritiker, in erster Linie kroatischer Abstammung, die dem »blockfreien Vielvölkerstaat« aus dem Exil heraus zusetzen.

Mit dem Ansinnen, für den jugoslawischen Geheimdienst Spitzelaufträge zu erledigen, hat *Steve* keine großen Probleme. Informationen gehören mit zum Kapital, das der Gruppe hilft, zu überleben. Für *Steve* gibt es nur eine einzige Einschränkung. Mit Interna über die eigene und über befreundete Organisationen halten sie es wie auch gegenüber anderen Geheimdiensten: Hier ist absolutes Stillschweigen angesagt. Für anderweitige Erkundungsaufträge kann die Carlos-Gruppe einen großen Bekanntenkreis in der Bundesrepublik, der Schweiz, in Frankreich, Spanien und Griechenland je nach Bedarf aktivieren.

So sieht *Steve* auch keine Probleme, als sich der jugoslawische Geheimdienst nach einem im deutschen Exil lebenden Kroaten namens Zeljko Susak erkundigt, obwohl dieser Beziehungen zu linksextremistischen Gruppen hat. Susak wird in Jugoslawien wegen Mordes gesucht. Wie *Steve* sehr schnell herausfindet, arbeitet Susak für den berüchtigten Versicherungsdetektiv und zwielichtigen V-Mann Werner Mauss alias Lange alias Claude alias Richard Nelson.

Seine Sporen verdiente sich Mauss, als er 1976 das gesuchte RAF-Mitglied Rolf Pohle in Athen aufstöberte. Pohle, einer der fünf deutschen Terroristen, die im März 1975 von der »Bewegung 2. Juni« freigepreßt und anschließend nach Südjemen ausgeflogen worden sind, wo sie im Stützpunkt der palästinensischen Terrororganisation PFLP-SO aufgenommen wurden, hielt es nicht lange in dem Wüstenstaat aus Er begab sich im Mai des darauffolgenden Jahres nach Griechenland. Dort schnappte für ihn die »Maussefalle« zu. Für den V-Mann mehr als ein Glücksfall, denn er avancierte, wie der »Stern« im November 1987 berichtet, zum »begabten Terroristenjäger«, ausgestattet mit dickem Konto, gespendet von Firmen, die sich auf ihre Weise für die Bekämpfung des Terrorismus engagieren:

200000 Mark – HUK-Verband
50000 Mark – Veba-Konzern in Düsseldorf
100000 Mark – Friedrich Flick Verwaltungsgesellschaft
50000 Mark – Dresdner Bank
250000 Mark – Bundesregierung

Die Zusammenarbeit zwischen dem V-Mann Werner Mauss und dem in Jugoslawien wegen Mordes gesuchten Zelkjo Susak wird in der Bundesrepublik erstmals 1989 im Untersuchungsausschuß des niedersächsischen Landesparlaments bekannt. Der skandalumwitterte Geheimagent ist von BKA und Landesverfassungsschutz beauftragt worden, unter dem Decknamen »Operation Neuland« V-Leute, am besten mit krimineller Vergangenheit, in den terroristischen Untergrund einzuschleusen. Wie der Name sagt, begeben sich Mauss und seine Auftraggeber in der Tat auf »Neuland«. Der öffentlichkeitsscheue Mauss empfiehlt unter anderem, den kriminellen Kroaten Susak anzuheuern, der zu dieser Zeit über Kontakte zur linken Frankfurter Szene verfügt.

Vorrangige Aufgabe von Zelkjo Susak soll sein, die militanten Gruppen in Westdeutschland, an die schwer heranzukommen ist, zu unterwandern, um sie auf diese Weise zu überwachen. Um den Mitwirkenden der »Operation Neuland« auch eine glaubhafte Legende zu verschaffen, werden Susak und zwei weitere V-Leute über ein Ausbildungslager in Algerien an die Terroristen herangeführt, wie ein ehemaliger Verfassungsschutzmann Anfang 1989 aussagt. Der Name des V-Mannes Susak erscheint ein allererstes Mal im Juni 1987 in der linken *tageszeitung*.

Steve weiß schon Anfang der achtziger Jahre über Susaks heimliche Beziehungen zu Werner Mauss Bescheid. Aus den Reihen der Revolutionären Zellen erfährt er frühzeitig, daß sich der in Agententätigkeit versierte Kroate sehr bald das Vertrauen einiger Akteure aus dem linksextremistischen Spektrum erworben hat. Er hat es vor allem auf Gruppierungen in Nord- und Westdeutschland abgesehen. Um sich interessant zu machen, versorgt er einige Leute mit gefälschten Reisepässen und anderweitigen Dokumenten. Solche Dinge sind immer gefragt. Darin kennt er sich aus. Gleichzeitig beschafft sich Susak exzellente Informationen über die militante Szene, die er kurze Zeit darauf seinen Auftraggebern liefert.

Das BKA und das Landesamt für Verfassungsschutz sind darüber so erbaut, daß sie beschließen, noch einen Schritt weiterzugehen und den kriminellen Kroaten als »agent provokateur« einzusetzen. Mauss kann das nicht mehr alleine steuern. Dazu ist auch die Hilfe der Verfassungsschützer notwendig. Der eifrige Terroristenjäger und die Eingeweihten der niedersächsischen »Schlapphut«-Abteilung sehen zu, wie sich der Jugoslawe über geltende deutsche Gesetze hinwegsetzt. So läßt er zum Beispiel von Angehörigen der linken Szene in Frankfurt für sich Pistolen aufbewahren. In zwei weiteren Fällen hat er bei Personen, die der Verfassungsschutz selbst zum gefährlichen Umfeld der Revolutionären Zellen gerechnet hat, Sprengstoff deponiert. Sogar bei seiner damaligen Freundin lagert er vorübergehend ein Dreikilopaket hochexplosiven Sprengstoffs.

Soweit spielt Susak die Doppelrolle für seine Auftraggeber zufriedenstellend. Das nächste und dunkelste Kapitel im makabren Geheimdienstspiel »Operation Neuland« ist der Plan, selbst Terroranschläge vorzutäuschen. Mit dem Segen des Landesamtes für Verfassungsschutz und weiteren Helfern verübt er im Juli 1978 den berüchtigten Sprengstoffanschlag auf die Mauer der Strafanstalt Celle, durch den ein 50 Zentimeter großes Loch in die Befestigung gerissen wird. Dieser fingierte und für das Ansehen der Ermittlungsbehörden folgenschwere Anschlag, der unter der Bezeichnung »Celler Loch« in die Geschichte eingegangen ist, soll Terroristen untergeschoben werden, einerseits um schärfere Gesetze durchzubringen, andererseits um Susak und einem weiteren V-Mann die Chancen für den Eintritt in die Terroristenszene zu erhöhen.

Die vom Verfassungsschutz beauftragten Bombenleger sollen das Vertrauen des damals in Celle einsitzenden Sigurd Debus erschleichen, den der langjährige Kenner der Terrorismus-Szene Werner Kahl in seinem Buch *Vorsicht Schußwaffen* als »Randfigur« bezeichnet hat. Debus hat wegen Unterstützung einer kriminellen Vereinigung eine zwölfjährige Gefängnisstrafe zu verbüßen. Der Leiter der Vollzugsanstalt, Paul Kühling, berichtet wenige Tage nach dem Zwischenfall, daß bereits im November 1975 eine Sprengladung an einem Holztor gezündet wurde.

Die Informationen über den Kroaten Zelkjo Susak erhält *Steve* von deutschen RZ-Mitgliedern. So kann er sie schon frühzeitig dem interessierten jugoslawischen Geheimdienst SDB übermitteln. Auch in diesem Fall zeigt sich wieder, wie wertvoll für *Carlos* und *Steve* der ständige Informationsaustausch mit den RZ war. Denn mit solchen schwer zugänglichen Nachrichten können sie bei ihren Gesprächspartnern nicht nur Eindruck schinden, sondern diese auch immer wieder von ihrer Unentbehrlichkeit überzeugen. Der legale Status, den sich die sonst im Untergrund operierenden RZ erhalten haben, erlaubte ihnen, Ereignisse und Sachverhalte auszuspionieren; Nachrichten, mit denen sich *Steve* und seine Komplizen immer wieder vom neuen das Wohlwollen von Geheimdiensten erkaufen können. Aber auch die RZ profitieren von dem Informationsaustausch. Durch das Interesse Belgrads sind auch die Revolutionären Zellen rechtzeitig gewarnt, und die spektakuläre *Operation Neuland* wird schließlich ein Schuß ins Leere.

Was die erstaunten Jugoslawen mit den präzisen Informationen über Susaks Verhältnis zu Mauss vorhaben, ist *Steve* völlig egal. Er nutzte die Gelegenheit, seine Gesprächspartner von der Notwendigkeit einer engeren Zusammenarbeit zu überzeugen. Seiner Meinung nach wäre es legitim gewesen, wenn der jugoslawische Geheimdienst, die »Sluzba Drzavne Bezbednosti«, trotz des Auslieferungsabkommens mit der Bundesrepublik deutsche und internationale Terroristen auf dem Balkan gewähren ließe.

Er erinnert sie an das Verhalten der Bundesregierung 1978, als Belgrad vier Mitglieder der »Roten Armee Fraktion« gegen in Deutschland lebende Emigranten austauscht, die wegen terroristischer Akte gegen Jugoslawien straffällig geworden waren, wie es nach offizieller Lesart heißt. Die »Tauschobjekte« von jugoslawischer Seite waren Brigitte Mohnhaupt, Sieglinde Hoffmann, Rolf-Clemens Wagner und Peter Jürgen Boock. Sie waren vorübergehend in Jugoslawien untergetaucht. Die Sicherheitsbeamten der SDB entdeckten sie, nachdem Verwandte sowie Familienangehörige der »Baader-Meinhof-Gruppe« (Anneliese Baader geb. Kröcher, Wibke Zitslaff geb. Meinhof und Ilse Ensslin geb. Hummel) mit ihnen Kontakt aufgenommen haben, offensichtlich um bei den Botschaften der DDR oder Albaniens vorzusprechen.

Die drei Frauen wurden in eine Lufthansa-Maschine nach Frankfurt gesetzt und abgeschoben und die gesuchten Terroristen anschließend festgenommen. Den hochkarätigen Fang boten die jugoslawischen Behörden als Tauschobjekt für vier gesuchte »kriminelle« Exil-Jugoslawen, die in Wirklichkeit Mitglieder von Emigrantenorganisationen waren, die den Tito-Staat bekämpften. Als die BRD auf das Ersuchen aus Belgrad nicht reagierte und Bonn die gewünschte Auslieferung der vier Personen verweigerte, ließen die jugoslawischen Behörden die RAF-Mitglieder in ein Land ihrer Wahl, natürlich in den Irak, ausreisen.

An diesem Beispiel demonstriert *Steve* den Geheimdienstoffizieren, daß die BRD in erster Linie eigene Interessen verfolge und sich um die Kriminalitätsprobleme anderer Länder wenig kümmere, sogar »Straftäter«, wie es *Steve* nennt, in Schutz nehme. Wenn Bonn nicht wolle, helfe auch ein Auslieferungsabkommen nicht weiter. Daher, so meint *Steve,* könne auch Jugoslawien kein Vorwurf gemacht werden, wenn es die Carlos-Gruppe auf seinem Territorium dulde oder gar unterstütze. Für wohlwollende Duldung und konkrete Hilfe erklärt sich *Steve* bereit, bei der Realisierung eigener Aktionen die Sicherheits- und Geheimdienstinteressen der Gastgeber zu respektieren.

Solche Argumente verfehlen ihre Wirkung nicht. Der Gruppe werden in Jugoslawien tatsächlich Arbeitsmöglichkeiten und ein freizügiger Aufenthalt eingeräumt. Nicht nur in Belgrad, sondern auch in Zagreb errichtete *Steve* für sich und seine Mitkämpfer einen neuen territorialen Stützpunkt. Die kroatische Hauptstadt ist wegen des internationalen Flughafens für die Gruppe besonders interessant. Außerdem verfügt sie über gute Straßen- und Eisenbahnverbindungen und ist somit ein wichtiger Knotenpunkt für den Ost-West-Verkehr. Mit dem Zagreber Stützpunkt verbessern sich die Möglichkeiten zur Ausarbeitung militanter Operationen erheblich. In Belgrad hingegen repräsentiert die Gruppe. Anlaufstelle ist das Hotel »Slavia«. Dort trifft man sich mit offiziellen Gesprächspartnern, aber auch mit Verbindungspersonen anderer internationaler Terrororganisationen.

In Jugoslawien finden *Steve* vor allem auch die Zusammenkünfte mit den Vertretern der griechischen Terrorgruppe ELA, und mit ihrem Anführer mit dem Decknamen *Philippe* statt. In Belgrad wird der Anschlag mit einer Autobombe auf die Fahrzeugkolonne der Saudischen Botschaft in Athen ausgeheckt. Auch die geplante Geiselnahme zur Freipressung pakistanischer Häftlinge können *Steve* und der Anführer der »Al Zulfikar-Organisation«, Murtaza, in aller Ruhe im sicheren jugoslawischen Domizil besprechen. Und der ELA-Akteur Nicolo reist aus Athen nach Belgrad, um die von *Steve* und *Carlos* zugesagten Waffen abzuholen.

Als Magdalena Kopp, genannt *Lilly*, und Bruno Breguet in Frankreich festgenommen werden, und das Gruppenmitglied *Heidi* Fröhlich von der Polizei in Rom mit einem Koffer voll Waffen und Sprengstoff geschnappt wird, sind Anwälte nötig. Es gibt nicht viele, denen *Carlos* vertrauen kann. In Frage kommen der französische Staradvokat Jacques Vergès, der 1994 die Verteidigung von *Carlos* nach dessen Festnahme im Sudan übernehmen wird und der Schweizer Anwalt Bernhard Rambert. In der Zeit von 1982 bis 1986 treffen sie sich mit *Steve* sehr häufig an den jugoslawischen Stützpunkten Belgrad oder Zagreb. Die Rechtsanwälte gehören zu den wenigen, die das Privileg haben, mit *Steve* auch in Zagreb zusammenzukommen.

In diesem Zusammenhang schreibt *Steve* in einem Brief an seinen Komplizen *Carlos:*

> »Wir hatten große Schwierigkeiten, für Heidi einen geeigneten italienischen Anwalt zu finden. Die alte Sache, über die wir bei unserem letzten Treffen sprachen, hat nicht geklappt. Ich war in der letzten Zeit etwas hart mit Jacques und Bernhard. Seitdem habe ich den Eindruck, daß sie jetzt gute Arbeit leisten. Schließlich hat Bernhard aber doch noch einen Italiener gefunden, dem man vertrauen kann, und er hat wirklich hart daran gearbeitet.
>
> Der Mann hat einen guten Namen, und vor zwei Tagen habe ich erfahren, daß er schließlich das Mandat angenommen hat. Er heißt Aldo Perla Torino.

Bernhard wird ihn auf den ersten Besuch bei Heidi vorbereiten, der jetzt bald stattfinden könnte. Dann haben wir geplant, daß Aldo und Bernhard zu mir kommen, um alles für die Verhandlung abschließend zu regeln, wenn das möglich ist, ansonsten wird Bernhard alleine kommen.

Die Richtlinie für die Verhandlung wird so sein, wie Du und ich das beim letzten Mal besprochen haben – ›Transit-Erklärung‹«.

Parallel dazu wird Jacques mit der italienischen Regierung Kontakt aufnehmen (oder er hat es bereits getan, aber soweit ich darüber informiert wurde, wird er es am kommenden Donnerstag tun ...). Er wird mich am 10.9.82 besuchen kommen.

Mit Aldo bin ich jetzt zuversichtlich – endlich! – ,daß wir den Fall unter Kontrolle bekommen und eine direkte Verbindung zu Heidi haben.«

Steve und *Carlos* genügt es nicht, die Verteidigungsstrategie der einsitzenden Mitglieder nur den Anwälten zu überlassen. Sie versuchen auch, sich mit Verunsicherung und Intrigen einzumischen. So versucht *Steve,* an Informationen über François de Grossouvre, den Sicherheitsbeauftragten im Elysée-Palast, zu gelangen. Anlaß sind Hinweise, daß der starke Mann im Hintergrund – stärker als Franceschi – in umfangreiche Privatgeschäfte mit dem libanesischen Präsidenten Amin Gemayel verwickelt gewesen sein soll. *Carlos* sollte deshalb für *Steve* mehr darüber in Erfahrung bringen. »Vielleicht können wir in Zukunft zuschlagen.« »Die Neuigkeiten über den französischen Botschafter«, so *Steves* Schilderung, »stammen von einem Geschäftsmann, der für Grossouvre im Libanon tätig war.« *Steve* fährt in seinem Brief an *Carlos* fort:

»Er ist überzeugt, daß die Botschaft unser Werk war und war sehr wütend auf Cheysson.

Er zittert, wenn er unseren Namen hört.

Jacques kommt jetzt jeden Monat auf einen Tag nach Belgrad. Es war sein Vorschlag. Bei seinen Besuchen hier wird er (von den jugoslawischen Sicherheitsbehörden) etwas Deckung bekommen.

Zu Jacques: Er kann jetzt, ohne jegliche Probleme, auch direkt nach Damaskus reisen. Er war in eine Sache mit einem Tunesier verwickelt, den die Franzosen nach Tunis ausweisen wollten, etc. Schließlich waren die Syrer dann doch bereit, ihn einreisen zu lassen. Jacques hat dies durch die Botschaft in Paris erreicht. Er verhandelte mit dem ersten Sekretär und wurde schließlich von dem Botschafter empfangen, der mit ihm über Barbie

sprach. Nach der Tunesien-Affäre genießt Jacques den Schutz von oben und kann jetzt offiziell mit Hilfe der Botschaft nach Damaskus reisen.
Sollte es zu der Reise kommen, wird er sich im Hotel ›Meridian‹ anmelden und warten, bis wir mit ihm unter dem Code ›Aboul Hakah‹ Kontakt aufgenommen haben. Es wäre gut, wenn ihn Ali empfangen würde.«

Den Besuch des französischen Staranwalts Jacques Vergès in Damaskus hat *Steve* angeregt. Sein Plan ist, den Anwalt während seines fünftägigen Aufenthalts mit Hashem zusammenzubringen. Eine Referenz von Hashem soll Vergès helfen, beim syrischen Botschafter in Paris besser anzukommen. Obwohl *Steve* den diplomatischen Vorstoß auf dem Umweg über die syrische Hauptstadt nicht für zwingend hält, glaubt er doch, daß es dem prominenten Anwalt nicht schaden könne, wie er in seinem Bericht fortfährt:

»Jacques kennt den Code für die Ankunft in Damaskus, den unsere Leute zur Kontaktaufnahme brauchen.
Ich füge einen Artikel der Zeitschrift *Canard* bei, den Jacques mitgebracht hat (Umschlag von Rifa) Inhalt.«

Der ungarische Geheimdienst, der *Steves* Aufzeichnungen über die Treffen mit den Rechtsanwälten in Jugoslawien analysiert, ist über die Offenheit, mit der er über die Zusammenkünfte mit den Anwälten in Belgrad und Zagreb schreibt, sehr verwundert. Denn die Anwälte sind, so scheint es jedenfalls, bis an die Grenze des Erlaubten gegangen. Abgesehen davon, daß sie sich mit international gesuchten Terroristen wie *Steve* wiederholt treffen, nehmen sie auch noch Aufträge entgegen und realisieren sie gegen gute Bezahlung.

Einer der führenden Geheimdienstoffiziere, Josef Laszlo, der *Steves* Protokolle von den Auswertern auf den Tisch bekommt, kann es kaum glauben, daß auf der beigefügten Liste unter den Decknamen *Herzog* und *Gabriel* der ehemalige Verteidiger des Nazi-Kriegsverbrechers Barbie, der französische Rechtsanwalt Jacques Vergès, auftaucht. Ausgerechnet er soll ein Unterstützer der linken Terroristenszene sein? Die Anwort ergibt sich aus der weiteren Lektüre der Protokolle über die Treffen mit Vergès kurz hintereinander im Oktober, November und Dezember 1982. Ein weiteres Indiz ist die Abrechnung. So kassiert der Anwalt 5000 Dollar im November 1982 und weitere 3000 Dollar im Dezember darauf. Im Februar 1983 verbucht *Steve* unter dem Decknamen *Herzog* für eine Übernachtung 500 DM. Dabei bleibt es nicht. Im Mai, Juni, Juli und September 1983 folgen weitere Treffen zwischen *Steve* und Vergès.

Ein umfangreiches Protokoll belegt, daß der französische Staranwalt mit den Problemen der Carlos-Gruppe alle Hände voll zu tun hat. Vergès bemüht sich nach einer ersten Serie von Terroranschlägen, die *Carlos* als Rachefeldzug wegen der Festnahme von *Lilly* gegen Ziele in Frankreich geführt hat, zwischen der Carlos-Gruppe und Angehörigen der französischen Regierung zu vermitteln. Einem der vorgefundenen Schriftstücke ist zu entnehmen, daß es eine Reihe von Gesprächen auf hoher Regierungsebene gegeben hat, um die Situation, die 1982 nach der Festnahme von Magdalena Kopp und Bruno Breguet entstanden ist, auf dem Verhandlungswege zu lösen.

Auch nach der Serie schwerster Terrorakte verhandelt die französische Regierung über Vergès weiter mit den Terroristen. Mitte 1983 gibt es laut *Steves* Aufzeichnungen sogar Tendenzen des Einlenkens der französischen Regierung. Als die Gespräche jedoch nach Meinung der Gruppe zu keinem ernsthaften Ergebnis führen, geht man 1983 wieder zum Terror über. Das Ziel ist am *25.* August *1983* das französische Kulturzentrum »Maison de France« in Westberlin, und eine weitere Bombe explodiert am 31.Dezember 1983 auf dem Bahnhof Marseille.

Sogar nach diesen schrecklichen Bluttaten sehen die Anwälte keinen Anlaß, sich von der Gruppe zu distanzieren. Nach der Freilassung von Magdalena Kopp und Bruno Breguet 1986 scheint nach außen die Zusammenarbeit mit der Gruppe beendet und es wird etwas ruhiger um die beiden Anwälte. Die Vermutung, daß die Beziehungen nach wie vor aufrecht erhalten bleiben, hat sich im Sommer 1994 bestätigt, als der rührige Jacques Vergès nach der Festnahme von *Carlos* sofort zur Stelle und auch bereit ist, die Verteidigung des einst meist gefürchteten Terroristen zu übernehmen.

Daß die Informationen des ungarischen Geheimdienstes plötzlich Lücken aufweisen, liegt unter anderem auch daran, daß sich *Steve* in Belgrad in zwei verfügbaren Wohnungen etabliert hat und Budapest für die konspirativen Treffen nicht mehr der alleinige Kommunikationsort ist. Die Lauscher vom Geheimdienst sind aber doch stets dabei, wenn von Belgrad aus mit der Hauptbase in der ungarischen Hauptstadt telefoniert wird. So erfahren sie auch die Telefonnummern des Verstecks in Jugoslawien. Die eine Wohnung, die bis ungefähr 1984 fast ausschließlich von *Steve* genutzt wird, hat den Telefonanschluß 440773.

Eine zweite Wohnung in Belgrad mietet *Steve* mit Wissen des jugoslawischen Geheimdienstes Mitte 1983 auf unbestimmte Zeit. Sie ist über die Telefonnummer 442452 zu erreichen. Welche Bedeutung die Wohnungen in Belgrad für *Steve* haben, schildert er 1983 in einem Brief an *Carlos*, in dem er ihn bittet, die Telefonnummer der zweiten Wohnung Lucia zu geben. »Ich will, daß die Nummer absolut *cool* bleibt, da wir die Wohnung wahrscheinlich für lange Zeit behalten werden.«

Weiter macht *Steve* klar, daß die Telefonnummer bislang im internationalen Fernsprechverkehr nicht benutzt, also vollständig »sauber« sei. Außer *Carlos* kennt sie niemand.

> »Diese Wohnung können wir solange behalten, wie wir wollen. Vielleicht müssen wir die Wohnung, in der ich jetzt wohne, in eineinhalb Jahren aufgeben. Ich gebe Dir die Nummer, damit Du Julia erklärst, wenn sie das nächste mal aus Venezuela zurückkommt und uns in meiner jetzigen Wohnung unter der Nummer 440773 nicht erreichen kann, dann soll sie es mit der zweiten Nummer versuchen.
>
> Michel schlage ich vor, die Telexnummer zu behalten. Und erinnere Lucia daran, wenn sie mit der Eigentümerin meiner jetzigen Wohnung ins Gespräch kommt, sie heißt Dunja. Für sie heiße ich Joseph und nicht Peter. Über Lucia weiß sie Bescheid. Wenn Du glaubst, daß es für Lucia zu schwierig ist, sich daran zu erinnern, dann bleibe bei Peter, teile mir aber unbedingt mit, was Du mit ihr ausgemacht hast. Ich kann mir für Dunja eine Geschichte über einen Kollegen namens Peter ausdenken. Ich bin mir sicher, das wird auch klappen.«

Steve macht um die zweite Wohnung in Belgrad viel Aufhebens. Der Grund ist, daß der Stützpunkt Jugoslawien für die Carlos-Gruppe eine inzwischen zentrale Bedeutung erlangt hat. Als 1985 mit Ungarn die letzte logistische Ausgangsbasis für Terrorausflüge in den im Westen verlorengeht, bleiben von den Unterstützerländern in Osteuropa nur noch Rumänien und Jugoslawien übrig. Dabei hat Rumänien den Nachteil, daß es territorial ungünstig liegt und seit seiner Verwicklung in Terrorakte gegen im Exil lebende Oppositionelle Fahrzeuge und Reisende aus Rumänien an den Grenzen schärfer kontrolliert werden. So kann die Gruppe nur noch über Jugoslawien relativ gefahrlos Operationen in Westeuropa logistisch fundieren.

Nach dem Zusammenbruch des sozialistischen Staatenbündnisses in Osteuropa verschlechtern sich die Bedingungen für *Carlos* und *Steve* in Jugoslawien ebenfalls. Vor allem in Slowenien und Kroatien ist wegen deren Annäherung an den Westen kein Bleiben mehr möglich. Im antideutschen Serbien jedoch, so glauben langjährige Insider östlicher Geheimdienste, ist es durchaus möglich, daß die alten Bindungen und Beziehungen eine Zeitlang weiter Bestand hatten.

Dafür spricht auch – was aus griechischen Quellen bekannt wird –, daß *Steve* noch Anfang der neunziger Jahre von Südeuropa aus operiert und sogar im Athener Hotel »Titania« logiert. Es ist davon auszugehen, daß er nach dem kurzen Zwischenstopp unter der Akropolis Kontakte zu seinen jugoslawischen Verbindungsleuten sucht. Auf welcher Seite er sich im Jugoslawienkonflikt hätte einmischen können, ist nach Meinung derer, die ihn gut kennen, schwer zu beurteilen. Wahrscheinlicher erscheint eine Hinwendung zu den moslemischen Bosniern. Andererseits bietet die Unübersichtlichkeit des kriegsgeplagten Landes solchen Leuten wie Weinrich genügend Freiraum für eigene Aktivitäten oder wenigstens die Möglichkeit, unerkannt unter neuem Namen mit entsprechender Legende neue Basen zu erschließen. Denn Orte, an denen sich international agierende Terroristen wie *Steve* sicher fühlen können, werden im Verlauf der neunziger Jahre allmählich rar.

Ostdienste: Späte Einsichten

Die Carlos-Gruppe handelt mit geheimen Informationen und betreibt ein verbrecherisches Spiel mit Gewalt, Erpressung und Mord. Dabei wird sie von zahllosen ideologisch verblendeten Sympathisanten unterstützt, die, wissentlich oder auch unwissentlich, von der Gruppe wie ein eigenes Agentennetz eingesetzt werden. Das macht sie für offizielle Geheimdienste interessant. Bei diesen kann die Gruppe umgekehrt Informationen abschöpfen, die für sie lebensnotwendig sind oder mit denen sie bei anderen Vorteile herausschlagen kann. Die beiden Hauptfiguren im Spiel mit den Geheimdiensten waren Abul Hakam für den Nahen Osten und *Steve* für Europa, vor allem für den Teil hinter dem Eisernen Vorhang.

Die Herrschenden des kommunistisch geführten Ostblocks leben stets in panischer Angst, terroristische Aktivitäten könnten das mühsam kontrollierte System destabilisieren, außerdem stehen sie in der politischen Verpflichtung gegenüber Moskau sowie allen befreundeten Ländern und Organisationen, die sich dem »Kampf gegen den westlichen Imperialismus«, in welcher Form auch immer, verschrieben haben, Beistand zu leisten. Das bringt die Staaten des Warschauer Pakts in die vertrackte Situation, Terroristen vom Schlage Abu Nidals und *Carlos* auf ihrem Territorium zu dulden. Erst mit der fortschreitenden Entspannungspolitik zwischen Ost und West und auch mit dem politischen Kurswechsel der gemäßigten Palästinenserorganisationen gegenüber Israel werden *Carlos, Steve* und andere Terrororganisationen in den Ostblockstaaten zu einer politischen Belastung.

In Bulgarien zum Beispiel kann sich *Steve* bis 1985 ungehindert aufhalten. Bis dahin gilt hier das Prinzip des gegenseitigen Respektierens mit der beiderseitigen Erwartung, auch brauchbare Informationen abschöpfen zu können. So haben die Sicherheitsbehörden und der Geheimdienst »Durjava Sigurnost«

(DS) in Sofia umfassende Kenntnis über *Steves* wahre Identität und akzeptieren die Benutzung falscher Personaldokumente, die Treffen mit anderen Terroristen und sogar das Tragen einer Pistole, eine Freiheit, die sich in dem streng kommunistisch geführten Staat nicht jedermann herausnehmen darf.

Direkte Kontakte mit dem bulgarischen Geheimdienst sind selten. Nur zweimal wird er von einem Offizier der Terrorabwehr mit Decknamen Stefano angesprochen, und zwar 1982 und 1983. Es wird der Wunsch, der an ihn herangetragen, vorübergehend das Land zu verlassen. Das kommt nicht aus prinzipiellen Erwägungen. Vielmehr hat sich in Sofia hoher Besuch aus Bonn angesagt. Man will kein Risiko eingehen. Die Bulgaren befürchten, daß das mitreisende Sicherheitspersonal aus der Bundesrepublik *Steve,* der sich häufig in den ersten Hotels am Platz herumtreibt, identifizieren könne.

Auch in der ehemaligen Tschechoslowakischen Sozialistischen Republik CSSR gibt es nur beiläufige Kontakte zwischen den Agenten der Staatssicherheit StB und dem *Carlos*-Beauftragten *Steve.* Im Prager Devisenhotel »Intercontinental«, seiner Stammherberge, lauern stets mehrere Agenten, um ihn *zu* observieren, wenn er in der Goldenen Stadt weilt. Ansonsten jedoch lassen sie ihn gewähren. Außerdem haben die Tschechen *Steve* über ihre Geheimdienstkontakte zu palästinensichen Widerstandsgruppen ständig unter Kontrolle. *Steve* trifft sich in Prag häufig mit Führungspersonen aus dem arabischen Raum, und diese übernehmen dann die Geheimdienstarbeit für die befreundeten Tschechen. Sie überwachen *Steve* nicht nur, sondern erstatten teilweise unmittelbar nach Begegnungen Bericht. Wenn es sein muß, nehmen sie auf ihn sogar den Tschechen genehmen Einfluß.

Hagop Hagopian alias Mudschachid, der Anführer der »Geheimarmee zur Befreiung Armeniens« (ASALA) zählt von 1982 an zu den ständigen Gästen in Prag. Seine Beziehung zum tschechischen Geheimdienst hat den Charakter einer Agentenverbindung. Zuständig für ihn ist der Geheimdienstreferent für ausländische Gruppen, Dr. Jirah. Über Hagopian wirkt dieser auf *Steve* ein, da die Carlos-Gruppe und die ASALA »befreundete« Organisationen sind. *Steve* kommt mehrmals nach Prag. Allerdings ist ihm die Einreise mit seinem jemenitischen Reisepaß auf den Namen »Tabet Bin Ali« seit 1980 untersagt. Damit wollen die CSSR-Behörden unangenehme Anfragen von westlichen Diensten, insbesondere aus der Bundesrepublik, unterlaufen. Außerdem hätten sie bei Vorwürfen einer Begünstigung von Terroristen mit dem gesperrten Reisepaß ein »vorzeigbares Dokument«.

Als *Steve, Carlos* und *Lilly* 1986 in die CSSR einreisen, um erneut im sozialistischen Lager Fuß zu fassen, wendet sich der tschechische Geheimdienst direkt an die damals bereits unerwünschten Gäste. Mit böhmischer Schläue erfinden die StB-Leute eine Legende von Aktionen westlicher Agenten. Der Geheimdienstchef für Ausländerangelegenheiten, Dr. Jirah, weist seine Leute an, dem zwischenzeitlich in Prag lebenden Unterstützer der Carlos-Gruppe, Hamdani, mitzuteilen, daß die CIA das Terroristen-Trio in Prag geortet habe. Nach den Erkenntnissen des tschechischen Geheimdienstes sollen sie in den Westen verschleppt werden. Sollte das schiefgehen, wolle man sie einfach töten, um sie auf diese Weise aus dem Weg zu schaffen.

Auf dieses Märchen fallen die drei Top-Terroristen prompt herein. Sie bekommen es offensichtlich mit der Angst zu tun und verlassen die Tschechoslowakei auf der Stelle. Für die StBler ist die Operation also ein durchschlagender Erfolg, und er wird im historischen Weinkeller »U Hada« (auf deutsch »Zur Schlange«) in der Prager Altstadt mit mährischem Wein begossen. Das Lokal in der Karlsgasse ist auch ein beliebter Treff für Schauspieler, Studenten und Dissidenten. Stolz auf den Erfolg, informieren die Tschechen auch ihre Partner bei den anderen Ostdiensten.

Ein letztes Mal ist der tschechische Geheimdienst 1988 mit der Carlos-Gruppe befaßt. Damals übergeben sie ihren ungarischen Kollegen die Personalien eines syrischen Diplomaten, hinter dem sie *Steve* vermuten. In Budapest können diese Angaben allerdings nicht bestätigt werden. Es gibt keinerlei Anhaltspunkte. Doch in Prag ist man sich sicher, daß sich *Steve* 1988 ein letztes Mal in der Tschechoslowakei aufgehalten hat.

Der ungarische Geheimdienst »Allavédelmi Hatosag« ortet *Carlos* und *Steve* etwa ein gutes Jahr zuvor. Anfang 1987, zwei Jahre nach dem offiziellen Rauswurf, versuchen die beiden in Ungarn einzureisen. Bereits am Flughafen werden sie abgefangen. Man verweigert ihnen kommentarlos die Einreise und schickt sie nach Damaskus zurück, woher sie gekommen sind.

Während der sechs Jahre ihres Budapester Schlupfwinkels von 1980 bis 1985 ist Abul Hakam für die Ungarn der Gesprächspartner. Alles was der Geheimdienst mit der Carlos-Gruppe zu besprechen hat, läuft über ihn. *Steve* hat zwar von allen Absprachen Kenntnis, ist jedoch bis 1985 nicht in den direkten Kontakt einbezogen.

Von diesem Prinzip weichen die Ungarn ein einziges Mal ab, und zwar als sie 1985 mit der Gruppe das letzte Gespräch führen. Der Abteilungsleiter für Terrorabwehr, der AVH-Offizier Varga, und sein Mitarbeiter Laszlo bestellen *Carlos* und *Steve* zu sich, um ihnen persönlich mitzuteilen, daß sie das Land zu verlassen hätten. *Steve* fungiert als Dolmetscher. Um absolut sicherzugehen, läßt der ungarische Geheimdienst ein Videoband mitlaufen. So wird das Gezeter aufgezeichnet, das die beiden einst so gefürchteten Terroristen anstellen, als man sie zu unerwünschten Personen erklärt.

Mit großspurigen Erklärungen, sie kämpften »im Interesse der sozialistischen Staaten gegen den Imperialismus und Zionismus«, versuchen sie die Gesprächspartner noch umzustimmen. Doch vergeblich. Varga und Laszlo erinnern an den mörderischen Bombenfeldzug gegen Frankreich, der mit dem Kampf gegen Zionismus und Imperialismus nichts zu tun habe. Sie betonen den außenpolitischen Schaden, der zu befürchten sei, wenn die Gruppe weiter in Budapest bliebe. Wütend müssen die beiden ihre Sachen packen.

In der Folge klingelt bei Andre Vicescu und Nikolae Nokock wieder häufiger das Telefon. Sie sind in Bukarest unter dem Telefonanschluß 111969 zu erreichen und müssen immer dann verständigt werden, wenn sich Mitglieder der Carlos-Gruppe in der rumänischen Hauptstadt aufhalten. Nach dem Desaster in Budapest ist es vor allem *Steve*, der die seit 1983 abgekühlten Beziehungen zum rumänischen Geheimdienst wieder auffrischen will.

Steve gilt für die »Securitate« schon wegen der Zusammenarbeit gegen die Exilrumänen als ein wichtiger Partner. Aber auch *Lilly* agiert in Bukarest selbstsicher und entschlossen. Vor ihrer Festnahme im Februar 1982 in einer Tiefgarage an den Champs-Élysées hat sie mit Genehmigung des rumänischen Geheimdienstes bei der Außenhandelsbank in Bukarest ein Konto eröffnet. Über diese Bankverbindung wickelt die Carlos-Gruppe internationale Geldtransaktionen ab.

Steves schriftlichen Aufzeichnungen ist zu entnehmen, daß er auch Kontakt zu einem hohen Geheimdienstgeneral hat, den er als »alten Mann« bezeichnet. Er ist offensichtlich der verantwortliche Auftraggeber für die Anschläge gegen Exilrumänen in Frankreich und Deutschland. Von dem »alten Mann«, so notiert *Steve* am 29. August 1983 in Belgrad, bekommt er »neben dem Sprengstoff, mit dem in Berlin am 25. August 1983 der Anschlag auf das ›Maison de France‹ verübt wurde, noch weitere 24 kg Plastiksprengstoff geschenkt«. Danach läßt der rumänische Geheimdienst die Beziehungen ein wenig abkühlen, weil er selbst wegen der Mordanschläge gegen Regimegegner und wegen der Verstrickungen in den *Carlos*-Terrorismus über diplomatische Kanäle in Kritik geraten ist.

Dennoch bleiben gewisse Beziehungen zu Bukarest erhalten. Mit ziemlicher Sicherheit findet jedoch nach dem Sturz Ceauçescus die rumänische Allianz mit dem Terrorismus ein End.

Die KGB-Zentrale am Moskauer Dscherschinski-Platz, benannt nach dem Gründer des mächtigen sowjetischen Geheimdienstes, muß sich mit dem internationalen Terrorismus, der im Dunstkreis der palästinensischen Befreiungsbewegungen operiert, die Finger nicht sonderlich schmutzig machen. Anläßlich eines Besuches von Yassir Arafat 1974 in Moskau wird in einem offiziellen Kommuniqué die PLO als »die einzige legitime Repräsentantin des arabischen Volkes von Palästine« bezeichnet. Mit anderen Worten, offizielle Berührungspunkte mit anderen palästinensischen Terrororganisationen darf es nicht geben, obwohl im Schulungszentrum des KGB für Sonderoperationen in Balaschika palästinensische Guerillas aller Schattierungen ausgebildet werden. Die beiden KGB-Spezialisten Oleg Gordiewski und Christopher Andrew berichten, daß zu den »Absolventen des sowjetischen und kubanischen Trainingscamps« auch der »venezolanische Millionärssohn Ilich Ramirez Sanchez alias *Carlos* der Schakal« zählt.

Es wäre falsch, zu glauben, daß das KGB mit dem internationalen Terrorismus nichts zu tun hat. Im Gegenteil, es hat ihn fest im Griff. Die Informationen über *Carlos*, *Steve* und Genossen werden ihm von den Geheim- und Staatssicherheitsdiensten der Satelliten-Länder frei Haus geliefert. Schon zu zeiten, als die beiden Terroristen vom Südjemen aus operieren, erfolgt nichts ohne die russischen »Berater« der Regierung in Aden, die in der Regel dem KGB unterstellt sind.

Manche Geheimdienstleute sowohl in Ost wie auch West gehen sogar davon aus, daß *Carlos* ein »Kind des KGB« ist. Der KGB-Makel haftet ständig an ihm, ähnlich wie an seinem Moskauer Studienkollegen, dem Armenier Hagopian. Auch *Steve* ist davon nicht ganz frei. Im Laufe seines terroristischen Lebens hat er mehrfach eine große Nähe zu KGB-Offizieren. Vor allem in Aden und in Damaskus betrachtet man ihn als »bedeutsame Aufklärungs- und Überwachungsperson«. Mit anderen Worten: Das sowjetische KGB läßt Johannes Weinrich alias *Steve* nicht aus den Augen und hat womöglich sogar eine Person seines Umfeldes mit seiner Überwachung beauftragt.

Nachdem das MfS seine Verbindungen zu *Steve* gekappt hatte, interessierten sich die als Militärberater getarnten KGB-Mitarbeiter in Syrien ganz besonders für *Steve* . In Damaskus lebten die sowjetischen Emissäre in ständiger Angst, Zielscheibe terroristischer Anschläge zu werden. In der »Ersten Hauptabteilung« des KGB wurde schon 1979 eine neue Zwanzigste Abteilung gegründet, mit der Aufgabe, Geheimdienstkontakte zu »fortschrittlichen« Ländern außerhalb des Ostblocks, wie auch Syrien, zu kontrollieren. Vielseitige Kontakte konnten dabei allemal nützlich sein.

Abgeschöpft: Kubas Geheimagenten im Dienst der DDR

Für die allmählich alternde Terroristenclique wird spätestens nach dem Zusammenbruch des Ostblockes und nach der politischen Neuorientierung der Länder im Nahen Osten die Luft immer dünner, und nicht nur dort. Auch Kuba, das unter der Führung von Fidel Castro die sowjetische Politik strikt befolgt, distanziert sich nach 1985 wie andere osteuropäische Staaten von *Steve* und *Carlos*. *Carlos* pflegt zu Castros Agenten in Europa schon seit seiner Zeit in London und Paris Anfang der siebziger Jahre relativ stabile Kontakte. Nach der Gründung der Gruppe in Ostberlin ist es für ihn eine Selbstverständlichkeit, auch in der kubanischen Botschaft einen Antrittsbesuch zu machen, um *Steve* beim zuständigen Residenten einzuführen.

Die Kubaner halten es für ihre Pflicht, die anderen kommunistischen Geheimdienste, vor allem aber das Ministerium für Staatssicherheit in der DDR, von dieser Begegnung zu informieren. Die Verbindung zu *Steve* halten sie jedoch über Jahre aufrecht. Lange gibt es keine Beanstandungen. Materielle Unterstützung können die Kubaner der neu gegründeten Gruppe »Internationale Revolutionäre« nicht gewährleisten. Die wirtschaftliche Situation des sowjetischen Vorposten in der Karibik, der unter anderem auch mit Hilfe der DDR am Leben erhalten wird, ist nie sonderlich rosig. Deshalb stellt *Steve* an die Kubaner auch gar keine solche Forderungen.

Sein Besuch in Havanna 1980 gilt nur der Kontaktpflege mit dem kubanischen Geheimdienst. Die Gespräche, die er und sein Begleiter Abul Hakam führen, fassen die Kubaner in einem Bericht zusammen und leiten ihn an ihre Kollegen in Ostberlin weiter:

»Vorliegenden Angaben zufolge hielten sich die führenden Mitglieder der Carlos -Gruppe Johannes Weinrich, genannt *Steve,* und Abul Hakam im April/Mai 1980 in Kuba auf, um Kontakte zu den kubanischen Sicherheitsorganisationen herzustellen bzw. zu vertiefen. Seitens der Sicherheitsorgane Kubas sei auf die Bitte der Carlos-Gruppierung nach Unterstützung eingegangen worden. Ein ständiger Aufenthalt ist jedoch derzeit nicht vorgesehen.«

Als die Carlos-Gruppe den osteuropäischen Geheimdiensten langsam zu lästig wird, überlegen sie mehrere Varianten, *Carlos, Steve* und ihre Komplizen loszuwerden. Ein Plan ist unter anderem, die Gruppe nach Lateinamerika abzudrängen, um sie in eine der in El Salvador agierenden Befreiungsbewegungen einzugliedern. Ein Mitarbeiter des kubanischen Geheimdienstes mit dem Decknamen Roche ist beauftragt, die Gespräche mit *Carlos* zu führen. Der Venezolaner erkennt offensichtlich die Absicht, auf diese Weise abgeschoben zu werden, und lehnt einen Ortswechsel nach Süd- und Mittelamerika ab.

In größeren Abständen führen kubanische Geheimdienstmitarbeiter in Ostberlin mit *Steve* und anderen Mitgliedern der Gruppe sogenannte »Abschöpfungsgespräche«. Die Protokolle darüber landen jeweils unmittelbar danach bei der für Terrorismus zuständigen Abteilung XXII. So erhalten Mielkes Männer auch Kenntnis von einem Telefonanruf am 2. Februar 1984 aus dem Ostberliner Nobelhotel »Metropol«. Der Anrufer ist, wie der Botschaftsangehörige schriftlich festhält, der »unter dem Namen *Steve* bekannte BRD-Bürger«, der sich als Bote einer unbekannten Gruppe »Maracaibo« vorstellt. Eine Erfindung, wie sich später zeigt. Roche bestellt ihn für 17 Uhr in die Botschaft.

Wie *Steve* erklärt, sei er bereits im Dezember in Berlin gewesen, mit der Absicht, den Botschaftsvertreter zu sprechen. Wegen einer Erkrankung sei das Treffen damals nicht zustandegekommen. Nachdem *Steve* mit dem Kubaner Roche Kontakt aufgenommen hat, kommen sie sehr bald auf Frankreich und die Serie der zurückliegenden Terrorakte zu sprechen. Das Thema dreht sich besonders um den blutigen Anschlag in Marseille und die Verfassung der Gruppe. Dazu notiert der Kubaner unter

Punkt 2: »Alle sind wohlauf. Es hätte weder Gefangene noch Tote gegeben.«
Punkt 3: »Tatsächlich wären sie es gewesen, die im vergangenen Monat (oder im Dezember, ich kann mich nicht mehr erinnern) die Explosion in Marseille organisierten, als Antwort auf einen französischen Luftangriff auf

> ein libanesisches Dorf. Sie wollten, daß die französische Regierung erfährt, daß sie die Verantwortlichen dafür sind und daß sie dasselbe wiederholen würden, wenn Kriegshandlungen dieser Art gegen die Zivilbevölkerung im Libanon erfolgen sollten.«

Warum *Steve* damals den Kontakt zum kubanischen Geheimdienst sucht und ausgerechnet mit ihm über die Anschlagsserie gegen Frankreich sprechen will, wird nicht erklärt. Nachdem sich aber der Druck gegen die Gruppe wegen der »sinnlosen« Terrorakte zunehmend verstärkte, liegt der Verdacht nahe, daß *Steve* gegensteuern will. Vor allem die Erwähnung des französischen Luftangriffs auf den libanesischen Ort Baalbek deutet darauf hin, daß die ursprünglich persönlichen Motive in politische umgemünzt werden sollen.

Nicht nur die bis dahin freundschaftlich gesinnten Geheimdienste des Ostblocks, sondern auch nahestehende Terroristenorganisationen befinden, daß *Carlos* einen »persönlichen Rachefeldzug« gegen Frankreich führt. »Ursprünglich«, so erfahren die Kubaner, »war beabsichtigt, die Bomben in Paris zu deponieren, aber aufgrund der großen Sicherheitsvorkehrungen in der Hauptstadt waren sie gezwungen, die Aktion in Marseille zu starten.«

Wie *Steve* in der kubanischen Botschaft weiter erklärt, habe es ihre »Aufmerksamkeit gefunden, daß die französische Presse nicht auf dem terroristischen Charakter der Aktion herumritt, sondern den politischen Aspekt der Aktion als Antwort auf den Luftangriff in Beirut hervorhob«. Der Anschlag in Marseille gehöre in der Tat in diesen Zusammenhang gestellt. Offensichtlich erwartet er von den Kubanern, daß sie seine Meinung auch den ihnen befreundeten Geheimdiensten weitergeben, um sich selbst wie auch die gesamte Gruppe von den Vorwürfen zu entlasten.

Bei künftigen Aktionen wolle *Steve,* wie er sich weiter äußert, nicht mehr zwischen Volk und staatlichen Organen unterscheiden, sondern seine Gewaltakte ganz allgemein gegen Menschen richten, so wie es im Libanon bereits Praxis sei. Persönlich an seinen Gesprächspartner gerichtet, meinte *Steve,* daß es ihm vielleicht unangenehm sei, so etwas hören zu müssen, denn natürlich sei das »ungeschminkter Terrorismus«.

Der deutsche Terrorist zeigt zum ersten Mal sein wahres Gesicht. Denn so offen wie in der Residenz des kubanischen Geheimdienstes hat er zuvor über kaltblütigen Mord nicht gesprochen. Auch die radikalen Palästinensergruppen nehmen auf Menschen keine Rücksicht mehr, wie die brutalen Bombenanschläge im Oktober und November 1983 im Libanon bewiesen haben. Ein Lastauto voll Sprengstoff vor dem französischen Quartier der multinationalen

Friedenstruppe in Beirut forderte 299 Todesopfer. Zwei Wochen später starben einundsechzig Soldaten bei einem Bombenanschlag auf das israelische Armee-Hauptquartier in der südlibanesischen Stadt Tyrus.

Die Ansichten des deutschen Terroristen über die Situation der Palästinenser und die »arabische Problematik« nach dem Ende des »Fünften Nahost-Krieges« faßt der kubanische Geheimdienst wie folgt zusammen:

»a) Die USA hätten sich im Libanon festgefahren und hätten eine Schlappe erlitten.
b) Die Palästinenser wären liquidiert, und er sähe für die nahe Zukunft keine Perspektive hinsichtlich des Entstehens einer Leiterorganisation.
c) Arafat spreche offen mit dem Gegner. Er sprach auch über dessen Stellvertreter, dessen Namen ich nicht behalten habe, daß er zusammen mit ihm den französischen Sicherheitsdienst gesprochen habe.

Er sagte, der nächste Schritt von Arafat würde die Bildung einer Exilregierung in Kairo sein, die für ihn eine Karikatur wäre. Wahrscheinlich geschehe das nach der Rückkehr Ägyptens in die Organisation der arabischen Länder.
d) Die Kampfbereitschaft der Libanesen sei gewachsen, und es gebe den Willen zu kämpfen. Es sei nicht wie im vergangenen Jahr, als die Kampfbereitschaft völlig am Boden war. Er erzählte Geschichten über Kinder, die mit dem Gewehr in der Hand gekämpft hätten.
e) In diesem Jahr wird es wieder zum Krieg zwischen Syrien und Israel kommen und unvermeidlich zu mehr oder weniger ernsten Gefechten führen. Syrien ist darauf gut vorbereitet. Er äußerte sich lobend über die syrische Haltung, den abgeschossenen US-Piloten zu übergeben. Dadurch würde Reagan gezwungen, mit Syrien zu sprechen.«

Die Erwähnung Syriens ist als Hinweis einer Neuorientierung zu verstehen. Denn *Carlos* sucht sich, wie auch andere terroristische Organisationen, immer den sichersten und stärksten Partner. Das ist zu dieser Zeit Hafiz al-Assad. Immerhin ist sein Druck auf den libanesischen Präsidenten Amin Gemayel, aber auch auf die anderen libanesischen Parteien stark genug, um Beirut zu bewegen, den Abzug der israelischen Truppen zu fordern.

Geheimdienstconnection Irak

Am Anfang seiner terroristischen Karriere hat *Steve* über Kontakte zu verschiedenen palästinensischen Geheimdiensten Erfahrungen sammeln können. Vor allem von den langjährigen Beziehungen zur »PLO-Sicherheit« und den Referenzen ihres Anführers Abu Iyad und seiner Unterführer Amin El-Hindi und Atef Pseissio hat er viel profitiert. Sie öffnen *Steve* und *Carlos* die Türen und verschaffen der Gruppe Zugang zu weiteren Kontaktpersonen. Zu den wichtigsten Kontaktpersonen zählt auch der ehemalige Leiter des Büros der »PLO-Sicherheit« in Beirut und spätere PLO-Botschafter in Sofia und Prag, Abu Hisham. Die Palästinenser finden bei den Machthabern hinter dem Eisernen Vorhang meistens Gehör und können daher *Steve* oft aus der Patsche helfen.

Ebenso stehen die Sicherheitsbeauftragten der größten PLO-Teilorganisation Al-Fatah auf der Liste derer, die mit *Steve* beste Beziehungen pflegen. Mit Abu Houl und Abu Tajib zum Beispiel trifft er sich des öfteren in Beirut und Damaskus, aber auch in Ostberlin und Budapest. Abu Tajib (Oberst Mohammed Natur) ist zeitweise Chef der Sicherheitsgruppe »Force 17«, die Anfang der siebziger Jahre zum Schutz Arafats und anderer Palästinenserführer gegründet worden. »Force 17« – Kommandos wirken auch an terroristischen Aktionen gegen die Israelis mit, unter anderem in Zypern.

Trotz zeitlicher Unterbrechungen und mancher Meinungsverschiedenheiten gelingt es *Steve* auch, die Kontakte zum irakischen Geheimdienst »Muhabarat« aufrechtzuerhalten und gelegentlich seinen Schutz in Anspruch zu nehmen. Außer dem »Mossad« unterhält wohl kein anderer Geheimdienst weltweit so viele Agenten und bereitwillige Helfer wie der irakische.

Auf Geheiß von Saddam Hussein halten seine Spitzel vor allem nach Rüstungsgütern und Waffen emsig Ausschau. In Deutschland spielt für Husseins Logistik der irakische Botschafter in Bonn und ehemalige Geheimdienstmann, Abd el-Dschabbar Ghani, eine wichtige Rolle, nicht nur als Beschaffer von Embargogütern und militärisch nutzbaren Industrieanlagen. Vorübergehend nach Kuwait versetzt, bereitet er schon Mitte der achtziger Jahre die Invasion ins Scheichtum vor und ruft eine sogenannte Volksarmee aus Irakern sowie aus palästinensischen und jordanischen Söldnern ins Leben.

Der Irak zählt zu den aktivsten direkten Unterstützern terroristischer Organisationen. Sowohl mit finanzieller Hilfe als auch mit der Gewährung von Unterkunft und Unterschlupf war hier stets zu rechnen. Mit dem Irak befreundet ist die arabische Befreiungsfront »Arab Liberation Front« (ALF), eine von Abdul Rahim Ahmed geführte radikale PLO-Fraktion. Rahim hatte einen Sitz im Exekutivkomitee der PLO und gilt als Gegner von Arafats Friedensinitiative. Auch die palästinensische Befreiungsfront »Palestine Liberation Front« (PLF) von Mohammed Abdul Abbas (kurz Abu Abbas) agiert unter den Fittichen des irakischen Adlers. Die PLF, die sich 1977 von der PLFP abgespalten und zehn Jahre später mit der Gruppe von Talat Jakub vereinigt, gehört wie die ALF zu den radikalen Fraktionen der PLO.

Nach der Entführung des italienischen Kreuzfahrtschiffes »Achille Lauro« im Oktober 1985 und der Festnahme der Entführer auf dem sizilianischen Nato-Stützpunkt in Sigonella kann sich Abu Abbas im Irak in Sicherheit bringen. Abu Abbas sitzt in der »Boeing 737« der Egypt Air, mit der die Schiffsentführer von Tunis nach Kairo geflogen werden sollen, als F-14-Kampfflieger des im Mittelmeer kreuzenden amerikanischen Flugzeugträgers »Saratoga« die Maschine zur Landung auf dem Nato-Flugplatz in Sigonella zwingen. Zum Ärger der USA darf der Terroristenführer weiterfliegen, zunächst nach Jugoslawien. Ein Auslieferungsbegehren der Amerikaner scheitert im damals sich neutral gerierenden Belgrad. Doch dort will man Abu Abbas nicht auf Dauer behalten. Saddam Hussein springt ein und gewährt dem mörderischen Anführer der PLF Asyl im Irak.

Auch *Steve* ist stets daran interessiert, die Beziehungen mit Bagdad und dem irakischen Geheimdienst aufrechtzuerhalten. Nicht ganz ohne Erfolg, denn die Irakis gewähren immer wieder einmal Unterschlupf oder Ausbildungsmöglichkeiten für neue Mitglieder der *Carlos*-Mannschaft. Sie liefern hin und wieder auch Waffen, Sprengstoff und irakische Reise- und Diplomatenpässe.

Bis zu Beginn des ersten Golfkrieges zwischen dem Iran und dem Irak fließen solche Mittel durchaus nicht knapp. Danach kam es zu der berichteten ernsten Trübung der Beziehungen. Erst Mitte 1984 reist *Steve* nach langer Zeit wieder an den Tigris. Damit beginnt eine neue Phase der Beziehungen mit dem irakischen »Muhabarat«.

Neben den offiziellen Geheimdienstoffizieren in Bagdad spielen die verdeckten Mitarbeiter, die getarnt als Diplomaten in den Botschaften und Auslandsvertretungen für den irakischen Geheimdienst tätig sind, eine wichtige Rolle. In der Botschaft in Prag ist Omar Bashalah der wichtige Mann und in Ostberlin die irakischen Geheimdienstmitarbeiter Aziz Majid und Matroud Hassan. Als solche werden auch die Botschaftsangehörigen Hashim al-Kouraishi und Ali Mustafa Hussain, genannt Abu Allah von den Ungarn und der DDR-Sicherheit enttarnt. Sie treffen sich häufig mit *Steve* und *Carlos* und nutzen die Gelegenheit, sie mit Angeboten zu locken. Die Terroristencrew weigert sich jedoch beharrlich, sich allein für irakische Interessen einspannen zu lassen.

Saddam Hussein ist jedes Mittel recht, um seine Machtansprüche am Golf durchzusetzen, und er ist für seine Verschlagenheit bekannt. Was die Carlos-Gruppe Anfang der achtziger Jahre wohl davon abgehält, mit dem irakischen Geheimdienst gemeinsame Sache zu machen, ist der schlechte Ruf, den der irakische Despot in der arabischen Welt genießt. Als sich der Konflikt zwischen dem Iran und den USA wegen der Botschaftsgeiseln zuspitzt, steht Hussein im Verdacht, insgeheim mit der CIA zu paktieren. Wo die CIA ist, dort ist auch der »Mossad« nicht weit.

Ajatollah Khomeini verachtet den irakischen Präsidenten nicht nur als gottlosen Religionsfrevler. Der diplomatische Einfluß der USA auf Hussein geht so weit, daß er auf deren Wunsch den weltbekannten Terroristen und Waffenschieber Abu Nidal von der irakischen Sicherheitspolizei festnehmen läßt und nach Syrien abschiebt. Das kommt für Abu Nidal überraschend, zumal er auf Einladung der Regierung in einer Villa am Stadtrand von Bagdad lebt. Es ist nicht auszuschließen, daß sich Hussein daraufhin in Sachen Terrorismus eine neue Trumpfkarte beschaffen will, wenn auch eine Nummer kleiner und weniger anstößig für die CIA. Soviel bekommen die Stasi-Aufpasser in Ostberlin mit: Der irakische Geheimdienst umwirbt *Steve* und seine Spießgesellen so heftig wie wohl kein anderer. In einem Bericht an die ungarischen Kollegen aus dem Jahre 1981 stellen sie über die »Beziehungen der Carlos-Gruppe zum irakischen Geheimdienst« fest, daß der 1945 in Bagdad geborene Aziz Kamil Majid, der offiziell als Mitarbeiter der irakischen Botschaft in der DDR registriert ist, den Decknamen Fanar Kamal führt und eine Spezialausbildung im Umgang mit Terroristen absolviert hat.

Am hartnäckigsten bemüht sich um *Steve* wird Falah Hassan Matroud, laut Diplomatenpaß irakischer Staatsbürger, geboren 1949 in Bagdad. Er wird vom Leiter des irakischen Geheimdienstes »Muhabarat« eigens für die Aufrechterhaltung der Verbindung zur Carlos-Gruppe autorisiert. Matroud biet großzügig Waffen, Geld und logistische Hilfe an und lädt *Steve* immer wieder ein, den Irak zu besuchen. Seine Zurückhaltung gibt *Steve* tatsächlich um die Mitte des Jahres 1984 auf. Ungefähr zur gleichen Zeit folgt auch Yassir Arafat einer Einladung des irakischen Präsidenten nach Bagdad. Saddam Hussein hat dem PLO-Chef vorgeschlagen, sein Hauptquartier im Irak zu errichten. Arafat lehnt ab. Gerüchteweise soll Saddam nach seiner Invasion in Kuwait im August auch 1990 *Carlos* gebeten haben, nach Bagdad zu kommen. Warum dies unterblieb, wird man vielleicht einmal bei einem der Prozesse erfahren .

Libyen: Zahlmeister des Terrors

Als *Carlos* und *Steve, Lilly* und Abul Hakam 1979 Bagdad verlassen und sich von palästinensischer Bevormundung lösten, halten sie im Interhotel »Stadt Berlin« nach neuen geeigneten Geldgebern Ausschau. Es gibt zu diesem Zeitpunkt nur eine Möglichkeit: »Mr. Terrorismus«, Libyens Staatschef General Muammar el-Gaddafi. Er gilt als der Mann mit dem großen Geld, der in jede Terroristengruppe investiert, ohne Fragen zu stellen oder gleich politische Erfolge zu erwarten.

Dennoch steckt hinter der anscheinend wahllosen Finanzierung des internationalen Terrors System. Bestreben ist es, zum anerkannten »Vater der Weltrevolution« zu avancieren. Mit seinen Nachbarn liegt er im Clinch. Mit Ägypten gibt es seit Anfang der siebziger Jahre schwere Spannungen. Zu diplomatischen Differenzen kommt es gelegentlich auch mit Tunesien. Mitte der achtziger Jahre zettelt er einen Krieg gegen den Wüstenstaat Tschad an, von dem er die Nordregion des Landes beansprucht. Etwa um die gleiche Zeit erhält der Bundesnachrichtendienst (BND) die ersten Hinweise auf die Planung einer großen »chemischen Anlage« in Libyen – Beginn einer Affäre um die mit deutscher Hilfe in Rabta erbaute Giftgasfabrik.

Der Revolutionsführer Gaddafi hat in der Vergangenheit mehr als dreißig Terrorgruppen mit seinen Öldollars gesponsert, in vorderster Linie die radikalen Palästinenser der PFLP und der PFLP-GC. Mit Geld und Waffen unterstützt werden auch die »Roten Brigaden«, die »Baader-Meinhof-Gruppe«, die IRA, die ETA, die japanische »Rote Armee«, die »Tupamaros« in Uruguay, die »Moros« auf den Philippinen sowie die »Black Panthers« in den USA, die MIR in Chile und nicht zuletzt Abu Nidal, zu dem Gaddafi ein besonderes Verhältnis pflegt. In Interviews soll Gaddafi allerdings geäußert haben, er glaube nicht, daß es wirklich einen Mann namens Abu Nidal gebe, ebensowenig wie einen Mann namens *Carlos.* Gaddafi verleugnet sie mit außerordentlicher Dreistigkeit.

Als *Carlos* seine alten Kontakte zu Angehörigen des Libyschen Geheimdienstes aktiviert, kann er ziemlich sicher sein, daß er nicht mit leeren Händen zurückkehren wird. Er reist persönlich nach Tripolis, obwohl beim Anschlag im Dezember 1975 auf die OPEC-Zentrale der libysche Ölminister getötet worden ist. Wie sich schon nach seinen ersten Gesprächen herausstellt, liegt er mit seiner Einschätzung richtig. Ihm wird »umfangreiche materielle Hilfe« zugesagt, und es bleibt nicht, wie bei Arabern oft üblich, nur bei »leeren Worten«.

Unmittelbar nach den Verhandlungen in Tripolis wird eine erste Lieferung von 50 Maschinenpistolen der italienischen Marke Beretta nach Aden in die d*amal*ige Unterkunft von *Carlos* und *Steve* geschickt. Libyens »Waffengeschenk« bleibt aber nur so lange geheim, wie die Waffen nicht benutzt werden. Denn laut Lieferzertifikat ist Libyen das Endverbleibsland und die italienischen Berettas dürfen das Land nicht regulär verlassen. Um die international geltenden Bestimmungen für Waffengeschäfte zu umgehen, werden die Seriennummern auf den Maschinenpistolen mit einer Schleifscheide bearbeitet. Dies geschieht jedoch so schlampig, daß einige Nummern noch entzifferbar sind und damit die Herkunft der Waffen aus Libyen beweisbar ist.

Die Waffenexperten in Ungarn, Jugoslawien und Ostdeutschland finden sehr schnell heraus, über welchen Weg die italienischen Berettas in die osteuropäischen Waffendepots der Carlos-Gruppe gelangt sind. Nach ihrer Ankunft per Schiff in Aden wird ein Teil davon in Blechkisten verpackt und als syrisches Diplomatengepäck mit einer Maschine der sowjetischen Aeroflot mit Wissen des KGB nach Moskau geflogen. Nach einem kurzen Zwischenstop in der sowjetischen Hauptstadt landen die Berettas auf dem Flughafen Berlin-Schönefeld. Ahnungslos über die Hintergründe beschlagnahmen die Kontrolleure des MfS auf dem Flughafen die Waffen.

Als die Stasi-Führung über den Metallkoffer Klarheit gewonnen hat, kommt die Weisung von oben, die Waffen an *Steve* zurückzugeben. Sie sollen nach Budapest weiterbefördert werden, was schließlich auch geschieht. In der ungarischen Hauptstadt werden sie in dem erwähnten Haus deponiert, zusammen mit weiteren »Geschenken« aus Rumänien, Syrien und von der Terrorgruppe ASALA. Später wird ein Teil davon im zweiten südosteuropäischen Stützpunkt, in Belgrad, untergebracht.

Diese Waffen sind für die »Internationalen Revolutionäre« ein Teil des »Betriebskapitals«, mit dem Leistungen belohnt oder terroristische Aktivitäten unterstützt werden. So ist nur selbstverständlich, daß sie in andere Hände gelangen. Wie bereits ausgeführt, erhalten die griechische Terrororganisation ELA, die baskische ETA, aber auch die Befreiungsbewegung FLMN in El Salvador einige der bei Terroristen beliebten Berettas libyscher Herkunft. Gaddafi sollte dadurch später noch Schwierigkeiten bekommen. Denn jeder Terroranschlag, bei dem Berettas mit ungenau entfernten Seriennummern auftauchen, wird bis heute noch mit Libyen in Verbindung gebracht. Gaddafi wird – auch wenn er wollte – seinen Ruf als Pate des Terrorismus nicht mehr los.

Nachdem *Carlos* 1979 den Kontakt mit dem libyschen Geheimdienst angeschoben hat, übernimmt *Steve* als offizieller Vertreter alles Weitere. Zu Beginn ist sein Ansprechpartner beim libyschen Geheimdienst Abu Sreda Salem, genannt Omar. Über ihn wird die finanzielle und materielle Unterstützung der Gruppe organisiert. Auch bei *Steves* Treffen geht es um Waffen. Gleichzeitig werden der Gruppe Unterschlupf- und Trainingsmöglichkeiten eingeräumt sowie Bargeld übergeben. Als Gegenleistung verlangt man von der Gruppe, sie solle sich an der Jagd auf Regimegegner in der Bundesrepublik und im benachbarten Europa beteiligen.

Daß solche Anwerbemethoden gängige Praxis sind, schilderte 1986 der *Spiegel* am Fall der Mootz-Brüder aus dem Saarland. Auf der Suche nach einem Abenteuer gelangten sie über das libysche »Volksbüro« nach Tripolis. Wie sie gegenüber dem BKA erklären, wird ihnen dort in einem Schnellkurs der Umgang mit Kalaschnikows, Berettas, FN-Maschinenpistolen, der guten alten Browning sowie mit rumänischen Handgranaten und einer Sprengmaschine beigebracht. Die Ausbildung findet in einem Anwesen in der Nähe des Flughafens statt, das von einer drei Meter hohen Mauer umgeben ist. Am Ende der Ausbildung werden die Mootz-Brüder vom Sonderkoordinator des libyschen Geheimdienstes, einem gewissen Saidi, gefragt, ob sie auch bereit seien, »Feinde des libyschen Volkes zu liquidieren«. Als Gegenleistung bietet ihnen Saidi Geld und falsche Pässe an. Für den Anfang erhält jeder 600 Dollar Honorar. Anlaufstelle soll das »Volksbüro« in Bonn sein.

Staatspräsident Muammar el-Gaddafi hat oppositionelle Gegner schon Anfang der achtziger Jahre zu »Volksfeinden« erklärt und ihre »physische Eliminierung« verlangt. Wie aus Presseberichten hervorgeht, legen Gaddafi-Killer allein im April und Mai 1980 ein halbes Dutzend Exillibyer um, in Rom, London, Bonn und auf Malta, in ihren Wohnungen, in Hotels oder auf offener Straße. In einem Vorort von Athen wird am 20. Mai 1980 der dreiundzwanzigjährige libysche Arbeiter Abu Bakr Abdul Rahman mit mehreren Messerstichen im Genick tot aufgefunden. Er hat sich am Arbeitsplatz negativ über seinen Staatspräsidenten geäußert.

Im gleichen Zusammenhang berichtet die Mailänder Zeitung *Corriere della Sera*, daß Mitglieder der libyschen »Todeskommandos« von dem international gesuchten Terroristen *Carlos* ausgebildet würden. Das Blatt beruft sich auf einen in Rom lebenden Exil-Libyer namens Ali, der angibt, daß sich der Venezolaner in Tripolis aufhalte und dort als »Kenner seines Handwerks die Männer ausbildet«.

Von *Steves* Vereinbarungen mit Gaddafis Geheimagenten ist nur bekannt, was er darüber aufgezeichnet hat. Soviel steht jedoch fest, er und seine Gruppe werden auch zu ganz gewöhnlichen Geheimdienstaufgaben herangezogen, zum Beispiel zur Informationsbeschaffung. Dies ist für den Deutschen, wie wir aus der Zusammenarbeit mit dem jugoslawischen Geheimdienst SDB wissen, kein großes Problem. Die gewünschten Nachrichten beschafft er von seinen Freunden bei den Revolutionären Zellen, die auf diese Weise unwissentlich als Spitzel für den libyschen Geheimdienst mißbraucht werden.

Über seine Verbindungen nach Tripolis plaudert *Steve* einiges in einem Gespräch gegenüber einem inoffiziellen Mitarbeiter eines osteuropäischen Geheimdienstes aus. Die besagte »Quelle« liefert danach folgende Informationen zur Person des Libyers Omar Bashalah, des engsten Kontakt- und Verbindungsmanns von *Carlos*:

»Omar Bashalah ist als Mitarbeiter des libyschen Geheimdienstes bekannt. Außerdem unterstützte Omar Bashalah die *Carlos*-Gruppierung (schon) während des CSSR-Aufenthaltes bis unmittelbar (bevor dieser Bericht entstand). So hat er die Waffen von *Carlos* zur Aufbewahrung entgegengenommen.«

Weiter berichtet die »IM-Quelle«:

»Betrifft Kontakte von *Steve* zum libyschen Geheimdienst.

Steve und seine Gruppierung unterhalten direkte Kontakte zum libyschen Geheimdienst. Der direkte Kontaktpartner von *Steve* ist der Geheimdienstmajor (Abu Sreda Salem) mit Decknamen *Omar*. Mit diesem fanden in der Vergangenheit wiederholt Absprachen in Tripolis und Ostberlin statt. So traf er sich am 4.7. bis 5.7. mit *Steve* im Palasthotel der DDR-Hauptstadt Berlin. Durch *Omar* wird *Steve* in gewissem Maße mit Informationen versorgt und logistisch und finanziell unterstützt.

»Über diese Beziehung wollte der libysche Geheimdienst legendierte Informationen im Zusammenhang mit 3 Palästinensern der Terrorgruppe von Abu Machmoud überprüfen, die bei der Vorbereitung eines Terroranschlages in Westberlin verhaftet wurden. Als erstes Überprüfungsergebnis wurde *Steve* mitgeteilt, daß der libysche Geheimdienstmajor *Omar* in Erfahrung bringen konnte, daß die Hinweise, die zur Festnahme der Palästinenser führten, aus der Botschaft der BRD in Libyen gekommen seien.

Besondere Vorsichtsmaßnahmen seien gegenüber Mitarbeitern des libyschen Innenministeriums, vor allem gegenüber dem Minister Bel Gassem getroffen worden. Begründet wird diese Haltung damit, daß dem libyschen Geheimdienst bekannt ist, daß Bel Gassem Kontakte zum BKA unterhält und es eine gewisse Zusammenarbeit auf dem Gebiet der Bekämpfung des Terrorismus mit der BRD gibt, die vom Geheimdienst nicht akzeptiert werde. Das seien auch die Gründe für die Konspiration von Kontakten zu Terrorgruppen und Terroristen wie *Steve*, weil bei Bekanntwerden bestehender Verbindungen zur Bundesrepublik Komplikationen entstehen könnten. *Steve* hat über seinen libyschen Geheimdienstkontakt auch erfahren, daß Bel Gassem, der libysche Innenminister, als Vermittler bei der Aufnahme von Kontakten des BKA der BRD zur PLO, speziell zur »Fatah-Sicherheit«, deren Leiter Abu Houl ist, in Erscheinung getreten ist.

Deshalb werde Bel Gassam in libyschen Geheimdienstkreisen und auch im arabischen Raum verdächtigt, mit den Sicherheitsbehörden der Bundesrepublik zu kooperieren.«

Aus dem Agentenbericht geht weiter hervor, daß *Steve* von Omar auch für Kurierdienste eingespannt wurde, als einmal anonyme Informationen an westliche Presseorgane zu lancieren waren. Dabei ging es um den früheren CIA-Agenten Frank Terpil. Am 2.Januar 1980 wurde in Westberlin eine vom libyschen Geheimdienst vorgefertigte Nachricht an *DPA*, *Spiegel*, *AP*, *Agence France Presse* und *Herald Tribune* verschickt mit dem Inhalt, daß Terpil von den libyschen Sicherheitskräften inhaftiert worden sei. Anfang der siebziger Jahre haben Terpil und sein ehemaliger CIA-Kollege Edwin Wilson begonnen, mit den Libyern zusammenzuarbeiten. Wilson wurde in den USA im Juni 1982 verhaftet. Ihm wird vorgeworfen, Gaddafi mit hochwertigen Waffen und Waffentechnik versorgt und außerdem militärische Geheimnisse verraten sowie einen schwunghaften Handel mit Spezialitäten, von Folterwerkzeugen bis zu explodierenden Briefkästen, aufgezogen zu haben. Das »schmutzige Duo«, wie Terpil und Wilson bezeichnet werden, hat Veröffentlichungen zufolge an Gaddafi ein Millionenvermögen verdient, mitunter auch durch die Beschaffung von Waffen und Ausrüstung für terroristische Organisationen. Sie besorgten unter anderem den hochexplosiven Plastiksprengstoff C-4, ein amerikanisches Erzeugnis, mit dem im April 1986 eine TWA-Maschine zerstört und vier Menschen getötet werden. Wie die bereits erwähnteosteuropäische

Geheimdienst-Quelle schildert, hat der Ex-CIA-Mann Frank Terpil auch für die PFLP-SO von Wadi Haddad, Schulmeister von *Carlos* und *Steve,* Waffen organisiert.

Die von *Steve* lancierte Pressemeldung des libyschen Geheimdienstes über die Inhaftierung Terpils ist nichts anderes als ein Ablenkungsmanöver gegen die Vorwürfe, Libyen unterstütze den internationalen Terrorismus. Außer *Steve* sind auch *Carlos* und *Lilly* für den libyschen Geheimdienst tätig. Bei Gelegenheit brüsten sich alle drei mit ihren guten Beziehungen zu Libyen. Sie seien sogar einmal mit dem Privatjet des Revolutionsführers nach Tripolis geflogen worden, heißt es in dem erwähnten Bericht:

> »Für das Entgegenkommen und die Unterstützung durch die Libyer wollte und mußte *Steve* aber auch etwas Greifbares tun. Daher beauftragte er seine RZ-Freunde Thomas Kram und Uwe Krombach bei Treffen in Budapest und Ostberlin, Angaben über Exil-Libyer vor allem im Köln-Bonner Raum zu beschaffen, um diesen Libyern, ähnlich wie den rumänischen Exilopponenten, Briefbomben schicken zu können. Außerdem versuchte er über den in Westberlin ansässigen Unterstützer der Gruppe Teddy, der Kontakte in der Libyerkolonie in Westberlin besaß, ähnliche Angaben zu beschaffen.«

Unter diesen Voraussetzungen erscheint der Mord an dem Exil-Libyer und »Teddy«-Bekannten Mohammed Ashour 1986 in Ostberlin in einem neuen Licht. Ashour, der in den sechziger Jahren als Diplomat der libyschen Botschaft in Bonn angehörte, war seit 1977, nach Quittierung seines Dienstes am Rhein, in Berlin gemeldet und studierte an der Freien Universität politische Wissenschaften und Volkswirtschaft. Sowohl die Untersuchungsorgane der DDR-Staatssicherheit wie auch die Ermittler des Staatsschutzes in Westberlin sahen bei seinem Tod keinen politischen Hintergrund. Nach den Erkenntnissen aus den Weinrich-Aufzeichnungen kann jetzt nicht mehr ausgeschlossen werden, daß *Steve* auch in diesem Fall die Finger mit im Spiel hatte, wenn nicht gar Auftraggeber für den Mord an dem im Exil lebenden Libyer war.

Im Gegensatz zu den osteuropäischen Staatssicherheitsorganen, die sich ihre Informationen über die Carlos-Gruppe entweder durch Abhörmaßnahmen, heimliche Durchsuchungen, durch getarnte Verhöre oder anläßlich von Verhandlungen über konkrete Anliegen beschaffen, wird der libysche Geheimdienst von *Steve* offensichtlich freiwillig über einzelne Aktionen informiert. Ein Beispiel ist der Anschlag 1983 auf saudiarabische Diplomaten in Athen. Wie aus den in Budapest gefundenen Unterlagen hervorgeht, beschreibt der deutsche Terrorist die Auswirkungen des Bombenanschlags auf die Fahrzeugkolonne in allen Einzelheiten in einem Brief an seinen Kontaktmann Omar.

Nach der Anschlagserie zwischen 1982 und 1984 gegen französische Einrichtungen distanziert sich auch der libysche Geheimdienst von *Steve,* ganz besonders aber von der Carlos-Gruppe. Revolutionsführer Gaddafi will es sich offensichtlich mit Frankreich nicht ganz verderben und ordnet an, die Beziehungen abkühlen zu lassen. Für dieses Vorgehen gibt es in Tripolis auch noch andere Gründe.

Zu jener Zeit verlegt Abu Nidal, der Anführer des Fatah-Revolutionsrates, der radikalsten Teilorganisation innerhalb der PLO, seinen Sitz in die libysche Hauptstadt. Es ist allgemein bekannt, daß seine Leute die Carlos-Gruppe eher meiden. Das nicht ohne Grund. Den Palästinensern mißfällt der ausschweifende Lebenswandel, den *Steve, Carlos* & Co. führen, und den sie für ihre Sache als schädlich empfinden. Es liegt also nahe, daß Abu Nidal auf den libyschen Geheimdienst Einfluß ausübt, mit dem Ziel, die Beziehungen zu *Steve* abzubrechen.

Später kommt noch der internationale Druck hinzu, unter den Gaddafi wegen der Weigerung, die vermutlichen Attentäter von Lockerbee auszuliefern, gerät. Amerikanische und britische Behörden haben die Verantwortlichen für den Anschlag im Umfeld von Abu Nidal ausgemacht. Der libysche Staatschef hat für den Terroristenführer Partei ergriffen und kann es sich nun nicht leisten, auch noch wegen *Carlos* Ärger zu bekommen.

Die neue Position Libyens hat auch praktische Auswirkungen. *Steves* einflußreicher Geheimdienstpartner *Omar* wird von seinem Posten entbunden. Die Verantwortung für weitere Kontakte zu *Steve* wurde einem, wie er selbst meint, unbedeutenden Mitarbeiter mit dem Decknamen Abdallah übertragen. Das Abschlußgespräch, das *Steve* mit Omar in Tripolis führt, ist für den *Carlos*-Komplizen, wie den Aufzeichnungen zu entnehmen ist, nicht besonders erfreulich.

Omar kritisiert, daß die Gruppe von Libyen zwar Geld und andere Hilfe in Anspruch genommen habe und auch ein Programm zur Verwirklichung prolibyscher Aktionen entwickelt habe, aber kaum etwas zu seiner Realisierung unternommen habe. *Steve* erinnert an den Anschlag am 22. April 1982 auf das Büro der arabischen Zeitschrift *AL WATAN-AL-ARABI* in Paris. Mit dieser Aktion hätte die Gruppe auch libyschen Interessen gedient. *Omar* erklärt zu *Steves* Überraschung: »Walid Abu Zahr, der Direktor der Zeitschrift, war nicht unser Feind und seine Zeitschrift hatte sich auch nicht gegen Libyen gerichtet.«

Dennoch gibt *Omar* aufgrund der langjährigen Beziehungen *Steve* einige Ratschläge mit auf den Weg, die er beim Umgang mit dem Nachfolger Abdallah beherzigen solle. Er müsse vor allem darauf achten, bei allen künftigen Aktionen den neuen Mann einzubeziehen: »Mach etwas mit ihm, und er wird euch mehr geben, als Syrien, Jemen und Moskau zusammen.«

Nach dieser Empfehlung und Abschiedsvorstellung in Tripolis faßt *Steve* den Dialog in sieben Punkten zusammen:

> 1. »*Omars*« vorrangige Frage war: «Mit wem seid ihr in Syrien im Kontakt? Ich meine den konkreten Namen.« Meine Antwort: «Al Khouly«. *Steve* hatte in diesem Augenblick den Eindruck, als sei Omar darüber sehr verwundert gewesen.
>
> 2. In diesem Zusammenhang wollte Omar weiter wissen: »Und die Syrer, helfen sie euch nicht?« Die Antwort: «Sie geben uns Diplomatenpässe, weiter nichts, aber niemand schließt sich selbst aus.«
>
> 3. Er fragte: »Hat Lilly geredet? Und wer ist der andere?« Er meinte, er hätte ihn 1975 in Thaysirs Büro getroffen (ehem. Verantwortlicher der PFLP für Außenbeziehungen).
>
> 4. Er schlug vor, den Saudi-Prinzen oder den Botschafter in Frankreich (wo immer wir wollen) zu töten.
>
> 5. Über Saddat sagte ich ihm unter der Legende: Abdallah, ich weiß nicht, ob ich es erwähnen soll, weil jetzt jeder kommt...; erinnere ihn an ›unsere Leute‹, daß mit einer Kalaschnikow es möglich wäre... aber erhielten den Bericht spät im November, Visa-Problem.
>
> 6. Er fragte nach Fred (gemeint ist El Khoruy Fouad) und ob er noch zu uns gehört. Ich bestätigte das und erklärte, daß er jetzt im Norden ist: sicher – ›alle unsere Leute sind dort‹.
>
> 7. Ich konnte mit ihm nicht über den Kampf sprechen, aber ich erwähnte die Bedeutung von Nr. 5 und u.a. auch, daß Cheyssons wegen uns nach Syrien reiste.

Weiter führt *Steve* aus:

> Während unseres Gespräches über Geld fragte Omar nochmals, ob ich Thaysir Cuba kenne und ob ich zu ihm gehen kann. Es schien, daß er es ernst meinte. Meine Antwort war: »Ja, ich kenne ihn sehr gut, aber sie geben uns kein Geld. Einmal bot er Pistolen an, aber er gab sie nie rüber, obwohl wir Kinder der PFLP sind.

Um die Geldfrage geht es auch, als *Steve* das Büro von Omar bereits verlassen hat. Seiner Schilderung nach trifft er unten Elledine und erwähnt ihm gegenüber kurz, daß die Gruppe der Linie zustimme, obwohl sie kein Geld benötige. Sofort reagierte er darauf mit dem Hinweis, daß er für Geld, um uns zu unterstützen, aus seiner Tasche aufkäme. In zwei weiteren kurzen Notizen heißt es:

> Am Ende erklärte Abdallah zur Ankunft von Michel: »... sag ihm, die Türen sind nicht verschlossen... sie stehen offen...« Den Weg, den er (Abdallah) geht, ist so, daß er im Widerspruch zu der ganz harten Linie steht.
>
> Abdallah erwähnte auch die ETA und sagte: »Ich spreche nicht mit Leuten, die uns nur kennen, um übers Geschäft zu sprechen ...«

In den darauffolgenden Jahren scheinen die Libyer die von Abdallah vorgegebene Linie konsequent durchzusetzen. Schließlich sitzen die Öldollars nicht mehr so locker wie früher. Die Libyer sind nur dann bereit, etwas zu zahlen, wenn *Steve* konkrete terroristische Arbeit nachweisen oder andere nützliche Dienstleistungen anbieten kann. Gaddafis Kriegskasse ist leer. Er kann wegen des gegen ihn verhängten Ölboykottes seine Rechnungen nicht mehr bezahlen. Im August 1986 lassen italienische Exporteure sogar die Konten von libyschen Staatsfirmen beschlagnahmen.

Als *Steve* die hochgesteckten Erwartungen der Libyer nicht erfüllt, flachen die Beziehungen gänzlich ab. Erst als sich der Krieg gegen den Wüstenstaat Tschad an der libyschen Südgrenze weiter zuspitzt, wagen es *Carlos* und *Steve,* mit neuen Operationsangeboten in Tripolis vorzusprechen, um sich so in ein neues Licht zu rücken. Doch auch das hilft nicht viel. Die Vorschläge reichen offensichtlich nicht aus, um die Meinung des libyschen Geheimdienstes zu ändern. Es bleibt bei einer »losen« Beziehung.

Als *Carlos* und seine Begleiterin 1992 nochmals versuchen, in Tripolis Fuß zu fassen, werden sie kurzerhand nach Damaskus zurückgeschickt.

Syrien: die zuverlässigsten Partner

Anders als Libyens Staatspräsident Oberst Muammar al-Gaddafi, der sich terroristische Kapazitäten kauft und sie, wenn sie nicht mehr benötigt oder aus politischen Gründen lästig werden, wieder abstößt, zeichnet sich sein Kollege in Damaskus, Hafis al-Assad, durch Entschlossenheit, Standfestigkeit und eine brutale, aber effektive Militärherrschaft aus. Selbstverständlich untersützt er auch Terroristen materiell. Was Terroristen in Syrien Sicherheit gab und immer noch gibt: Assad ist der starke Mann im Nahen Osten. Diese Position würde ihm Saddam Hussein gerne streitig machen, doch dazu fehlt ihm das Format.

Syriens Staatschef, der 1970 durch einen Militärputsch an die Macht gekommen ist, regiert inzwischen länger als jeder andere Machthaber der Nachkriegsära, und das gegen den starken Widerstand sunnitischer Fundamentalisten, wie Anfang der achtziger Jahre der Aufstand gegen den Alewiten Assad zeigt. Knapp zweihundert Kilometer nordwestlich von Damaskus, in der moslemisch geprägten Stadt Hama mit seinerzeit 180000 Einwohnern, die für ihre Frömmigkeit bekannt sind, formiert sich frühzeitig eine Moslembruderschaft, mit dem Ziel, Assad zu stürzen.

Anfang 1982 soll mit dem ewigen Unruheherd, den man hinter den fortwährenden Bombenanschlägen gegen Regierungsbehörden und sowjetische Berater vermutet, Schluß gemacht werden. Am 2. Februar 1982 wird eine Säuberungsaktion anberaumt, um Schlupfwinkel und Waffenlager der moslemischen Rebellen auszuheben. Als sich das Aufgebot von fünfhundert Soldaten und mehreren »Muhabarat«-Agenten im Gewirr der winkligen Gassen des alten Stadtviertels verfangen hat, schlagen die Moslembrüder zu und stoppen Assads Säuberungsaktion. »Der Ruf nach dem ›dschihad‹, dem Heiligen Krieg, gegen Assad und seine Baath-Partei hallte durch Hama«, so schildert Thomas L. Friedmann in seiner »Geschichte über den Nahostkonflikt«. Es folgen zwanzig Tage eines erbitterten Kampfes, Assad läßt Panzer auffahren. Unter dem Kommando seines jüngeren Bruders Rifat, der für seine Radikalität bekannt ist, werden drei ganze Stadtviertel mit Bulldozern und Dampfwalzen eingeebnet. Gefangene, die im Verdacht der Regierungsfeindlichkeit stehen, werden mit Maschinengewehrsalven sofort hingerichtet. Nach Feststellungen der Menschenrechtsorganisation Amnesty International schrecken Assads Leute vor keiner Grausamkeit zurück. So leiten sie durch Gummischläuche Blausäuregas in die Häuser, in denen Aufständische vermutet werden.

Solch entschlossenes wie brutales Vorgehen kann Terroristen vom Schlage *Carlos* und *Steve* nur imponieren. *Carlos* und *Steve* frischen ihre Beziehungen zum syrischen Geheimdienst »Syrien-Air-Force« auf, dessen oberster Chef der Schlächter von Hama, Rifat al-Assad war. Die »Syrien-Air-Force« ist dem Präsidenten direkt unterstellt und hat auch für seine persönliche Sicherheit und die seiner Familie zu sorgen.

Kontakte zu der mächtigen Sicherheitsorganisation gab es bereits Ende 1978. Vermittelt wurde die Verbindung seinerzeit vom algerischen Botschafter in Bagdad, der bei den ersten Gesprächen zwischen den führenden Geheimdienstmitarbeitern und *Steve* in der Botschaft mit anwesend war. Damals waren die Beziehungen zwischen Syrien und dem Irak noch leidlich. Deshalb fordern *Carlos* und *Steve* von den Syrern, die Begegnung gegenüber dem Irak geheimzuhalten.

Doch die Abmachung wird von syrischer Seite bewußt gebrochen.Deren Absicht ist es, aus dem absehbaren Konflikt, der sich zwischen dem irakischen Geheimdienst und *Carlos* anbahnt, zu profitieren, und die Gruppe für die Sache der Syrer zu gewinnen. Da sie die Probleme der Gruppe mit dem Irak kennen, versuchen die Syrer einerseits auf *Carlos* und *Steve* Einfluß zu nehmen, andererseits aber ihre Forderungen so gering wie möglich zu halten.

Nach dem Ausweichen von *Steve, Lilly* und *Carlos* in das sozialistische Osteuropa wird der neu geknüpfte Kontakt auf loser Basis aufrechterhalten. Erst ab Mitte 1979 wurden mit den Vertretern des syrischen Geheimdienstes periodisch Termine für einen fortlaufenden Gedankenaustausch abgesprochen. Die Beziehungen werden enger. Ende 1979 erklärt sich die »Syrien-Air-Force« erstmals bereit, die Wünsche der Carlos-Gruppe nach Waffen, Pässen und in gewissem Umfang nach Geld zu erfüllen. Die Sache mit den Diplomatenpässen für die Führungsmitglieder *Carlos, Steve,* Abul Hakam und *Lilly* wird prompt erledigt. Sie sind offiziell vom Außenministerium der Syrisch Arabischen Republik in Damaskus ausgestellt:

für *Carlos* auf den Namen KHOURI, Michel
Diplomatenpaß Nr.: 2516/80

für *Steve* auf den Namen SALIBI, Jean
Diplomatenpaß.-Nr.: 2517/80

für *Lilly* auf den Namen TOUMA, Maryam
Diplomatenpaß-Nr.: 2518/80

für Abul Hakam auf den Namen BITAR, Mohamed
Diplomatenpaß-Nr.: 2387/79

Die Reisedokumente für *Carlos, Steve* und *Lilly* haben fortlaufende Numerierung und sind alle 1980 ausgefertigt. Abul Hakam besitzt einen Diplomatenpaß mit einer Seriennummer aus dem Jahr 1979. Offensichtlich haben ihn die Syrer bevorzugt, weil er sich, so wird in Geheimdienstkreisen angenommen, bei der Bekämpfung der syrischen Moslembruderschaft besonders hervorgetan hat. Er steht unter dem Verdacht, die Anschläge auf mutmaßliche Moslembrüder in der Bundesrepublik und Frankreich verübt zu haben.

Mit der Entscheidung über die finanzielle Unterstützung läßt sich der syrische Geheimdienst Zeit bis nach dem Kongreß der Baath-Partei um die Jahreswende 1979/80. Damals hat Rifat el Assad, Geheimdienstoberer und gleichzeitiger Anführer der schwerbewaffneten alewitischen Verteidigungskompanien »Saraya el-Difa«, zum uneingeschränkten Krieg gegen die Moslembrüder aufgerufen. Durch die Vermittlung von Abul Hakam findet im Februar 1980 ein Treffen mit dem Geheimdienstgeneral el Khouly statt, der erstmals der Gruppe Waffen übergibt.

Abul Hakam ist für die Syrer offensichtlich die Schlüsselfigur. Für den Fall, daß die Carlos-Gruppe mit den neuen Diplomatenpässen Schwierigkeiten bekommen sollte, wird vereinbart, daß Kontaktpartner des syrischen Geheimdienstes in den Botschaften des Landes in Ostberlin, Budapest, Prag, Sofia und ausgewählten westeuropäischen Hauptstädten benannt werden, die bei Nennung eines Codes helfend einschreiten können. Die Kennung lautet: «Ich komme von Abul Hakam.« Aber auch die Botschafter erhalten vom syrischen Außenminister die Weisung zu helfen, wenn sich Mitglieder der Carlos-Gruppe auf Abul Hakam berufen.

Wie eine solche konspirative Kontaktaufnahme verlief, schilderte im Frühjahr 1994 Mohamed Nabil Shritah, Angehöriger der syrischen Botschaft in

Ostberlin und Kronzeuge im Prozeß gegen den inzwischen Verurteilten Ex-Stasi-Offizier Helmut Voigt. Shritah wörtlich:

»Etwa 1980 kamen zwei Herren und eine Dame in die syrische Botschaft in Berlin. Da ich der einzige Deutschsprechende in der Botschaft war, führte die Sekretärin der Botschaft die drei in mein Zimmer. Sie haben sich vorgestellt als ein Argentinier und seine Frau und ihr deutscher Freund. Nach einer viertelstündigen Unterhaltung wies sich der Argentinier als Carlos aus. Er sagte mir, daß in der Botschaft ein ihn betreffendes Telegramm vorliege.

Da ich von diesem Telegramm nichts wußte, ging ich zum Botschafter, um ihn von der Ankunft der drei Personen zu unterrichten und ihn nach dem Telegramm zu fragen. Der Botschafter bestätigte mir, daß es das Telegramm gibt. Der Absender war das Außenministerium.«

Wie Shritah in seiner Vernehmung vor Gericht weiter zu Protokoll gibt, erhält er vom Botschafter die Anweisung, die Gruppe zu betreuen und jedmögliche Hilfe zu gewähren, zum Beispiel bei der Visabeschaffung, wenn Angehörige der Gruppe in Drittländer reisen wollen oder bei der Hotelreservierung. Da syrische Diplomatenpässe benutzt werden, ist es Aufgabe der Botschaft, die Formalitäten für Salim, Jean und Maryam erledigen, wie sie sich derzeit nennen. Das Telegramm, auf das sich die »Carlos-Gruppe« beim syrischen Botschafter berufen kann, belegt, wie frühzeitig und wie tief die Regierung in Damaskus in die terroristischen Aktivitäten verstrickt ist.

In der Folgezeit besuchen Jean und Marjam den Beauftragten Shritah in der Botschaft nur in größeren Abständen, vor allem aber, wenn sie sich über die Diplomatenläden billig Lebensmittel und Zigaretten beschaffen wollen. Eines Tages kommt Jean alias *Steve* alias Johannes Weinrich mit einem ernsteren Anliegen. Shritah soll einen Koffer aufbewahren. Der Inhalt: eine Pistole, ein kleines Maschinengewehr und mehrere Schachteln Sprengstoff. Der Botschaftsangestellte wird, wie er sagt, unsicher und konsultiert den neuen Botschafter, Feisal Sammak, um seine Meinung zu hören. Er kennt wie sein Vorgänger den Inhalt des Telegramms aus dem Außenministerium. Sammak hat inzwischen die Gelegenheit gehabt, die Gruppe kennenzulernen, und gibt zur Antwort: »Solange dies nicht gefährlich ist, kannst du die Sachen bei dir im Dienstzimmer deponieren.«

Es mutet sehr naiv an, wenn Shritah erklärt, er habe sich von Jean bestätigen lassen, daß der Sprengstoff ohne Zünder ungefährlich sei. Es kann davon ausgegangen werden, daß *Steve* keine fertige Bombe in der syrischen Botschaft aufbewahren will. Ebenso sicher ist, daß es sich nicht um harmloses Spielzeug handelt und damit Straftaten beabsichtigt sind. Ist es also nur Blauäugigkeit? Fest steht, daß *Steve* des öfteren an den Koffer geht und Gegenstände herausholt oder auch hineingibt. Wie Shritah bemerkt, braucht er öfters die Pistole. Jedesmal wenn er vom Flughafen kommt, holt er sie sich für die Zeit seines Aufenthaltes.

Die Zusammenarbeit mit der Carlos-Gruppe erklärt der Ex-Diplomat vor Gericht mit der damaligen instabilen Lage Syriens. In Damaskus wird befürchtet, daß sich ein anderer arabischer Staat die Dienste der käuflichen Terroristen zunutze machen und gegen Syrien einsetzen könne. Andererseits erhofft sich der syrische Diktator Hafiz al-Assad Unterstützung von *Steve* und seinen RZ-Helfern bei der Bekämpfung syrischer Oppositioneller und der Moslembrüder in der Bundesrepublik und Frankreich.

General el-Khouly vom syrischen Luftwaffengeheimdienst kann mit der Arbeit von Abul Hakam und *Steve* zufrieden sein. Die Informationen über syrische Oppositionelle in Deutschland, Frankreich und in den Ostblockstaaten fließen reichlich. *Steve* kann dabei seine Kontakte zu syrischen Politikern im Ausland wie zu al-Hamdani, dem ehemaligen Informationsminister, oder zu el-Jundi, einem Führer der syrischen Opposition im Ausland, nutzen. Auf hinterhältige Art horcht *Steve* die Leute selbst aus oder läßt sie von seinen Schweizer Gruppenmitgliedern beobachten, so daß el-Khouly rechtzeitig die Informationen auf dem Tisch hat, wenn sich die syrischen Oppositionellen zum Beispiel in Österreich treffen.

Nach dem ersten Angriff auf Mitglieder der syrischen Moslembrüder, bei dem sich besonders Abul Hakam hervorgetan haben soll, sichern el-Khouly und sein Beauftragter, der spätere Oberstleutnant Haytham Said, der Gruppe umfassende Unterstützung zu. Sie sind sogar bereit, mit der Gruppe um *Carlos* und *Steve* zu kooperieren. Die kann daher den Ausbau eines Stützpunkts in Damaskus beschleunigen, der ihnen schon seit 1981 zur Verfügung steht.

Damaskus ist für die Gruppe aus mehreren Gründen interessant. Erstens ist die Nähe zum Dauerkriegsherd Südlibanon und zum PLO-Domizil in Beirut wichtig. Zweitens haben viele befreundete Terrorgruppen Damaskus als neue »Heimstatt« gewählt. Denn nach dem Camp-David-Abkommen 1979 beginnt die arabische Front zu bröckeln, während sich Syrien weiter als konsequentester Gegner des israelisch-arabischen Friedensvertrages erweist. Damaskus wird für terroristische Organisationen zu einem sicheren Unterschlupf. Die Büros und Wohnungen werden offiziell bereitgestellt und unter dem Schutz der verschiedenen Geheimdienste Syriens gegen Neugierige und

Schnüffler getarnt. Nur Insidern ist es möglich, die einzelnen Stützpunkte der weltweit gesuchten Terroristen in der syrischen Metropole ausfindig zu machen. Am häufigsten ist Hagop Hagopian alias Mudschahid von der »Geheimarmee zur Befreiung Armeniens« (ASALA) in Damaskus anzutreffen. Ein weiterer wichtiger Ansprechpartner ist Marwan, ein Führungsmitglied der PFLP, der in Damaskus die Abteilung für Auslandsoperationen leitet.

Den pakistanischen Widerstand vertritt in Damaskus Muthasar Bhutto, Sohn des hingerichteten pakistanischen Regierungschefs Zulfikar Ali Bhutto. Sohn Muthasar wird nach dem Tod seines Vaters von der syrischen Regierung wohlwollend geduldet. In Damaskus fühlt sich aber auch der gefürchtete Ahmed Dschibril mit seiner PFLP-GC wie zuhause. Die PFLP-CG (General-Command) ist eine radikale Splittergruppe, die sich 1967 von der 1959 gebildeten Palästinensischen Befreiungsfront getrennt hat und sowohl von Syrien als auch von Libyen unterstützt wird. Nach seinem Konflikt mit dem irakischen Geheimdienst in Bagdad genießen auch Abu Nidal und seine Gruppe vorübergehend Gastfreundschaft in Damaskus, bis er sich 1984 unter den Schutz des Muammar el-Gaddafis begibt.

Für die Carlos-Gruppe ist die syrische Hauptstadt ein hervorragender Standort für Kommunikation und Kooperation mit anderen Organisationen. Man trifft sich ohne großen Aufwand und ganz unkompliziert. Durch das Patronat des syrischen Geheimdienstes haben alle auch ihre mächtigen Fürsprecher und Vermittler; *Carlos* und *Steve* finden also in Damaskus die besten Startbedingungen vor.

Die wichtigsten Voraussetzungen für internationale Terroristen schaffen die syrischen Behörden mit der Überlassung von Diplomatenpässen. Damit können die Terroristen nicht nur ungehindert reisen, sie können auch Privilegien in Anspruch nehmen. Diplomatengepäck wird nach den internationalen Gepflogenheiten in der Regel nicht kontrolliert. So wird es auf ganz einfache Weise möglich, Waffen, Sprengstoff und Elektronikartikel am Zoll vorbeizuschleusen. Anläßlich des Besuchs eines ETA-Aktivisten in Damaskus schwärmt *Steve*:

> »Unsere syrischen Freunde haben uns zwei Häuser, zwei Autos sowie erhebliche finanzielle Mittel zur Verfügung gestellt. Wir können günstig Waffen, Sprengstoff und andere wichtige Dinge lagern. In Syrien und in den von Syrien kontrollierten Gebieten im Libanon können wir uns fast völlig ungehindert bewegen. Gibt es doch irgendwelche Schwierigkeiten, genügt ein Anruf im Büro unseres Schutzengels El-Khouly und die Probleme werden

gelöst. Als zum Beispiel unser Freund Tarik wegen Autoschmuggel im syrischen Gefängnis saß, hat ein Anruf bewirkt, daß er wieder freigelassen wurde.«

Durch die fast idealen Bedingungen, die Syrien für terroristische Organisationen schafft, konzentrieren sich *Steve* & Co« von Anfang an auf Damaskus. In Beirut, im d*amal*igen Zentrum des politisch motivierten Terrors, besitzen sie nur eine Wohnung, die als Büro, Übernachtungsmöglichkeit und Materiallager genutzt wird. Als man nach dem Libanonkrieg Beirut verlassen muß, ist das kein gravierender Verlust, da man im nahen Damaskus ungehindert weiter agieren kann.

Von 1982 an werden die Beziehungen weiter vertieft. *Carlos* und *Steve* setzen voll auf den syrischen Geheimdienst und gehen auf dessen Wünsche ein. Wie nicht anders erwartet, lohnt sich die Zusammenarbeit. Da sie bekannt sind, müssen sie sich nicht wie andere peinlich genauen Sicherheitsüberprüfungen unterwerfen. Zusätzlich zum Domizil in Damaskus wird der Gruppe in Homs, südlich des von Panzern und Bulldozern niedergewalzten Sunnitenzentrums Hama, ein konfisziertes Anwesen zur Vorbereitung eigenständiger terroristischer Aktionen bereitgestellt.

Von nun an ist die Gruppe in der Lage, in eigener Regie zu operieren oder sich ganz einfach nach anstrengenden Terrorausflügen zu erholen. Ein weiterer Vorteil des neuen Stützpunktes: Er erleichtert den Kontakt zu »Freunden« im Nordlibanon und im Bekaa-Tal. Die Entfernung dorthin beträgt nur wenige Kilometer, und es ist auch nicht mehr allzu weit nach Latakia. In dieser syrischen Hafenstadt am Mittelmeer bezieht die Gruppe ein weiteres Quartier und von da aus hat sie viele Möglichkeiten, den Schiffsverkehr mit Griechenland zu nutzen.

Die Vorbereitung für die Anschläge in Athen und der Transport von Waffen und Sprengstoff wäre ohne den Stützpunkt an der syrischen Küste kaum so einfach gewesen. Dort fühlen sie sich vor den neugierigen Augen ausländischer Geheimdienste weitgehend sicher. In Latakia können sie sich incognito und ganz entspannt auch den angenehmen Seiten des Lebens widmen, wie zum Beispiel dem Baden im Mittelmeer oder Ausflügen in die Hafenkneipen mit ihrem internationalen Publikum und dem vielfältigen Amüsement-Angebot.

Die anfängliche Euphorie über die erfolgreiche Kooperation mit dem syrischen Geheimdienst erhält freilich wie fast überall im März 1982, als der Frankreichterror losgeht, einen empfindlichen Dämpfer. Die Franzosen machen Syrien als Förderer der *Carlos*-Clique aus und bedrängen über geheime Kanäle Damaskus. In der Sache werden sogar hohe Staatsvertreter Frankreichs bei der syrischen Regierung vorstellig. Die Geheimdienstleute können die Angelegenheit nicht mehr so einfach bereinigen.

Wie sehr allerdings die Syrer sich in die Aktionen des *Schakals* verstricken lassen, zeigt sich vor allem im Verhalten ihrer Botschaft in Ostberlin, die von 1980 an bis zum Anschlag auf das französische Kulturzentrum »Maison de France« im August 1983 *Steve* und Abul Hakam vorbehaltlos Unterstützung gewährt. Als 1983 der Botschafter wechselt und Feisal Sammak, ein weitläufiger Verwandter Assads, die diplomatischen Geschäfte übernimmt, wird die erwähnte Anweisung des Außenministeriums erneuert, also schon nach den ersten Interventionsversuchen Frankreichs in Damaskus.

Ob es nur Zufall ist, daß Sammak ausgerechnet zu der Zeit, als die Bombe mit dem Sprengstoff aus der Botschaftsverwahrung im »Maison de France« explodiert, nicht in Berlin weilt, kann bezweifelt werden. Etwa zweieinhalb Jahre später, als mehrere Menschen bei einem Bombenanschlag auf die »Deutsch-Arabische Gesellschaft« im Kreuzberger Zentrum verletzt werden, spielte Feisal Sammak ebenfalls ein zwielichtige Rolle. Selbst als die beiden der Tat verdächtigen Jordanier Ahmed Hasi und Farouk Salameh vor Gericht erklären, den Sprengstoff aus der syrischen Botschaft in Ostberlin bezogen zu haben, leugnet dies der syrische Diplomat in einem Interview der linken Tageszeitung *taz*: »Wir haben keinerlei Beziehung – weder zu Ahmed Hasi noch zu Farouk Salameh, nicht persönlich und nicht offiziell. Wie könnten wir Sprengstoff übergeben an Menschen, die wir nicht kennen.« Der syrische Botschafter legt jedoch Wert auf die Unterscheidung zwischen »Terror« und »nationalem Widerstand«. Letzterer, so der Syrer, ist »die Pflicht eines jeden Volkes, das seines Territoriums und seiner Rechte beraubt ist«. Und an einer anderen Stelle erklärt sich Sammak der Bedeutung des Landes im Ost-West-Konflikt sicher: »Wir lehnen es ab, uns auf die Anklagebank zu setzen.«

Daß Sammak bis heute unter dem Schutz seines mächtigen Verwandten Hafiz el Assad steht, beweist schließlich seine Freilassung durch die Wiener Justiz, nachdem er »versehentlich« aufgrund eines Haftbefehls aus Deutschland vorläufig festgenommen worden ist. Die Österreicher ziehen es vor, den Ex-Botschafter laufen zu lassen, anstatt ihn an die Bundesrepublik auszuliefern. Sammaks damaliger Botschaftssekretär Mohamed Nabil Shritah, der mit der Betreuung der Carlos-Gruppe in Ostberlin beauftragt ist, stellte sich merkwürdigerweise freiwillig der Justiz, um als Kronzeuge aufzutreten. Jener Mann also, der für *Steve* in seinem Arbeitszimmer, wie sich später herausstellt, eine Maschinenpistole der Marke Beretta, fünf Pistolen belgischen Fabrikats FN 9 mm, ca. 6000 Schuß Munition, 40 Sprengzünder und eine größere Menge Sprengstoff aufbewahrt. Daß *Steve* mit dem gefährlichen Zeug auch lebhaft hin und her schiebt, beweisen seine Merkzettel.

»Für den 24.12.83:
Mit Nabil-Plan
1) Umtausch von Holstern: sie waren nicht richtig
2) Siegel-Frage
3) Briefe für Ali (Visum für Prag) mit Botschafter am 16.-24.12.84 erledigt
Briefe für Peter (6 Monate Visum für Belgrad)
Hinweise für das nächste Mal, 25.-30.1.83
1) Austausch von (3) Holstern; für Waffen ohne Visier
2) Siegel-Frage
3) Einführung Tina: sie könnte nach DAMAS
(Hilfe bei Aufklärung) in Zukunft etwas Nützliches liefern.
4) Grüße an den Botschafter
5) Diplomatenkoffer
6) Waffenreinigung
7) B-Ausrüstung sowie Uhren in Taschen
[Mit B ist Bombe gemeint]
8) Konto (?) 300 übrig – Weihnachtsgeschenk.«

Die konspirative Zusammenarbeit mit der syrischen Botschaft ist auch in weiteren Notizen erkennbar. So notiert *Steve* für einen Besuch bei Nabil Shritah am 11. August 1983, wenige Tage vor dem Anschlag auf das französische Kulturzentrum »Maison de France«:

»1) Diplomatenkoffer und schwarze Tasche. Dank zum letzten Mal.
2) Botschafter (zurück?), »Was hast du ihm gesagt über...«
3) Inhalt der Taschen: Mit Liste vergleichen (letztes Mal offen).
4) Urlaub; wann
5) Neues Holster (DM 350,— bei ihm)
6) Siegel – nicht berührt
7) Brief für Ali.
Inhalt. Tasche packen.
1 Browning und Messer nehmen!
1 kg Plastik (?)

Mit Nabil
...zum Abholen fertig...?«

Einen weiteren verräterischen Hinweis hinterläßt *Steve* unter dem Datum vom 25. März 83, der Tag des Anschlags auf das französische Kulturzentrum:

> Danke für die wertvolle Information von Nabil und für die Aufbewahrung von Taschen, wir stimmen überein, er weiß nichts! Ich habe oft gesagt / ihm oft mitgeteilt, daß es (die Taschen) uns gehört. Offiziell also weiß er gar nichts.

Weinrich hat nicht nur zu dem Botschaftssekretär Nabil Shritah enge Beziehungen. Am 14. Juli 1983 machte sich *Steve* Notizen über ein Treffen mit Feisal Sammak und Nabil am 3. Juli 1983:

> »1.) Er sagte mir, ich sollte ihn treffen.
> 2.) Wollte mit ihm über Gewöhnliches sprechen, aber besonders über PLO usw... Ich gab eine sehr allgemeine Ansicht: Wir sind mit ihnen (drin), aber was ist wirklich los?«

Am 25. August 1983 beginnt ein neues Kapitel in Sachen Sprengstoff. Um 9.30 Uhr fordert *Steve* seinen Betreuer Shritah auf, die Tasche nach Westberlin zu befördern. Dieser ist offensichtlich verunsichert und konsultiert nochmals seinen Botschafter, um sich von der Richtigkeit des Vorgangs zu vergewissern. Der Botschafter verweist erneut auf das Telegramm aus Damaskus, das besagt, der Gruppe sei »jegliche Hilfe zu gewähren«. Nach seinen Angaben vor dem Berliner Kammergericht weigert sich der Shritah trotzdem, das Bombenpaket nach Westberlin zu befördern und händigt es dem deutschen Terroristen nur aus. Auch sei er damit nicht nach Westberlin gefahren, so jedenfalls Shritahs Erzählungen.

Wie am gleichen Tag mit diesem Sprengstoff das »Maison de France« in die Luft fliegen kann, bleibt vorerst ein Rätsel. Bei der Übergabe muß Shritah selbstverständlich davon ausgehen, daß *Steve* eine strafbare Handlung im Schilde führt. Und selbst nach dem Anschlag sehen sich die Syrer keineswegs veranlaßt, weitere Hilfestellung zu untersagen, im Gegenteil. Selbst 1984, als die Gruppe wegen der »politisch unmotivierten Mordanschläge« ihre Basis im Ostblock verliert, gelingt es Abul Hakam, einen ca. 35 kg schweren Koffer mit Waffen und Sprengstoff in der syrischen Botschaft in Ostberlin zu deponieren, und zwar mit Wissen des Botschafters. Später gelangen die Waffen und der Sprengstoff nach Westberlin und werden einer befreundeten Terrorgruppe übergeben. Abul Hakam persönlich befördert diesen Koffer unter Benutzung eines syrischen Diplomatenpasses über den Grenzkontrollpunkt Friedrichstraße.

Welche Rolle der ehemalige Botschaftssekretär Mohamed Nabil Shritah in dem geheimen Geflecht zwischen dem syrischen Geheimdienst und der Carlos-Gruppe spielt, ist nicht genau ersichtlich. Jedenfalls ist es wohl kaum die Rolle eines »reuigen Sünders«. Von jemanden, der so tief wie er verstrickt ist, kann nicht erwartet werden, daß er sich vollständig offenbart, auch wenn er sich angeblich freiwillig der deutschen Botschaft in Budapest stellt, um die »Vorgänge im Zusammenhang mit dem Anschlag auf das ›Maison de France‹ aufzuklären und die Unschuld Syriens zu beteuern«.

Shritah ist 1994 vor diesem Schritt Büroleiter des syrischen Vizepräsidenten Khadam und hat zu einem solchen Vorgehen nicht die geringste Veranlassung. Seine Frau, seine Kinder und seine Großfamilie, in der es viele hohe Militärs gibt, leben unbehelligt in Syrien. Was veranlaßt ausgerechnet diesen Mann, sich »freiwillig« in die Hände einer fremden Macht zu begeben? Im Sinne der syrischen Staatsräson könnte man das Verhalten mit Fahnenflucht, gar Hochverrat gleichsetzen, gäbe es nicht möglicherweise übergeordnete Interessen. Shritah stellt sich drei Tage vor dem Treffen des syrischen Präsidenten Hafiz al-Assad mit US-Präsident Bill Clinton und nur wenige Tage vor dem für den 11. Januar 1994 anberaumten Stasi-Prozeß in Berlin. Es bleibt abzuwarten, ob gegen den auf Kaution in Freiheit lebenden Syrer Mohamed Nabil Shritah der Prozeß eröffnet wird. Beschuldigt wird er immerhin der Beihilfe zum Mord.

Die Kooperation mit dem syrischen Geheimdienst verläuft für *Carlos* und *Steve* nicht immer so geradlinig. Gelegentlich gibt es Verstimmungen oder gar Streit. So sind die Vertreter des syrischen Geheimdienstes Anfang 1982 sehr erbost, daß Abul Hakam die Verbindung gegenüber General El-Khouly in Ungarn ausplaudert. *Carlos,* der die Abreibung in Damaskus abbekommt, schreibt am 19. August1983 in einem Brief an *Steve*:

> »Für Ali: El-Khouly hat einen Bericht mit der Mitteilung bekommen, daß Abul Hakam den Namen El-Khouly benutzt hatte, einen syrischen Diplomaten-Reisepaß besitzt und vor 6 Monaten versucht hat, von einem Libyer in Budapest eine Million Dollar zu erpressen. Haytham las mir eine Kopie des Erpresserschreibens vor, das im Namen Abu Nidals geschrieben wurde. Nachdem ich erklärt hatte, wie das geschah, entspannte sich die Atmosphäre wieder. Dennoch verlangen sie einen Bericht von Ali.

Es ist jetzt klar, daß Ali in eine größere Provokation verwickelt war, als wir angenommen hatten. Daher sollten wir für unseren Gebrauch alle Informationen, die direkt oder indirekt mit der Sache in Verbindung stehen, schriftlich festhalten: Daten, Zeiten, Namen, Anschriften, Telefonnummern, Treffen mit Sicherheitsdiensten, Klatsch usw. Ich möchte ein vollständiges Bild von der Umgebung, in der er sich in Budapest bewegt, besonders bezüglich der Syrer und Palästinenser. Auf dieser Grundlage werden wir einen Bericht für El Khouly erstellen, den wir, er (Ali) und ich, gemeinsam überbringen werden und jede Frage, die sich ergibt, beantworten, damit diese Angelegenheit vollständig geklärt wird. – Nach Ende der Operation muß Ali hierher kommen.«

Für Auseinandersetzungen mit dem syrischen Geheimdienst sorgen gelegentlich auch falsche Anschuldigungen, Klatsch und Tratsch oder gar Intrigen der in Damaskus ansässigen Gruppen untereinander. So beschuldigt 1984 die Leiterin der »Roten Armee Japans« das Dreigestirn *Carlos, Steve* und Abul Hakam der Entführung eines sowjetischen Diplomaten im Libanon. Ironischerweise bezichtigen Untergebene von Abu Nidal nicht nur einmal die Carlos-Gruppe der Agententätigkeit für den sowjetischen Geheimdienst KGB.

Ernsthafte Probleme mit dem syrischen Geheimdienstgeneral el-Khouly bekommt *Steve,* als die Syrer 1984 erstmals von seinen und Abul Hakams Reisen nach Bagdad erfahren. Die Syrer reagieren mit verschärften Kontrollen und interessieren sich ganz besonders für die Kooperationspartner in Sachen Terrorismus. Das Mißtrauen der Syrer gegenüber ihrem Erzrivalen Irak sitzt tief. Nur mit geschicktem und mit, wie sie es selbst bezeichnen, »klugem« Taktieren gelingt es ihnen, den syrischen Geheimdienst zu beschwichtigen. Von besonderem Nutzen soll ein Treffen 1983 zwischen *Carlos* und dem syrischen Präsidenten Assad gewesen sein. *Carlos* habe bei dieser Begegnung in seinem, aber auch in *Steves* und Abul Hakams Namen die Bereitschaft erklärt, sich an Terrorakten gegen Saudi-Arabien zu beteiligen. Ebenso sei eine enge Kooperation mit der schiitischen proiranischen Terrorgruppe »Hisbollah« vereinbart worden. Dieses Bündnis mit islamischen Fundamentalisten bleibt nicht ohne Wirkung auf *Steve*. Bei Gesprächen mit Gleichgesinnten lobt er die iranischen Revolutionsgarden und zeigte offene Bewunderung selbst für die sinnlosesten Terrorakte der »Hisbollah«.

Mit dem Verlust der sowjetischen Autorität noch vor dem Zusammenbruch des Ostblocks, ändert Assad seine politische Haltung. Mit »Verlierern« weiter zu paktieren, ist für ihn nicht mehr opportun. Er löst sich von der Allianz und öffnet sich vorsichtig dem Westen. In das neue Weltbild paßt auch die Kooperation mit Terroristen nicht mehr. Das ramponierte Ansehen Syriens läßt sich allerdings so schnell nicht wiederherstellen. Die Blutspuren der Carlos-Gruppe bei Anschlägen Mitte bis Ende der achtziger Jahre führen oft genug nach Damaskus, wie etwa der Angriff auf das Büro der »Deutsch-Arabischen Gesellschaft« in Westberlin. Darin verwickelt sind immer wieder hohe Geheimdienstoffiziere, in diesem Fall *Steves* guter Bekannter, der Syrer Haytham Said.

Die Syrer müssen sich für *Steve* schnell etwas einfallen lassen. Man kann ihn nicht ganz einfach abschieben, dafür weiß er zuviel. So erhält er eines Tages von seinen Kontaktpartnern in Damaskus die Anweisung, sich nicht mehr direkt an Terrorakten zu beteiligen. Als Alternative bietet man ihm an, sein Wissen und seine Kontakte für geheimdienstliche Operationen zur Verfügung zu stellen und seinen aufwendigen Lebenswandel mit Handel und Schmuggel zu finanzieren.

Der deutsche Terrorist, der ausgezogen ist, die dekadente, kapitalistische Welt mit Bomben und Terror das Fürchten zu lehren, stellt sich schnell auf die neue Situation um. Es bleibt ihm allerdings auch nichts anderes übrig. Unter dem Schutz des syrischen Geheimdienstes vermittelte er unter anderem für seine rumänischen Freunde Waffengeschäfte, mit allen kriminellen Tricks, die in der Branche üblich sind. So nutzt er zum Beispiel seine Verbindungen zu hochrangigen Vertretern der Elfenbeinküste, die ihm gefälschte Endverbraucherzertifikate beschaffen. Solche Papiere sind zur Abwicklung internationaler Waffengeschäfte erforderlich (»Lieferverbote in Krisengebiete«). Er gibt sie gegen Provision an seine rumänischen Geschäftspartner weiter.

An Abnehmern für Waffen mangelt es praktisch nie. *Steve* findet seine treuesten Kunden unter den im Libanon ansässigen Terrororganisationen oder sogenannten Widerstandsbewegungen. Sie benötigen ständig Nachschub von Waffen und Munition. Gemeinsam mit seinen syrischen Kontaktleuten zieht *Steve* außerdem in kurzer Zeit einen illegalen Handel mit Luxuslimousinen auf. Ob gestohlen oder gekauft, die Autos werden in Hamburg verladen und per Schiff nach Zypern transportiert. Mit gefälschten Papieren gelangen die Fahrzeuge von Larnaka, der internationalen Drehscheibe für Schmuggler und Waffenschieber, nach Syrien, Jordanien, in den Irak und sogar nach Saudi-Arabien. Eine Karriere vom Buchhändler über den Terroristen zum internationalen Auto- und Waffenschieber.

Der *Carlos*-Komplize betätigt sich aber auch im Ölgeschäft und beschafft in einem Fall sogar Druckmaschinen. Dabei ist ihm der syrische Geheimdienst auf seine Weise immer behilflich, der selbst nicht schlecht dabei verdient. Das im Orient übliche »Bakschisch« ist auch beim Geheimdienst die Regel. Gleichzeitig erfüllte *Steve* Nachrichtendienstaufgaben und beschafft für die unterschiedlichsten Gruppen Informationen aus dem Ausland. Behilflich sind seine alten Kontakte und Verbindungen in Deutschland, die er stets sorgsam pflegt. Als sein Freund und Mitstreiter Thomas Kram wegen Terrorismusverdacht gemeinsam mit drei weiteren Kumpanen aus der BRD fliehen muß, verschafft *Steve* ihnen ein erstes sicheres Domizil mit Hilfe des »syrischen Löwen« und kümmert sich später auch um ein Asyl.

Mit Hilfe von Freunden in Damaskus und im Libanon kann *Steve,* dessen »Reisefreiheit« wegen intensiver Ermittlungen vor allem in Europa bereits erheblich eingeschränkt ist, seine Kontakte zur spanischen ETA und zu den französischen Verbindungspersonen weiter aufrechterhalten. Auch zu Mitgliedern des militanten Flügels der RZ besteht trotz tiefer Krisenstimmung in der Organisation weiterhin Verbindungen. Die Treffen finden wie gewohnt auf konspirative Weise statt, meistens in Syrien oder im Libanon, bei kurzfristig anberaumten Begegnungen in Athen oder in Larnaka auf Zypern.

Ab 1988 übernimmt der alternde Terrorist den Service für den Fuhrpark von hohen syrischen Funktionären und kümmert sich dabei speziell für die Liebhaber des deutschen Fabrikats Mercedes. Dabei ist es unumgänglich, mit der Niederlassung von Daimler-Benz in Damaskus zusammenzuarbeiten. Erst als er 1992 von einem der Mitarbeiter erkannt wird und anschließend die deutsche Presse versucht, sich an seine Fersen zu heften, taucht er erneut unter.

Der Boden in Damaskus wird ihm allmählich zu heiß. Immer mehr Ermittler tummeln sich in der syrischen Hauptstadt, und Assads Agenten können langsam keine Garantie mehr übernehmen. Die Suche nach den früheren Freunden und Verbündeten wird immer schwieriger. Sie führt ihn zurück zu seinem ersten Zufluchtsort – in den Jemen.

Iran: Geschäfte mit der »Savama«

Steve lernt von Carlos eine wichtige Überlebenskunst und richtet sich stets danach: Man sollte immer mehrere Eisen im Feuer haben. So ist es nicht verwunderlich, daß er auch mit dem fundamentalistischen Iran Tuchfühlung aufnimmt. Der streng schiitische Mullahstaat ist zwar nicht ganz nach seinem Geschmack, doch die politische Freund-Feind-Bestimmung spricht für die Ajatollahs.

Teheran unterstützt bis heute eine der gefährlichsten terroristischen Organisationen im Nahen Osten, die »Hisbollah« (Partei Gottes), bekämpft das zionistische Israel und den »großen amerikanischen Satan«, Irans »Feind Nummer 1«. In jüngster Zeit verschärften sich die Spannungen zwischen Washington und Teheran weiter. Ausschlaggebend sind die Bestrebungen Irans, aus den Beständen der früheren Supermacht UdSSR Nukleartechnik auch für militärische Zwecke zu erwerben. Die Vorstellung, daß der Iran in den Besitz von Massenvernichtungswaffen gelangen könnte, versetzt Washington in Panik.

Unter dem Eindruck des Bombenanschlags auf das World Trade Center in New York, den fanatische Islamisten zu verantworten haben, geht US-Präsident Bill Clinton in die Offensive und ist in seiner Wortwahl nicht gerade zimperlich. Das Mullahregime bezeichnet er als »Anstifter und Zahlmeister des globalen Terrorismus» und den Iran als »Halunken-Staat«, der die Absicht verfolge, den Friedensprozeß im Nahen Osten zu untergraben.

Die Abneigung beruht auf Gegenseitigkeit. Seit Schah Reza Pahlewi vom persischen Pfauenthron gestürzt wurde und die Ajatollahs unter Khomeini die Macht im Land übernahmen, sind die Beziehungen erschüttert. Die Tiraden des obersten Imam gegen den verhaßten »Kulturfeind USA« ermuntern 1979 fanatische Studenten, die amerikanische Botschaft in Teheran zu stürmen und das Botschaftspersonal 444 Tage in Geiselhaft zu nehmen. Erst 1981, nach der Wahlschlappe Jimmy Carters, kommen die psychisch zermürbten Geiseln wieder frei.

Anfang der achtziger Jahre nähern sich Teheran und Damaskus politisch einander an, was gleichzeitig auch die Zusammenarbeit der Geheimdienste beider Länder beflügelt. Für die Syrer gibt es für diese Politik eine einleuchtende Begründung, nämlich das Bestreben, die im Libanon agierenden »Hisbollah-Milizen« soweit wie möglich unter Kontrolle zu halten. Die »Partei Gottes«, ein Sammelbecken libanesischer Fundamentalisten und proiranischer Schiiten, tut sich ganz besonders durch wahllose Geiselnahmen hervor. Amerikaner, Engländer, Franzosen und Deutsche – sie fangen, was sie kriegen können. Nicht selten müssen sich syrische Regierungsangestellte als Vermittler einschalten, um bei der Freilassung der Geiseln zu helfen.

Über das grausame Spiel mit dem Leben und der Gesundheit oft unschuldiger Menschen, das die »Hisbollah« treibt, wissen die Geheimdienste beider Länder bestens Bescheid. Schließlich geht es dabei auch um viel Geld. Allein in der Zeit zwischen 1984 und 1987 werden 40 Menschen verschleppt, um Regierungen, Firmen und oft auch Angehörige wohlhabender Geschäftsleute zu erpressen. Mit dem Kidnapping der beiden deutschen Industriemanager Alfred Schmidt und Rudolf Cordes in Beirut sollen zunächst die Bundesregierung und die deutsche Justiz gezwungen werden, die Brüder Ali und Abbas Hamadi aus der Haft zu entlassen. Am Ende werden die beiden Geiseln gegen Lösegeld von der »Hisbollah« freigekauft.

Soviel steht fest, die »Hisbollah« wäre ohne logistische und politische Unterstützung des Iran nicht in der Lage gewesen, die Waffe »Geiselnahme« so häufig einzusetzen. Ohne Wohlwollen des syrischen Geheimdienstes wiederum hätte es die »Partei Gottes« nicht geschafft, ihre geschützten Verstecke in der syrisch beherrschten Bekaa-Ebene zu halten. Wenn es um den Freikauf von unschuldig gefangenen Menschen geht, sitzen für die verbrecherischen Kidnapper aus dem Libanon oft iranische Regierungsvertreter mit am Verhandlungstisch. Einer dieser Unterhändler ist nach vorliegenden Hinweisen der ehemalige Pasdaran-Minister und anschließende Verwalter des ehemaligen Schah-Vermögens, Mohsen Rafigdoost, ein getreuer Gefolgsmann Khomeinis. Bei solchen Gelegenheiten macht sich Teheran die Verbrechen der »Hisbollah« zunutze und fordert nicht selten die Freigabe der anläßlich der Botschaftsbesetzung beschlagnahmten Bankguthaben in den USA, der Schweiz und in Frankreich.

Aber auch die Syrer treiben mit Terroristen und gewalttätigen Gruppierungen ein doppeltes Spiel. Nach vorliegenden Erkenntnissen werden in Damaskus ansässige Terrorgruppen unter anderem an den iranischen Geheimdienst vermittelt. Zwei Überlegungen spielen dabei eine Rolle. Einerseits sollen die Spuren der Terrorakte nicht in die syrische Hauptstadt führen. Andererseits liegen Anschläge gegen die USA oder Saudi-Arabien stärker im Interesse der Iraner.

Die Hinweise in »*Steves*« Aufzeichnungen über den geplanten »Terroristenverleih« decken sich mit Feststellungen der französischen Tageszeitung »Liberation«, die 1985 von einem Plan Teherans Kenntnis erhält, aus »Freiwilligen« eine »Terrorbrigade« zu rekrutieren. Gemäß diesem geheimen Protokoll vom Mai 1984 soll die iranische Politik durch die Aufstellung einer Terroristenorganisation aus Freischärlern Unterstützung finden. Als Einsatzgebiete sind der Irak, Saudi-Arabien, Kuwait, die Vereinigten Arabischen Emirate, Bahrain und Jordanien vorgesehen; ferner auch Frankreich und alle anderen Länder, die sich, wie es in dem Schriftstück heißt, »der Verwirklichung unseres Vorhabens widersetzen«.

Die Absicht Syriens, dem Iran terroristische Kapazitäten zu überlassen, wird gegenüber der Carlos-Gruppe als Solidaritätsbeitrag und indirekte Hilfe für Teheran begründet. Die freiwillige Terrorbrigade soll sich in erster Linie aus jungen gebildeten Iranern (Abitur erforderlich) mit Kampferfahrung und aus moslemischen Palästinensern zusammensetzen. Auch geläuterte Mitglieder der in der Schah-Ära einst berüchtigten Geheimpolizei Savak sind willkommen. Darüberhinaus ist an andere geeignete Personen gedacht, die man, wie der designierte Terrorchef Mir Haschem erklärt, in die Zielländer schicken kann. Für sie wird eigens ein besonderer Diplomatenstatus geschaffen.

In ähnlicher Weise werden offensichtlich auch die Gruppe von Abu Nidal und die »Internationalen Revolutionäre« bei Aktionen im Namen Allahs eingespannt. Für solche Vermittlungsdienste für das vom Krieg gegen den Irakbedrängte Mullahregime soll Syrien nicht leer ausgehen. Anläßlich eines Besuchs des iranischen Staatspräsidenten Ali Khamenei im September 1984 in Damaskus, der unter dem Motto »Kampf gegen den Zionismus« steht, wird Assad unter anderem auch billiges iranisches Öl versprochen.

Als Gegenleistung für die Carlos-Gruppe werden Aufenthalts- und Nutzungserlaubnis von Stützpunkten im Libanon, im Iran und in anderen fundamentalistischen Staaten wie in Pakistan und im Sudan gewährt. Das Knowhow der international operierenden Terrorgruppen ist wieder sehr gefragt.

Fast zur gleichen Zeit, als das geheime Protokoll über die Zusammenstellung der iranischen »Terrorbrigaden« entsteht, soll auch Carlos nach Teheran fliegen, um über die Einbindung seiner Organisation in die neue »Allianz des Terrors« zu beraten.

Angeregt werden die Kontakte von dem für die Gruppe zuständigen Geheimdienstgeneral el-Khouly. Im April 1984 soll sich *Carlos* persönlich bei den Vertretern der »Savama«, Nachfolgeorganisation des Savak, in Teheran vorstellen. Doch die Begegnung platzt. Angeblich haben westliche Geheimdienstagenten in Damaskus von dem Plan Wind bekommen und diesen der CIA verraten. Als die skeptischen US-Agenten dem Hinweis in Teheran wohl etwas tölpelhaft nachgehen, bleibt dies der »Savama« nicht verborgen. Carlos wird über seine syrischen Geheimdienstkanäle rechtzeitig gewarnt. Aus Angst vor Vergeltungsaktionen bläst er das Treffen mit den Mullahs ab.

Drei Monate später schickt Carlos seinen Stellvertreter *Steve* nach Teheran. Dieser wird vom iranischen Geheimdienst mit großer Aufmerksamkeit empfangen. Die Iraner hofieren ihn nach alter orientalischer Art und behandeln ihn als bedeutenden Repräsentanten des weltweit bekannten und berüchtigten Carlos. Noch wichtiger erscheint den Iranern »*Steves*« Abstammung als Deutscher und seine hervorragenden Kontakte zur Terroristenszene in Deutschland.

Die Perser erinnern sich immer noch gut an die Antischahdemonstrationen linker Studenten 1967 in Deutschland und vermuten Sympathie in der nachgewachsenen radikalen Szene. Mit »*Steves*« Hilfe hoffen sie offensichtlich, die Nachrichtenbeschaffung aus Deutschland und Westeuropa zu verbessern. In einschlägigen Geheimdienstkreisen ist bekannt, daß *Steve* seine Kontakte zu den RZ auch für das Auskundschaften von Gelegenheiten benutzt und die gewonnenen Erkenntnisse an fremde Nachrichtendienste entweder verkauft oder als Gegenleistung für logistische und materielle Unterstützung verdealt.

Steve erwirbt sich rasch die Sympathie der Iraner und kommt mit seinen Verhandlungen schnell auf den Punkt. Waffen, Reisepässe und Geld werden ihm angeboten, wenn sich die Carlos-Gruppe an Anschlägen gegen amerikanische Einrichtungen und gegen den Erzfeind Saudi-Arabien beteilige. Mit Anschlägen auf die Saudis will sich Teheran für das Blutbad 1987 in Mekka rächen, bei dem 275 iranische Pilger von saudischen Sicherheitskräften getötet worden sind. Zu dem Zwischenfall ist es gekommen, als fanatisierte Mekka-Pilger aus dem Iran vor der »Großen Moschee« anti-amerikanische Parolen riefen und gleichzeitig Messer und Stöcke zückten. Saudische Polizisten befürchteten einen Sturm auf die Moschee und griffen ein. Eine wilde Schießerei und eine in Panik geratene Menschenmenge forderte über 400 Menschenopfer. Die meisten von ihnen wurden zu Tode getrampelt.

Bevor *Steve* aus Teheran wieder abreist, führen ihn die Gastgeber auf den »Friedhof der Märtyrer«, um ihn für seine künftigen Aufgaben im Namen Allahs zu motivieren. Das Schauspiel, das ihm dort geboten wird verfehlt seine Wirkung auf ihn nicht, wie seine persönliche Schilderung vermuten läßt:

> »Als ich die dunkelrote, blutähnliche Flüssigkeit die Kaskaden hinunterlaufen sah, war ich richtig gefesselt von dem Eindruck. Mir wurde dabei klar, daß die Zahl derer, die bereit sind, im sogenannten Heiligen Krieg freiwillig ihr Leben bei nutzlosen Aktionen zu opfern, niemals geringer wird. Ich begriff, daß unter dem heiligen Dach des Islam ein schier unerschöpfliches Potential nachwächst, das für jede Art von bewaffneten Aktionen zu nutzen ist.«

Schon nach den ersten Kontakten mit dem iranischen Geheimdienst finden kontinuierlich Treffen mit seinen Vertretern statt. Zunächst gelten *Steve* und Abul Hakam als Ansprechpartner. Von 1985 an verhandeln sie auch mit Carlos direkt. Obwohl *Steve* und Abul Hakam mehrmals im Jahr nach Teheran reisen, finden die wichtigen Treffen mit den radikalen »Hisbollah-Milizen« im Bekaa-Tal im Libanon statt. Dabei geht es stets um Geld, Waffen und vorübergehende Unterschlupfmöglichkeiten. Als Gegenleistung erhält der iranische Geheimdienst Aufklärungsmaterial nach dem in der »Liberation« beschriebenen Muster über Anschlagsziele in Städten Saudi-Arabiens wie auch über Objekte der Golfregion, zum Beispiel dem Flughafen in Dubai.

Beim Auskundschaften solcher Anschlagsziele helfen Mitglieder der deutschen RZ. Die Treffen mit ihnen finden ebenfalls meistens unter dem Schutz der »Hisbollah-Milizen« im Libanon statt. Bei solchen Gelegenheiten liefern sie *Steve* auch Situationsberichte aus Deutschland und andere gewünschte Informationen. Die Iraner nutzen *Steves* Spezialinformationen, wenn es darum geht, Personen auf geheimdienstliche oder auch terroristische Operationen in Europa, besonders in der Bundesrepublik, in Frankreich und in den Benelux-Staaten, vorzubereiten. Bei genauer Untersuchung wäre bei Anschlägen der »Hisbollah« im europäischen Raum stets nach der deutschen Komponente zu forschen.

Die Beziehungen zum iranischen Geheimdienst sind für *Steve* und seine Genossen besonders Ende der achtziger Jahre von Vorteil. Unbeeindruckt von der politischen Umwälzung in Osteuropa führen die islamischen Fundamentalisten ihren radikalen, teilweise bewaffneten und mörderischen Kampf weiter. Deshalb sind hier auch Experten in Sachen Terror und Konspiration wie *Steve* und Carlos weiter gefragt und somit gern gesehene Gäste. Allerdings bleibt es beim Status: »Gäste«. Wegen ihres ausschweifenden Lebensstils und ihrer Weigerung, zum Islam überzutreten, werden sie als »geduldete Ungläubige« klassifiziert.

Ohne die Zusammenarbeit mit der »Hisbollah« und die Beziehungen zum syrischen und auch zum iranischen Geheimdienst wäre die Carlos-Gruppe schon Ende der achtziger Jahre erledigt gewesen. Doch durch die vom iranischen Geheimdienst geförderten Kontakte zur »Hisbollah« wird es möglich, auch mit terroristischen Bewegungen wie der »Hamas« in Kontakt zu kommen. Außer Syrien und dem Libanon können nun für eine gewisse Zeit auch der Iran, Pakistan, der Jemen und der Sudan als Operationsbasen genutzt werden.

Die Festnahme

Bei allem Glück und bei aller Geschicklichkeit, die *Steve* und Carlos auf ihrem langen und blutigen Weg an den Tag legen, gibt es aus der Sackgasse, in die sie nach der veränderten politischen Lage in Osteuropa und im Nahen Osten geraten, kein Entrinnen mehr. Gestützt auf die Erkenntnisse der ehemaligen DDR-Organe gelingt es dem Bundesnachrichtendienst, Weinrich nach und nach einzukreisen. Solange freilich staatliche Stellen in Damaskus ihre schützende Hand über ihn halten, kann sich *Steve* in der syrischen Hauptstadt sicherfühlen. Noch 1991 feiert er in der deutschen Kolonie mit Lufthanseaten ein rauschendes Fest, benimmt sich wie ein Krösus und kutschiert mit verschiedenen Nobelkarossen eines deutschen »sterngekrönten« Automobilherstellers durch die Straßen von Damaskus.

Erst als Syrien, der bislang zuverlässigste Partner in der Nahostpolitik der »Internationalen Revolutionäre«, auf die amerikanische Linie einschwenkt und gleichzeitig das Interesse an der Gruppe verliert, beginnt für die einst gefürchtetsten Top-Terroristen eine Gratwanderung. Sie balancieren am Rande des Abgrunds. Ilich Ramirez Sanchez glaubt, Sicherheit in dem von Unruhen erschütterten Sudan zu finden. Johannes Weinrich kehrt an den Ort zurück, wo er nach seiner Flucht aus Deutschland untergeschlüpft ist, in den Jemen. Obwohl ihm das Klima im nordjemenitischen Sana nicht zusagt und ihn die Katkauenden Jemeniten, die sich mit dem milden Rauschgift die Sinne benebeln, nerven, hält er sich von 1987 an wieder öfter in den Bergen zwischen dem Golf von Aden und dem Roten Meer auf.

Die Rückkehr nach Aden hat zunächst einen praktischen Grund. Denn von der im Süden des Landes gelegenen Hafenstadt aus besteht noch die beste Möglichkeit, die Verbindung mit Carlos aufrechtzuerhalten. Außerdem hat die nach dem Zusammenschluß der beiden Teilstaaten entmachtete

»Jemenitische Sozialistische Partei« wieder Fuß gefaßt. Im April 1993 erringt sie bei den Wahlen sogar alle Parlamentsmandate im ehemaligen Südjemen. Die einst sehr mächtigen Sozialisten wittern eine Renaissance. Die Parteispitze macht sich den Unmut der Bevölkerung wegen der allgemeinen wirtschaftlichenMisere zunutze, mit dem Ergebnis, daß sich der Widerstand gegen das islamisch-fundamentalistisch beherrschte Sana formiert. Die Querelen zwischen den Verfechtern alter Stammestraditionen im Norden und dem zentralistisch orientierten Süden mündet vier Jahre nach der Wiedervereinigung, im Mai 1994, in einen offenen Bürgerkrieg.

Besser konnte es scheinbar nicht kommen. Unter den rebellierenden Separatisten hofft *Steve* alte Kampfgefährten zu finden, neue Kontakte zu knüpfen und womöglich wieder gebraucht zu werden. Schließlich hat er ein halbes Leben lang Gewaltaktionen geplant und durchgeführt. Doch ohne eine mächtige Sowjetunion im Rücken, wie zu Zeiten des Kalten Krieges, vermögen die aufständischen Sozialisten im Südjemen nicht viel auszurichten.

Als nach siebzig Tagen eines zerstörerischen Bürgerkriegs im Juli 1994 die Rebellion von den Regierungstruppen in Sana niedergeschlagen wird, sitzt Johannes Weinrich in der Falle. Es gibt kaum noch einen Ausweg, kein Zurück mehr, weder in den Irak, nach Syrien oder Libyen, noch in den Iran. Keiner will mehr etwas mit ihm zu tun haben. Unterdessen hat sich die Führungsspitze der »Jemenitischen Sozialistischen Partei« in den benachbarten Oman abgesetzt. Präsident Ali Abdullah Saleh kann gegen die Mitglieder des alten JSP-Politbüros nur noch wirkungslose Haftbefehle erlassen.

Deshalb ist nach Beendigung des 70-Tage-Krieges die Freude der nordjemenitischen Sicherheitsbehörden über den Top-Terroristen aus Deutschland um so größer. Lange Jahre hat ihm die »Sozialistische Partei Jemens« Schutz gewährt. Weinrichs Kenntnisse über die Zusammenarbeit der südjemenitischen Regierung und anderer arabischer Staaten mit der Carlos-Gruppe, aber auch mit anderen Terroristenorganisationen, dürften beträchtlich sein, wie seine Stasi-Berichte unter dem Decknamen *Heinrich Schneider* belegen.

Nach seiner Festnahme in der Nähe von Aden lassen sich die jemenitischen Sicherheitsbehörden mehrere Monate Zeit, bis sie die deutschen Behörden von ihrem spektakulären Fang unterrichten. Zur Begründung für die monatelange Geheimhaltung heißt es in Sana, die Ermittlungsbehörden hätten Weinrich »in aller Ruhe« über seine Kontakte zu anderen Terroristen vernehmen wollen. Daß *Steve* im Gegensatz zu den geflüchteten kommunistischen Führern im Jemen geblieben ist, schreiben langjährige Beobachter und Kenner von Weinrich seiner Selbstüberschätzung zu.

Groß muß der Schock gewesen sein, als sein Komplize Carlos fast zur gleichen Zeit den Ermittlern in der sudanesischen Hauptstadt Khartum ins Netz geht. Ein Zufall oder eine konzertierte Aktion islamischer Fundamentalistenregimes gegen »Kommunismus und Gottlosigkeit«? Der Jemen, der laut neuer Verfassung eine »freie Marktwirtschaft« und gleichzeitig eine »islamisch soziale Gerechtigkeit« anstrebt, legt großen Wert auf eine Verbesserung der Beziehungen zu seinem nördlichen Nachbarn Saudi-Arabien. Die aus Weinrich herausgeholten Informationen könnten auch für Riad von großem Interesse sein, hat doch die Gruppe einst im Auftrag Teherans Aktionen gegen Saudis durchgeführt.

Am 1. Juni 1995 wurde die neue Botschafterin in Sana, Dr. Helga Gräfin Strachwitz, vom jemenitischen Präsidenten zu sich bestellt. Dieser eröffnete ihr, wie gut sich die in kurzer Zeit die Beziehungen zwischen dem Jemen und der Bundesrepublik entwickelt hätten. Tatsächlich: Deutsche Firmen sind seit einiger Zeit an der Südspitze der arabischen Halbinsel aktiv. Die Lufthansa fliegt Sana zweimal in der Woche an. Die »Gesellschaft für Technische Zusammenarbeit« (GTZ) in Eschborn kümmert sich unter anderem um den Aufbau der Berufsausbildung nach internationalem Standard. Nur nebenbei erwähnt Präsident Saleh, daß die Sicherheitsbehörden seines Landes den von der Bundesrepublik schon lange gesuchten Terroristen Johannes Weinrich in »Verwahrung« hätten.

Danach geht alles sehr schnell. Die Botschafterin verständigt das Außenministerium in Bonn, und in Zusammenarbeit mit dem BKA wird eine Bundeswehrmaschine startklar gemacht. Am 4. Juni landet das Flugzeug in Aden. Ohne große Formalitäten wird Weinrich, der in seinem Arrest mit Gartenarbeiten beschäftigt ist, von jemenitischen Beamten abgeholt und bis ins Flugzeug eskortiert. Die Beamten des BKA müssen keinen Finger krumm machen. Selbst die Kette, mit der der ehemalige Top-Terrorist im Flugzeug gefesselt ist, wurde ihm von den Jemeniten angelegt. Die Übergabe verläuft ohne das übliche Spektakel, das Geheimdienstmitarbeiter, die ihn von früher her kennen, von ihm gewohnt waren.

In diesem Augenblick muß Weinrich erkennen, daß die Zeiten, als er die arabischen und osteuropäische Geheimdienste gegeneinander und zum eigenen Nutzen ausspielen konnte, endgültig vorbei sind. Das Ende vom Lied: Carlos und *Steve* sitzen im Gefängnis, der langjährige Weggefährte und Komplize Abul Hakam ist wahrscheinlich nicht mehr unter den Lebenden. Die letzte »Spitzenkraft« aus dem Kreis, Magdalena Kopp, soll bei ihren Schwiegereltern in Venezuela leben.

Dokumente in Faksimile

Amtsgericht Frankfurt am Main [redacted] [redacted] [redacted] [redacted] Teilnahme | Nachfolger [redacted] **HR B 12438** Blatt

Nr. der Eintragung	a) Firma b) Sitz c) Gegenstand des Unternehmens	Grund- oder Stammkapital DM	Vorstand Persönlich haftende Gesellschafter Geschäftsführer Abwickler	Prokura	Rechts[redacted]isse	a) Tag der Eintragung und Unterschrift b) Bemerkungen
1	2	3	4	5	6	7
1	a) Buchhandlung und Verlag Roter Stern Gesellschaft mit beschränkter Haftung b) Frankfurt am Main c) die Herstellung und der Vertrieb von literarischen Erzeugnissen insbesondere die Weiterführung des in Frankfurt am Main unter der Firma Verlag Roter Stern K.D. Wolff KG, eingetragen im Handelsregister bestehenden bisher dem Verleger K.D. Wolff gehörenden Verlages. Die Gesellschaft ist berechtigt, weitere gleichartige Unternehmen in Frankfurt am Main oder an anderen Orten neu zu eröffnen oder bestehende zu erwerben oder sich an diesen zu beteiligen und sämtliche Geschäfte zu betreiben, die geeignet sind, die Unternehmen der Gesellschaft zu fördern.	20.000,--	Kaufmann Christian Boblenz, Frankfurt am Main. Kaufmann Hannes Weinrich, Frankfurt am Main.		Gesellschaft mit be[redacted]kter Haftung. Der Gesellschaftsver[redacted] ist am 11.Jan. 1972 mit Abänderung vom [redacted]il 1972 abgeschlossen. Christian Boblenz [redacted] Hannes Weinrich haben Alleinvertretungsrecht.	a) 14.Juni 1972 Schwalm b) Gesellschaftsvertrag Bl. 20 ff Sdbd
					Hannes Weinrich ist nicht mehr Geschäftsführer.	a) 21.Juni 1974 [signature]
3			Verleger Urs Dillier, Basel/Schweiz		Christian Boblenz ist nicht mehr Geschäftsführer. Urs Dillier ist zum Geschäftsführer bestellt. Er vertritt allein.	a) 13.Sept.1979 [signature]

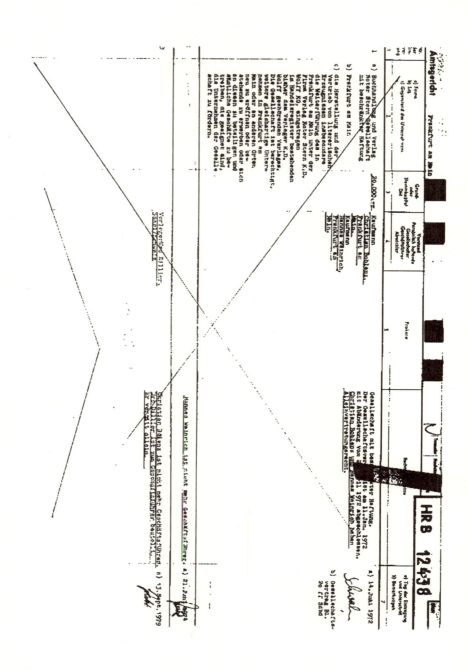

Berlin, 26. 6. 1980

Bestätigt: Mielke

STRENG GEHEIM!

V O R L A G E

zum weiteren Vorgehen des MfS bei der Bearbeitung und Kontrolle der "Carlos"-Gruppierung

1. Die politisch-operativen und operativ-analytischen Erkenntnisse der bisherigen Bearbeitung und Kontrolle der "Carlos"-Gruppierung und die bisher praktizierte politisch-operative Einflußnahme haben positive Ergebnisse, besonders bei der

   - Aufklärung der Pläne, Absichten und Aktivitäten der "Carlos"-Gruppierung;

   - Einschränkung und Zurückdrängung von Gesetzesverletzungen und Mißbrauchshandlungen;

   - Ausschaltung von Sicherheitsrisiken und Gefahren;

- Erarbeitung von Informationen über Pläne, Absichten, Aktivitäten, Mitglieder und Verbindungspersonen anderer terroristischer Organisationen und Gruppen sowie bei der Erkundung der Haltung anderer Staaten zu diesem Problem;

- Feststellung und Bewertung geheimdienstlicher Aktivitäten

erbracht.
Damit wurde die Richtigkeit des Vorgehens des MfS gegenüber der "Carlos"-Gruppierung bestätigt.

Neben diesen positiven Ergebnissen bestehen jedoch nach wie vor aus dem Aufenthalt und den Aktivitäten der "Carlos"-Gruppierung und ihrer Verbindungspersonen objektive Sicherheitsrisiken und Gefahren für die DDR und ihre Verbündeten.

2. Die Hauptanstrengung des MfS in Weiterführung der operativen Kontrolle und Bearbeitung der "Carlos"-Gruppierung soll deshalb in folgenden Richtungen erfolgen:

   - Gewährleistung einer differenzierten Kontrolle und Aufklärung der Mitglieder und Verbindungspersonen sowie deren Pläne, Absichten und Handlungen.

   - Weiteres operatives Eindringen in die Gruppierung sowie ständige Suche bzw. Schaffung neuer Einflußmöglichkeiten, um geeignete Maßnahmen der vorbeugenden Verhinderung von Gefahren und Risiken einleiten zu können, dem Sozialismus schädigende Aktivitäten zu verhindern, dem Sozialismus feindlich oder negativ gegenüberstehende Kräfte zurückzudrängen sowie die Gruppenmitglieder und Verbindungspersonen zu einem konspirativen, die Gesetze achtenden Verhalten zu bewegen;

Ständige Aufklärung und Analysierung von Aktivitäten des Gegners, besonders der Geheimdienste
Systematische und zielgerichtete Gewinnung von Informationen zu anderen terroristischen Kräften und Gruppen sowie die differenzierte Haltung anderer Staaten zur "Carlos"-Gruppierung bzw. zu terroristischen Aktivitäten und Kräften.

In Verwirklichung dieser Hauptaufgabenstellung sind die bisher realisierten Kontroll-, Sicherungs-, Überwachungs- und Fahndungsmaßnahmen auch künftig zielstrebig und in hoher Qualität weiterzuführen.
Der operative Kontakt zu "Heinrich Schneider" soll weiter gefestigt und ausgebaut werden.

Zur Verbesserung der operativen Bearbeitung und Kontrolle der "Carlos"-Gruppierung, zur Erschließung weiterer Möglichkeiten der operativen Einflußnahme und zur Einschränkung von Sicherheitsrisiken und Gefahren ist vorgesehen, den Bitten der "Carlos"-Gruppierung in folgenden Richtungen stattzugeben:

- Mietung oder Kauf eines Hauses oder einer Wohnung in oder um die DDR-Hauptstadt - Berlin - (max. Entfernung von Berlin: eine Autostunde) als Aufenthaltsobjekt für die führenden Mitglieder der Gruppierung

RAMIREZ-SANCHEZ, Ilich
genannt: "Carlos"

WEINRICH. Johannes
genannt: "Steve"

KOPP, Magdalena
genannt: "Lilly"

HASSAN SALEH ALI
genannt: ABUL HAKAM

Nach Vorstellung der "Carlos"-Gruppierung würden 3 Schlafräume, ein Wohnzimmer, eine Küche sowie Bad und WC erwünscht und im Haus sollte eine zuverlässige DDR-Familie zur Legendierung und Sicherung untergebracht werden.

- Einrichtung eines Telefonanschlusses im Unterkunftsobjekt, von dem Telefongespräche innerhalb der DDR und in die sozialistischen Staaten geführt werden können.

- Mietung oder Kauf eines PKW. Lada 1500 mit DDR-Kennzeichen zur Benutzung für die 4 vorgenannten führenden Mitglieder der Gruppierung.

- Einrichtung eines Postschließfaches in der DDR-Hauptstadt - Berlin -.

- Kurzzeitige Aufbewahrung sowie Transport von Waffen, die zur Ausrüstung von Kämpfern im Operationsgebiet vorgesehen sind.

Die Reise-, Aufenthalts- und Arbeitsmöglichkeiten für die "Carlos"-Gruppierung werden jedoch nur gestattet, wenn eine exakte Abstimmung mit dem MfS erfolgt, es die operative Lage erlaubt, eine Kompromittierung der DDR ausgeschlossen wird sowie die gesetzlichen Bestimmungen exakt eingehalten werden.

Brief von Carlos an Steve mit Instruktionen über Funkfernzündungen für Bombenanschläge mit Daum 8. Mai 1982. Weiterhineine Aufstellung über vorhandene Geräte. Daraus wird ersichtlich, daß mehrere Geräte aus Rumänien stammen. Andre ist der Deckname eines rumänischen Geheimdienstoffiziers. Später hat Steve unter Note vermerkt, daß ein Rx 60 Gerät aus Rumänien in Athen am 26.3.1983 verwendet wurde.

Dear Peter, 8/V/82

I send you the Telecommander with the fully charged receivers:

Nº.50 : with ~~the~~ new batteries (from Switzerlan

Nº.59 : with old batteries, but in fairly good con

I also send the charger from Switzerland.

Charging instructions (for Receivers)

1) The LED (little red lamp on the charger) lights up since charging starts.

2) Charging Time : 15 hours.

3) Recharge after 10 hours of use.

4) Note that the charger is to be connected to the mains (220 V. only).

According to the Swiss analysis of the receiver Nº 5

1) Autonomy of operation : 10 hours only.

2) Accumulators rechargeable only 50 times.

3) The charge is less than 2 Ampères (>2A)

According to André's analysis:

TRANSMITTER :
- Feeding : 12 V
- Charging time : 14 hours.
- If an accumulator charger is used, it is needed : 14 V and 400 mA
- If the telescopic antenna is not used, but a external one, it should have a Resistance of 50 to 75 Ω (ohm). Any car aerial or external TV aerial will do!

RECEIVER
- Maximum electrical power : 1 Ampère
- Feeding: 4 French accumulators type YE 22, with a capacity of 4 x 225 mA ≃ 1A
- Tension working : 5 V
- Autonomy of operation: maximum 24 hours.
- Charging : 6 V and 100 mA
  When using an accumulator charger, ignore Earth.
- Antenna : if a car aerial is used, it should be 1.7 m. long!

I also enclose the original instructions from Ezzedine and my transcription of them.

From my trials with Luca, I advise you to charge the Tx. with a car cigarette lighter for 24 hours, and to recharge the Rx before the operation during 15 hours. (There is no danger of overheating, it will only get a little hot!)

Use Rx N:50 (with new batteries) for the trials and for the operation.
Rx. N°. 59 is only as a reserve.

Best regards,
Michel

P.S.: Charge the Tx now because it is almost completely discharged.

TELECOMMANDER

RANGE :

In built-up areas: 4 Km (never less than 1 Km.)

In open areas: 10 Km (in operational conditions)

CHARGING INSTRUCTIONS:

VOLTAGE : Tx.= 12 VOLT DC
Rx.= 5 VOLT DC
RF-POWER. O/P = 25 WATT
SENSITIVITY = 0.5 μv.
Charging time for Tx. and Rx. = 24 HOURS

TRANSMITTER (Tx.): can be charged in two ways:
1) By connecting to a 12 VOLT car accumulator via the cigarette lighter.
2) By plugging it to the mains via a Transformer.

RECEIVERS (Rx.): should be charged with a special charger to be connected to the mains (220 VOLT).
(Note: the special charger is missing).
Every Rx. has an accumulator inside.
(Warning the accumulators might be spoiled by now).

TRANSMITTER (Tx.)

Inside is located:
1) ON/OFF SWITCH with red light indicator
2) CODE SELECTOR : 0 TO 99.
3) BATTERY charging connector

Outside is located:
1) SEND BUTTON (beside the handle).
2) TELESCOPIC ANTENNA (concealed).
3) CONNECTOR for external aerial.

TO OPERATE :

1) Select the desired code

2) Push the black switch to the ON position.
(Red bulb will light up intermittently)

3) Close the cover of the attaché case.

4) Pull out the telescopic antenna (unless an external aerial is being used).

5) Press the button to send the signal.

Damascus. 1/VI/83

Dearest Steve,

I.) Information

1) Vergès is now Barbie's lawyer, it appeared at Le Figaro of 27th May

→ 2) Mohsen Sleyh: I think he is a Saudi agent, in any case he is very reactionary.. I send you a cutting from L'Orient Le Jour in which he supports a peace treaty between Lebanon and Israel

II.) Various

1) Remind Ali:

✓ a) To write to Abu Fady (Um Fady's passport is with him)

○ ✓ b) To contact Sarkiss.

○ 2) Go with Ali to meet Raul Lemus, the Cuban Embassy's First secretary in Berlin.

○ 3) Lucía she will come in July If you have changed the phone, she would go to Yugoslavia Hotel and wait for you to contact her She will send us a Telegram informing of her arrival. Her name is LIGIA ROJAS MILLÁN

(2)

4) Buy for me "KEOPS" shaving cream (AVEC BLAIREAU), and C-FILM"

5) I send Ali's JAT ticket Belgrade → Damascus because they refuse to change it into Damascus → Belgrade; so, either change it there into Damascus → Belgrade, or get an MCO.

6) Ali takes 10 Berettas with him

7) Please bring the 10 Brownings with numbers in their white box, I want to sell them in Lebanon.

8) Bring also a Beretta with number

III). I insist, as a priority, to establish official contact with the Yugoslavs, if not with the security, then with another official side.

IV) Berlin operation: pay attention to the following points

→ 1) Do not ask me to send my brother (i.e. Feisal or Fariq) to Berlin until you have got the explosives in your hands, to avoid sabotage

→ 2). If Feisal cannot travel, I will send

(3)

Fariq

Feisal would travel with his Lebanese passport MUSTAFA AHMED SEBA'I

Fariq would travel with his Yemenite special passport: ABDULLA AHMED SALEH

V) Regarding Al Zulfikar Organization we have agreed with Murtaza to cooperate in taking over an Embassy during a National Day Celebration, in order to exchange the hostages for Pakistani political prisoners. They organize the commandos, and we make the study and provide the weapons.

The emphasis is on taking over the (Saudi Embassy) or the place where it celebrates its national day (23rd September). There are three other National Days to be considered.

Malaysia 31st August

Turkey 29th October

Sudan 1st January

As you can see, there is not much time for this new TANGO, so start moving now, being careful with expenses.

The study should be made in.

1) Greece: tell Nicola that we want

(4)

to take hostages (don't tell them that the Pakistanis are involved), let them think it is our operation only.

In Athens there are Embassies of Saudi Arabia, Turkey and Sudan, but not of Malaysia (so, not need to mention it)

2) Belgium (first of all), and then Holland: Tell Albert the same thing as to Nicola, but insist in keeping this information secret from ETA, only him and his local people should know. Remember to discuss with Albert about the weapons he has in Belgium, (we need to arm about 12 men).

3) Austria: Ali can make some scouting, see if you can move somebody else (billig), possibly, a Swiss (like Thekla) or a German, to make a study over there. Remind Ali to obtain a Diplomatic List

4) If Ali goes to Rome, he should visit and get the Diplomatic List.

Maybe Lucy in her next travel to Italy could make some checking, and even better, to ask somebody of trust to check the possible targets.

(5)

VI) Regarding Nicola

1) Tell him to study the Kuwaiti Embassy and Ambassador (repeat of Saudi operation), and also French targets.

2) offer him weapons, if he goes to Yugoslavia to collect them. Same old story....

VII) Regarding Iraq: what is going on with Dubai?

Are there any other possibilities?

I want to remind you that the money situation is difficult.

Ali takes \$ 15.000,-, there are \$ 15.000,- left in Homs, and I have just over \$ 9.000,- left

Therefore: 1) Be very modest in your expenses

2) Avoid unnecessary travelling.

3) Be very mean with the Comrades, as with [illegible]

Please take care of yourself. Michel

P.S. Give Tilly's Seiko watch to Fina. Please send the letters included, EXPRESS to Venezuela

Damaskus, 1. 6. 82

Liebster Steve,

I. Information:

1) Vergès ist jetzt der Anwalt von Barbie, das stand im Le Figaro am 27. Mai.
2) Mohsen Slins (?): Ich glaube, er ist ein saudischer Agent, auf jeden Fall ist er sehr reaktionär. Ich schicke Dir einen Ausschnitt aus dem L'Orient de Tour, in dem er sich für einen Friedensvertrag zwischen Israel und Libanon ausspricht. (Diese beiden Absätze sind im Original durchgestrichen, d.Ü.).

II. Verschiedenes:

1) Erinnere Ali:
   a) Er soll an Abu Fady schreiben (er hat den Reisepaß von Um Fady).
   b) Er soll mit Sarkiss Verbindung aufnehmen.
2) Gehe mit Ali zu einem Treffen mit Roul Lemur, dem ersten Sekretär der kubanischen Botschaft in Berlin.

3) Lucia: Sie wird im Juli kommen. Wenn Du eine andere Telefonnummer hast, geht sie in das Hotel Jugoslavia und wartet, daß Du Dich meldest. Sie schickt mir ein Telegramm, in dem sie mir ihre Ankunft mitteilt. Ihr Name lautet: LIGIA ROJAS MILLAN.

4) Kaufe für mich "KEOPS" Rasiercreme (AVEC BLAIREAU) und "C-FILM"

5) Ich schicke Alis JAI-Ticket Belgrad-Damaskus, hier wollen sie es nicht in Damaskus-Belgrad umschreiben, versuche es dort in Damaskus-Belgrad ändern zu lassen oder besorge ein MCO.

6) Ali nimmt 10 Berettas mit.

7) Bitte bringe die 10 Brownings <u>mit</u> Nummern in ihren weißen Kartons mit, ich will sie im Libanon verkaufen.

8) Bringe auch eine Beretta mit Nummer.

III. Ich bestehe darauf, daß vorrangig ein offizieller Kontakt zu den Jugoslawen hergestellt wird. Wenn nicht mit den Sicherheitsbehörden, dann mit einer anderen offiziellen Stelle.

IV. Berliner Operation: Beachte die folgenden Punkte:

1) Bitte mich nicht, "meinen Bruder". (z.B. Feisal oder Farig) nach Berlin zu schicken, bevor Du den Sprengstoff in Händen hast, um eine Sabotage zu vermeiden.
2) Ich/Feisal können nicht reisen, ich werde Farig schicken. Feisal würde mit seinem libanesischen Reisepaß auf den Namen MUSTAFA AHMED SEBA'T reisen, Farig mit seinem .... Spezialpaß: ABDULLA AHMED SALEH.

V. Bezüglich der Al Zulfikar Organisation: wir haben gemeinsam mit Murtaza beschlossen, während der Feier am Nationaltag eine Botschaft zu übernehmen, um die Geiseln gegen pakistanische Gefangene auszutauschen. Sie organisieren das Kommando, und wir kundschaften aus und stellen die Waffen.
Die Betonung liegt auf der Übernahme der saudischen Botschaft oder des Objektes, in dem sie den Nationalfeiertag (23.Sept.) feiern.
Es kommen drei Feiertage in Betracht:
Malaysia: 31. August
Türkei : 29. Oktober
Sudan : 1. Januar.
Wie Du siehst, haben wir nicht viel Zeit für diesen neuen TANGO, also müssen wir jetzt beginnen und in Bezug auf die Kosten vorsichtig sein.

Das Auskundschaften soll erfolgen in:

1) Griechenland: Sage Nicola, daß wir Geiseln nehmen wollen, (erwähne nicht, daß es sich um Pakistanis handelt). Lasse sie im Glauben, daß es einzig und allein unsere Operation ist. In Athen sind Botscahften von Saudi Arabien, der Türkei

und des Sudans, aber nicht von Malaysia (Du brauchst das nicht zu erwähnen).

2) Belgien (an erster Stelle) und dann Holland.
Sage Albert das Gleiche wie Nicola, bestehe aber darauf, daß diese Information vor der ETA geheimgehalten wird. Nur er und seine lokal operierenden Leute sollten davon etwas wissen. Denke daran mit Albert über die Waffen zu sprechen, die er in Belgien hat, wir müssen etwa 12 Mann bewaffnen.

3) Österreich: Ali kann auskundschaften, prüfe, ob Du ohne große Kosten jemanden schicken kannst, z.B. Schweizer (wie Therèse) oder einen Deutschen. Diese können die Lage dort auskundschaften. Erinnere Ali daran, eine Diplomatenliste zu besorgen.

4) Wenn Ali nach Rom fährt, sollte er dort die Lage auskundschaften und die Diplomatenliste besorgen . Vielleicht kann das auch Lucy auf ihrer nächsten Reise nach Italien machen, besser noch, eine vertrauenwürdige Person bitten, mögliche Ziele auszuspähen.

VI. Bezüglioch Nicola:
1) Sage ihm, er soll die kuwaitische Botschaft und den Botschafter ausspähen (Wiederholung der saudischen Operation), sowie französische Ziele.
2) Biete ihm Waffen an, wenn er nach Jugoslawien fährt, um sie abzuholen. Die gleiche alte Geschichte....

VII. Bezüglich Riad: Was ist mit Dubai los?
Gibt es andere Möglichkeiten? (Dieser Punkt ist im Orignial gestrichen, d.Ü.)

Ich möchte Dich daran erinnern, daß die Geldlage schlecht ist. Ali nimmt $15.000,00, und in.... sind nur noch $15.000,00 übrig. Ich habe nur noch etwas mehr als $9.000,00. Daher:

1) Sei bezüglich Deiner Ausgaben bescheiden,
2) Vermeide unnötige Reisen,
3) Sei gegenüber den Genossen geizig, auch mit Kay.

Bitte sei vorischtig.

Michel

P.S. Gib Tina dyie Seiko-Uhr von ~~Tina~~ LILLY.
Bitte schicke den beigefügten Brief EXPRESS nach Venezuela

HA XVIII 1712 Berlin, den 7.12.82

Vermerk

über ein Gespräch mit Gen. Witter
HA. XXII; Tel. 52849

Gen. W. informierte, daß die HA. XXII zu den NSW-Kunden

Alkasar, Ghasan Mohamed und Bruder
geb. 28.7.42
wh.: - Aden, Min. f. Industrie
- Sofia, Hotel Vitoscha

einen OV durchführen. Beide Brüder waren in der Vergangenheit an den spektakulären Terrorüberfällen beteiligt.

Im Laufe des Gesprächs stellte sich heraus, daß Gen. W. nicht die korrekten Angaben zu Alkasar hatte. Über den Gen. Kotz/HA. [illegible] wurden telefonisch die kleinen Personalien und die Verhandlungstermine von Alkasar (30.9.82) beschafft. Gen. Kotz informierte, daß Gen. Uhlig (HA [illegible]) angewiesen hätte, die Einzelheiten von Geschäften mit Alkasar zu beenden.

Gen. W. hatte die Information, daß Gen. Lindwurm (HA. [illegible]) mit Alkasar verhandelt hatte. Er wollte eine gp. Einschätzung zu Lindwurm und zu den Verhandlungsergebnissen

-2-

beide Fragen wurden beantwortet.
Gen. Victor wollte noch wissen, ob neue
Termine mit [illegible] arrangiert werden könnten.
Mit Gen. Victor wurde vereinbart, daß er ein
entsprechendes Schreiben an die [illegible] richtet.

[illegible]

IMS: „Walter Schiller"
Treff: 15.12.82

mit H. hat die Fa. IMES einen Vertrag über 10.000 AKM und
3 Mio M43
abgeschlossen; die Ware befindet sich auf Lager; H. sollte Ende November
1982 kommen, hat sich aber noch nicht gemeldet; eine Kontaktaufnahme
zu H. ist nicht möglich; Uhlig / KoKo: „Wenn H. Geld bringt, wird
verkauft, sonst keine Kontakte. H. bekam über das MAH / LSA
Kontakt zu Fa. IMES

!Co

Damascus, 19/VIII/83

Dearest Steve,

First of all I want to inform you of the latest news: today I phoned Syrian, opposite the Salem, when I told him that I want to travel there, he told me that recently he is travelling to Damascus and that we can meet here. I will use the French intervention in Chad as a pretext to restart cooperation. I have not waited any longer because all our money is finished with Faisal's trip (he takes $2000.— for you and $500.— reserve.) There is left only the $15.000.— Dollars reserve.

Continuing the coming question:

1) What about [illegible]?
2) Bring the 10 new [illegible] with you, or send them with Ali from Budapest.
3) Abu Iyad: is there any money in this contact
4) Get (from Bucharest?) all the papers and photographs regarding the old Hungarian [illegible] [illegible] whom you phoned once.
5) I think that we should engage ourselves in this affair next month, after his return from holidays. Convince Simon and Kai to prepare it and if possible to execute it. If possible, either Faisal or Tarig will go as well. Please remember that this is a one million Dollars business!

(2)

Regarding Anatoli: 2 days after your leaving Bucharest, Anatoli phoned me here himself to warn us from the Saudis; he spoke in a way nobody else could understand. The Saudis are very angry (with us); they are searching very well all vehicles and luggage coming into the country, especially from Lebanon, we must be very careful. When I asked him why he did not inform you, he answered that he had just received the information.

Regarding [illegible]'s offer: do not discuss it at all with the Socialist Camp, just say that I am personally in charge of this question. Remember that there are three refugees [illegible] (!) Do not meet [illegible] in these countries for the time being.

Regarding Albert: the name of his Belgian Comrade who accompanied him to Bucharest is: FREDDY ANTOINE PAUL HERCKENS

Can you find out news about Mustafa's operation, and about the other ones?

What about the hijacking?, are there any other news?

"Keller's" new phone number in Prague is: 650835 (unlisted)

(3)

For Ali: Al Khouli has received a report informing him that "Abdel Hakam has used Al Khouli's name, and the fact that he carries a Syrian Diplomatic passport, to try extorting One Million Dollars from a Syrian in Budapest about 6 months ago." Haytham sent us a photocopy of the extortion letter written in the name of Abu Nidal. After I explained what happened, the atmosphere became relaxed again, but still they want a full report from Ali.

It is obvious now that Ali has been integrated in a bigger prosecution than we had ever thought. Therefore, he should write down for me all information regarding directly or indirectly this affair: dates, names, words, addresses, phone numbers, meetings with security services, gossips, etc.

I want a full picture of the environment in which he moves in Budapest, particularly regarding Syrians and Palestinians.

On this basis we will compose together a report for Al Khouli which we will deliver together, him and me, answering any questions which might arise, in order to clarify this matter completely.

After finishing the operation, Ali must come here!

(4)

Ask Helmut about a very powerful liquid explosive which, according to Al [illegible] Al Asabi, is made in East Germany, is called "HARD DE TAI", and was used in the assassination of Bashir Gemayel. Haytham is interested in this information.

What about Yugoslavia, it is necessary to officialise the relation as soon as possible.

If you cannot meet Raul Lamer in Berlin go with Ali to meet their man in Budapest. [illegible] this man is called: [illegible] EKREMS. The Embassy in Budapest has [illegible] phone No: 284039/032, the Consulate [illegible] No: 324653.

I had found a German photocopier here!

I have no news from [illegible] yet. I enclose a letter for him to be sent EXPRESS from West Berlin.

We need to meet to talk many things, take this into account when you make your plans, also to leave unnecessary movements.

Best Regards,

Michel

Damaskus, den 19.8.83

Liebster Steve!

Zuerst möchte ich Dir die letzten Neuigkeiten mitteilen: heute habe ich mit Libyen telefoniert, mit Salem gesprochen und ihm gesagt, daß ich nach dort kommen möchte. Er sagte mir, er werde am Montag nach Damascus fahren, und wir könnten uns dort treffen. Ich werde die französische Intervention im Tschad zum Vorwand nehmen, die Zusammenarbeit wieder aufzunehmen. Ich habe nicht länger gewartet, denn durch Feisals Reise ist mein Geld alle (Er nimmt $ 2 000,00 für Dich und $ 500,00 als Reserve). Dann bleiben nur noch $ 15 000.00 als Reserve.

Fortsetzung der Geldfrage:

1. Was ist mit Sarkiss?
2. Bringe die zehn neuen Brownings mit oder schicke sie mit Ali aus Budapest.
3. Abu Iyad: bringt dieser Kontakt Geld?
4. Besorge (aus Bucharest?) alle Papiere und Photos bezüglich der alten ungarisch-jüdischen Frau in Rom, die Du einmal angerufen hast. Ich denke, wir sollten uns im nächsten Monat, nach ihrer Rückkehr aus dem Urlaub mit dieser Angelegenheit befassen. Bewege Tina und Kai dazu alles vorzubereiten und, wenn möglich, es auch durchzuführen. Wenn notwendig, werden entweder Feisal oder Farig auch gehen. Bitte denke daran, daß ist dabei um ein Geschäft von einer Million geht.

Bezüglich Andrei: zwei Tage nach Deiner Abreise aus Bucahrest rief mich Andrei hier persönlich an, um uns vor den Saudis zu warnen. Er sprach so, daß ihn niemand anders verstehen konnte: "Die Saudis sind sehr wütend (auf uns); sie durchsuchen Fahrzeuge und Gepäck sehr sorgfältig, bevor sie diese ins Land lassen, besonders, wenn diese aus dem Libanon kommen. Wir müssen äußerst vorsichtig sein..." Auf meine Frage, warum er Dich nicht informiert hätte, antwortete er, daß er diese Information gerade erhalten hätte.

Bezüglich Barbies Angelegenheit: besprich das nicht alles mit dem sozialistischen Lager, sage einfach, ich wäre persönlich zuständig für diese Angelegenheit. (Denke daran, daß es sich dabei um Nazi-Flüchtlinge in Libyen handelt!) Treffe Dich jetzt nicht mit Herzog in diesen Ländern.

Bezüglich Albert: Der Name seines belgischen Genossen, der ihn nach Bukarest begleitet hat, lautet: FREDY ANTOINE PAUL HERCKENS.

Gianni: Was gibt es neues über Murtazas Operation, und was ist mit den anderen los?

Rifoat: Wie steht es mit der Entführung? Gibt es Neuigkeiten?

"Khalils" neue Telefonnummer in Berlin lautet: 550839 (unverschlüsselt).

Für Ali: Al Khouli hat einen Bericht mit der Mitteilung bekommen, daß Abul (?) Hakam den Namen von Al Khouli benutzt hat, und daß er einen syrischen Diplomaten-Reisepaß hat und vor etwa 6 Monaten versucht hat, von einem Libyer in Budapest eine Million Dollar zu erpressen. Haytham las mir eine Kopie des Erpresserschreibens vor, daß im Namen Abu Nidals geschrieben wurde. Nachdem ich erklärt hatte, was geschehen war, entspannte sich die Atmosphäre wieder, dennoch verlangen sie einen Bericht von Ali.
Es ist jetzt klar, daß Ali in eine größere Provokation verwickelt war als wir angenommen hatten. Daher sollten wir für unseren Gebrauch alle Informationen aufschreiben, die direkt oder indirekt mit dieser Sache in Verbindung stehen: Daten, Zeiten, Namen, Anschriften, Telefonnummern, Treffen mit Sicherheitsdiensten, Klatsch usw...... Ich möchte ein vollständiges Bld von der Umgebung, in der er sich in Budapest bewegt, besonders bezüglich Syrer und Palästinenser. Auf dieser Grundlage werden wir einen Bericht für Al Khouli erstellen, den wir, er und ich, gemeinsam überbringen werden, und der jede Frage, die sich ergibt, beantwortet, damit diese Angelegenheit vollständig geklärt wird.
Nach Ende der Operation muß Ali hierher kommen!

Frage Helmut nach einem sehr wirksamen flüssigen Sprengstoff, der, nach Angaben von Al Waton Al Arabi in Ostdeutschland hergestellt wird und die Bezeichnung "HARD DE TAI" trägt. Er wurde beim Anschlag auf Beshir Gemayel verwendet. Haytham ist an dieser Information interessiert.

Was ist mit Jugoslawien, es ist notwendig, diese Verbindung möglichst bald offiziell zu machen!

Wenn Du Roul Lemur nicht in Berlin treffen kannst, gehe mit Ali zu einem Treffen mit deren Mann in Budapest mit, Ali kennt ihn. Dieser Dreckskerl heißt Jorge LORENS. Die Botschaft in Budapest hat die Telefonnummer 214039/037, das Konsulat hat die Nummer 324653.

Ich habe hier keine deutschen Photokopien gefunden.

Bisher habe ich noch nichts von Lucia gehört. Ich füge ein Schreiben an sie bei, das per EILBOTEN von Westberlin aus geschickt werden soll.

Wir müssen uns treffen und vieles besprechen. Berücksichtige das, wenn Du Pläne machst. Schränke ebenfalls unnötige Bewegungen ein.

Viele Grüße,

Michel

Abteilung XXII/8

Berlin, 31. August 1983
voi-gl

STRENG GEHEIM!

Operativ-Information

zum Anschlag auf das französische Generalkonsulat in Westberlin am 25. 8. 1983

Durchgeführte Treffs mit inoffiziellen Quellen sowie operativ analytische Erkenntnisse bestätigen, daß die armenische Terrorgruppe "ASALA" (Geheimarmee für die Befreiung Armeniens) für den Anschlag in Westberlin verantwortlich ist.

Die terroristische Aktion ist Bestandteil der angekündigten "Vergeltungsmaßnahmen" für den durch französische Behörden begangenen Bruch des Geheimabkommens zwischen der "ASALA" und Frankreich und soll außerdem die Freilassung in Frankreich inhaftierter Angehöriger der "ASALA" erwirken.

Durch die KP "PAT" wurde der Hinweis gegeben, daß der Anschlag in Westberlin seinen Kenntnissen über die "ASALA" entsprechend nicht durch die Gruppe allein realisiert wurde, sondern er davon ausgehe, daß bei der Vorbereitung und Durchführung der Aktion die zu diesem Zeitpunkt in der DDR aufhältigen Mitglieder der "Separat"-Gruppierung "H. Schneider" und "Abul Hakam" beteiligt waren. Beim durchgeführten Treff mit "H. Schneider" nach dem Anschlag lehnte dieser kategorisch eine Beteiligung an dieser Aktion ab, weil die Gruppe die Beziehungen zur DDR nicht belasten und sich die vorhandenen Arbeitsmöglichkeiten erhalten möchten. Er bestätigte lediglich, daß die "ASALA" als Verursacher angesehen werden kann.

Die Kontrolle der Reisetätigkeit sowie die Durchführung von Bildvergleichen mit dem in westlichen Massenmedien verbreiteten Phantombild des vermutlichen Attentäters ergab, daß mit Wahrscheinlichkeit die Verbindungsperson der "Separat"-Gruppierung

EL-SIBAI, Mustafa Ahmad
geb. 1953 in Bourj Barajne
Staatsang.: Libanon

als Täter für den Sprengstoffanschlag angesehen werden kann. (Bildvergleichsmaterial und Kurzauskunft siehe Anlage.)

.EL-SIBAI... reiste am 25. 8. 1983, 10.15 Uhr über GÜST Bahnhof Friedrichstraße nach Westberlin und kehrte 11.45 Uhr über die gleiche GÜST in die DDR zurück (Zeitpunkt der Bombenexplosion 11.22 Uhr). Zu fast gleicher Zeit reiste das Führungsmitglied der "Separat"-Gruppe "Abul Hakam", unter Verwendung des Diplomatenpasses der VDR Jemen, ausgestellt auf die Personalien

...OBADI...Ahmed.Saleh...

nach Westberlin und kehrte mit .EL-SIBAI. 11.45 Uhr gemeinsam zurück.

Vor der Ausreise nach Westberlin traf "Abul Hakam" mit dem III. Sekretär der syrischen Botschaft in der DDR,

Nabil SHRITA

zusammen, der als Unterstützer der "Separat"-Gruppe bekannt ist und bei dem die Gruppe in der Vergangenheit neben Geld und Dokumenten auch Waffen deponiert hatte.

Nach Rückkehr in die DDR wurde von den "Separat"-Mitgliedern sofort die Abreise organisiert. "Abul Hakam" reiste noch am gleichen Tage mit der Malev 809 nach Budapest.
.EL-SIBAI. reiste am 26. 8. 1983 mit IF 828 nach Damaskus und "H. Schneider" am 27. 8. 1983, 12.55 Uhr nach Belgrad. Durchgeführte Zollkontrollen bzw. konspirative Gepäckkontrollen verliefen ohne Beanstandungen.

Für die Beteiligung der "Separat"-Gruppierung an dem Anschlag spricht auch, daß nach gesicherten Unterlagen im Zeitraum 25. 1. - 9. 2.1983 durch ein bisher nicht identifiziertes Mitglied der "Separat"-Gruppierung das Objekt, in dem sich das französische Generalkonsulat in Westberlin befindet, aufgeklärt wurde (Material siehe Anlage)

Die gemeinsame Durchführung von Aktionen der "ASALA" und der "Separat"-Gruppe resultiert offensichtlich auf den schon seit langem bestehenden Beziehungen zwischen beiden Gruppen. Diese Verbindung wurde nach inoffiziellen Erkenntnissen vom Chef der Gruppe "Separat" persönlich unterhalten.
Die Gruppe "Separat" wurde nach Einschätzung einer inoffiziellen Quelle durch einen in der Schweiz lebenden armenischen Großunternehmer finanziell unterstützt und soll auch "ASALA"-Strukturen in der Schweiz für ihre Aktivitäten genutzt haben.

Für den gemeinsam durchgeführten Anschlag sprechen auch die beiderseitigen Inteeessen zur Freipressung von inhaftierten Mitgliedern (bei "Separat" Kopp und Bregeut).

In diesem Zusammenhang ist bedeutsam, daß weitere Aufklärungshandlungen der "Separat"-Gruppe zu französischen Einrichtungen konspirativ festgestellt werden konnten. Danach stehen im Blickpunkt der Gruppe als mögliche Angriffsobjekte:

- Französische Siedlung in Westberlin "CITE FOCH" mit dem Schwerpunkt einer Villa eines französischen Generals. Die Siedlung befindet sich im Westberliner Stadtteil Wittenau und wird begrenzt von der Nimrodstraße, der CY-Klop-Straße und der Avenue Charles de Gaulle;

- Französische Botschaft in Rom in der Via Farnese 76;

- Hotel "Meridian" in Nizza;

- Universität oder Schule in Nizza, das Objekt befindet sich zwischen den Straßen Rue Halvely und Rue Paradise.

Vor der israelischen Aggression wurden auch Aufklärungshandlungen zur französischen und amerikanischen Botschaft in Beirut durchgeführt.

Über aktuelle Pläne und Absichten der "Separat"-Gruppe bzw. der "ASALA" liegen keine Hinweise vor.

Durch verschiedene, unabhängig voneinander arbeitende inoffizielle Quellen wurde übereinstimmend berichtet, daß sowohl die "Separat"-Gruppe, als auch die "ASALA" gegenwärtig keine Terroranschläge gegen sozialistische Staaten durchführen will.

Der Anschlag in Westberlin hat jedoch gezeigt, daß die "Separat"-Gruppe trotz Kenntnis unserer Sicherheitsinteressen die für sie bestehenden Arbeitsmöglichkeiten zu terroristischen Aktivitäten im Operationsgebiet nutzt.

Es ist daher erforderlich, die notwendigen Kontroll- und Überwachungsmaßnahmen zu verstärken und weiter disziplinierend auf die Gruppe einzuwirken.

Voigt
Major

Hauptabteilung III   Berlin, 15.05.1984

Ergänzung zum Sachstandsbericht G/12406/14/05/84
(G/13274/15/05/84)

Im Zusammenhang mit der Bearbeitung des Komplexes

"Carlos"

durch gegnerische Verfassungs- und Staatsschutzorgane wurden mehrere interne Konsultationen aus den Bereichen des BfV Köln, LfV Westberlin, BKA Wiesbaden und des PP Westberlins bekannt, in deren Verlauf mehrfach Hinweise auf eine geheime Quelle der gegnerischen Dienste enthalten waren, die teilweise detailliert (in einem Fall) die Personalien der geheimen Quelle enthielten.

Bekannt wurden aus den Gesprächsführungen

- der Vor- und Zunahme der Quelle KARAH-Joli, Bassam
- das Geburtsdatum der Quelle 1941 in Damaskus
- der Aufenthalt in der DDR, Raum Leipzig
- Treffs mit der Quelle durch Mitarbeiter des LfV Westberlin
- Inhalte von Informationen, die durch die Quelle beschafft wurden.

Auf der Grundlage dieser Sach- und Personenangaben zur Quelle des Gegners wurden Recherchen in der Datenbank-DDR, des MdI, realisiert, in deren Ergebnis eindeutig die Person

KARAH-Joli
PKZ: 101041 4 92029
Geburtsort: Damaskus

als Quelle identifiziert wurde.

Nachfolgende Gesprächsauszüge beweisen die Tätigkeit des Karah-Joli für gegnerische Dienste.

1. 15.03.1984

Um 10.07. erfolgte zwischen dem Mitarbeiter des PP-Westberlin,

BIELING, Wolfram, (-)

und dem Angehörigen des BKA Wiesbaden,

KRAATZ, Jochen (+)

ein Gespräch, in dem Probleme im Zusammenhang mit dem angeblichen Aufenthalt des Terroristen "Carlos" in der DDR behandelt wurden.

Diese Angaben beruhten auf Informationen eines Karah-Joli aus dem Raum Leipzig.

Gesprächsauszug

+ Du, paß mal auf.Der Götz (Mitarbeiter LfV Westberlin) und der Grünhagen (LfV-Mitarbeiter), die haben in einem Gespräch erwähnt, daß gesicherte Erkenntnisse vorliegen,.daß der "Carlos" nach Ostberlin gekommen ist und sich dort frei bewegen kann. Kannst du mal versuchen, den Götz und den Grünhagen zu erreichen . Wir haben hier einen größeren "Carlos"-Fall und da brauche ich Informationen , die gesichert sind.

- Ja, einmal kann ich dir natürlich sagen, beruht diese gestern gemachte Aussage auf Angaben von dem Karah-Joli und das wird also der schwerste Punkt dieser Erkenntnisse sein.

+ Ja, ok. gib mir mal den genauen Namen von dem Joli.

- Den habe ich augenblicklich nicht hier.

+ Der hat ja hier genaue Angaben gemacht, mit Ostberlin, auch mit der Geschichte hier mit Weinrich. ...

- Also Bassam, Nachname, ich buchstabiere, Karah-Joli, 1941, Damaskus

+ Telefon?

- Telefon nee. Aus Leipzig meinst Du?

2. 12.04.1984

Erneute Konsultation zwischen Bieling und Kraatz um 10.52 Uhr über den Sachverhalt des Aufenthaltes des W. im Palasthotel und des erfolgten Treffs mit K.-J.

Dazu wörtlich:

- Also, der Karah-Joli hat sich gestern wieder gemeldet.

+ Und?

- Na nur so wie es hieß, ist der ... im Palasthotel in Begleitung einer weiblichen Person

+ Ja

- Personenbeschreibung von der. Also recht klein, blond, 26 Jahre ungefähr und relativ klein. Also er sagte so 1,50, spricht nur englisch

+ Und sonst, was kann er sonst sehen, was das für eine Type ist?

- Nein, ich war ja nicht mit dabei. Der Götz (LfV Westberlin) war dabei. Ja, war alles jetzt, mehr habe ich nicht.

+ Aber das wird jetzt von LfV gemacht?

- Ja

+ Und hat er sich getroffen in ...

- Hier am Bahnhof. Mehr habe ich jetzt nicht. Ich bring dir das jetzt nur als Tatsache.

+ Nein. Und hat er wieder einen neuen Treff vereinbart oder was?

- Ja, offensichtlich.

3. 16.04.1984

Gespräch zwischen Bieling und Kraatz um 11.33 Uhr

+ Jetzt was anderes mein Guter. Die Staatsanwaltschaft in Frankfurt hat ersucht und zwar die andere Quelle, ob die greifbar ist?

- Welche andere?

+ Der K.-J.

- Ach so

+ Ist der greifbar?

- Wenn er wieder hier ist, ja.

+ Also unser Großmeister, ich habe ihm gesagt, der ist bisher für uns nicht greifbar gewesen. Keine Erreichbarkeit, nichts, sondern der hat sich halt jedesmal gemeldet, wenn er da war, so war es bisher.

- Und so wird es auch in Zukunft bleiben.

+ Und Götz hat also nichts mit ihm vereinbart, in absehbarer Zeit, Treff?

- Ja

+ Kannst Du mal nachfragen?

- Aber weißt Du, bevor ich mich da wieder in die Nesseln setze, da soll der Großmeister mal selber anrufen.

+ Und hast du die Nummer von Götz da?

- Von wem?

+ Von Götz

- Nein

+ Wie sind die denn zu erreichen

- Ja, die sind auch zu erreichen über Landesamt für Verfassungsschutz.

<u>4. 16.04.1984</u>

Verbindungsaufnahme des Kraatz zu dem leitenden Mitarbeiter des Referates Ausländerüberwachung im LfV Westberlin,

Klarname: DUPKE

um 12.00 Uhr.

Gesprächsauszug:

- Ja

+ Kraatz, BKA Wiesbaden, Bin ich mit Heern Dupke verbunden?

- Ja

+ Herr Dupke, Wir haben folgendes Problem. Und zwar sind wir mit der Staatsanwaltschaft Frankfurt daran, ein Rechtshilfeersuchen zu unseren Freunden nach Ostberlin zu schicken. Sind sie darüber informiert?

- Ja, es geht um ein bestimmtes Hotel in Ostberlin?

- Ja, richtig. Jetzt erhebt sich für uns die Schwierigkeit bzw. für die Staatsanwaltschaft, ob der noch drüben ist, in dem Hotel. Und jetzt meine konkrete Frage. Exėstiert eine Möglichkeit, die Quelle zu kontaktieren, von ihrer Seite aus? Oder ist in absehbarer Zeit ein Treff vereinbart?

- In absehbarer Zeit schon, das kann aber in ein, zwei Wochen sein. Es steht also kein fester Termin da im Raum.

+ Und die Erreichbarkeit ist nach wie vor nur von seiten der Quelle gegeben?

- Ja

+ Ja?

- Ich meine, daß es polizeiintern verwandt wird, dagegen bestehen kaum Bedenken. Aber alles was jetzt weitergeht.

+ Ja

- Auch, das was sie jetzt ansprachen, da wäre der Quellenschutz jetzt schon tangiert.

+ Ja, das sowieso. Es ging nur darum, daß man alles ausschöpft, um festzustellen. Nicht daß das Ding da füber geschickt wird. Und die sagen, ja, wenn ihr eine Woche früher gekommen wärt, dann hätten wir euch helfen können

- Ja, nein, das ist richtig. Wir können also zur Zeit nicht sagen wie es aussieht, ob er noch da ist. Werden aber diese Frage beim nächsten Treff stellen, das auf jeden Fall.

+ Ok. Ich meine, das wollte ich ja nur konkret wissen und mehr bekommt der Staatsanwalt nicht.

- Ja, damit nichts irgendwie kaputt geht.

Abteilung XXII/8 Berlin, 27. 11. 1984
sta-see

STRENG GEHEIM!

INFORMATION

zum Waffenhändler Monser al-Khassar

Inoffiziell wird eingeschätzt, daß der internationale Waffen- und Rauschgifthändler

Monser al-Khassar

nach wie vor Auftragshandlungen für die extremistische palästinensische Gruppierung um

Abu Mohamed

ausführt.
Nach dem Attentat auf den Stellvertreter Abu Mohamed's

Saki Helou

in Madrid habe sich al-Khassar auf Grund langjähriger Geschäftsbeziehungen an die VR Polen mit der Bitte gewandt, Saki medizinisch zu behandeln.
Nach Zustimmung der VR Polen auf eine offizielle Anfrage der PLO-Sicherheit habe Monser al-Khassar die Überführung Saki's nach Warschau realisiert.
Um al-Khassar weiter an die VR Polen zu binden, soll ihm im Oktober 1984 die Eröffnung eines kommerziellen Büros in Warschau genehmigt werden sein.

Abt. XXII/8 — Berlin, 4.4.87

OV „Golf"

Bisher personifizierte Mitglieder und Sympathisanten der arabischen Terrororganisation um Abu Mohammed

1. Salim Saeid, Mohamed — XV/5534/85
geb. 1939, Palästinenser — (OV „Golf")
genannt: Abu Mohamed — F.-Nr. ANZ 2367
Leiter der Gruppe
weitere bekannte Namen:
Abu Salim — Hinweiskarte
Hamid — Hinweiskarte
Mahdi, Saed Hunaid — VSH
Salem Slim — SVG
Amri, Muhamad — VSH

2. Al-Khassar, Ghasan Mohamed — F.-Nr. ANN 6543
28.07.42 in Aden, Syrer/VDR — XV/5534/85 (OV „Golf")
langjähriges Führungsmitglied

3. Saida (weibl.) — VSH
keine weiteren Angaben
führendes Mitglied

4. Sou Sou (weibl.) — Hinweiskarte
geb. ca. 1958, keine weiteren Angaben
~~führendes~~ aktives Mitglied

5. Sakki Helou — erfaßt Abt. XXII/8
geb. ca. 1948, VDRJ — F.-Nr. AKG 8994
genannt: Abu Sisk — Hinweiskarte
Stellvertreter von Abu Mohamed
weitere bekannte Namen:
Thaki Mohamed Saleh — Hinweiskarte
Mohamed Zaki Khaleel — "
Mohamed Saleh Thikki — "

6. Haas, Monika — erfaßt Abt. XXII/8, jur. Ortschig.
02.05.48, BRD — F.-Nr. ASE 9183
Frankfurt/Main, Schwanenthalerstr. 14
genannt: Amal
Ehefrau von Sakki Helou (Nr. 5), nahm vermutlich direkt an Terroraktionen teil

7. Souhaila (weibl.) — Hinweiskarte
keine weiteren Angaben
Lebensgefährtin von Salim Saeid (Nr. 7)
nahm vermutlich direkt an Terroraktionen teil

8. Abu Hanafi — Hinweiskarte
keine weiteren Angaben
Mitglied der Terrorgruppe

9. Tawfik, Ibrahim	Hinweiskarte
keine weiteren Angaben	
Mitglied der Terrorgruppe	
10. Saleh, Mohamed Ahmed	Hinweiskarte
genannt: Abu Mahmud	
Kurier	
11. Gallal, Omar Mahmoud Ibrahim	Hinweiskarte
genannt: Omar, Mitglied der Gruppe	
12. Soudki	VSH
keine weiteren Daten	
weitere bekannte Namen:	
Mohamed Aref Hadi, geb. 1946	VSH
Hani Hindi	VSH
gehört zum Führungskern	
13. Hussein, Sharif	Hinweiskarte
keine weiteren Daten, Iraker	
Mitglied der Terrorgruppe	
14. Ibrahim Ben Youssef	F.-Nr. ACI 4737
geb. 1936, Algerier	erfaßt Abt. XXII/8
reiste gemeinsam mit Abu Mohamed in die DDR	

15. Kifkar, Achmed — VSH
geb. ca. 1960
Mitglied der Terrorgruppe

16. Sharif Hussein — [illegible]
geb. ca. 1950
gehört zum Führungskern
weiter bekannter Name:
Salem Kadi Momen

17. Al-Attar, Jawad Kadi Ali: — erfaßt in OV
weiterer Name: Saker — F.-Kt.
Mitglied der Terrorgruppe

Abteilung XXII
Leiter

Berlin, 17. 12. 1985
Tgb.-Nr.:   /85
fö-sche

Abteilung X
Leiter
Gen. Generalmajor Damm

<u>über</u>

Stellvertreter des Ministers
Genossen Generalleutnant Neiber

Ersuchen der bulgarischen Sicherheitsorgane
<u>Ihr Schreiben vom 10. 12. 1985, Tgb.-Nr.: 12399/85</u>

Zu dem in Ihrem Schreiben genannten

ZAKI HELOU (HELO)

liegen uns folgende Erkenntnisse vor:

ZAKI war gemeinsam mit ABU MOHAMED bis zum Tode WADI HADDAD's 1978 Mitglied der von ihm geleiteten PFLP-SO (Spezialoperationen). Nach dem Tod von WADI HADDAD spaltete sich die Organisation, ein Teil bildete, unter Führung von ABU MOHAMED, eine eigenständige Gruppe. Diese Gruppe soll nach unseren Informationen auch das Vermögen von WADI HADDAD, was sich angeblich auf mehrere Mio. Dollar beläuft, verwalten.
ZAKI war Stellvertreter von ABU MOHAMED und Leiter der Basis der Gruppe in Aden/VDRJ.

Inoffiziell wurden Hinweise zu ihm bekannt, daß er für mehrere Geheimdienste, so u. a. den jordanischen und irakischen, arbeiten soll. Angeblich sei eine Geldübergabe des jordanischen Geheimdienstes an ZAKI beobachtet worden.

ZAKI selbst ist, nach uns vorliegenden Erkenntnissen, gemeinsam mit dem Mitglied der Gruppe AL-KHASSAR im internationalen Waffenhandel tätig.
In diesem Zusammenhang sei auch das Attentat auf ihn am 17. 8. 84 in Madrid realisiert worden. Nach unbestätigten Angaben soll es ein Racheakt einer internationalen Waffenhändlerorganisation gewesen sein.
ZAKI wurde danach zur medizinischen Behandlung nach Warschau gebracht. Sein Gesundheitszustand soll sich gebessert haben.

Nach Information der bulgarischen Sicherheitsorgane, Ihr Schreiben vom 1. 8. 1984, Tgb.-Nr.: 8409/84, benutzt ZAKI einen Diplomatenpaß der VDRJ, ausgestellt auf

MOHAMED ZAKI KHALEEL
geb.: 1948 in Aden
Paß-Nr.: 001759

Bestätigt werden können unsererseits Kontakte der Gruppe um ABU MOHAMED zu den Sicherheitsorganen der VDRJ.

ZAKI ist mit der BRD-Bürgerin

HAAS, Monika
geb.: 2. 5. 1948
wh.: Frankfurt/Main
Schwanthaler Str. 14

verheiratet.
Sie steht im Verdacht, für einen gegnerischen Geheimdienst zu arbeiten. Dazu liegen inoffizielle Informationen vor.
Sie ist auch aktuell bestrebt, Verbindungen zu linken Kräften in der BRD herzustellen.
Darüber, daß die H. an der Enttarnung einer inoffiziellen Quelle beteiligt war, liegen uns keine Informationen vor.

Nach unseren Erkenntnissen ist die HAAS identisch mit der auf der Liste der ungarischen Genossen genannten Person gleichen Namens.
Dies resultiert aus der Tatsache, daß die H. mit dem Anschlag auf eine Maschine der israelischen Fluggesellschaft EL-AL, im Januar 1976 in Nairobi und mit der Entführung der Lufthansa-Maschine "Landshut" am 13. 10. 1977 in Zusammenhang gebracht wurde.

Franz
Oberst

Gruppe "Abu MOHAMED"

Die Gruppe ist weiterhin aktionsfähig. Ihre Hauptbasen befinden sich in Aden und im Südlibanon (Gebiet Saida).
Nach dem im Juli 1985 zwischen Israel und der PLO realisierten Gefangenenaustausch wurden auch 3 ehemalige Mitglieder der Gruppe Abu HANAFI, Ibrahim TAWFIK und HUSSEIN mit befreit. Sie haben sich wieder der Gruppe zugewandt.
Durch ihren Einfluß wurde eine Reaktivierung der Gruppe begonnen. Während sich die Führungsmitglieder um "Abu MOHAMED" mehr zu politischen Kampfformen hinwenden, gibt es Kräfte um die 3 Freigelassenen, die unter der Gruppenbezeichnung "WAAD" (Versprechen) militante Aktionen planen.
Da sich dadurch die Aktionsfähigkeit der Gruppe erhöhte, zeigte die PFLP unter Georg HABBASCH Interesse, die Gruppe für Aktionen in den besetzten arabischen Gebieten zu nutzen und eventuell wieder der PFLP anzuschließen.

Die Gruppe betrachtet die sozialistischen Staaten als strategischen Verbündeten. Hinweise auf Pläne und Absichten, die sich gegen sozialistische Staaten richten, wurden bisher nicht bekannt.

1984 wurde das Führungsmitglied "SAKKI HELOU" bei einem Attentat durch Kopfschuß verletzt. Er befand sich längere Zeit zur medizinischen Behandlung in der VR Polen. Das Anliegen wurde durch die PLO-Sicherheit herangetragen, um Einfluß auf die Gruppe zu gewinnen.
SAKKI HELOU befindet sich auf dem Wege der Besserung, kann jedoch nicht wieder vollständig gesund werden.
Zu den Hintergründen des Attentates gibt es verschiedene Hinweise. Am wahrscheinlichsten ist die Version, daß SAKKI HELOU als Konkurrent im Waffengeschäften ausgeschaltet werden sollte.
Seine Frau, die unter dem Verdacht steht, für einen imperialistischen Geheimdienst zu arbeiten, lebt unbehelligt in der BRD.
Da die Gruppe "Abu MOHAMED" in der Vergangenheit mehrere Anschläge in Westeuropa verübte und auch 1985 zum 7. Todestag ihres ehemaligen Leiters WADI HADDAD Anschläge geplant hatte, sind Reisetätigkeiten und logistische Aktivitäten in den sozialistischen Staaten nicht ausgeschlossen.

Berlin, 26. 11. 1986

STRENG GEHEIM!

INFORMATION

zu den "Bewaffneten Libanesischen Revolutionären Fraktionen" ("FARL")

Inoffiziell wurde bekannt, daß es sich bei der "FARL" um eine arabische linksextremistische Organisation handelt, die 1984 in Beirut gegründet wurde.
Sie ging aus der vor 1978 existierenden nasseristischen

"Socialist Union of Arab Workers"

hervor.
Innerhalb dieser Union, in der sowohl Mitglieder der KP Libanon, KP Ägypten, KP Saudi-Arabiens als auch Angehörige der sunnitischen Murabitunbewegung vereinigt waren, kam es nach 1978 zu internen Auseinandersetzungen.
Von 1982 bis 1984 bemühten sich insbesondere libanesische Nationalisten um die Reorganisation der Union. Diese Phase endete 1984 mit der Vorlage eines Programmentwurfes, in welchem als Ziel der jetzt unter der Bezeichnung "FARL" in Erscheinung tretenden Organisation der Kampf gegen Imperialismus, Zionismus und arabische Reaktion festgeschrieben ist.

Die Organisation versteht sich in erster Linie als arabische progressive Kraft; die Befreiung Palästinas wird als sekundär eingeschätzt.
Mitglied der Organisation kann werden, wer dem vorliegenden Programm-Entwurf zustimmt.

Aufgrund der strikten arabischen Ausrichtung treten palästinensische Organisationen der "FARL" mit Zurückhaltung gegenüber.

Bekannt wurde, daß palästinensische Organisationen wie die "Fatah-RC" (ABU NIDAL-Gruppe), die Gruppe ABU MOHAMMED und die Gruppe um ABU IBRAHIM dem jetzigen Programmentwurf nicht zustimmen.

Die 100 zum harten Kern der Organisation zählenden Mitglieder der "FARL" setzen sich deshalb lediglich zu 50 % aus Palästinensern zusammen. Die verbleibenden 50 % sollen Libanesen sein.
Das Hauptquartier der Organisation befindet sich in Beirut.
Der "FARL" steht ein Führungsgremium vor bei dessen Leiter es sich um die Person

Able Feda

handeln soll.
Feda war Mitglied des PFLP-SO von Wadi Haddad. In dessen Auftrag war er bis Anfang der 70er Jahre als Offizier der jordanischen Armee tätig.
Nach dem Tod von Wadi Haddad ging Feda zur PFLP, wo er Mitglied des Politbüros und Verantwortlicher für Außenoperationen war.
1979 trennte er sich von der PFLP. Persönliche Ambitionen schlugen jedoch fehl, so daß er 1981 erneut in Leitungsfunktionen der PFLP zurückkehrte.
Bis 1982 war er im Finanzapparat der PFLP eingesetzt.
Nach der israelischen Invassion 1982 schloß er sich der in der Entstehung befindlichen "FARL" an. Aus der Zeit seiner Tätigkeit in der PFLP-SO unterhält Feda persönliche Kontakte zu

"Carlos"

Abul Hakem (Mitglied der Gruppe Carlos)

Abu Mohammed

Abu Ibrahim

Georg Abdallah

und Mudschachid (Chef der "ASALA").

Zu ihnen unterhält er auch heute noch zeitweise Kontakte und Verbindungen. Diese werden über das durch die "FARL" geschaffene sogen.

"Komitee zur Befreiung von arabischen Gefangenen in Europa"

realisiert.
Über dieses Komitee laufen zeitweise aktionsbezogene Kooperationsbeziehungen. Die jüngste Terrorwelle in Frankreich wird als Ausdruck dieser Zusammenarbeit eingeschätzt. Die Forderungen nach Freilassung der in Paris inhaftierten

George Abdallah

Anis NACCACHE

Varidian GARBIDIAN

entspricht den Interessen der Abdallah Gruppe der "ASALA" und der schiitischen "Partei Gottes" (HIBALLAH).

Die Aktionen wurden unter Nutzung der Logistik der Armenier und der "Frankreicherfahrungen" der Gruppe "Carlos" realisiert.

George Abdallah ist nach Kenntnis der Quelle nicht, wie in den westlichen Medien verbreitet wurde, der Leiter der "FARL".

Es wird eingeschätzt, daß die PFLP und die ABU NIDAL-Gruppe mit der "FARL" keine Kooperationsbeziehungen unterhält. Ursache dafür ist die dargestellte Zurückhaltung bezüglich des Programmentwurfes.

Obwohl die Gruppe insbesondere im Libanon agiert, wirddurch die Quelle eingeschätzt, daß sie auch über Strukturen in Großbritannien, Italien, Frankreich und in der BRD verfügt.

Bei Steve in Ungarn gefundene Aufstellungen und Kopien über gefälschte bzw. überlassene Reisepässe für Gruppenmitglieder und Verbindungspersonen der Gruppe

Passports in Beirut (Bl[illegible])

I) From Modjahed and Abu Hisham:
3 Jordan
3 Mauritania
1 Saudi Arabia
1 Senegal.

II) From Saleh Mouaelat
3 Egypt
3 Saudi Arabia
2 Sudan
2 Oman

Note: 1 from Oman given to Fariz [illegible]!

SET OF RUBBER STAMPS

ABU ALI

DEM. YEMEN PASSPORT : C 020066

HASHIM HAMEED NASIR AL-KAABI

Issued in Tripoli on 16/II/78 for 2 years

—

He has an Iraqi passport under the name: HASHEM AL KURAISHI

—

According to Dhirgam, his name is HASHEM ALI

MARIO

YEAR OF BIRTH : 1947

FACE : OVAL

EYES : BLUE

HAIR : BROWN

HEIGHT : 185

LOTHAR

BORN : 1948

EYES : GREY-GREEN

HEIGHT : 180 cm

HAIR : BROWN (DARK)

TARIQ SALAMEH

YEAR OF BIRTH: 1941

FACE:

EYES: BLACK

HAIR: BLACK

HEIGHT: 173

DOCUMENTATION IN BUCHAREST

I) SPANISH BLANCO DOCUMENTS:

1) 25 Identity Cards

2) 24 Driving Licences

3) 7 Certificados de Características" (6+3)

4) 5 Permisos de Circulación

5) 12 Cédulas de Identificación Fiscal"

6) 12 Insurance Certificates (9+3)

7) 9 Green Cards

II) GERMAN BLANCO DOCUMENTS:

1) 8 Emergency Certificates of Vaccination

2) 5 car papers

III) 5 ARGENTINIAN BLANCO PASSPORTS

IV) POSITIVE FILMS FOR STAMPS

V) SPANISH AND BELGIAN CAR PLATES

VI) INSTRUCTIONS FOR RPG-75

DOCUMENTS IN BUDAPEST

I) BLANCO PASSPORTS.
   1). 3 FRANCE
       3 ITALY
       2 GERMANY
       3 AUSTRIA
       2 BRITAIN
       2 SWITZERLAND
       1 ISRAEL
   2) 3 BRAZIL (2 ISSUES)
   3) 3 URUGUAY: 1 DIPLOMATIC ORIGINAL
                 1 ORIGINAL
                 1 PRINTED

II) BLANCO DRIVING LICENCES:
       2 SWITZERLAND
       2 ITALY
       2 AUSTRIA

III) BLANCO INTERNATIONAL VACCINATION CERTIFICATES:
   1) 5 PRINTED IN BELGIUM
   2) 10 " IN GERMANY (3 ALREADY STAMPED)
   3) 2 " IN BELGIUM, BUT ISSUED IN SWISS, NOT FILLED

IV) PHOTOCOPIES OF ISRAELI PASSPORTS:
   1) 1 OF ORIGINAL PASSPORT
   2) 2 OF BLANCO PASSPORT

V) 1) *Maria and Sheila:*
       2 FRENCH DUPLICATES with DRIVING LICENCES
       2 ITALIAN with DRIVING LICENCES (*false identities*)
   2) *Lucia and Isabel:*
       2 BRAZILIAN PASSPORTS } [illegible]

VI) *Richard and* [illegible]: [illegible]
       1 FRENCH DUPLICATE with DRIVING LICENCE } [illegible]
       5 ITALIAN PASSPORTS (UNFILLED) } [illegible]

VII) BLANCO PASSPORTS FROM:

BRAZIL	: 2 (1 + 1)
ITALY	: 1
GERMANY	: 1
FRANCE	: 1
SWITZERLAND	: 1
BRITAIN	: 1
AUSTRIA	: 1

Anhang

Mitglieder und Freunde der Carlos-Gruppe

Abdim Immad, auch Abu Imad genannt, ehemaliger PLO-Vertreter in Bukarest/Rumänien. Immad vermittelte Weinrich den Kontakt zum rumänischen Geheimdienst.

Abu Ali – besaß einen jemenitischen Paß auf den Namen Hashim Hameed Nasir Al-Kaabi und einen irakischen Paß auf den Namen Hashen Al Kuraishi.

Abu Daud – PLO-Funktionär. Er steht im Verdacht 1972 den Anschlag auf die israelischen Olympiamannschaft in München mit vorbereitet zu haben. Mit den Führungsmitgliedern der Carlos-Gruppe war er gut bekannt. Sie trafen sich öfters in den arabischen Ländern aber auch im Ostblock.

Abu Houl, traf sich mit *Steve* mehrfach unter anderem auch. Er war ehemaliger Leiter des Fatah-Geheimdienstes und wurde bei einem Attentat getötet.

Abu Ibrahim, Anführer des in Bagdad stationierten Teils der ehemaligen »Wadi Haddad-Gruppe«. Nach dem Tod von Wadi Haddad 1978 übernahm Abu Ibrahim die Führung der Splittergruppe, die später unter dem Namen »Gruppe des 15. Mai« Anschläge verübte. *Steve* war ihm und vielen Mitgliedern der Gruppe bekannt und lebte Zeitweilig unter dem Schutz der Gruppe.

Abu Iyad, ehemaliger Leiter der Organisation »Schwarzer September« und einer der Stellvertreter Arafats. Später wurde er Chef der »Vereinigten PLO-Sicherheit«, einer Geheimdienstorganisation der PLO. Er unterhielt zahlreiche Geheimdienstkontakte in Ost und West. Iyad hatte Verbindungen zu *Carlos* und Weinrich und wollte sie im PLO-Interesse einbeziehen. Iyad wurde bei einem Attentat getötet.

Abu Mohamed alias *Mohammed Salim Saeid* hat nach dem Tod von Wadi Haddad zirka 1979 die Führung der gespaltenen Hauptgruppe übernommen. Die Gruppe verfügte über Stützpunkte im Libanon, im Südjemen und in Algerien. Unter Abu Mohammeds Führung wurde auch das Ausbildungscamp für Terroristen in der Nähe von Aden betrieben. Weinrich war ihm gut bekannt, obwohl sie ein distanziertes Verhältnis hatten.

Abu Sreda Salem, genannt *Omar* war libyscher Geheimdienstmann. Er traf sich öfters mit Weinrich und *Carlos*.

Abu Tajib, mit Klarnamen Mohammed Natur und vom Dienstgrad Oberst war zeitweise Chef der »Force 17« und hat sich mit *Steve* mehrfach unter anderem in Beirut getroffen.

Al-Assad, Rifal – Bruder des Staatspräsidenten Hafiz el-Assad. Mitarbeiter seines Büros unterhielten hatten Kontakt zu *Carlos* und Weinrich.

Albartus, Gerhard mit dem Decknamen *Kay*. Er war Mitglied der RZ, wegen eines Brandanschlags auf ein Kino verurteilt und mit Weinrich sehr eng befreundet. Nach seiner Haftentlassung schloß er sich der Carlos-Gruppe an. Er unterstützte die Gruppe umfangreich, reiste als Kurier und spähte außerdem Terrorobjekte aus. 1987 wurde *Kay* in den Nahen Osten gelockt, dort wegen Verrat vor ein Tribunal gestellt und anschließend offensichtlich erschossen.

Amin El-Hindi, PLO-Funktionär und Stellvertreter von Abu Iyad. Er traf mehrfach mit Weinrich zusammen.

Atef Pseissio, hoher PLO-Kader und Mitarbeiter von Abu Iyad. Atef Pseissio war mit Weinrich gut bekannt und traf sich mit ihm gelegentlich in Damaskus, Beirut, Berlin, Budapest und Prag. Pseissio wurde 1992 bei einem Attentat in Frankreich getötet.

Barbara – RZ, wandte sich nach dem Bombenterror gegen Frankreich von der Carlos-Gruppe ab.

Bellini, Giorgio – Schweizer Linksradikaler. Ihm wurden Beziehungen zu den Roten Brigaden in Italien nachgesagt. Er pflegte gute Kontakte zu Weinrich und *Carlos* und traf sich mehrfach mit ihnen. Gegen ihn wird derzeit in der Schweiz ermittelt.

Bhutto Muthasar, Sohn des hingerichteten pakistanischen Regierungschefs Zulfikar Ali Bhutto. Bhutto Junior galt als mutmaßlicher Anführer der pakistanischen »Al-Zulfikar-Organisation«. Mit *Carlos* und Weinrich bestand eine enge Verbindung und sie wohnten in Damaskus im gleichen Stadtviertel.

Borostowski, Wilhelm – ehemaliger Mitarbeiter des MfS. Er kontrollierte und betreute Weinrich bei seinen Aufenthalten in Ost-Berlin. Er händigte Weinrich den Sprengstoff aus, mit dem offensichtlich der Anschlag auf das »Maison de France« in Berlin verübt wurde.

Böse, Wilfried hat sich der palästinensischen Befreiungsbewegung PFLP unter Wadi Haddad angeschlossen und starb bei der Befreiung einer von der PFLP entführten israelischen Maschine im Kugelhagel einer israelischen Spezialeinheit Das gleiche Schicksal ereilte auch Brigitte Kuhlmann. Böse war mit Weinrich und dessen Umgangskreis gut befreundet.

Breguet, Bruno genannt *Luka,* war ehemals Mitglied der Carlos-Gruppe. Im Sommer 1982 wurde der Schweizer Staatsbürger zusammen mit *Lilly* bei der Vorbereitung eines Sprengstoffattentats in Paris festgenommen. Nach Verbüßung seiner fünfjährigen Haftstrafe kehrte Breguet in die Schweiz zurück.

Christos mit Klarnamen Christos Tsoutsouvi, Mitbegründer der ELA. Er wurde bei einem Anschlag auf die Athener Niederlassung der AEG mit einer Terroristenwaffe getötet.

El-Khouly, General des syrischen Luftwaffengeheimdienstes – war lange Zeit Hauptunterstützer für Weinrich und der gesamten Carlos-Gruppe. Über ihn erhielten sie Wohnungen, Autos, Geld, Diplomatenpässen und dergleichen mehr. Für ihn führte die Gruppe auch Anschläge aus.

El-Sibai, Mustafa Ahmed, genannt *Ziad.* Er gilt als Bombenleger bei dem Anschlag am 25.August 1983 auf das französische Kulturzentrum »Maison de France« in Berlin. Ziad wurde angeblich im Libanon erschossen.

Eric, belgischer Staatsangehöriger und ehemaliges Mitglied der ETA. Sein spanischer Paß war auf Juan Fernandez de hoz Lopez ausgestellt. »Eric« war mit Weinrich befreundet. Mit ihm plante Weinrich verschiedene Aktivitäten in Europa. Beide organisierten unter anderem Waffentransporte. Er führte gelegentlich auch den Decknamen *Albert.*

Fred alias El-Khoruy Fouad – galt als Sympathisant und Unterstützer von *Carlos* und Weinrich.

Fröhlich, Christa genannt *Heidi,* wurde 1983 an Flughafen in Rom mit einem Sprengstoffkoffer festgenommen. Nach Verbüßung der Strafe kehrte sie in die Bundesrepublik zurück.

George Abdallah, beteiligt am Anschlag auf das Auto des Botschafter von Saudi Arabien in Athen.

Götting, Wilhelmine, genannt *Tina, Linda, Julia,* und *Martine* war festes Mitglied der Gruppe. Reiste häufig für Weinrich als Kurier durch die ganze Welt. Sie war unter anderem beauftragt, den Flughafen Dubai für einen geplanten Anschlag auszukundschaften hatte gefälschte Reisepässen auf die Namen *Ursula Senger* und *Julia Schubert.* Inzwischen verstorben.

Haas, Monika, genannt *Amal* oder auch *Schöne Frau.* Monika Haas ist mit

Zaki Helou verheiratet und lebte mehrere Jahre Aden. Dort unterhielt sie Kontakt zu einer Vielzahl von Terroristen, so auch zu *Carlos* und Weinrich. Mitte der 80er Jahre kehrte sie nach Deutschland zurück, wo sie lange Zeit unbehelligt lebte. Die Lage änderte sich, als unter anderem die ersten Hinweise aus Stasiakten über ihre Kontakte zur Terrorszene auftauchten und als die einzige Überlebende von den Entführern der Lufthansamaschine »Landshut« in Oslo, Soraya Ansari gefaßt wurde. Sie enttarnte Monika Haas als diejenige, die die Waffen für die Entführer beschafft haben soll. Monika Haas ist jetzt in Untersuchungshaft und soll in Kürze vor Gericht gestellt werden.

Hagop Hagopian alias *Mudschahid*. Der Anführer der »Armenischen Befreiungsarmee – ASALA« und Studienkollege von *Carlos* an der Patrice-Lumumba-Universität in Moskau. Hagopian war lange Zeit Weggefährte von *Carlos* und Weinrich. Er wurde 1986 in Athen ermordet.

Hamdani, Achmed – genannt *Abu Tamur*. Der ehemalige syrische Minister lebte längere Zeit in Ostberlin und später in Prag im Exil. Anfangs unterstützte er *Carlos* und Weinrich sehr großzügig. Später jedoch distanzierte er sich von dem Terroristen-Duo.

Hassan, Saleh Alim – Kampfnamen *Abul Hakam*, war neben *Carlos* und Weinrich der wichtigste Mann in der Terrorgruppe. Er benutzte unter anderem eine syrischen Reisepaß auf den Namen *Mohammed Bitar*. Am 25.8.83 passierte er mit einem jemenitischen Reisepaß auf den Namen *Ahmed Saleh* Obadi die Grenze nach West-Berlin steht daher im Verdacht, am Anschlag auf das »Maison de Frnace« beteiligt gewesen zu sein. Seit 1989 gibt es kein Lebenszeichen mehr von ihm.

Helou, Zaki war Chef des Stützpunktes der Gruppe »Abu Mohammed« im Südjemen, verheiratet mit Monika Haas, befreundet mit Monzer Al-Kassar und dessen Bruder Ghasan. Bei einem Attentat in Madrid wurde Zaki am Kopf lebensgefährlich verletzt und ist seit dem querschnittsgelähmt und an den Rollstuhl gefesselt. Zaki war häufig Quartiergeber für Weinrich und andere Mitglieder der Gruppe in Südjemen und leistete Hilfe, wo immer sie von *Carlos* und *Steve* erbeten wurde.

Jirah, Dr. – StB (CSSR-Geheimdienst) war für die Überwachung der Carlos-Gruppe während ihrer Aufenthalte in der CSSR verantwortlich.

John und ***Lucie***, Mitglieder der ETA. Sie haben für Weinrich Waffen transportiert.

Jürgen – RZ, hat sich wie *Barbara* nach der Terroraktionen gegen Frankreich von Weinrich abgewendet.

Klein, Hans-Joachim mit Deckname *Engee* war am Anschlag auf die Wiener OPEC-Konferenz im Dezember 1975 beteiligt und hat sich im Mai 1977 vom Terrorismus losgesagt. Seitdem lebt er versteckt im Ausland. Zeitweilig mußte er befürchten von *Carlos* und Weinrich als »Verräter« ermordet zu werden.

Kopp, Magdalena genannt *Lilly*. Sie benutzte Reisepässe auf die Namen *Abdul Quawi Ahmed, Maryam Touma.* Mit gefälschtem Paß eröffnete sie unter dem Namen *Anna Luise Kramer* bei der rumänischen Außenhandelsbank ein Konto. Sie wurde 1982 in Paris bei der Vorbereitung eines Sprengstoffanschlages in Paris festgenommen und zu vier Jahren Haft verurteilt. 1985 kehrte sie zu ihrem Ehemann *Carlos* nach Damaskus zurück. Sie soll gegenwärtig bei ihren Schwiegereltern in Venezuela leben.

Kram, Thomas genannt *Lothar,* ehemaliges Mitglied der RZ und fungierte über mehrere Jahre hinweg als Kontaktmann zu Weinrich. 1988 tauchte er in den Untergrund ab und lebte Vermutungen zufolge lange Zeit mit Weinrichs Hilfe im Ausland.

Krombach, Uwe genannt *Leo,* ehemaliges Mitglied der RZ und enge Verbindungsperson von Weinrich. Krombach ist seit längerer Zeit verstorben.

Kuhlmann, Brigitte. Das ehemalige Mitglied der RZ war an der Entführung der El Al-Maschine beteiligt, die in Entebbe gestürmt wurde. Sie fand dabei wie Wilfried Böse den Tod. Sie war mit Weinrich persönlich gut bekannt.

Laszlo, Josef. Er war Abteilungsleiter beim ungarischen Geheimdienst und für die Kontakte und Überwachung der Carlos-Gruppe zuständig.

Lothar, siehe unter Thomas Kram.

Majid, Aizi Kamil – genannt *Fanar Kamal.* Der irakische Geheimdienstmitarbeiter versuchte mehrfach, Weinrich zu überreden, wieder in die Dienste des Iraks zu treten.

Marwan, Fahum – Führungsmitglied der PFLP. In Damaskus hatte er Kontakte zu Weinrich.

Max, früheres Mitglied der RZ. 1979 wurde er von Weinrich überredet, sich der Carlos-Gruppe anzuschließen. Später ist er wieder abgesprungen. Mehrere Jahre verbrachte er als Entwicklungshelfer in Lateinamerika. Gegen *Max* läuft ein Ermittlungsverfahren.

Nicolo, griechischer Kontaktmann der ELA. Er hatte gute Kontakte zu Weinrich.

Nokock, Nicolae – war Mitarbeiter des rumänischen Geheimdienstes und betreute die Carlos-Gruppe in Rumänien.

Omar Bashalah, libyscher Kontakt- und Verbindungsmann von *Steve*. Mit ihm traf sich Weinrich in Libyen.

Philippe, Partner von *Therese* – war Kontaktmann von Weinrich in Griechenland.

Rambert, Bernhard genannt *Graf*, linker Schweizer Anwalt. Er traf sich mehrfach mit Weinrich und half ihm, die Verteidigung von Christa Fröhlich in Rom zu organisieren.

Sally, Aktivistin aus der linksradikalen Szene um den Züricher Buchladen Eco Libro. Ihr wurden in der Schweiz auch Beziehungen zu den Roten Brigaden und militanten Kreisen in Frankreich nachgesagt. Sie hielt Kontakte zu Weinrich und traf sich mit ihm unter anderem auch in Ostberlin und Budapest.

Sammak, Feisal – ehemaliger Botschafter von Syrien in Ost-Berlin. Er traf sich mit Weinrich und bewahrte Waffen für die Gruppe in der Botschaft. Half auf Anweisung des syrischen Außenministeriums Weinrich auch sonst sehr großzügig. Sammak wurde 1995 vorübergehend aufgrund eines deutschen Haftbefehls in Österreich festgenommen, jedoch nicht an die BRD ausgeliefert.

Sanchez, Ilich Ramirez – genannt *Carlos* mit den Decknamen *Moshen Kassem Al-Bakri, Ahmed Adil Fawaz, Michel Khouri, Mohammed Ali Aedaroos* wurde im August 1994 in Kartum festgenommen und an Frankreich ausgeliefert. Dort ist er bereits zu lebenslänglicher Haft verurteilt und wartet jetzt auf seinen Prozeß.

Santiago. Über mehrere Jahre war er führendes Mitglied derETA-PM, später jedoch vom Terrorismus losgesagt.

Sayeh, Souhaila Sami Andrawes mit Kampfnamen *Soraya Ansari*. Sie war an der Entführung der Lufthansamaschine »Landshut« beteiligt und befindet sich in Auslieferungshaft in Oslo. Bei der Vernehmung durch das BKA hat sie Monika Haas der Beihilfe beschuldigt.

Shritah, Mohamed Nabil – dritter Sekretär der syrischen Botschaft in Ost-Berlin. Er betreute und unterstützte Johannes Weinrich während seines Aufenthalts in der DDR und hat für die Carlos-Gruppe Waffen, Munition und Sprengstoff aufbewahrt. Darunter befand sich auch der Sprengstoff, der beim Anschlag auf das »Maison de France« zum Einsatz gekommen sein soll. Shritah war Zeuge im Prozeß gegen den Stasi-Oberst Helmut Voigt und wurde ebenfalls angeklagt.

Sudki – PFLP-Kader und Mitglied der Gruppe »Abu Mohammed« im Südjemen. Er hatte gute Kontakte zu Weinrich und *Carlos* und unterstützte sie großzügig.

Tariq Salameh. – Verbindungsperson und Helfer der Carlos-Gruppe. Er war mit Weinrich eng liiert und von ihm zur Beschaffung von Waffen eingesetzt.

Thaysir Cuba – PFLP-Funktionär. Er traf sich mit Weinrich öfters in Damaskus aber auch in Hotel in Budapest, Sofia und Ostberlin.

Therese, Schweizerin, die Kontakte zur griechischen Terrororganisation ELA unterhielt und gleichzeitig mit der Carlos-Gruppe kooperierte..

Torino, Aldo Perla – italienischer Rechtsanwalt. Er hat die Verteidigung von *Heidi* alias Christa Fröhlich nach ihrer Festnahme mit dem Sprengstoffkoffer übernommen.

Vergès, Jacques – genannt *Herzog* oder *Gabriel.* Der Staranwalt in Frankreich hat nach der Festnahme von *Carlos* die Verteidigung übernommen. 1982 hatte Vergès auch das Mandat von Magdalena Kopp und Bruno Breguet nach ihrer Festnahme in Paris.

Vicescu, Andre – Sicherheitsoffizier des rumänischen Geheimdienstes. Er verschaffte für die Gruppe Waffen und Sprengstoff.

Voigt, Helmut, ehemaliger MfS-Offizier – soll den Befehl gegeben haben, den zuvor von der Stasi« beschlagnahmten Sprengstoff wieder an Weinrich herauszugeben, der danach beim Anschlag auf das französischen Kulturzentrum »Maison de France« zum Einsatz kam. Voigt wurde wegen Beihilfe zum Mord zu vier Jahren Haft verurteilt.

Weinrich, Johannes, genannt *Steve* mit Decknamen *Fritz Müller, Ali Bin Ali Thabet, Kamal Amer Saeed, Jean Salibi, Abdul Nami Mohammed Husaien, Werner Krebner.* Zuletzt in Jemen benutzte er die Namen *Peter Schmidt* und *John Saleh.* Nach der Festnahme wurde er am 4.6.1995 nach Berlin überstellt. Im Haftbefehl werden ihm die Anschläge in Orly, Athen, auf das »Maison de France« und *Radio Free Europe* zur Last gelegt. Der alte Haftbefehl wegen Mitgliedschaft einer terroristischen Vereinigung bei den RZ wurde 1986 aufgehoben weil verjährt. Wegen Mitgliedschaft in einer terroristischen Vereinigung nach Paragraph 192a konnte Weinrich nicht verfolgt werden, weil die Carlos-Gruppe außerhalb der Bundesrepublik gegründet wurde.

Personenregister

A

B

G

H

I

J

K

L

W

Y

Z